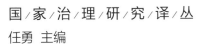

国/家/治/理/研/究/译/丛
任勇 主编

上海市高水平地方大学建设项目资助
上海市高校学位点培优培育计划资助

被典当的国家

国际金融时代的国家建设

[西] 迪达克·克拉尔特 Didac Queralt 著

张熹珂 译

Pawned States
State Building
in the Era of
International Finance

格致出版社　　上海人民出版社

总　序

改革开放以来，中国政治学与公共管理学科在恢复重建基础上取得较大的发展，已经初步形成了具有自身特点的学科体系、学术体系、话语体系，成为中国特色哲学社会科学重要组成部分。其中，翻译和引介国外优秀的政治学与公共管理学术著作扮演了重要的角色。对国外政治学与公共管理优秀学术作品的吸收借鉴并形成理论对话，正是中国政治学与公共管理自主知识体系形成的推动力之一。

从目前来看，国家治理研究已经成为建构中国政治学与公共管理自主知识体系的重要组成部分。党的十八届三中全会将完善和发展中国特色社会主义制度、推进国家治理体系和治理能力现代化作为全面深化改革的总目标。党的十九届四中全会就坚持和完善中国特色社会主义制度、推进国家治理体系和治理能力现代化的若干重大问题做出了相关决定。党的二十大把"国家治理体系和治理能力现代化深入推进"作为未来我国发展的主要目标任务之一。可见，深入推进国家治理体系和治理能力现代化已经成为当前和今后一段时间的重要任务。因此，围绕国家治理开展研究将会成为未来中国政治学与公共管理学界的重要历史使命之一。

习近平总书记在二十届中共中央政治局第六次集体学习时的讲话中强调："我们要拓宽理论视野，以海纳百川的开放胸襟学习和借鉴人类社会一切优秀文明成果，在'人类知识的总和'中汲取优秀思想文化资源来创新和发展党的理论，形成兼容并蓄、博采众长的理论大格局大气象。"这为我们更好地推进国家治理理论与实践研究提供了指引。鉴于此，华东政法大学政府管理学院与格致出版社携手合作，继承中国政治学与公共管理学界的翻译与引介国外优秀学术著作的传统，共同推出了"国家治理研究译丛"，一起致力于译介国外优秀的国家治理研究成果，借鉴世界各国国家治理领域的经验、教训和启示，从不同的国家治理理论研究与实践道路中寻求智慧、汲取营养，拓展我国国家治理研究的理论视野，从而为形成中国特色社会主义国家治理自主知识体系研究提供助力。

基于以上考虑，"国家治理研究译丛"将在充分参考各方面意见基础上，结合国家治理研究的核心议题，分步骤、分年度选取具有代表性和影响力的经典和前沿著作开展译介工作，尽可能全景式展现国外国家治理研究的最新成果，加强国家治理理论研究交流互鉴，为国家治理研究的体系化、学理化做出应有的贡献。

未来，我们希望通过对本丛书的持续推进，一方面可以为理论研究者和实务工作者提供国家治理理论和实践的启示，使建构中国特色社会主义国家治理自主知识体系有更加全面的视野；另外一方面可以为国内外学术界提供"文明交流互鉴"的平台，促进学者围绕国家治理研究开展学术互动和国际合作，携手解决世界各国国家治理中共同面临的各种挑战，在交流互鉴中推动国家治理体系和治理能力现代化的实现。

是为序。

任勇

2024 年 6 月

中文版序

　　全球化常常与国际贸易紧密相连，但国际经济一体化中有一个关键却常被忽视的维度，那就是跨境资本流动，尤其是主权债务。公共财政的第一次全球化始于拿破仑战争结束之后，距今已有二百多年历史。在这一首轮周期（1816—1913 年）中，西方国家将工业革命所积累的私人资本盈余再投资于全球南方新兴国家的主权债务——其中也包括晚清中国。随着第一次世界大战的爆发，这一轮国际资本流动戛然而止，并在此后数十年间处于较为有限的状态，直到 20 世纪 80 年代，全球范围的大规模投资才得以重新启动。自 21 世纪初以来，中国已跻身全球最大对外投资国之列，实现了与百年前截然相反的历史性转变。

　　获得外部融资可以帮助发展中国家克服经济增长的结构性障碍、应对存亡性战争或提供诸如教育和医疗等公共物品。然而，正如所有政策工具一样，外部借贷也伴随着权衡与取舍。外部资本的便利获取，可能会对国内政治精英形成逆向激励机制。外部融资能够延缓甚至规避加征国内税收，从而可能削弱加强财政能力建设的动机，并弱化通常由征税带来的政治问责。在制度不健全、国家能力不足的情境下，这些机制可能会破坏公共财政稳定，并增加主权违约的风险。

　　在第一次公共财政全球化浪潮中，欧洲债权人通过在合同中嵌入部分条款来应对这些风险，这些条款允许他们在借款国违约时，扣押该国的国有资产并接管其税务机构的部分职能。一旦这些条款被触发，便会进一步削弱借款国的行政能力，使其陷入债务陷阱和政治危机之中。

本书通过定量分析和历史案例研究（包括晚清中国的案例），详细阐述了外部借贷管理不善和债权人强势介入带来的风险。1911 年，在陷入财政困境之际，晚清政府将海关收入控制权割让给了外国债权人，使得海关总税务司署（Maritime Customs Service）事实上沦为欧洲债权人的债务收缴机构。时至今日，局面已截然不同。进入 21 世纪之后，中国通过丝路基金、亚洲基础设施投资银行和国家开发银行等机构，在全球金融领域扮演着重要角色。

本书旨在拓展新兴的"历史政治经济学"研究领域，同时参与比较政治研究和国际关系研究，特别是国际政治经济学分支的对话与回应。希望本书能够鼓励中国学者与学生更多采用跨学科方法，探索中国乃至全球现代制度的历史根源。

自 2022 年英文版出版以来，本书在政治学研究领域获得了多项殊荣，包括美国政治学会政治经济学分会颁发的威廉·赖克双年奖、美国政治学会国际合作分会最佳图书奖、耶鲁大学加迪斯·史密斯国际图书奖（授予耶鲁大学终身教职教师的最佳首作奖）、乔治城大学莫塔拉国际研究中心勒普戈德国际关系最佳图书奖，以及国际政治经济学学会的三年期最佳图书奖。今天，我非常荣幸能将这项研究成果以中文形式与中国读者分享。

本书的出版得益于格致出版社与普林斯顿大学出版社之间的合作，也离不开译者细致入微的斟酌与翻译，以及哈佛大学博士生刘恺潇的宝贵意见。在此，我向他们，以及所有中国读者，致以最诚挚的感谢。

迪达克·克拉尔特

2025 年 6 月于纽黑文

致 谢

本书的顺利完成，得益于我与同事和朋友们的多次交流与讨论。特别感谢卡雷斯·博伊克斯（Carles Boix）、亚历克斯·德布斯（Alex Debs）、伊萨贝拉·马雷斯（Isabela Mares）、亚当·普沃斯基（Adam Przeworski）和戴维·斯塔萨维奇（David Stasavage）的大力支持和宝贵建议。巴勃罗·贝拉门迪（Pablo Beramendi）、丽莎·布莱兹（Lisa Blaydes）、杰夫·弗里登（Jeff Frieden）、玛丽亚·何塞·耶罗（María José Hierro）、努诺·蒙泰罗（Nuno Monteiro）、莱纳·莫斯利（Layna Mosley）、约翰·罗默（John Roemer）、尚卡尔·萨蒂亚纳特（Shanker Satyanath）和安德烈亚斯·威默（Andreas Wimmer）的详细评论也使我在一些关键论证方面获益良多。

我还要感谢弗朗塞斯克·阿马特（Francesc Amat）、本·安塞尔（Ben Ansell）、拉亚·巴尔塞尔斯（Laia Balcells）、托马斯·布兰博尔（Thomas Brambor）、克里斯蒂安·布吕尼希（Christian Breunig）、劳伦斯·布罗兹（Lawrence Broz）、艾伦·达福（Allan Dafoe）、鲁边·叶尼科洛波夫（Ruben Enikolopov）、鲁伊·埃斯特韦斯（Rui Esteves）、马克·弗朗德罗（Marc Flandreau）、赫克托·加林多-席尔瓦（Hector Galindo-Silva）、艾纳·加列戈（Aina Gallego）、弗朗西斯科·加菲亚斯（Francisco Garfías）、斯科特·盖茨（Scott Gates）、米图·古拉蒂（Mitu Gulati）、玛格利特·利瓦伊（Margaret Levi）、约翰尼斯·林德瓦尔（Johannes Lindvall）、马德斌（Debin Ma）、克里斯·詹姆斯·米奇内尔（Kris James Mitchener）、霍尔迪·穆尼奥斯（Jordi Muñoz）、皮

拉尔·诺格斯-马可（Pilar Nogues-Marco）、玛丽亚·彼得罗娃（Maria Petrova）、贾科莫·庞泽托（Giacomo Ponzetto）、莱安德罗·普拉多斯·德拉埃斯科苏拉（Leandro Prados de la Escosura）、彼得·罗森多夫（Peter Rosendorff）、帕乔·桑切斯-昆卡（Pacho Sánchez-Cuenca）、彼得·施拉姆（Peter Schram）、埃里克·沃腾（Erik Voeten）、汉斯-约阿希姆·沃思（Hans-Joachim Voth）、马克·魏德迈（Mark Weidemaier）、席天扬（Tianyang Xi）和诺姆·尤特曼（Noam Yuchtman），本研究是在与他们的深入交谈——有些交谈更加正式——中逐渐酝酿成型的。我感谢他们，以及巴塞罗那经济学院、哥伦比亚大学、杜克大学、欧洲大学学院、国际政治经济学全球研究网络研讨会、伦敦政治经济学院、隆德大学、纽约大学、纽约大学阿布扎比分校、北京大学、巴黎政治学院、斯坦福大学、马德里卡洛斯三世大学、伦敦大学学院、曼彻斯特大学、圣母大学、范德堡大学和耶鲁大学主办的研讨会和与会学者，以及美国政治学会、欧洲政治学会、国际政治经济学会和国际研究协会组织的学术年会。

2019 年秋季在耶鲁大学举行的工作坊是本书研究范围和研究目标的重要转折。在此衷心感谢工作坊的与会学者马克·丁切科（Mark Dincecco）、戴维·莱克（David Lake）、海伦·米尔纳（Helen Milner）、戴维·斯塔萨维奇、肯·谢夫（Ken Scheve）和迈克·汤姆兹（Mike Tomz），感谢他们对书稿提出详细的反馈意见，并鼓励研究计划的持续推进。此次工作坊的成功举办得益于耶鲁大学格奥尔格·瓦尔特·莱特纳国际与比较政治经济学研究项目（Georg Walter Leitner Program in International and Comparative Political Economy）的资金支持，以及项目主任杰拉德·帕德罗·伊·米克尔（Gerard Padró i Miquel）的大力支持（和参与）。

本书的出版也离不开我在耶鲁大学的同事们的支持，他们倾听并阅读了各章节的多次反复修改。除了上文中致谢的几位同事之外，我还要感谢格雷格·休伯（Greg Huber）、丹·马丁利（Dan Mattingly）、安娜·L. 德拉奥（Ana L. de la O）、弗朗切丝·罗森布卢特（Frances Rosenbluth）、埃米莉·塞拉斯（Emily Sellars）、米兰·什沃利克

（Milan Svolik）和史蒂文·威尔金森（Steven Wilkinson）。

本书部分内容是我在隆德大学和伦敦政治经济学院三得利和丰田国际经济及相关学科中心工作期间完成的。我非常感谢隆德大学"漫长的 19 世纪及其后的国家建构与全球秩序的起源"（STANCE）研究小组的首席研究员扬·特奥雷尔（Jan Teorell），感谢他多年来对本研究的支持和关注。我还要向蒂姆·贝斯利（Tim Besley）致以衷心的感谢，感谢他盛情邀请我访问伦敦政治经济学院，并在我访问期间就本项目进行了多次交流讨论。

耶鲁大学麦克米伦研究基金（MacMillan Research Grant）慷慨资助了我前往伦敦市政厅图书馆（Guildhall Library）查阅资料的多次旅行。在我为首次前往市政厅图书馆安排行程和准备的过程中，铃木俊夫与我分享了许多宝贵的经验，比如在市政厅图书馆（和欧洲其他地方）的哪些地方找资料，以及找哪些资料。在此致以诚挚的谢意。

本书使用并展示了原始的数据，但同时仰赖于佩尔·安德松（Per Andersson）、弗朗西斯科·科明（Francisco Comín）、戴维·斯塔萨维奇和阿里·焦什昆·通切尔（Ali Coşkun Tunçer）慷慨分享的既有数据库。此外，我还要感谢苏珊娜·倍尔（Susannah Beyl）、摩西·赵（Moses Cho）、胡利娅·迪亚斯·科利亚多（Júlia Díaz Collado）、西蒙·库珀（Simon Cooper）、安娜丽莎·艾希霍尔策（Annalisa Eichholzer）、贾斯汀·金（Justin Jin）、优素福·马吉雅（Yusuf Magiya）、莱恩·派克（Ryan Pike）、肖恩·撒克（Shawn Thacker）、乔什·特纳（Josh Turner）和山岸光（Hikaru Yamagishi），他们在项目研究的不同阶段承担了出色的研究助理工作。

我要向本书的编辑，普林斯顿大学出版社的布里奇特·弗兰纳里-麦考伊（Bridget Flannery-McCoy）女士，致以最诚挚的谢意，感谢她从第一天起就对我的研究充满热情，并从稿件提交到最终出版的全过程给我悉心指导。乔尔·莫基尔（Joel Mokyr）教授一直对我的研究充满信心，并将其纳入我始终推崇的系列丛书。莫基尔教授和三位匿名审稿人精彩的评审意见有助于我对本书的修改和完善。

我还要感谢普林斯顿大学出版社的内森·卡尔（Nathan Carr）和

阿莲娜·切卡诺夫（Alina Chekanov），感谢他们在整个审稿和出版过程中的陪伴，他们解决了我这个初出茅庐的作者的诸多问题。威切斯特出版服务公司（Westchester Publishing Services）的约翰·多诺霍（John Donohue）对细节的关注使我受益匪浅。耶鲁大学弗雷德里克·W. 希尔斯出版基金（Frederick W. Hilles Publication Fund）的慷慨资助使我的书稿得以顺利完成。本书的初稿由琳达·迈克斯纳（Linda Meixner）编辑，她热心地教我如何提高写作效率；詹妮弗·麦克莱恩（Jennifer McClain）则对最终文本进行了出色的校订。

本书的部分重要内容借鉴了本人的论文《长周期视野下的战争、国际金融和财政能力》(War, International Finance, and Fiscal Capacity in the Long Run)。该文 2019 年发表于剑桥大学出版社出版的《国际组织》(*International Organization*) 期刊，感谢剑桥大学出版社允许我使用论文中的一些材料。

本书从酝酿到正式出版，前后历经了七年。在此期间，我们先后搬了四次家，分别在两大洲的三个城市居住和生活——对于一个年轻的家庭来说，这真是一段相当艰辛的旅程。这些年来，我们得到了朋友和家人们无私的支持和关爱。在此，我特别感谢我的父母，琼（Joan）和蒙特塞拉特（Montserrat），他们言传身教。我也特别感谢我的岳父母，何塞·路易斯（José Luis）和米拉格罗斯（Milagros），他们尽其所能地为我们提供帮助。我的孩子，埃洛伊（Eloi）和艾丽西亚（Alicia），给我们带来了无尽的快乐，也时刻提醒我们何为生命的真谛。而本书之所以能够问世，离不开玛丽亚·何塞·耶罗无尽的爱和支持。她富有说服力的批评、乐于助人的态度和不知疲倦的乐观精神支撑着本书的每一页。有这样的伴侣，一切才有可能。

目　录

总序 / i

中文版序 / i

致谢 / i

第一章　**导论** / 001

外部公共财政与国家建设 / 006

外部公共信贷的兴起 / 009

国家建设和财政能力 / 010

为什么是欧洲而不是全球南方？ / 016

竞争性观点 / 018

本书的内容 / 022

第二章　**外部融资的政治经济学** / 030

公共财政困境 / 031

极端贷款条件 / 038

外部融资与国家解体 / 042

外国融资与国家解体：秘鲁的案例 / 043

国际金融时代国家建设的机遇 / 046

小结 / 049

附录 / 050

第一部分　全球金融的兴起

第三章　**公共信贷全球化** / 061

　　第一次资本全球化 / 061

　　借贷狂热的原因 / 070

　　获得国际融资 / 075

　　小结 / 082

第四章　**国际借贷中的极端贷款条件** / 088

　　19 世纪的债券收益率 / 088

　　现有解释的实证检验 / 092

　　债券时代的贷款合同与违约清算 / 094

　　极端贷款条件及其执行 / 097

　　对极端贷款条件的实证研究 / 108

　　极端贷款条件与国家建设 / 120

　　把赌注押在违约上？ / 121

　　总结与启示 / 122

　　附录 / 123

第五章　**债务陷阱与外国财政金融控制** / 133

　　财政金融控制的目标和类型 / 134

　　外国财政金融控制是否有助于国家建设？ / 135

　　奥斯曼帝国晚期的外国财政金融控制 / 138

　　晚清中国的外国财政金融控制 / 154

　　小结 / 161

第二部分　全球金融对国家建设的影响

第六章　**战争融资** / 169

　　战还是不战？ / 169

　　高级金融？ / 181

　　债券时代的战争融资 / 183

　　　　殖民地世界的战争融资 / 192
　　　　南部非洲的殖民战争：两个国家的故事 / 194
　　　　小结 / 197

第七章　战争、信贷和财政能力 / 203
　　　　理论期望 / 203
　　　　战争融资与财政能力的短期收益 / 205
　　　　战争融资与财政能力的长期收益 / 217
　　　　处理历史压缩问题 / 229
　　　　小结 / 231

第八章　持续性机制 / 234
　　　　战争的棘轮效应 / 234
　　　　持续性的政治渠道 / 235
　　　　持续性的官僚渠道 / 246
　　　　小结 / 254

第九章　国家建设的轨道 / 259
　　　　日本 / 261
　　　　暹罗 / 269
　　　　智利 / 278
　　　　小结 / 292

第十章　结论 / 301
　　　　公共债务何以在欧洲促进国家建设？ / 301
　　　　为什么公共债务没有促进全球南方的国家建设？ / 303
　　　　战争融资之外的国家建设 / 305
　　　　对当前的启示 / 306
　　　　未来的方向？ / 309
　　　　结束语 / 311

参考文献 / 313

第一章　导论

如果一个运作良好或"有能力"（capable）的国家能够成为人们的坚强后盾，社会就会繁荣昌盛。所谓运作良好或有能力的国家，指的是能够垄断暴力的使用，能够保护财产权，并能够提供从道路、公共教育到医疗保健等广泛的公共物品和服务的国家。但运作良好的国家并非自来有之或理所当然。国家能力，即"国家执行各种政策，为家庭和企业提供福利与服务的制度能力"[1]，在不同国家、不同区域以及各区域内部存在显著差异。为什么会存在这样的差异，这些差异又为何如此持久？

在本书中，我将国家能力的差异追溯到了19世纪。我将证明，那些在当时依靠国内资源动员而非外债为政府提供资金的国家，如今拥有更高水平的国家能力。征收税款迫使执政者投资于强化国家能力的机构（从税务机构到全国人口普查），而外部融资则扭曲了推动国家机构现代化的动机，使负债累累的国家走向了国家衰退的轨道。

19世纪，那些新近成立且传统上较为孤立的国家在欧洲发行了主权债券，用于支付战争费用、平衡预算，以及为基础设施建设项目提供资金。那些制度化程度较低的经济体迅速背上了沉重的债务负担，其结果往往是外部违约——暂停偿债。为了获得新的资金，借款国不得不同意接受越来越苛刻的条件，包括基础设施特许权、用旧债换取公共垄断，以及将税务管理部门的部分控制权租赁出去。在将政府收入的主要来源移交给外国债券持有人后，这些国家很快就需要更多贷款来平衡预算。由于预计可能出现违约，外国投资者往往要求抵押更多的公共资产，从而进一步削弱了当地政府的有效税基。到 1914 年，当借贷狂潮终结时，许多国家已经陷入债务陷阱，造成长期的财政失衡。

与片面的金融帝国主义理论不同，[2] 我的理论还强调了从国家内部视角来探讨国家建设早期阶段外债激增的原因。对于渴求收入的统治者来说，外国贷款为其提供了政府资金，同时帮助他们规避了行政改革和权力制约。也就是说，建立一个高效的税务官僚机构需要耗费资金，这就意味着执政者无法将这部分资金用于自我享乐或培育庇护网络。此外，统治者还可能不得不与纳税人分享财政权力，以克服他们对增加税收的犹疑。[3] 通过依赖外债，全球边缘国家（global periphery）的统治者得以规避财政创新的行政和政治成本，从而阻碍了国家能力的提升。

我主要用 19 世纪的战争融资来量化外部贷款对国家建设的影响。这一决定基于两个理由。首先，自古以来，战争既是对财政系统的最大冲击，[4] 也是国家建设的重要推动力。[5] 其次，主权贷款的极度兴盛和国家间冲突的频繁发生，都集中在拿破仑战争结束（1815 年）到第一次世界大战爆发（1914 年）这段时期内，此后则急剧下降。通过研究所谓的"债券时代"（Bond Era）的战争融资手段，我可以考察统治者对动员内部资源的承诺，以及早期的财政政策决策是否将各个国家推向了不同的国家建设轨道。

通过分析因果推断中的常见问题，我证明了那些在 1914 年之前过度依赖外国资本进行战争融资的国家，至今税收能力仍然较低。相比之下，那些动员国内资源为战争提供资金的国家，如今表现出更高的税收比例和更强大的税务官僚体系，在一些特定案例中，其民主体制也更稳固。在提供计量经济学证据的同时，我还针对不同的地理区域和制度背景进行了一系列案例研究：阿根廷、智利、晚清中国、埃塞俄比亚、日本、奥斯曼帝国、秘鲁、暹罗和南非。这些案例展示了外国金融资本家、本地执政者和纳税人之间的政治博弈，以及早期的财政决策如何影响长期的国家建设。计量经济分析和定性分析相结合，为理论论证的关键假设、影响和机制提供了互补的证据。

理论上，债券时代的外国资本为克服经济增长障碍、投资具有高社会回报的基础设施提供了无与伦比的机会。然而，它也削弱了建设有能力的国家的动力，将贫穷和制度化程度较低的国家推入债务陷阱。与直觉相反的是，如果发展中国家在国家建设的早期阶段以更严格的条件获取外部资本，它们可能因此而受益，因为这会促使其统治者致力于持续提升国家能力。正如下文所概述的，我的结论对国际金融、国家建设和政治改革的研究具有重要启示意义。

关于金融全球化。

本书的论点建立在以下假设之上：在债券时代，全球南方（Global South）或边缘国家可以获得相对低廉的外部信贷，[6]然而，欧洲以外的主权借款国的基本面较为薄弱，在资本市场上声誉甚微或很差，而且经常发生违约行为。[7]我通过引入"极端贷款条件"（extreme conditionality）的概念来阐释这一明显的矛盾：用本地资产（如国有垄断企业、铁路和海关）作为抵押来获取新的外国贷款。

金融资本家和债权国政府的利益日益接近，外国债券持有人在债务国违约的情况下获得新特许权和控制抵押资产的能力也随之增强，这种现象在19世纪最后几十年愈演愈烈。英国是当时资本输出的领头羊，其金融利益与政府利益逐渐趋于一致，来源于三个相互关联的因素：精英更替、债券持有人的协调以及帝国竞争。新的"绅士阶层"[8]——银行家家族与土地精英的联姻——在外交部、英格兰银行（Bank of England）和领事服务部门担任要职。与此同时，外国债券持有人成立了外国债券持有人公司（Corporation of Foreign Bondholders，CFB），这是一个代表大小投资者的综合性组织，它逐步完善了在主权债务危机中请求外交援助的技艺。英国政府起初也曾犹豫不决，后来逐渐接受了此类要求，将金融纳入帝国主义政策体系的范畴，而法国和德国自19世纪70年代以来就已公开这么做。

米奇内尔（Mitchener）和魏登米尔（Weidenmier）的研究显示，诸如外国金融控制和炮舰外交的所谓"超级制裁"（supersanction），就经常被强加于陷入窘境的政府（embarrassed government）——在本书中指的是那些暂停偿债的国家。在1870年至1914年期间，48%的违约国家受到了超级制裁。多次违约的借款国受到超级制裁的比例高达70%。[9] 米奇内尔和魏登米尔认为，超级制裁是根据具体情况、针对明显的不良行为实施的，即事后制裁。而我认为，严厉的制裁已逐渐成为贷款业务模式的一部分，成为一种被普遍认可的债务催收行为。在债务偿还中断后实施超级制裁的可能性，越来越多地在发行贷款时或事前就已商定，因此我更倾向于使用"极端贷款条件"一词。扣押优先考虑的是已质押资产，即在原始贷款合同中已质押的国有垄断企业和税源。[10] 我对1858年至1914年间700多份主权债券募集说明书中的质押条款进行了编码，结果表明，能够控制债务国公共资产的预期降低了在国际市场上声誉不佳或毫无声誉的国家所支付的溢价。从某种角度来看，尽管债券时代主权违约的现象频发，但极端贷款条件为该时期利差（富国与穷国之间的利率差异）的长期下降提供了一种全新的解释。

我对国际借贷的看法与霍布森–列宁假说（Hobson-Lenin hypothesis）不谋而合，该假说认为，欧洲列强利用国际金融作为帝国统治的工具。[11] 极端贷款条件可以被解释为金融帝国主义的微观基础，一种旨在控制外国资产的非暴力政策。然而，与霍布森–列宁假说不同的是，我强调的是从国内角度来研究债券时代外部融资激增的问题：外国贷款不仅为政府资金提供了保障，也帮助统治者推迟了行政改革和对其权力的制约。

关于战争与国家塑造。

本书的论点重新审视了国际金融时代战争与国家塑造（state making）之间的联系。与所谓的"战争塑造国家的理论"（bellicist hypothesis，即战争越多，国家越强）的绝对化描述相反，我认为——与蒂利原著中的观点非常相似——战争对国家建设的影响最终取决于战争的融资方式：通过税收（或国内信贷）为战争提供资金有利于国家塑造，而用外部贷款为战争融资可能不会有同样效果，因为如果用实物① 偿还战

---

① 这里指的是用实际物资或贵金属偿还债务，而不是用纸币或信用工具等其他形式来支付。——译者注

争债务，统治者可能会逃避战争贷款与税收之间的长期等价关系。[12]
当这种等价关系成立时——当统治者用税款偿还战争债务时——就能
够预期出现积极的制度转型，也就是与战争假说相关的积极制度转
型。也就是说，所谓"战争塑造国家"，是因为统治者不得不增强税
收能力以偿还战争债务。如果统治者想方设法、最大限度地减少战争
开支，或者设法用实物而不是税款来偿还战争债务，那么战争就不会
促使国家变得更强大，从而打破了债务和税收在国家建设中的等价
关系。

制度社会学家米格尔·安赫尔·森特诺强调了战争的外部融资对
于国家塑造的重要性。[13]我从两个方面推进了有关"外部融资对于国
家建设"的理解。首先，对于"为什么外部融资比税收更受青睐"，我
提出了一个政治解释。我认为，外部融资可以绕过行政成本以及与国
内选民就税收问题讨价还价，从而取代了对税收现代化和政治改革的
投资，并阻碍了国家能力的长期发展。新的理论预测揭示了哪些国家
可能受到外部融资的负面影响，以及这些影响为何会长期存在。其次，
通过将"极端贷款条件"的概念引入主权借贷，我阐明了为什么制度
化薄弱的国家即使在近期出现违约，并且税基已受到侵蚀的情况下，
仍然被允许发行债券。

关于公共财政与有限政府。

本书提出的论点和证据说明了国家财政与政治改革之间的关系。
欧洲的公共信贷催生了一项重要的政治制度——有限政府，即议会控
制国家年度预算的宪法权利。[14]为了防止君主在战争债务上背信弃义，
王室的债权人要求对财政支出决策拥有否决权。[15]这一妥协确保了
王室获得战争资金，并使纳税人和债权人——通常是同一批人——能
够对君主进行问责。这种互利共赢的关系将税收转变为一种非零和博
弈——统治者获得战争资金，而纳税人获得保护免受外来侵略——从
而实现对国家能力的持续投资。[16]总而言之，欧洲的国家建设将公共
信贷和政治发展紧密结合在一起。

在本书中，我根据信贷市场的首次全球化，重新审视公共财政和

代表权的契约理论。廉价的外部资本可能会加强外部融资的动机，同时抢占与国内选民进行税收谈判和发展国内信贷市场的机会，从而不利于形成国内债权人群体，而国内债权人能够与统治者进行谈判以促成有限政府的建立。换句话说，信贷国际化可能不利于民主的传播。[17]

外部公共财政与国家建设

在深入探讨历史证据之前，我先提前展望一下在第二章中论证的主要逻辑，我将在第二章提出公共财政的政治经济学，并描述早期政策决策的财政后果。尽管我关注的重点是战争融资——通常与国家建设相关的最重要的财政冲击——但我认为这一论点也适用于其他政策领域，即需要在相对较短的时间内动员大量财政收入的政策领域，例如抗击疫情、建设重要的基础设施，以及自然灾害之后的重建。

假设某位现任执政者或统治者必须为一场特定的外部战争提供资金。为简化分析，我假设有两种融资方式——税收或贷款，排除中间组合。同样，我只考虑外部贷款，因为在 20 世纪之前，欧洲以外地区的国内信贷市场普遍紧缩或根本不存在。[18]统治者在个人利益的驱使下，通过截留政府资金总额的一部分（即权力寻租）来寻求个人收益的最大化。与此相反，纳税人希望将所有税款用于公共物品，而政府的债权人——海外的私人投资者——则希望在规定的时间内（或到期日）收回投资（本金和利息）。

为了约束统治者，纳税人要求在公共资金的使用方面拥有一些制度化的发言权，即权力分享制度（power-sharing institution）。如果权力分享制度得以建立，统治者就能够获得战争资金，但代价是限制其对财政政策的自由裁量权，也因此限制了其获得权力寻租的酬金。权力分享的制度一旦建立，就有可能持续存在，原因有二。其一，税收可以实现统治者和纳税人的双赢：统治者获得稳定的资金流，纳税人可以对统治者进行问责，同时从公共物品中获益。其二，权力分享制度能够帮助纳税人克服在约束统治者方面的集体行动困境，从而提高其谈判能力。[19] 外国私人投资者则通过基于市场的手段来约束统治者。他们通过事先收取更高的利率（或溢价）来补偿违约风险，并在事后通过实施违约制裁来进行补偿，例如，如果偿债中断，则拒绝提供新的贷款 [也被称为"资本排斥"（capital exclusion）]。

统治者决定为哪个主体——纳税人还是外国金融资本家——服务。一方面，税收强化了权力分享制度，从而减少了统治者可保留并用于自我消费的公共资金份额。但通过行使征税权，国家的征税能力得以提高，从而扩大未来的税收收入和统治者可以部分占有的"蛋糕"的规模。另一方面，外部融资既能够确保当前的战争资金，又能节省税收管理的成本，并推迟对统治者的权力进行制约。未来——战争结束后——统治者需要决定是承担税收成本、用税款来偿还战争债务（即集中资源增强税收能力并与纳税人分享财政权力），还是暂停偿债并承担违约后果。

统治者利用外部贷款而非税收为战争融资的动机，取决于三个国内因素——权力分享制度的初始强度、税收管理（或财政能力）的初始水平和统治者的统治时间预期（time horizon），以及两个外部因素——国际资本市场的流动性和违约制裁的尺度。

如果明天就要支付战争费用，统治时期预期短的统治者——例如在政局不稳的政治体中——可能会认为外部战争融资更可取，即使在未来要承担违约制裁的代价。可以说，这些代价是未来某个领导人需要面对的问题。初始财政能力和政治条件也很重要：如果某个国家一开始就拥有较高的税收能力和强有力的有限政府，那么在其他条件不变的情况下，通过税收为战争融资的偏好就会增强。相比之下，在那些对行政权的制约较为薄弱、财政能力低下的国家，统治者就会认为征税所需付出的代价过于沉重，因为他们需要为相对较少的税收能力提升而放弃政治权力。

国际因素与国内制度相互作用——这是本书的主题。无论是新近借款方，还是经验丰富的借款方，都会随着国际金融流动性的增加而实现利率的下降，从而降低未来战争的税收成本。这种影响在债券时代尤为明显，在当时，工业革命产生的资本盈余涌入全球金融市场，助长了低息贷款的氛围。

只有当暂停偿债的成本（即外部违约制裁）高于建立税收管理，并且与国内纳税人分享权力的成本时，统治者才会在未来偿还债务。外部违约制裁对借款人的约束能力取决于其严厉度（severity）和可信度（credibility）。[20]在债券时代，外国债券持有人设计了一种同时具备这两种属性的机制：极端贷款条件。这涉及将公共资产（如国家垄断企业、海关、土地）作为发放贷款的前提条件。如果发生违约，质押物将被没收或由外国债权人进行管理，直到债务清偿为止。

没收国家资产、债转股以及由外国控制当地的税收管理（即所谓的"接管"），都被认为是不得人心的，其程度足以防止违约的诱惑。极端贷款条件发挥作用的关键在于执行机制。如果借款人不同意，就不可能没收其国家资产，因此没收只有依靠胁迫才能够实现。尽管债券持有人缺乏军事能力，但他们会向本国政府寻求外交帮助。

在官方层面，英国政府拒绝介入债券持有人与陷入窘境的政府之间的私人纠纷。在非官方场合，英国大使则会代表本国债权人进行斡旋，以制衡法国和德国政府对私人信贷市场日益公开的干预行为。在其他时候，英国外交部也会像欧陆国家的同类机构一样公然进行干预。英国政府内部的精英更替，为金融利益与国家利益的结盟提供了润滑剂。在19世纪的英国，土地精英和商业大亨家族联合成为一个绅士阶层，在英国政府和英格兰银行中担任要职，而英格兰银行是英国公共信贷的支柱。公共利益和私人利益交织在一起。国际贷款人正是利用这一点以及列强之间的地缘战略竞争，要求新兴经济体抵押国有资产和收入来源，作为获得新贷款的前提条件。这产生了两个实质性影响——一个是公共财政史学家感兴趣的，另一个则是研究国家建设的学者感兴趣的。

首先，极端贷款条件揭示了债券时代利差持续缩小的原因。通过提高违约制裁——主要是没收国家资产——的可信度，虽然违约事件仍然屡屡发生，但对发展中国家征收抵押物的风险和溢价随着时间的推移而下降。其次，极端贷款条件对国家建设来说是一把双刃剑。通过典当国家资产，统治者可以获得低利息的现金，而无需承担税收管理的成本或与纳税人分享权力——这就是"诱惑"，但他们也为外国私人投资者的金融控制打开了大门——这就是"陷阱"。通过"同意"债转股和分期接管，新兴经济体在违约后重新获得了进入国际市场的机会，但并没有增强其征税能力。如果说有什么变化的话，那就是违约制裁缩减了政府手中的税基，使当地财政陷入了岌岌可危的境地。

外部公共信贷的兴起

本书论证的一个关键假设是，全球南方可以获得低息的海外信贷。国际资本市场并不是19世纪的发明，但它们在19世纪获得了全新的维度。[21] 拿破仑战争之后，首先是英国，后来是法国和德国，以主权贷款的形式将来自工业革命的资本盈余注入发展中世界。资金的接收方包括此前封闭的经济体（如中国、日本、暹罗）、新独立国家（主要在拉丁美洲、南欧、东欧和北非）和殖民地。这些借款国利用外国资本进行战争、平衡预算和投资大型基础设施。

19世纪的特殊性表现在很多方面。第一，国际贷款的规模空前，直到20世纪初才改变这一趋势。相对于全球国内生产总值（GDP）而言，1980年的国际资本流动总量仍不足一百年前的三分之一。[22] 第二，主权贷款是欧洲金融资本家与外国政府之间的私人合同。官方贷款（双边或多边）在其中只起到补充作用，这与当前情况恰恰相反。[23] 第三，也许最令人惊讶的是，当时的资本价格很低廉。

图1.1是1816年至1913年间在伦敦证券交易所（London Stock Exchange，LSE）发行的900多笔主权债券利率的原始数据集。两条叠加曲线之间的垂直距离显示了新兴经济体与欧洲国家之间随时间变化的平均利差，即从发展中国家获得的溢价。直到1860年之前，该利差一直保持在100个基点左右，此后利差逐渐消失。

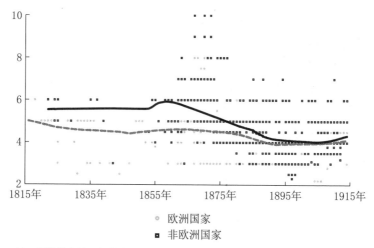

○ 欧洲国家
■ 非欧洲国家

注：欧洲样本的叠加曲线用虚线表示，非欧洲样本的叠加曲线用实线表示。作者根据多个资料来源编制（参见第三章）。

图 1.1　债券时代的名义利率（欧洲国家与非欧洲国家）

　　我将在第三章和第四章详细阐述外部公共信贷的条件。在此只需指出，发达经济体与发展中经济体之间的适度利差仍然是有效利率（effective interest rate），而其风险并没有因缩短到期时间而得到补偿。我认为，极端贷款条件——抵押公共资产——有助于解释债券时代利差的持续缩小。我通过分析债券证券（也就是质押物、担保金和抵押品）对于在伦敦发行的（新近完成数字化的）700多笔主权债券的有效利率的影响，来验证这一假设。证据表明，在19世纪后几十年里，随着私人金融利益和英国国家利益的结合日益紧密，质押的可信度有所提高，因此其降低风险的能力也增强了。这一结果在重新审视帝国主义全盛时期 [①] 绝对主权豁免原则的同时，也为利差理论的发展做出了贡献。[24]

国家建设和财政能力

　　为了量化廉价资本对国家建设的影响，我将重点放在国家的征税

————————————

① 即 1870 年到第一次世界大战。——译者注

能力上，即财政能力。这涉及国家评估财产、监督税收遵从以及确保政府资金来源稳定的能力。税收是现代国家的三大支柱之一，其他两大支柱分别是对强制力量的垄断和财产权的执行能力或法律行为能力（legal capacity）。[25] 如果没有资金保障，国家的另外两项关键职能就无法实现，因此"国家税收的历史就是国家发展演变的历史"。[26] 为便于说明，图 1.2 展示了当前税收能力与脆弱国家指数（Fragile States Index）之间的关系，其中税收能力以所得税比例来衡量，而脆弱国家指数是和平基金会（Fund for Peace）制定的衡量国家能力的一般代理指标。有一点是明确的：税收能力不佳的国家绝非强大的国家。

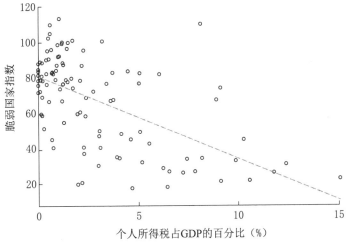

注：上图是 2010 年度脆弱国家指数与 1995 年至 2005 年平均所得税率的对比图。

资料来源：所得税率数据来源于国际货币基金组织的政府财政统计数据，作者根据各国财政部（N=102）的信息进行了补充。脆弱国家指数（Fund for Peace, 2020）则是将新闻内容分析与经济、政治和制度指标，以及质性研究相结合，进行多元交叉验证。

图 1.2　国家脆弱性与财政能力

建设财政能力需要在整个领土范围内实现税制统一，建立专业化的税收机构，并赋予其评估财富、征税和制裁违规者的广泛权力。近几十年来，一批新兴学者对财政能力建设的不同方面进行了研究。关于战争在增强国家税收能力方面的关键作用，人们已形成共识。组建军队，购买枪支、大炮和装备，运送部队，为前线士兵提供食物，救治伤员——所有这些事项都需要消耗大量资源。战争所需要的财政努力有望加强国家渗透社会各阶层，并以税收形式汲取资源的能力。[27] 为了以快速、有序和系统的方式实现这一目标，统治者可能会实施一系列"自强改革"（self-strengthening reform）[28]，包括财政集权和引入预算制度[29]、税务管理的专业化[30]，以及采用现代税收形式——从消费税[31]到累进所得税。[32]为战争提供资金的财政创新非但没有消失，而且预计将对国家汲取能力产生持久的影响。[33]或者，正如查尔斯·蒂利（Charles Tilly）所言："战争塑造国家，国家制造战争。"[34]

上述观点被称为"战争塑造国家的理论"，它主要依据的是西欧各国国家建设的历史。[35]在西欧以外的其他地区，战争塑造国家的证据并不一致。有的学者将此归因于初始条件的差异：非欧洲社会过于碎片化，族群异质性过强，难以有效利用战争进行资源动员。[36]还有些人则将其归结为全球南方所进行的战争类型：它们时间短、规模小。[37]我将在第六章阐述与这种解释不同的观点，我认为 19 世纪发生在边缘国家的战争比通常理解的规模更大、持续时间更长，也更为频繁。这些战争之所以没有促成更强大的国家，其关键原因在于边缘国家过度依赖外部资本进行战争融资。全球南方的统治者发动战争的时候，无需像 1815 年前的欧洲君主那样被迫进行制度转型和政治革新，而欧洲君主们之所以不得已而为之，单纯是因为当时的国际信贷市场太小、成本太高。

对于战争塑造国家的理论在国际金融时代的重新审视，揭示了对债务和税收的综合考量可以进一步拓展对财政能力的研究。迄今为止，主要的研究聚焦于这两种政策工具中的一种，而将另一种视为常量。[38]本书的研究结果表明，考察税收与信贷、内部与外部收入动员之间的机会和权衡，有助于我们更好地理解公共财政的政治困境。

国家建设的轨道

债券时代为政府提供资金的方式可谓影响深远，因为它们对未来的政策选择产生了持久影响。为了解释其原因，我需要将研究的时间范围扩大到近代早期，并且将创收政策的范围进一步扩大，也就是将国内信贷也考虑在内。在这个程式化的框架中，统治者决定如何筹集资金以应对重大财政冲击——在这里，我仍然以战争为例。在图 1.3 中，我考虑了从路径 A 到路径 E 的五种可能的对策。

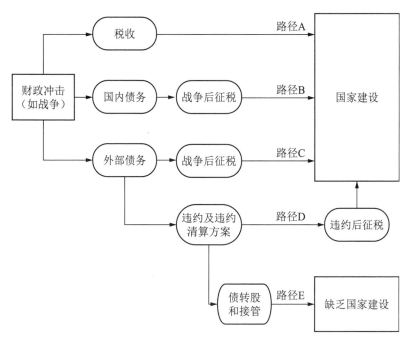

图 1.3　财政冲击与国家建设轨道

路径 A 和路径 B 意味着以税收和国内债务的形式进行国内资源动员。按照路径 A 和路径 B 的轨迹，近代早期的欧洲君主们通过放弃对国家精英的财政权力来换取税收、国内信贷或两者兼而有之，从而为战争筹集资金。权力分享制度具体化为君主立宪制（如英国）或寡头政体，在这些寡头政体中，包税人（tax farmer）和地区议会对君主进行制约（如法国）。[39] 由于君主依赖的是国内资源，他们被迫建立庞大的税务官僚机构，以便在战后偿还债务。拒不偿还债务就相当于政治自杀，因为这意味着失去纳税大户和王室贷款人的政治与财政支持。[40] 久而久之，通过自我强制偿还债务，军费开支促进了财政能力的提升。

在债券时代到来之前，国际市场处于紧缩状态，欧洲君主们不得不动员国内资源。[41]少数能够从外部筹集战争资金的君主（例如，西班牙君主依靠热那亚的银行家集资）就无需对国家制度进行投资，从而导致其国家逐渐走向衰败。[42]

到了 1815 年之后，外部贷款成了为公共开支提供资金的普遍选择。新兴经济体可以选择路径 A（税收）或路径 C 至路径 E（外部融资的不同轨道）。由于西欧以外地区的资本积累水平较低，而资本积累是国内信贷市场的必要条件，因此路径 B 被排除在外。

诉诸税收来为战争手段提供资金（路径 A）很可能是运气问题——例如，拥有目光长远、能够理解这条路径未来发展的优秀政治家，就如曾经的埃塞俄比亚和暹罗；也可能是形势所迫——例如，在被排除在国际市场之外的情况下不得不发动战争，就像西班牙和智利曾经的遭遇。

从统计数据来看，债券时代的大多数边缘国家选择了路径 C 至路径 E，这与理论论证是一致的：当初始财政能力较低且权力分享制度较为薄弱时——这些情况在全球南方普遍存在——税收的行政和政治成本就会超过外部融资的成本，即使这会为（遥远）未来的外国控制打开方便之门。

日本是国家建设路径 C 的典型范例。它借了大量外债，但从未违约。[43]与暹罗（一个相对类似的案例[44]）相比，日本建立了更强大的官僚体制，因为它在明治维新期间已建立了权力分享制度——相当于承担了税收的政治成本。与阿根廷（债券时代国际经济一体化的典型代表）相比，明治时期日本的海外借贷较少，因为它继承了更强大的国内信贷市场，这在全球南方非常罕见（也非常难得）。外部资源和内部资源的联合动员，将日本推上了西欧列强在 1800 年之前所走过的国家建设道路。

日本是个独一无二的例子。绝大多数国家缺乏可与之合作的国内信贷市场，只能从外部融资，自愿或被迫地选择路径 D 和路径 E。路径 D 对于国家建设来说不一定是件坏事，但它会延缓国家建设的步伐。可以说，它描述了在当前陷入财政困境的国家所经历的周期，例

第一章 导论 | 015

如 2010 年后的希腊。在现代，外部违约是一个由多边组织主导的、相对有序的过程，这些组织以紧缩计划为条件提供财政支持，而紧缩计划通常包括削减开支和旨在提高当地能力的税收改革。例如，希腊与"三驾马车"（欧盟委员会、国际货币基金组织和欧洲央行）之间的"第一份备忘录"规定，以提高增值税为条件对希腊提供紧急财政援助，对企业利润、房地产、奢侈品和进口汽车征税，以及对酒类、香烟和燃料征收消费税。

债券时代还不存在多边组织，再加上列强之间的地缘战略竞争，使得债券持有人将新兴经济体推向了路径 E。抵押国家资产逐渐成为获取外部资本的必要条件，也就是极端贷款条件。当发生违约的时候——这种情况在当时经常发生——外国控制就会随之而来。债转股和接管都不是为了提高税收能力。这些准国家组织（parastate organization）控制了当地税务管理部门的全部分支机构，目的只有一个：回收私人资本。接管工作由外国债券持有人或其代表进行管理，并按照欧洲（和美国）的标准运作。它们可能会带来新的税收技术，并在当地政府中产生积极的外部效应，但第五章中的证据表明事实并非如此。在债券时代，接管是为了盈利，而不是为了建设国家能力。

总之，与路径 A 至路径 D 不同，路径 E 无法实现债务与税收之间的长期等价关系。恰恰相反，债转股和接管会侵蚀地方税基，需要新的证券化贷款（securitized loan）来平衡预算，从而造成长期财政赤字。

变与不变

公共财政的政治困境揭示了 19 世纪财政政策影响长期国家能力的原因。外部融资使统治者得以回避与纳税人的政治妥协和对税收能力的投资，但外部融资并不总是能够实现。一些国家可能会面临无法获得新的贷款，但仍然需要资金（例如发动国际战争）的困境。还有的参战国虽然在外国债权人中享有良好的声誉，但碰巧在信贷紧缩的国际金融危机期间发生战争，因此也难以获得资金。

虽然投机性很强，但债券时代的特点就是这样起起落落，在借贷狂潮之后往往就是信贷的"急刹车"（sudden stop），[45]世界各地的资本流动暂时冻结——通常会持续四年。利用这些外生性事件，我研究了当统治者需要战争资金却又无法依赖外国信贷时，其提高税收能力的动机是否会加强。沿着这条路径，统治者可能会启动两种机制，将过去的财政创新努力与未来的国家能力联系起来。首先，为了促进（纳税人）遵从更高的税收，统治者将不得不明确提出有关财政政策的权力分享制度，以克服纳税人对进一步征税的犹豫不决。这种制度一旦建立，税收将成为一种自我维持的妥协方案：统治者将获得资金，而纳税人则要求统治者对其财政决策负责，从长远来看，这将提升征税能力。我将其称为传导的"政治机制"（political mechanism）。

研究民主问题的学者一致认为，当纳税人面临协调成本较低、容易逃避税收等情况时，权力分享制度更容易发挥作用——而规模较大、贫穷的经济体则较难满足这些条件。[46]对于大多数处于殖民统治下的国家来说，通过谈判、建立权力分享制度以换取增加税收，这也是不现实的。对此，我提出了第二种传导机制，这种传导机制与政治地位、地理规模和资本流动性无关。我称之为"官僚机制"（bureaucratic mechanism），它指的是税务官僚机构防止财政能力削弱，以保障组织生存的种种努力。[47]

在第八章和第九章中，我评估了外部融资对财政能力的影响，以及这两种传导机制的合理性。通过对发达国家和发展中国家的一系列统计分析表明，获得外部融资会扭曲借款国投资财政能力的动机，从而阻碍其国家建设。与此相反，在被排除在资本市场之外的情况下发动战争，则会增强该国的短期和长期税收能力。征税有助于权力分享制度的发展，特别是在较小和较富裕的国家，也有助于主权国家和殖民地附属国官僚机构的发展。

为什么是欧洲而不是全球南方？

归根结底，本书的理论论证和经验证据旨在阐明一个更广泛的问题，即本节的名称：为什么是欧洲而不是全球南方？经济史学家都知道，欧洲各国是通过战争和公共信贷建立起来的。那么，为什么战争在欧洲塑造了国家，在其他地方却没有？简而言之，欧洲的君主从国内借贷，这保证了他们在战后致力于财政能力建设来偿还债务。

1800 年之前，国际资本市场只能说非常有限。[48]由于无法获得廉价的外国资本，欧洲的君主们不得不动员国内资源来支付战争费用。16 世纪中叶的军事革命之后，军事支出的增长速度超过了税收收入，促使政府寻求新的融资方式。于是，君主们开始向商人和土地精英大量借款，但借贷是有代价的。为了让精英阶层相信统治者一定会偿还债务，君主们与王室贷款人分享了财政政策的权力。王室贷款人组成议会或贷款卡特尔，如果偿债中断，他们就会拒绝向君主提供新的资金，必要时还会撤回对君主的政治支持。为了避免出现国内违约的后果，君主们积极投入税收管理的现代化，并确保有足够收入用于偿还债务。到 1815 年，大多数欧洲强国的财政能力已经达到了相对较高的水平。[49]在确保高税收收入的情况下，这些国家还可以从债券时代的国际流动性中获益，而无需担心影响国家主权。

到了 19 世纪，公共信贷的全球化改变了这一切。在欧洲以外的地区，那些 19 世纪才新近独立的国家和半自治国家面临着截然不同的建国初始条件。如果说欧洲的君主们缺乏外部选择，只能依靠国内债权人，那么边缘国家的统治者们则虽缺乏本国贷款人，却能够获得外国资本。欧洲以外的皇帝、总统和苏丹纷纷签订贷款合同，通过贷款为战争、预算赤字和基础设施投资提供资金，同时推迟了关键的行政和政治改革。外债很快就堆积如山，消耗了大量外汇储备。一旦偿债中断，再想获得新资金就会被施以苛刻的条件，包括接管和债转股，从而进一步侵蚀税基。许多新兴经济体因此陷入债务陷阱，对国家建设和政治改革造成长期的负面影响。

为什么是欧洲而不是全球南方？有一点很清楚：1800 年之前的欧洲君主并不比 1800 年之后的新兴国家领导人更具有公共精神——他们只是面临着不同的国际环境，而国家建设则从中受益。

竞争性观点

当政府无法完成其设定的经济、社会或政治任务时，国家就会走向衰弱。接下来，我将讨论三个广为接受的导致弱国家能力（state weakness）的原因：自然资源的可及性、族群分裂和殖民主义。我在本书中提出的论点并不是要取代或证伪这三个假设中的任何一个。我将外部融资解释为弱国家能力的另一个原因，不过这与现有的解释仍然可以联系起来，例如，自然资源被用作国际贷款的担保品，殖民统治一定程度上是通过金融控制来实现的。在简要讨论这些论争之后，我对外国资本的生产性用途［也被称为"开发性金融"（developmental finance）］[50]以及除税收和债务之外的政府融资方式进行了评论。

要素禀赋和资源诅咒

恩格曼（Engerman）和索科洛夫（Sokoloff）强调了要素禀赋（factor endowment）在解释美洲大陆内部经济增长、不平等和政治制度差异中的作用。当地的气候和土壤条件适合奴隶种植园经济的发展，当地丰富的自然资源在世界市场上具有极高的价值，这就催生了相应的政治制度，而这些政治制度又加剧了拉丁美洲长期的不平等和弱国家能力。[51]

在现代，石油和天然气带来的租金"侵蚀"了制度质量。非税收收入的可获得性（availability）削弱了国家与纳税人进行税收谈判的动力[52]和对国家官僚机构进行投资的动力。[53]在食利国家，庇护成为统治的手段。[54]腐败从政治领域蔓延到官僚领域，降低了公共行政的专业性、中立性和独立性。[55]从自然资源中攫取租金的贪婪可能会破坏资源丰富型国家的稳定局面，并致使内战成为普遍现象。[56]在这种情况下，建设有能力的国家是极其困难的。

外国援助还允许独裁者培养庇护关系，[57]削弱问责机制，并放弃对合法性的追求，[58]从而导致与石油没什么不同的不良影响。[59]外部融资可以被理解为另一种"轻松来钱"（easy money）的形式，而不是对立的假设，它带来了与外国援助类似的困境。一旦援助或贷款获得发放，无论是捐赠者还是贷款方，往往都很难对接受国政府进行有效约束。[60]此外，就贷款而言，统治者可能会因预期的债务减免或某种形式的外国金融干预，或两者兼而有之，决定中断偿债，从而放松当前增强税收能力的努力，并将违约成本推给子孙后代。

社会分化

族群异质性是阻碍公共物品提供的常见障碍[61]，其中最主要的公共物品就是国家官僚机构。[62]许多非欧洲国家被认为具有高度的族群多样性或族群分化，因此国家能力较弱，这一论点经常被用来解释拉丁美洲[63]和亚洲[64]的国家脆弱性。这种说法可能会引起因果关系倒置的问题：国家通过一种国家认同来取代既有的社会分化，即族群、宗教、语言等，从而变得强大。社会同质化可以通过多种方式实现，从灌输式教育到大规模驱逐再到种族清洗。[65]以法国为例，约翰逊（Johnson）通过分析法国国内的差异发现，在18世纪初，法国国内那些治理能力较强的地区（通过税收收入来衡量），往往表现出对法兰西民族更高的认同。[66]法国国家创造了法兰西民族，而不是相反。法国大革命之后，这一过程在国家主导的文化同化中得以继续。[67]在西欧以外的地区，当代中国和当代非洲都不乏类似的例证，在中国，国家通过公共教育系统建立国家认同[68]，而在非洲，提高国家能力则有助于减少基于族群的争端。[69]

获得国际资本也可能加剧社会分化。为了给中央政府提供资金，首都的统治者可能不得不与地域性集中的少数族群进行谈判，就制度设计问题进行协商并给予政策优惠，从而建立强大的联邦国家。[70]然而，获得外部资本可能会阻碍中央政府与地区精英进行接触、放弃国家建设项目，并加剧领土分裂。[71]

殖民主义

殖民主义是造成国家能力弱的关键原因。西方列强在非定居殖民地（nonsettler colony）实施的"汲取性制度"剥夺了边缘国家的主要财富来源。[72]缺乏自决权、以强迫劳动的形式持续存在的奴隶制[73]，以及随意划定的边界[74]，都给国家建设造成了巨大障碍。[75]这是一个非常有说服力的解释，几乎没有什么需要补充的。

我将外部融资解释为一种补充假设，它放大了殖民征服的负面影响。在第三章中，我指出殖民地被允许从国际市场借贷——这是经济史上广为人知的结果；在第六章中，我指出殖民地参与了地区战争和殖民战争，并被期望在财政上自给自足，从而建设财政能力。如果殖民地符合"战争塑造国家"的所有标准，那么为什么它们没有建立更强大的国家呢？尽管殖民地几乎承担了所有的国内开支，包括治安和公共行政费用，[76]但国家间战争的大部分费用是由宗主国——虽然是不情愿地——以援助拨款或大幅贴现贷款的形式勉强承担的，因此，殖民战争与国家建设之间的联系很弱。

开发性金融

开发性金融是指对社会回报率高的项目进行投资。在债券时代，铁路建设占所有国际资本流动量的三分之一，是当时开发性金融的最典型例子。[77]例如，铁路投资促进了美国经济的增长，[78]并帮助瑞典实现了国家权力的强化。[79]然而，开发性金融的成功案例往往集中于少数相对富裕、制度较为健全的经济体。在全球南方的大部分地区，铁路大大降低了国内运输成本，从而降低了主要产品的出口价格，但对于当地工业发展的刺激作用却非常有限。或者，正如科茨沃思（Coatsworth）所说，铁路带来了增长和欠发达。[80]

开发性金融的记录可谓好坏参半，这反映了当时的国际和国内政治，并体现了理论观点。外国投资者对投资收益率的追求和强大的讨价还价能力，再加上腐败和投机的政客，往往导致不合理的网络规划、对资本和资源投入的外部依赖，以及因利润保证而造成的预算赤字。本书列举了各种侵略性外国贷款案例（如，清政府发行的大清帝国铁路担保债券），以及投资者争夺新的特许权和抢占现有线路的情况。但当地政府的贪污[81]、妄自尊大的行为[82]和短视政策[83]也在其中起了一定作用。我对国际贷款的解读是，在债券时代，全球南方的开发性和非开发性金融往往加剧了外部依赖，侵蚀了有效税基，造成持续的财政失衡——这与国家建设恰恰背道而驰。

我之所以关注战争融资——一种非开发性投资形式——是基于两个因素。首先，得益于现有的战争数据集，战争引起的外国资本需求量增加更容易得以确定。其次，通过对战争影响的分析，我能够确定战争塑造国家的理论成立的范围条件（scope condition），从而阐明军事竞争与国家建设之间的重要关系，这一关系从 16 世纪后半期的军事革命延续至今。

其他形式的公共财政

债务和税收是债券时代为政府提供资金的两种主要方式，但还有一些其他方式，比如货币扩张等。这种政策往往会导致价格不稳定、实际税收收入下降和货币贬值，违背了金本位制的规定。印钞虽然能够解决流动性不足的问题，但它造成的麻烦比它原本想要解决的问题更严重。一般来说，在应对财政冲击时，应当避免采取这种政策（Cappella Zielinski, 2016；Fujihira, 2000；Sprague, 1917）。

统治者还可以采取金融压迫（financial repression）[84]、征用教会财产[85]、出售官职[86]、贩卖奴隶[87]或依靠帝国内部转移[88]来筹集公共资金。选择征税而非上述任何措施，同样是能力和政治考量的问题。值得注意的是，就国家建设而言，任何替代征税的途径都有可能产生与外部融资类似的效果，因为它不需要建立一个能够评估财富并确保稳定收入来源的税收机构（即提高财政能力），也不会激活战争棘轮效应的关键传导机制（即加强权力分享制度和官僚能力）。国家建设的范围条件相对狭窄。随着 19 世纪资本全球化的推进，获得外国信贷变得更加便利，也就进一步缩小了这些范围。

本书的内容

在下一章中，我将通过阐述公共财政的政治经济学来进一步深化本书的理论。虽然理论探讨可以推广到其他重大财政冲击，但我将注意力集中在军事开支上，因为在1914年之前，战争是征税和举借债务的主要且明确的理由。我确定了一系列影响统治者"倾向于选择贷款还是税收"的国内外因素，包括税收能力和权力分享制度的初始水平、违约制裁以及国际市场的流动性。这一讨论引出了"极端贷款条件"的概念，因为它有助于我们理解为什么基本面薄弱的国家能够以优惠条件获得资本。为了说明贷款条件的逻辑，我将在这一章简要论述秘鲁的案例。在第二章的结尾部分，我阐述了战争融资对国家建设产生长期影响的原因或传导机制。

本书的其余内容分为两个部分："全球金融的兴起"（第三章至第五章）和"全球金融对国家建设的影响"（第六章至第九章）。经济史学者和国际关系学者可能对第三章至第五章特别感兴趣，因为我重点关注了全球金融的兴起、检验极端贷款条件，并详细阐述了发达经济体与边缘国家之间利差较小的原因。研究工业革命以来国家能力建设的学者，以及对民主政治的历史起源有兴趣的学者，可能也对第六章至第九章感兴趣。

在第三章中，我阐述了债券时代的主要特征——谁放贷、谁借钱以及资本如何投放——并详细说明了我对那个特定时期"开发性"金融和"收入性"金融在国家建设中的区别持怀疑态度。[89] 随后，我回顾了漫长的19世纪中借贷狂潮的标准推动力（push）或供给解释。为此，我通过引入1816年至1913年间92个国家的利率原始数据集，记录了公共财政的兴起。这些数据清楚地表明，与近代早期的欧洲和现在相比，19世纪的新兴经济体获得资本的条件更为优惠。

第四章阐明了借贷狂潮的拉动力（pull）或需求决定因素，即哪些特定国家特征预示着较低的国际利率。除了金本位制、声誉和帝国成员等标准理论之外，我还检验了极端贷款条件的概念，即为了获得外部融资而抵押公共资产。法学学者发现，资产扣押是以先前质押的资产为依据的。为了评估抵押的效果，我对 1858 年至 1913 年间伦敦发行的 700 多份原始贷款募集说明书中的质押条款进行了编码，并研究了质押是否会降低实际利率。利用国家内部纵向差异进行的统计分析表明，当债券持有人的互相协调和地缘战略竞争同时提高的时候，换句话说，当没收外国资产的能力具有可信度时，质押确实会减少利差。

　　源于极端贷款条件的违约制裁包括资产扣押和接管。所谓"接管"，通常是指由收债机构以清偿债务为目而接管当地税务管理机构。从原则上讲，如果接管能够引入专门技能和新的税收技术，则有利于提高当地的税收能力。我在第五章中回顾了有关接管绩效的间接证据，并通过对奥斯曼国债管理处（Ottoman Public Debt Administration, OPDA，1881—1914 年）的深入分析来进行补充。根据该机构想要清算的未偿债务计算，这可谓有史以来规模最大的一次接管。其结果总体是悲观的，这与外国主导国家建设的现代经验是一致的。[90]接管对债券持有人来说是有利的，因为债务得到了清偿，然而，与干预前相比，当地的税收比例和行政绩效并没有得到什么改善。第五章的最后一部分讲述了晚清中国的案例，外国金融资本经过二十年的努力之后，于 1911 年在中国建立了外国金融控制。这一案例说明：第一，清朝统治者不愿意与各地封疆大吏分享权力，这为外国干预铺平了道路；第二，债券持有人控制了一个机构——海关总署（Maritime Customs Service），而该机构在税收方面早已驾轻就熟。

　　第五章的研究结果阐明了债券时代外部融资很少转化为国家建设的原因。廉价的资本往往导致高负债和违约。债务重组则包括了一系列新的特许权和接管，并伴随着部分债务减免。通过同意这些条件，各借款国就能在没有提高征税能力的情况下重新进入资本市场。如果说有什么不同的话，那就是这些国家的财政状况反而变得更糟了，因为外国控制缩减了留给当地政府的税基。举借新债务和暂停偿债可谓"就在眼前"。在本书的第二部分"全球金融对国家建设的影响"中，我指出，那些严重依赖外部融资来确保政府资金的国家并没有致力于国家能力建设。由于军事开支是发行债券的关键原因，我研究了战争融资对短期和长期国家建设的影响，我关注的重点是税收。

在第六章中，我详细论述了 19 世纪发生在欧洲以外的战争的性质及其融资方式。首先，我重新回顾了战争的历史统计数据。从战争的持续时间、强度和频率来看，19 世纪在边缘国家发生的战争，与 15 世纪至 17 世纪欧洲国家建设形成时期的一般战争没有什么不同。除了统计证据，我还依靠战争史学来揭示西欧以外的国家间战争的特点。其次，我展示了统计证据来记录外部融资用于战争的情况，这一结果使我得以重新审视波兰尼的"高级金融假说"（haute finance hypothesis）。[91] 最后，我通过对南非的开普殖民地和德兰士瓦进行配对比较，研究了战争、获取外国资金的机会和财政绩效的影响，从而对殖民战争融资问题进行了反思。

在证明战争在全球范围内普遍存在，并且通常由外部资本资助之后，我在第七章中探讨了这对国家建设的影响。一部分检验侧重于战争对税收的短期影响，另一部分则侧重于战争的长期影响。战争融资影响国家能力的研究，引出了反向因果关系和选择的问题。我通过国际信贷市场的外生性冲击，并重点关注正在进行的战争，即那些在资本流动时发起但最终受到全球信贷紧缩影响的战争，来研究内生性问题。在研究遗产效应（legacy effect）时，第七章还讨论了历史学家所说的"历史压缩"（history compression）[92] 问题。总体而言，第七章的证据表明，无论从短期还是长期来看，主要靠外债资助的战争都没能塑造国家，相比之下，通过税收融资的战争却做到了。

第七章说明了战争融资对国家建设的重要影响，而第八章则探讨了其原因。为此，我详细阐述了在第二章中介绍过的传导的政治机制和官僚机制。相关讨论指出了 1815 年前后战争融资的主要差异，揭示了欧洲之所以能够建立强大国家和立宪君主制，而大多数新兴经济体却没能做到的原因。历史比较促使我们对 1815 年至今的政治传导渠道进行了实证检验。我提出的证据显示了债券时代的战争融资如何影响 1914 年权力分享制度的水平，尤其是在人口稠密的小国，这些影响虽然有所减弱，但持续至今。传导的官僚机制，即认为"为了战争而建立的税收管理机构也积极寻求组织生存"的观点，也经由历史数据的检验而得到了支持。第八章的结果强调了历史研究对于理解现代国家的政治、经济和官僚特征的重要性。

在第九章中，我研究了五个地理特征和制度背景各异的主权国家的国家建设轨迹，以此来阐明本书的论点。这五个国家是阿根廷、智利、埃塞俄比亚、日本和泰国。为了评估图 1.3 中的不同路径，我将这项工作分为日本与阿根廷、暹罗与埃塞俄比亚这两组配对比较，同时对智利进行纵向分析。日本与阿根廷之间的比较揭示了国内信贷市场（日本强大，阿根廷弱小）对于控制对外依存度和防止陷入债务陷阱的重要性。暹罗与埃塞俄比亚的比较，则说明了在缺乏政治改革的情况下强化官僚机构的风险和局限性，以及获得外部资金又如何使国家图强的努力付诸东流，造成国家建设的停滞（暹罗）和衰落（埃塞俄比亚）。最后，智利的案例则说明了根据外国资本获取情况来动员国内资源的反向激励措施。1879—1883 年的南美太平洋战争是在受到资本排斥的情况下进行的，它激活了传导的官僚机制和政治机制。财政能力得到提升之后，议会的权力也得到了加强，使其能够监督行政部门日益增加的资金使用。

在第十章中，我总结了外部公共融资对国家建设的影响，以及为什么国家间竞争有助于在欧洲建立强大的国家，而在其他地方却鲜有类似效果。然后，我比较了债券时代外部融资与当前外部融资的异同。随着时代的变化，相关情形也已经发生了很大变化：私人贷款的比重大幅下降，官方贷款的比重上升，贷款条件的重点也从债务回收转向了能力建设。与此相关的是，极端贷款条件也已不再实行了。然而，某些问题依然存在。首先，外部融资使统治者得以逃避政治代价高昂的改革，推迟国家能力建设，从而助长了各种不正当的激励手段，并吸引掠夺性投资者。其次，当违约发生时，当今的外国执行者（如国际货币基金组织的检查员）面临的合法性障碍与一百年前的接管机构所面临的障碍类似，尽管他们的任务并不相同。无论是过去还是现在，（外部）指导型国家建设（directed state building）可能只是一项不可能的任务。

【注释】

[1] Besley and Persson, 2011: 6.

[2] Hobson, 1902.

[3] Levi, 1988.

[4] Barro, 1979.

[5] Boix, 2015; Dal Bó, Hernández-Lagos and Mazzuca, 2015.

[6] 在本书中，我常常交互使用"全球南方"和"边缘国家"这两个词，用来指亚洲、非洲、中南美洲以及南欧和东欧的国家。

[7] Reinhart and Rogoff, 2009.

[8] Cain and Hopkins, 2016.

[9] Mitchener and Weidenmier, 2010: 27. 正如我将在第四章所讨论的，这只是对超级制裁频率下限的估计。

[10] 直到 20 世纪中叶，"贷款"（loan）和"债券"（bond）这两个术语都可以互换使用。我在本书中也沿用了这一惯例。

[11] 简要回顾参见 Hobson, 1902; Lenin, 1934; Frieden, 1994。

[12] 在经济学文献中，这种等价关系被称为"李嘉图等价"（Ricardian equivalence）。我的论点表明，对于贷款人来说，他们基本上满足了李嘉图等价，因为他们以这样或那样的方式收回了投资，因此他们愿意放贷。但如果统治者用股本而不是税收来偿还外债，也就未能提高税收能力，那么这种等价关系不一定适用于国家建设的目的。

[13] Centeno, 1997, 2002.

[14] Dincecco, 2009: 95.

[15] Bates and Lien, 1985; North and Weingast, 1989.

[16] Levi, 1988; Besley and Persson, 2009.

[17] Acemoglu and Robinson, 2019; Stasavage, 2020.

[18] 日本是个例外，也正因为如此，它是为数不多的国家建设的成功案例之一。

[19] Stasavage, 2011.

[20] Bulow and Rogoff, 1989; Schultz and Weingast, 1998.

[21] Eichengreen, El-Ganainy, Esteves and Mitchener, 2019.

[22] Eichengreen, 1991: 150.

[23] 有关第二次世界大战之后发生这种转变的证据，请参见 Stallings, 1972: 13—26。且这种模式延续至今，相关证据请参见 Bunte, 2019。

[24] 相关标准解释，请参见 Verdier and Voeten, 2015。

[25] Besley and Persson, 2011.

[26] Levi, 1988: 1.

[27] Mann, 1984.

[28] Hui, 2004.

[29] 分别参见 Dincecco, 2011; Cox and Dincecco, 2021。

［30］ Ardant, 1975.

［31］ Brewer, 1988.

［32］ Scheve and Stasavage, 2010, 2016.

［33］ Besley and Persson, 2011; Brewer, 1988; Dincecco and Prado, 2012.

［34］ Tilly, 1990: 40.

［35］ 开创性的贡献可参考 Downing, 1993; Ertman, 1997; Hintze, 1975; Mann, 1984; Tilly, 1990。

［36］ 例如，有关拉丁美洲的论述可参见 Centeno, 2002; López-Alves, 2000。有关亚洲和非洲参见 Taylor and Botea, 2008。

［37］ 关于拉丁美洲的战争与国家建设，请参见 Centeno, 2002: ch. 2; Soifer, 2015: ch. 6。

［38］ 参见 Besley and Persson, 2011; Dincecco, 2011; Stasavage, 2011。

［39］ 关于法国的相关论述，请参见 Johnson and Koyama, 2014; Mousnier, 1974。

［40］ Saylor and Wheeler, 2017.

［41］ Homer and Sylla, 2005.

［42］ Drelichman and Voth, 2014.

［43］ Suzuki, 1994.

［44］ 关于日本和暹罗国家建设的比较，请参见 Paik and Vechbanyongratana, 2019。

［45］ Catão, 2006.

［46］ Bates and Lien, 1985; Boix, 2003; Stasavage, 2011.

［47］ Schumpeter, 1991.

［48］ Homer and Sylla, 2005.

［49］ Dincecco, 2011.

［50］ Fishlow, 1985.

［51］ Engerman and Sokoloff, 2002. 与此相对的观点，请参见 Coatsworth, 2005。

［52］ Brautigam, Fjeldstad and Moore, 2008; Morrison, 2009; Prichard, 2015; Ross, 2004.

［53］ Belsley and Persson, 2011.

［54］ Beblawi, 1987.

［55］ Ross, 2001; Vandewalle, 1998.

［56］ Collier and Sambanis, 2005; Tornell and Lane, 1999.

［57］ Ahmed, 2012; Bueno de Mesquita and Smith, 2009; Smith, 2008.

［58］ de la Cuesta et al., 2021; Moss, Pettersson Gelander and van de Walle, 2006.

［59］ Easterly, 2006.

［60］ Collier, 2006.

［61］ Alesina, Baqir and Easterly, 1999; Baldwin and Huber, 2010; Easterly and Levine, 1997; Habyarimana, Humphreys, Posner and Weinstein, 2007.

［62］ Besley and Persson, 2011; Lieberman, 2003.

［63］ Centeno, 2002; López-Alves, 2000.

[64] Taylor and Botea, 2008.

[65] Alesina, Reich and Riboni, 2017; Sambanis, Skaperdas and Wohlforth, 2015; Wimmer, 2013.

[66] Johnson, 2015.

[67] Weber, 1978; Zhang and Lee, 2020.

[68] Cantoni, Chen, Yang, Yuchtman and Zhang, 2017.

[69] Müller-Crepon, Hunziker and Cederman, 2021.

[70] Alesina and Spolaore, 1997; Sambanis and Milanovic, 2014.

[71] Bormann et al., 2019; Hierro and Queralt, 2021.

[72] Acemoglu and Robinson, 2012.

[73] Mamdani, 1996.

[74] Herbst, 2000.

[75] 参见 Michalopoulos and Papaioannou, 2018。这篇文章对殖民统治与长期国家能力弱之间的联系机制进行了详细而精彩的评述。

[76] Frankema, 2011.

[77] Suter, 1992.

[78] 对这一问题较为克制的评论也可参见 Fogel, 1963。

[79] Cermeño, Enflo and Lindvall, 2018.

[80] Coatsworth, 1981.

[81] 克劳迪奥·布鲁苏阿尔·塞拉（Claudio Bruzual Serra）代表委内瑞拉谈妥了 19 世纪数额最大、损失也最惨的一笔外国贷款，他从中将 114 000 比索收入私囊。时任委内瑞拉总统华金·克雷斯波（Joaquin Crespo）则分得更多，高达 200 万比索（占贷款总额的 4%）。回到委内瑞拉后，布鲁苏阿尔·塞拉被任命为财政部长。揭露这一丑闻的费德里科·鲍德尔（Federico Bauder）则被投入监狱（Harwich Vallenilla, 1976: 225）。毫不奇怪，委内瑞拉铁路投资的经济记录很差。

[82] 1910 年，时任古巴总统何塞·米格尔·戈麦斯（José Miguel Gómez）通过谈判在英国获得了一笔新的外国贷款，用于修建新的总统府和其他建筑。戈麦斯愿意将一条连接哈瓦那港海滨的公共铁路交给英国投资者，从而使英国投资者在事实上控制古巴的出口。尽管遭到了反对派和当地媒体的强烈抗议，戈麦斯仍然接受了这些条件。这笔贷款之所以没有继续下去，只是因为美国国务院出面保护了美国在古巴的利益（Zanetti and García, 1998: 245—251）。

[83] 19 世纪下半叶，西班牙公路投资业绩不佳的一个关键原因在于，统治者试图通过重大基础设施的落成而获得短期的名望（Curto-Grau, Herranz-Loncán, and Solé-Ollé, 2012）。

[84] Calomiris and Haber, 2014; Menaldo, 2016.

[85] Comín, 2012.

[86] Hoffman, 1994.

［87］ Herbst, 2000.

［88］ Grafe and Irigoin, 2012; Davis and Huttenback, 1986.

［89］ Fishlow, 1985.

［90］ Lake, 2016.

［91］ Polanyi, 2001.

［92］ Austin, 2008.

第二章　外部融资的政治经济学

为什么有的国家能成为强大而具有包容性的国家（state），而另一些国家却受困于效率低下的官僚机构、反应迟钝的政府和累累外债？是什么阻碍了统治者——包括君主、皇帝、总统——建立有能力的国家？为什么国家能力弱会成为一种长期存在的现象？在本章中，我将通过探究新的政治困境来解释这些重要的问题，而这种新的政治困境是在外部融资成为政府融资的普遍选择后才出现的。我认为，在全球南方各国国家形成（state formation）的关键阶段，外国干涉和目光短浅的国内政策——在不同程度上——造成了其滥用外国借款和国家能力投资不足。

为了得出这一结论，我详细阐述了统治者更倾向于选择外国贷款而不是税收的政治动机，并提出了外国投资者为尽量降低风险而设计的一种机制：极端贷款条件，即以不良债务换取对当地资产的控制权。以将抵押品交给外国为代价获得廉价信贷，导致大部分发展中国家陷入了债务陷阱和财政衰退的困境，这与国家建设的目标背道而驰。虽然外部融资的不良影响会带来持久的后果，但历史并非不可逆转。对税收能力的投资可能是出于一种信念，也可能是出于一些（计划外的）外生因素，它可以推动各国走上可持续的国家建设道路。本章的理论探讨为本书第二部分的实证设计提供了参考。在第二部分中，我研究了"战争塑造国家"的条件，以及将早期财政决策与长期国家能力联系起来的机制。

公共财政困境

在研究公共财政的困境时，我关注的重点是现任执政者利用国内或国外资金——分别是税收和外债——进行战争融资的成本和收益。虽然重点是战争——战争是一种典型的财政冲击，并且有利于国家建设——但这一讨论也适用于其他情况，即统治者不得不在相对较短的时间内调动大量资源为政府提供资金的情况，例如重大基础设施建设、健康危机或自然灾害。

决定用税收还是债务来为战争融资，这取决于国内和国际因素。首先，我将分别考察每种融资机制的优缺点，然后探讨在何种条件下，某一种机制优于另一种机制。在讨论的第二部分，我阐述了外国贷款人如何在不影响外债发放的情况下，规范借款国的行为。最后，我探讨了战争融资的早期决策如何影响长期的国家建设。有兴趣的读者可参考本章附录，以了解这一观点的公式化表达。

国内资源动员

统治者如何为战争筹措资金？我重点关注两种常见的选择——税收和借贷，并假设这两种选择是相互排斥的（也就是说，如果使用了其中一种，就不会使用另一种）。当然，这是一种简化。战争的资金来源可以是税收、贷款以及其他手段的组合，包括通货膨胀、没收财产和自然资源特许使用费。但这一假设足以找出通过税收进行国内资源动员的行政和政治障碍。[1]

关于国家建设的研究文献通常会强调战争对财政的持久影响。基于这种直觉，我假定为战争融资的金融工具不仅在战争期间，而且在战后也会产生财政后果——无论是积极的还是消极的。通过建立一个时间框架，我们可以研究在任统治者所面临的公共财政跨期困境（intertemporal dilemma），并揭示弱国之所以长期衰弱的原因。

自始至终，我都假定统治者追求的是收入最大化，他们只关心权力寻租的租金。这种说法也许有些夸张，但它使我们能够研究制度在何种条件下能够限制掠夺行为。[2]统治者可以从政府收入中攫取的份额（或分成）与行政约束的水平成反比。也就是说，纳税人对公共财政的监督权越强，统治者能够从国库中窃取的资金就越少。

纳税人担心统治者会草率地使用他们缴纳的税款——从建造新的总统府到为个人野心而发动战争。[3]征税问题的核心在于，如果统治者不会因为财政不当行为而受到制裁，那么他们就不会切实承诺妥当地使用税款。为了解决信誉问题，统治者可能不得不授予纳税人对支出决策的否决权。一直以来，出于战争目的而增加税收的行为，使近代早期（1500—1800 年）欧洲的权力分享制度取得了重大进步。[4]权力分享的形式有代议制议会（如英国）或统治者与国内经济精英之间的寡头垄断格局（如法国）。[5]无论通过哪种形式，纳税大户和王室贷款人——通常是同一批人——都获得了对财政政策的监督权。

一旦与纳税人分享了政治权力，想要收回特权可能会很困难，这恰恰是因为新制度增强了纳税人的组织能力，以及与统治者讨价还价的能力。[6]从在任统治者的角度来看，权力分享制度确保了发动战争的资金，但代价是持久（甚至永久）地失去了相对于纳税人的财政自主权。用查尔斯·蒂利的话说：

> （权力分享制度）是与不同臣民群体就国家活动（特别是战争手段）所需要的资金进行讨价还价的代价和成果。[7]

税款的征收需要一定的官僚基础设施或财政能力。这是指评估私人财富和监督税收遵从的技术能力。财政能力的存量，决定了当前可征收税收总额的上限。通过有目的的投资和实践中积累的经验（learning by doing），财政能力存量会随着时间的推移而不断扩大。当统治者将政府收入的一部分投入扩大税收能力时（例如，建立税务机构的地区代表处），他可从中攫取的政府资金就会减少，从而减少统治者的当前消费或权力寻租收入。[8]

财政能力的存量也会通过税收实践而扩大。布鲁尔（Brewer）极其详尽地描述了 17 世纪英国的消费税检查员如何学习常见的避税和逃税技术，从而将啤酒消费税变成政府收入的主要来源。[9]在欧洲，通过投资或技术积累，战争成为财政能力扩张的催化剂。重要的是，税负压力很少回到战前的水平，这种现象被称为战争的"棘轮效应"或"挤出效应"（displacement effect）[10]。随着时间的推移，国家的范围也不断扩大。

上文的讨论提出了通过税收为政府融资的一个关键权衡：征税工作扩大了未来的财政能力，从而扩大了政府总收入的规模，但也限制了统治者对未来税收收益的自由裁量权，并因行政开支的增加而减少了短期权力寻租收入——这分别是税收的政治成本和行政成本。统治者是否愿意承担这些成本，取决于他们更看重的是未来税收能力的提高，还是现在的寻租收入。所谓统治者的统治时间预期，可能反映了其个人特征，也可能是由政治环境决定的，例如，执政者频繁更替的历史可能会阻碍统治者做出具有前瞻性的政策决策。原则上，对于统治时间预期短的统治者来说，财政能力的未来收益对他们没有什么吸引力，因此他们也不太愿意承担以税收为战争融资的政治成本和行政成本。

外部资源动员

贷款是税收的合理替代品。公共信贷具有多重优点：在战争时期，公共信贷能够使国家的支出超过对手。[11]从更广泛意义上讲，贷款有助于在一段时期内缓解税收压力，在战争持续期间最大限度地减少对总需求的负面影响。[12]

在 19 世纪以前，欧洲列强也曾大量举债来为战争融资。[13]各国君主向本地商人和包税人发行短期和长期债券，有时也会向国外发行债券，尽管在 1800 年之前，外部融资发挥的只是辅助作用。[14]拿破仑战争之后，一些新成立但历史上较为孤立的国家不得不加大对军事和基础设施的投资，以维护主权，然而，由于西方竞争者的存在，大多数国家的本地资本市场都趋于紧缩[15]甚至崩溃[16]。资本积累的水平较低，导致政府债券利率飙升。以墨西哥独立战争为例，1824 年其国内贷款利率在 10% 到 50% 之间波动，而同年该国在伦敦发行债券的名义利率为 5%（实际利率为 8.6%）。[17] 由于国内信贷稀缺，边缘国家的政府开始转向外国资本市场。

国际贷款深受信誉问题的困扰。统治者可能会利用外国资本为其摆脱财政冲击提供资金，但事后却违约。为了约束统治者，国际贷款人可能会以国际制裁来威胁借款方，制裁的形式多种多样，包括信贷排斥（credit exclusion）和贸易禁运。[18] 按照信贷排斥的逻辑，拖欠外债的国家在恢复偿债之前，将无法获得新的外部贷款。[19] 对于需要外部资金来平衡预算的国家来说，信贷排斥可能是一个很棘手的问题。

外部违约还可能损害双边贸易关系。债务国的贸易伙伴可能会避免与债务违约国家进行贸易。实际上，信贷排斥和贸易禁运并非互不关联。出口商需要短期贷款来开展业务，这是"国际贸易的命脉"。[20] 信贷排斥使其无法获得这些类型的商业贷款，进一步损害了陷入窘境的政府的收支平衡。

如果能够接受发生违约后国际制裁的风险，使用外部融资的统治者可以获得几乎无限的资源来应对财政冲击，即战争融资。与征税不同，统治者无需向国际贷款人让渡政治权利来获得公共资金——只要有足够的利差即可。此外，贷款在公众中的能见度很低，这就避免了战争期间的政治审查和社会争议。即使只是短期内，外部融资也能在确保政府资金的同时，放松对统治者行动的政治约束。[21]

战争结束后，统治者需要决定是增加税收以偿还战争债务，还是暂停偿债并承担违约后果。在偿还债务时，统治者需要偿还本金和利息，原则上，利息的利率反映了统治者的市场声誉，也就是说，有违约前科的国家要支付溢价以补偿预期风险。[22] 偿还债务与征税具有相同的政治和行政后果。在政治上，统治者不得不赋予纳税人一定政治权利，以确保纳税人遵从税法。在行政上，统治者需要加强税收能力，以确保有足够的资金偿还债务。偿还债务的政治成本和行政成本共同限制了行政部门对政府资金的自由裁量权，从而影响了官员的寻租收入。或者，统治者可能更愿意在战后暂停偿债并承担违约制裁，从而回避上述后果。这样的决定不仅会影响统治者未来的事业，并且显然会影响国际贷款人的最佳应对策略。

什么情况下优先选择外部资源？

统治者在什么情况下倾向于用外部贷款为战争提供资金？直观地说，只要借贷的预期收益大于征税，统治者就会这么做。这取决于三个因素：（政治和行政的）初始条件、资本市场的流动性以及违约制裁的严厉程度。我将依次进行阐述。

初始条件

为了克服税收的信誉问题，统治者可能会授予纳税人监督权，从而限制统治者能够在总收入中为自己截留的份额。不难想象，对于在战前只需应对较弱行政约束的统治者来说，征税的机会成本更大。也就是说，为了克服税收的信誉问题，原先基本不受约束的统治者必须放弃更大比例的私人消费，因此也就降低了这一政策选择相对于外部借贷的吸引力。[23]

财政能力的影响与此非常类似。直观地说，如果想要通过征税为战争提供资金，那么较低的初始财政能力就会起阻碍作用，因为统治者可侵吞并用于自我消费的收入盈余（如果有的话）就会非常少。然而，征税的主要障碍可能来自财政能力增长有限的预期，或棘轮效应。在欧洲，"税收国家"是通过国家能力的边际增长（marginal increments），历经几个世纪才建立起来的。[24]谢夫（Scheve）和斯塔萨维奇（Stasavage）发现，第一次世界大战期间税收累进性（tax progressivity）的显著提高，是建立在现代税收制度的基础上的，而自从1842年开始采用所得税之后，现代税务制度在彼时已经历经了数十年的发展。[25]从更普遍意义上说，我们可以预期战时财政能力的边际增长与其初始存量成正比：存量高的时候，增长幅度就大，反之则相对有限。

由于预计征税会遭到强烈抵制，而且在动员税收收入方面进展甚微，因此，在其他条件不变的情况下，低能力国家的统治者可能就不太会倾向于通过征税为战争提供资金。这就引出了统治者的统治时间预期问题。当统治者对其行为的未来后果毫不在意的时候，任何违约制裁都无法阻止他们用外部贷款为战争融资。统治者的统治时间预期，可能反映了统治者个人的时间偏好 ①、普遍的政治不稳定或赢得战争对政治生命的重要性。在这些情况下，

> 借贷使现任领导人能够立即获得资源，而还款通常是由未来的政府来进行的。从国家的角度来看，贷款并不是免费资源，但除非领导人有幸长期任职，否则从领导人的角度来看，贷款就是免费的资源。[26]

可以推测，统治者的统治时间预期与政权类型和稳定性相关：需要定期对其决策负责的民选官员可能有所顾忌，不敢轻易举借无法偿还的贷款。相比之下，在那些政府更替频繁、行政约束薄弱的国家，其统治者很可能选择外部贷款为战争融资，并将偿还难题推给未来的领导者。这就是说，越是能够从行政和政治改革中获益巨大的国家，其统治者实施改革的动力往往越弱。薄弱的体制造就了糟糕的政策。我们可以在晚清中国找到很好的例证，由于皇帝对权力分享制度深感厌恶，加之财政结构不稳定，他宁愿接受掠夺成性的外国投资者越来越苛刻的条件，最终致使清朝在 1911 年走向覆灭并造成外国金融控制的态势。我将在第五章再次讨论这个案例。

信贷市场的流动性

资本市场会经历周期性的扩张和收缩，即所谓的"繁荣与萧条"周期。[27] 在经济扩张时期，所有国家都能获得较为充裕且利率较低的信贷，即使是有违约历史的国家也是如此。[28] 巴拉德-罗莎（Ballard-Rosa）、莫斯利（Mosley）和韦尔豪森（Wellhausen）的研究表明，在

---

① 即对当前利益和长远利益的偏好程度。——译者注

现代社会也存在这种情况。[29]他们对 1990 年至 2016 年间的跨国数据进行了研究并发现，在经济繁荣时期，投资者对于贷款给制度化程度较低和专制国家的抵触情绪就不太明显。

统治者对外部融资的偏好也与国际流动性相关：当资本充裕时，这种偏好会增强（因为信贷成本更低），反之则会减弱。在全球信贷紧缩期间，如 2008 年国际金融危机爆发时，外部融资的成本最高。国际金融冲击绝不是简单的坊间传闻，它有助于我们理解某些统治者为何迈出税制改革的第一步。如果他们因为国际贷款紧缩而无法获得外部资金，那么通过征税为战争融资的动机就有可能加强，从而提升财政能力并推动权力分享制度的发展。简而言之，当统治者没有其他办法来替代征税时，国家建设的进程就此启动。

违约制裁

据称，贸易禁运和资本排斥会削弱暂停偿债的动机，但其有效性的证据却参差不齐。[30]制裁的可信度取决于两个条件：[31]第一，债权人在制裁陷入窘境的政府时，必须克服集体行动的问题；第二，在克服了协调障碍之后，债权人仍必须能从执行制裁中获益。除非这两个条件能够同时得到满足，否则违约制裁就缺乏可信度，也无法阻止暂停偿还债务。[32]

想要使信贷排斥和贸易禁运发挥作用，就不能允许陷入窘境的政府四处询价、企图让一家发行机构与另一家发行机构相互竞争。这就是为什么市场排斥有赖于投资人的协调和统一行动。早在 1826 年，伦敦就采用了市场排斥的做法，而且从一开始就成功阻断了违约国获得新的信贷。[33]时至今日，当借款国没有表现出还款意愿时，它们仍将面临信贷配给（credit rationing）的制裁。[34]

即使债权人能够克服集体行动的问题，以贸易禁运或长期排斥的方式来制裁违约者，这种违约制裁可能也不符合贷款人的最佳利益。制裁措施会损害借款国的出口部门，而出口部门是积累外汇储备的主要渠道。由于债务通常是以外币计算的（在债券时代，是英镑和法郎），严厉的制裁会使偿债几乎不可能。为了收回投资，即使外国债权人解决了协调问题，他们仍然可能倾向于对借款国实施温和的制裁。[35]

在债券时代，违约行为通常会受到短暂的惩罚，这就使人们对国际制裁的有效性产生怀疑。弗朗德罗（Flandreau）和祖默尔（Zumer）的研究表明，偿债中断会在短期内使利差增加 500 个基点，但在 12 个月内，利差会下降到约 90 个基点，并在此后持续下降。[36]学者们得出以下结论：

> 虽然违约行为确实会受到惩罚，但从中期来看，这种惩罚的力度比因拒绝偿还债务而节省下来的钱小一个数量级。各国政府有明显的动机"不违约"，但这种动机过于微弱，不足以起到系统性的威慑作用。[37]

如果长期排斥和贸易禁运的威胁不一定具有可信度，那么国际贷款人又该如何约束借款国呢？为什么还要借钱给他们？为了解决这个问题，我提出了"极端贷款条件"的概念。

极端贷款条件

米奇内尔和魏登米尔将"超级制裁"定义为对违约国施加外部军事压力或政治和金融控制的情形。[38]他们研究了两种类型的超级制裁：外国金融控制和炮舰外交。外国金融控制又称"财政软禁"（fiscal house arrest）或"接管"，由外国人负责本地的税款征收，直到债务偿清为止。接管可以由债券持有人直接管理（如塞尔维亚、突尼斯、土耳其），也可以由债权人所在国的政府管理（如埃及、利比里亚、尼加拉瓜）。炮舰外交则少见得多，它涉及直接的军事镇压。例如，1902年，英国、德国和意大利三国代表私人债券持有人，对委内瑞拉实施海上封锁，迫使其恢复偿债。

米奇内尔和魏登米尔发现，在 1870 年至 1914 年间，28% 的违约事件受到了超级制裁。48% 的违约国家受到过超级制裁；对于发生多次违约的国家，70% 受到了超级制裁。这些估计值只是一个下限，因为它们不包括债转股——以主权债务换取对铁路、烟草专卖和土地等公共资产的控制权。例如，1906 年，一个总部设在伦敦的外部债权人委员会控制了巴西的咖啡销售，以确保获得偿还债务的资金。由于这一行动，巴西失去了对其主要出口产品的控制权。[39] 债转股频繁发生，并且影响了各种国家——大国、小国、友好国家和不友好国家。

尽管超级制裁的大棒频频举起，但米奇内尔和魏登米尔认为，超级制裁是依据具体个案的情况和明显的不良行为来决定的，即事后决定。而我认为，作为一种被普遍接受和认可的贷款合同执行机制，超级制裁已逐渐成为贷款业务模式的一部分。因此，越来越多的债券在发行之时，甚至事前，就已明确可实施超级制裁以防止偿债中断，或在中断偿债后实施制裁的可能性。由于获得廉价资本逐渐需要以国有资产作为抵押，因此我创造了"极端贷款条件"这个术语来描述这种情况。也就是说，贷款条件极端苛刻，一旦发生违约就会丧失国家主权。

1872 年向哥斯达黎加提供的利率为 7% 的贷款就是这种现象的典型范例。这个中美洲共和国在伦敦发行了 240 万英镑的债券，是该国三大收入来源（咖啡、烟草和酒）总和的十倍。这笔贷款的目的是向该国新建两条铁路和其他工程提供资金，并且偿还独立战争期间向秘鲁借贷的一笔小额债务。资本流入哥斯达黎加的条件是，一旦发生违约，哥斯达黎加就将受到一系列严厉制裁——该国政府典当了其三大收入部门。如果还不够的话，计划修建的铁路也将被抵押出去，其预估年收入达到 32 万英镑。根据贷款合同第 14 条的规定，如果哥斯达黎加暂停偿债，债券持有人可以合法地控制其税收和即将修建的铁路。

第 14 条 为确保偿债基金和利息的及时汇付，并使本贷款所涉及的特别担保生效，哥斯达黎加政府特此同意，如果未能按上述规定的方式准时支付每半年一次的债券利息和分期偿还款，并不时发生任何此类违约行为，则上述债券当时的持有人，或当时尚未赎回部分的持有人有权，并被特此授权，指定一名或多名代理人，向共和国财政机构实际收取构成上述贷款特别担保的收入部门的产品；如果这些来源所获资金尚不足够，则代理人有权接管上述铁路，并以同样的方式收取铁路的净收益，直到其所收取的款项达到所需金额，不仅足以支付到期利息和偿债基金，还足以支付该代理人产生的所有费用和开支。(*The Stock Exchange Loan and Company Prospectuses*，摘自伦敦市政厅图书数字化图像)

1872 年哥斯达黎加贷款条款的规定反映了债券时代的一种普遍做法。通过抵押（或质押）重要资产和收入来源，主权借款人即使在国际市场上声誉不佳，也能获得外部资本。由此可见，极端贷款条件要具有可信度，就必须具有可执行性并且有利可图。那么，私人投资者是如何设法控制外国资产的？在可执行性得到保障的情况下，他们又能否从控制当地资产中获益？

随着时间的推移，可执行性不断加强，原因在于以下三个方面（第四章将详细阐述）。第一，世界金融中心伦敦的投资者们于 1868 年成立了一家名为"外国债券持有人公司"的综合性组织，在与陷入窘境的政府进行债务解决方案谈判和游说外交援助等方面，该组织完善了集体行动机制。第二，新的"绅士阶层"[40]——土地贵族和大银行家族的联合，在英国政府、外交部门和英国公共信贷的支柱——英格兰银行中担任要职。第三，在帝国主义全盛时期，金融已成为外交政策的另一个核心要素（与殖民主义和商业并驾齐驱）。为了平衡法国和德国政府对私人资本市场的公开干预，英国外交部经常代表其国民与外国政府进行违约和特许权的谈判。一些人声称，英国政府的官方辞令是，只有其"国家利益"受到威胁时才会进行干预。[41] 但随着帝国竞争的加剧和政府精英的更替，这种考虑的范围和频率也在增加。

炮舰外交——使用军事手段解决债务争端——是最具惩罚性的超级制裁。然而，如果有效地施加了外交压力，那么只有在借款国错误估计其行为后果的情况下，才会出现炮舰外交。[42] 虽然动用军事资源解决债务争端非常罕见，但却产生了较为深远的影响——它"影响了决策者对其可选政策范围的认知"[43]；也就是说，它塑造了人们对贷款市场如何运作的预期，以及对偿债中断会产生什么后果的预期。当一个国家将关键资产作为贷款合同的一部分进行质押时，借贷双方都对其可执行性有所预期。

极端贷款条件有利于外国投资者吗？将资产交给外国投资者，这将被视为国耻，也是每一位在任执政者都极力避免出现的情形。但是极端贷款条件的可信度要求投资者从实施超级制裁中获益，无论是以接管还是资产止赎（asset foreclosure）的形式。虽然尚未对外国控制的盈利能力进行系统研究，但第五章所使用的间接证据表明，私人投资者获得了良好收益。在就贷款合同条款进行谈判时，投资者优先考虑流动资产，包括但不限于国有垄断企业、基础设施和国际港口的海关，因为这些资产的估价数据很容易获得。这些抵押品通常是已知的收入来源，其收益已列入此前的预算或贷款募集说明书中。有时，利用外部资本融资的项目本身也被用作抵押，从而减少了信息不对称，并且可以对止赎资产的收益进行准确评估。

为了证明极端贷款条件是可信的，因而是可执行的和有利可图的，我提供了两个证据。在第四章中，我证明了在具有时不变特征（time-invariant characteristic）和长期趋势不变的情况下，在贷款合同中包含特定质押可以降低所支付的溢价。在第五章中，我考察了外国私人投资者在接管中盈利的定性证据。

为什么要接受极端贷款条件？

在存在极端贷款条件的情况下，主权债务违约就会对该国执政者的声望造成重大损害。[44]以接管和债转股的形式取消国家资产的赎回权，这将被视为国耻，这些事件也会被当地反对派利用，以此来削弱现任执政者的声望。[45]为了尽量减少公众争议，当地政府竭尽所能地对这些条款保密。例如，在乌拉圭，1883年交给英国投资者的港口和银行特许权是在立法机关的秘密会议上通过的，以避免引起公众舆论的反对，因为公众舆论已经对英国在乌拉圭的利益产生了怀疑。[46]

对投资者来说，对执政者声望的巨大冲击可能适得其反，因为这种冲击会削弱借款人对外部融资的偏好。那么，统治者为什么要吞下这样的苦果呢？原因在于极端贷款条件对利率的影响，而利率体现的是投资的预期风险。外国控制被认为对执政者的声望具有极大的破坏性，因此当贷款合同中包含极端贷款条件的相关条款时，投资者就预期借款国不太可能违约。[47]通过同意这些条款，借款国的统治者用获得廉价外部资本的机会——"诱惑"，交换了未来资产止赎的可能性——"陷阱"。[48]

尽管极端贷款条件降低了资本的价格，但如果期望统治者急于接受附加条件，那就太天真了。这就是金融市场曾经（现在亦是如此）独特的运作方式。金融市场的"运作，建立在价格，以及贷款人牢牢控制借款人所能获得的资金的基础上"。[49]如果借款人不接受条件，那么债权人可以直接拒绝提供资金。信贷配给为国际贷款人提供了无与伦比的议价能力。1891 年葡萄牙贷款谈判就是一个很好的例子。一个由法国银行家组成的银行团希望获得为期 35 年的葡萄牙公共烟草专卖特许经营权，以此作为新贷款的条件。尽管该协议最初遭到了葡萄牙当局的反对，但最终还是被接受了。为什么呢？葡萄牙财政部长在提交预算时说的一番话已然清楚明了：

> 最后一笔贷款不仅条件苛刻，而且没有担保就无法获得。而这个担保（烟草专卖）是国家的主要收入来源，不得不被交到债权人手中，债权人自收自支、满足偿债要求之后，才将多余部分交给政府。[50]

外部融资与国家解体

如果债务与税收之间的长期等价关系成立，也就是说，当统治者加强税收管理，并且用税款来偿还战争债务时，"战争塑造国家"才成立。在下面这些情况下，外部融资的战争可能不会转化为国家建设：（1）国家拖欠外债，债务减免或"削减"的数额巨大；或（2）国家拖欠外债，并将战争债务转换为外国对国家资产的控制。无论哪种解决方案，都会削弱该国为清偿战争债务而改革税收管理的动力，从而使战争与国家建设脱节。

在债券时代，债务减免的幅度可能非常可观，可高达未偿债务的50%；[51] 然而，这种减免很少是无偿的。债务减免通常以发放新贷款来冲销旧债为条件。[52] 新资本允许旧债权人收回部分初始投资，同时对借款人施加新的债务负担（debt obligation）和更苛刻的条件——其中最主要的是外国对当地资产的控制权。[53]

国家资产抵押使各国能够以较低的利率获得贷款并避免信贷配给，却使借款国面临金融控制和债转股的风险，如果执行这些措施，税基就会缩小——这与棘轮效应恰恰相反。通过同意（或不反对）违约后的超级制裁，陷入窘境的政府再次遵守了国际法，并重新获得了进入国际市场的机会，[54] 然而，与战前相比，政府的税基变得更小了，税收能力也没有提高。

假设"借款—违约—资产止赎"的循环不断重复发生。由于现在的债务负担更高，税基更窄，债权人可能会要求以新的资产抵押来获得新的贷款，从而进一步侵蚀当地政府可用的有效税基。直观地说，这样的循环会将任何国家推入债务陷阱——一种以高额负债和低税收能力为特征的稳定状态，这与国家建设背道而驰。秘鲁的外债历史就是这种"滑入深渊"的典型案例。

外国融资与国家解体：秘鲁的案例

19世纪20年代初，秘鲁在伦敦市场首次发行了两笔外债，用于支付反抗西班牙的独立战争。这两笔贷款以铸币厂和海关的净收入为抵押，但在1826年即发生了违约。[55] 随后，秘鲁经历了长达二十年的国内政局动荡。在此期间，钦查群岛的鸟粪磷矿被发现，并于1842

年收归国有。来自鸟粪磷矿的收入迅速成为政府资金的最重要来源。

1849 年，秘鲁与外国债券持有人达成了违约协议。未偿本金通过新的贷款进行了再融资，新贷款以向英国出售鸟粪磷矿所得收益的一半作为担保。1853 年、1862 年和 1865 年，秘鲁又在伦敦发行了三笔新债券，均以鸟粪磷矿作担保。最后一笔贷款在合同第 12 条中明确规定了债转股条款：

> 第 12 条　如果连续两个半年没有申报鸟粪磷矿存量，本贷款债券持有人的代表有权随时占有钦查群岛和秘鲁其他地方的鸟粪磷矿存量，这些存量能满足未来三个半年期的偿债需求。[56]

1865 年发行的债券数额最大，高达 1 000 万英镑，用于资助对西班牙的战争。这笔贷款相当于秘鲁政府年收入的 250%。[57] 军事开支持续增加，一年后秘鲁政府又在纽约发行了一笔新债券。"在一笔接一笔地签订贷款合同的同时，对公共财政的管理却肆无忌惮地无视所有合理的财政原则。他们从未试图建立适当的税收体制。"[58] 两笔贷款最终仍不足以平衡预算。

1869 年，秘鲁与巴黎的德雷福斯兄弟公司（Dreyfus Brothers & Co.）签订了一份合同，该公司获得了向欧洲各国及其殖民地出售鸟粪磷矿的垄断权，秘鲁则获得一笔预付款来偿还外债，从而避免了违约。在合同期内（1874 年续约），德雷福斯兄弟公司被指定为秘鲁政府驻外财务代理人。

在流动性增加的助力下，秘鲁重新获得信贷市场准入，并于 1872 年筹得截至当时数额最大的一笔贷款——3 700 万英镑，是其当年财政收入总额（1872 年其年收入总额为 449 万英镑）的七倍。[59] 新资本的三分之二被用于旧债再融资，其余部分被用于铁路建设。这笔贷款以鸟粪磷矿、海关收入以及两条新建铁路作为担保。此后不久，秘鲁的财政状况进一步恶化，不得不在 1876 年中断了债务偿还。

秘鲁总统马里亚诺·伊格纳西奥·普拉多（Mariano Ignacio Prado）将军与伦敦的债券持有人谈判达成了一项新的解决方案，即《拉斐尔合约》(Raphael Contract)。根据该合约，各债券持有人代表组建了一家公司——秘鲁鸟粪磷矿有限公司（Peruvian Guano Company, Ltd.），该公司获得了在全球所有市场销售鸟粪磷矿的独家权利，为期四年。然而，这项合约并没有取消德雷福斯兄弟公司的特许权，该公司仍然可以优先获取鸟粪磷矿。因此，新公司的收入可谓微乎其微，秘鲁仍然被禁止进入国际市场。

1879 年，一场新的国际军事冲突——南美太平洋战争爆发了。秘鲁政府批准了一笔将在伦敦发行的债券，但遭到了国际资本市场的拒斥。秘鲁政府转而面向国内，印制纸币，从利马的银行家那里获得一些国内贷款，并提高了部分税收，特别是蔗糖出口税。[60] 然而，大部分税收仍然掌握在外国人手中。秘鲁最终输掉了战争，也失去了主要鸟粪磷矿的控制权。战争结束多年后的 1889 年，秘鲁与外国债券持有人达成了新的债务解决方案。根据 1889 年的《格雷斯合同》(Grace Contract)：

> 外国债券持有人完全免除秘鲁对 1869 年、1870 年和 1872 年贷款的所有责任。作为取消债务的回报，秘鲁向外国债券持有人转让国营铁路（七条线路），期限为 66 年；转让秘鲁境内 200 万吨以下的所有鸟粪磷矿……以及的的喀喀湖（Lake Titicaca）蒸汽轮船的特许经营权。……除此之外……债券持有人还可以无偿挑选 500 万英亩的未征用土地，条件是对其进行开发和移民安置……以及某些有关塞罗-德帕斯科矿山的特许权。[61]

简言之，1869 年的贷款以鸟粪磷矿为抵押，1870 年和 1872 年的贷款以铁路为抵押。1889 年，秘鲁失去了对这些资源的控制权，将其转让给债券持有人。作为违约清算的一部分，秘鲁在没有推进任何有意义的财政改革的情况下，被重新接纳进入国际市场。19 世纪的外部融资扭曲了秘鲁国家建设的动机，并且可以说，这最终导致了外国掠夺。

国际金融时代国家建设的机遇

尽管秘鲁的案例并不令人乐观，但外部融资不一定会导致债务陷阱。可以说，某些统治者比其他统治者更具公共精神或前瞻性，并致力于偿还债务——明治维新就是一个例子。另一些统治者则可能会揭穿金融殖民主义虚张声势的态度，并选择财政紧缩，埃塞俄比亚和暹罗的统治者就是这样做的。[62]

从更普遍意义上说，我认为在某些强加的（或"外生的"）情况下，特别是在被排除在国际资本市场之外的情况下，会出现加强财政能力和避免债务陷阱的机会。如果统治者需要为政府提供资金但又无法获得外部资本，那么在其他条件不变的情况下，他们加强税收的动机可能就会增强。为了充分动员国内资源进行战争，统治者可能不得不授予纳税人一定的财政政策权力，并对税收管理进行整顿，从而激活传导的政治机制和官僚机制。

传导的政治机制

与税收相关的政治后果不容忽视，可谓怎么强调都不为过。为什么战争动员的财政影响具有持久性，或者，为什么今天仍然能够感受到过往战争的影响？权力分享制度是理解这两个问题的关键。通过与纳税人分享权力，统治者可以建立问责机制，帮助他们克服信誉问题。具有讽刺意味的是，统治者通过束缚自己的双手来提高税收能力。

权力分享制度对税收的强化作用已在社会科学中得到广泛研究。玛格丽特·利瓦伊认为，有限政府有利于纳税人的"准自愿遵从"，这正是因为政治问责赋予了税收承诺回报的可信度。[63]贝斯利和佩尔松则用公式表示了权力分享制度创造的税收政策的持续合作机会。在"共同利益国家"（common-interest states）——政府收入用于为公共物品（如国防）提供资金——税收成为一种自我执行的博弈：统治者确保有源源不断的资金来强化公共物品，而纳税人的利益也得到了保护，避免税款被任意使用。[64]最近，阿西莫格鲁（Acemoglu）和罗宾逊（Robinson）创造了"受限的利维坦"（shackled Leviathan）一词来描述"强国家"和"强社会"之间的互补性。前者涉及高税收能力（尽管不完全如此），后者涉及纳税人对政府问责的能力。[65]同时，戴维·斯塔萨维奇强调了欧洲及其他地区权力分享制度的黏性。代议制议会可能具有明显的寡头特征，它解决了纳税人制约统治者的集体行动问题。代议制议会一旦召集起来，它们所形成的惯例和协调性成果就很难再被抹除。[66]总之，从长远来看，权力分享制度能够促进税收动员的努力。这就是我所说的"持久性的政治渠道"（political channel of persistence）。

在什么条件下，税收更有可能激活政治机制？研究民主化的学者认为，在至少满足以下两个条件之一时，就会出现以政治权利换取税收遵从的情况：地域规模小和资本流动性高。斯塔萨维奇指出，在近代早期欧洲，代议制议会监督财政政策的能力取决于该政治体的规模。[67]落后的通信技术和交通运输手段限制了边远地区的精英协调他们对王室的监控能力。例如，法国国王利用地理规模的优势，与不同的地区势力分别签订税收合同，并限制了行政约束的发展。虽然法国国王的权力从来都不是绝对的——包税人和地区议会对财政政策施加了重大影响，但法国国王比小国家的君主有更大的回旋余地。在债券时代，暹罗国王也利用地理规模的优势来提高税收，同时限制在权力分享方面的让步。

资本流动性低是激活传导的政治机制的第二个障碍。贝茨（Bates）、连恩（Lien）和博伊克斯（Boix）认为，就从统治者那里获得政治让步而言，流动资本的所有者具有相对优势，因为他们可以相当可信地威胁撤回税款，或逃往其他司法管辖区。[68]当财政能力有限时，统治者不得不在政策制定方面给予流动资本所有者一定的发言权，以确保他们的税收遵从性。资本流动性随着经济货币化水平的提高而增加，货币化水平则是经济增长和国际贸易的结果。

上述讨论表明，贫穷国家和幅员辽阔的国家在增加税负后，激活传导的政治机制的可能性较小。对于这些国家，我预计战争融资的棘轮效应将通过官僚机制加以传导。

传导的官僚机制

欧洲的专业税务管理机构因战争而创建，为战争服务，完成了漫长而复杂的财政集权过程。[69] 为了确保更多和更稳定的税收收入，中央政府逐渐用受过专业培训的税务官员来取代包税人和地方任命的收税员（如德意志诸邦的地方行政官）。随着时间的推移，并且经历了一些挫折，政府雇佣的税务稽查人员逐渐获得了新的监督权力、资源和法律规定来开展工作。

至少有两个原因可以解释为什么官僚机构为战争筹资的努力得以持续。首先，税务管理部门的运作最符合统治者收入最大化的利益。其次，官僚机构是"最难摧毁的社会结构之一"。[70] 在欧洲，曾经为战争融资而建立的行政机构催生了一个国家官僚阶层，他们维护组织的生存，长期延续战争财政的影响。[71] 这就是我所说的"持久性的官僚渠道"（bureaucratic channel of persistence）。

与主权国家专有的政治机制不同，[72] 官僚机制既适用于主权实体，也适用于非主权实体。19 世纪的殖民地需要获得资源，以为本地开支提供资金。[73] 为资助基础设施项目建设，殖民地定期在欧洲市场发行债券。殖民地也被期望为帝国和本地的战争融资做出贡献，但由于当地政府还需依赖帝国的救助，因此进行资源动员的动力较弱。[74] 考虑到殖民地与主权国家的这一重要区别，紧缩的资本市场很可能会强化本地官僚机构为殖民地开支提供资金的动力，从而可能激活税收的官僚机制。

战争融资对国家建设的影响

上述讨论表明，统治者一般更愿意从外部为战争融资，因为这样做可以最大限度地降低短期政治和行政成本。然而，如果他们采用征税的方式——这一决定可能是受到外部环境的影响，战争融资可能会根据适用条件（即地理规模和收入）激活一种或两种传导机制，从而提高国家的长期征税能力。

在第七章中，我将用 19 世纪的全球金融危机来研究战争融资的长期影响。对于资本获取来说，这些意料之外的、外生的冲击限制了从外部为战争融资的机会。我的研究表明，如果一个国家在参与战争的同时，又因外生性原因被排除在国际信贷市场之外，那么这种情况从短期和长远来看，都会对其财政能力产生积极影响。另一方面，外部融资很容易导致债务陷阱，尤其是在涉及外国控制的情况下。

可能有人会说，债转股和接管对国家能力有积极作用，特别是在将本地税收管理交由熟练的外国人控制的情况下。欧洲和美国的管理者有可能会采用现代管理技术和知识，但债券时代外国金融控制的证据并不支持这种说法。加德纳（Gardner）、毛雷尔（Maurer）、阿罗约·阿瓦德（Arroyo Abad）、莱因哈特（Reinhart）和特雷贝施（Trebesch）等人研究发现，在拉丁美洲、非洲和欧洲，外国接管对本地税收都产生了不利影响。[75]埃及的外国金融控制可能是一个重要的例外情况；[76]然而，该国财政能力的扩张过程伴随着政治主权的丧失。[77]我将在第五章继续讨论这个问题。

如果战争融资来自国内，并且激活了政治机制和官僚机制，我认为早期的财政努力将会持续下去。在第八章中，我展示了这些机制被激活并在随后持久发挥作用的证据。在第九章中，我对智利 1816 年至 1913 年的案例进行了深入研究，以探讨战争财政的政治考量如何根据外部资本的获取情况而变化。总之，第七章至第九章的研究表明，早期关于战争融资的决策将各国推上了截然不同的发展道路——一条以长期负债和薄弱的国家能力为特征，另一条以持续的国家建设和政治改革为特征。

小结

我认为，获得外部信贷对于理解"战争塑造国家"的条件至关重要，因为税收和贷款可能不会对财政能力产生同样的深远影响。"战争塑造国家"的国家建设理论——这是本书的主要模型——所隐含的一个关键假设是债务与税收之间的长期等价关系，即把贷款作为递延税收。根据这一模型，贷款人收回投资和利息，而借款人则通过加强税收制度来承担战争债务的全部责任，从长远来看，这会提高财政能力。

尽管没有学者会为坚持债务与税收之间所谓的"李嘉图等价"辩护，但一般的理解认为，贷款与税收的运作方式大致相似。本章的论点是，对于主权借款人而言，债务与税收的等价关系成立的条件可能比从前认为的要更狭窄。债券时代的国际投资者以这样或那样的方式——包括税款或实物——收回了他们的投资，但这种等价关系并不一定适用于当地财政。普遍的债务减免加上外国控制，打破了债务与税收之间的长期关系，从而揭示了过早获得外部融资对国家建设的不良影响。

本章的讨论与阿西莫格鲁、贝斯利和佩尔松等人的观点不谋而合，即认为投资于良好（自由）的制度会导致两难困境。[78]这些学者认为，政治动机是造成国家能力发展不足的原因。尽管对双方都有潜在的好处，但由于担心未来的反对派会通过征税来攫取利益，对财政能力的投资还是受到了影响。在外部资金充裕的情况下，这些学者所指出的国家建设的政治困境只会被放大。而统治者借助外国贷款获得政府资金的同时，也回避了建立"良好制度"所必需的政治妥协和财政努力。

附录

在本章的附录中，我提出一个简单的决策理论模型，用公式表达了本章提出的公共财政和极端贷款条件的政治困境。与前面的讨论一致，我重点关注的是追求收益最大化的统治者对于战争融资的政治考量。该模型假定世界可分为两个时期——今天和明天，战争在第一个时期开始和结束。关于战争融资，我提出了两个假设。第一，战争的资金来自税收或贷款，排除中间组合。由于战争的开支过高，因此仅靠税收为战争提供资金的情况非常少见，不过，这一假设使我能够用最简单的模型来探讨相关的政治考量（即用税收换取政治权利）。第二，我假设战争成本 W 是固定的。将战争规模内生化是一种有趣的方法，但不在本书讨论范围之内。这两个假设结合起来，使得贷款相对于税收的吸引力降低，令全世界范围内"战争使得财政能力提高"的国家数量有所增加。也就是说，这两个假设最有利于战争塑造国家的理论。

统治者通过税收能够增加的收入是有限的，$\kappa T > W$，其中 κ 表示第一个时期的财政能力存量，T 表示税基。统治者追求私人消费最大化，而其私人消费的资金来自统治者可以截留的公共资金份额（$1-\alpha$），$\alpha \in [0, 1]$（即以公共职位权力寻租的收入）。α 越接近 1，纳税人对财政政策的控制力就越强（或者说统治者从国库中挪用的资金就越少）。源自税收的财政契约将统治者可用于私人消费的财政总收入份额限制在（$1-\alpha$）/2 的范围内。稍后我会考虑一个更通用的公式。

为简单起见，我假定税收能力随着时间的推移而不断提升，这是专业技能积累的结果。也就是说，随着时间的推移，收税员会掌握常见的避税手段。这一假设足以抓住财政能力建设的一个关键困境：用税收收入换取政治权利。也可以考虑因对这一能力进行投资而放弃的消费，但这会不必要地增加分析的复杂性。[79] 我假定在第一个时期和第二个时期之间，专业技能使得财政能力扩大 $\eta < 1$ 个单位，即 $\kappa + \eta \leqslant 1$，从而以简单的简化形式描述了税收的棘轮效应。

统治者在第二个时期的收益以 $\delta \in [0, 1]$ 的利率贴现，因此用税收为战争融资的期望值为：

$$\frac{1-\alpha}{2}(\kappa T - W) + \delta\left[\frac{1-\alpha}{2}(\kappa + \eta)T\right] \qquad (2.1)$$

公式 2.1 以简化方式描述了财政能力建设的内在困境。新税收扩大了第二个时期可以通过税收动员的长期资源量，即（$\kappa + \eta$）T，但这是以赋予纳税人一定的财政政策权力为代价的，因此统治者可以从国家预算中获得的税收份额被限定在（$1-\alpha$）/2 的范围内。由于信誉问题，如果统治者不在第一个时期放弃财政权，就无法实现更高的税收。

一旦与纳税人分享了政治权力，收回特权可能会很困难，这正是因为新制度加强了纳税人与统治者就税收问题进行谈判的能力，因此在第二个时期，强有力的行政约束会持续存在。

另外，统治者也可以通过发行债券 $L>W$ 来为战争融资。偿还债务，意味着偿还本金 L 加上利息 i，即（$1+i$）L。利率根据国际资本市场——发行债券的市场——确定。国别利率（country-specific interest rate）由两部分组成：$i=r+p$，其中 $r<1$ 是无风险主权债券（例如英国统一公债）的利率；溢价 $p=$（$1+r$）$d/$（$1-d$）。溢价与违约概率 d 呈严格的递增关系，而违约概率 d 则体现了借款人在国际市场上的声誉。溢价 p 的计算方法是，将国际投资者在无风险贷款时的利润 L（$1+r$）$-L$，设定为等于违约概率不为零时国际投资者的利润 $d \times 0+$（$1-d$）$\times$（$1+r+p$）$L-L$，并求解 p。直观地说，贷款人会向有违约记录的国家收取溢价，使得贷款给可能违约的借款人的预期价值与贷款给资深借款人的预期价值相等。无风险资产的利率 r 由国际市场确定。为简单起见，资本供给由反线性函数 $r_s=\alpha_s+\Phi_s q_s$ 定义，其中 q_s 表示全球资本供给，且 $\Phi_s>0$。全球资本需求由反函数 $r_d=\alpha_d-\Phi_d q_d$ 得出，$\alpha_d=1$，$\Phi_d>0$。当 $r^*=1-$（Φ_d（$1-\alpha_s$）$/$（$\Phi_d+\Phi_s$））时，国际市场予以清算。

综上所述，统治者对战争外部融资的预期值为：

$$(1-\alpha)(L-W)+\delta\left[(1-d)\left(\frac{1-\alpha}{2}(\kappa T-(1+r^*+p)L)\right)-dS\right] \quad (2.2)$$

其中，违约会导致制裁 $S \in [0, 1]$。请注意，统治者通过第一个时期的借贷行为，可以保持宽松的行政约束，这意味着在短期内，他们可以保留更大份额的国家预算用于自我消费（$1-\alpha$）。如果统治者决定在第二个时期偿还债务，那么他们就需要与纳税人分享财政权力以换取纳税人的税收遵从。其直接后果是，他们可以挪用的预算份额将减少到（$1-\alpha$）/2。

什么情况下，风险中性的统治者更愿意用外部贷款为战争融资呢？只要贷款的预期收益大于征税的预期收益，或者

$$L \geqslant \frac{\frac{1-\alpha}{2}\left(\kappa T+W\right)+\delta\left[\frac{1-\alpha}{2}\eta T+d\left(\frac{1-\alpha}{2}\kappa T+S\right)\right]}{\left(1-\alpha\right)\left(1-\delta\frac{1+r^*}{2}\right)} \qquad （2.3）$$

我将对公式 2.3 的各个部分分别进行评论。

关于财政能力。

贷款偏好是财政能力存量 κ 和预期棘轮效应 η 的函数。当这两个参数中的任何一个较低时，统治者会首选外部贷款。这一点不难理解。历史经验表明，当统治者在现有财政基础之上着力发展时，税收能力就会显著提高。如果财政能力水平较低时，税收的棘轮效应也较低（即 η 和 τ 之间的关系曲线是凸的，或者更合理地说，是 S 型的），那么在财政能力的初始存量较低时，税收偏好将加倍减弱。

关于行政约束。

对外部融资的偏好是初始行政约束和放弃消费的函数。当初始约束条件 α 较弱时，用税收为战争提供资金会大大减少统治者的私人消费，从而削弱他们对税收的偏好。但在其他条件不变的情况下，随着行政约束的增加，税收偏好会增强：

$$\partial RHS/\partial\alpha = \frac{-2\beta d\delta}{\left(-1+\alpha\right)^2\left(-2+\delta\left(1+r^*\right)\right)} > 0 \qquad （2.4）$$

请注意，在公式 2.1 中，我假定如果统治者选择征税，那么其私人消费将减半。放弃的消费可以概括为 $(1-\alpha)/\psi,\ \psi>1$。也就是说，ψ 越大，征税相对于外部融资的吸引力就越小。我们可以预期初始约束与放弃消费之间的关系是凹的而非线性的。也就是说，为了克服信誉问题，基本上不负责任的统治者可能会比其他已经受到约束的统治者更大幅度地减少对国家预算的截留。如果是这样的话，那么专制统治者将极力反对征税，因为他们所放弃的消费将是最大的。

关于初始能力和政治条件的讨论表明，制度化程度弱的国家在可获得外部资金的情况下，不太可能用税收来为战争筹措资金。此外，如果贴现率 δ 较低，那么贷款比税收更受欢迎。虽然这些因素同时出现在公式 2.3 的分子和分母中，但其影响是明确的，随着 δ 的减小，分子减小而分母增大，因此对贷款的偏好增强。

关于市场流动性。

在其他条件不变的情况下，资本市场的流动性越低（r 越高），就越倾向于征税。这一点不难理解。当国际资本市场受到正向冲击时——例如，一个主要经济体出现资本过剩——国际信贷供应就会转向 $r_s = \alpha'_s + \Phi_s q_s$，$\alpha'_s < \alpha_s$，从而达到新的均衡 $(r', q')^*$，其特点是较低的利率 $(r')^* < r^*$ 和更大的交易量 $(q')^* > q^*$。

回顾一下，声誉不佳的借款人支付的利息由 $i = r + p$（基准利率加上溢价）计算得出。由于 i 和 p 都是基准利率的函数，所以流动性的增加（减少）会降低（提高）可能违约的借款人为外部资本支付的价格。如果出现足够大的负面冲击 $\alpha''_s > 1$，国际贷款就会停止，从而加强了通过税收为战争提供资金的动机。在第七章中，我将以这种直观理解为基础，利用国际资本市场的信贷紧缩来确定统治者在哪些时期最不得不通过提高税收来为战争提供资金。

关于极端贷款条件。

在公式 2.3 中，随着违约制裁 S 的增加，对贷款的偏好会减弱，从而抑制借债。这种结果对国际贷款人并不算利好。极端贷款条件可以在解决信誉问题的同时，降低借贷成本。为了更好地理解这一点，假设违约概率 d 是违约制裁 S 的负函数。换句话说，在其他条件不变的情况下，预期制裁的规模越大，违约概率也就越低。显然，这只是一种简化处理。违约是支付能力、战争结果和"政治意愿"的函数。[80] 有鉴于此，这一假设有助于理解贷款人可以采取哪些措施来确保偿债，又不会抑制借贷需求。

为了使问题尽可能简单，我假设违约概率与违约制裁之间是线性关系，即 $d = 1 - S$。定义

$$\bar{S} = \frac{1}{2}\left(1 - \frac{1-\alpha}{2}\kappa T\right) \qquad (2.5)$$

其中 $\bar{S}$ 求解公式 2.3 右侧的一阶条件。那么，我们可以把世界的状况一

分为二。对于任何 $S \leqslant \bar{S}$，征税偏好的加强与违约制裁的规模成正比，也就是说，在预期违约制裁的情况下，统治者更愿意征税，而不是借贷。虽然这有利于国家建设，以及与纳税人达成政治协议，但对国际债权人来说却不是好事。在 $S > \bar{S}$ 的情况下，随着违约制裁力度的增加，借贷偏好会增强。当制裁力度较大时，违约概率较低，从而降低了外部融资的价格，$\partial_p / \partial_d > 0$，现任统治者也就更倾向于贷款，而不是征税。

通过要求抵押国家资产，债券时代的贷款人能够将违约成本推高到满足 $S > \bar{S}$ 的水平。极端贷款条件限制为基本面薄弱的借款方提供了廉价的信贷，但也为高额债务、违约风险和外国控制打开了大门。

【注释】

［1］　除税收之外的任何资金来源都将进一步削弱战争与国家建设之间的联系。详见第一章。

［2］　Levi, 1988.

［3］　Gennaioli and Voth, 2015; Hoffman, 2015.

［4］　Ferejohn and Rosenbluth, 2016; Hintze, 1975; Spruyt, 1994; Stasavage, 2016. 与之相左的观点，请参见 Downing, 1993。

［5］　有关英国的相关论述，请参见 Bates and Lien, 1985; North and Weingast, 1989。有关法国的相关论述，请参见 Mousnier, 1974; Johnson and Koyama, 2014。我将在下文中继续讨论。

［6］　相关微观研究的依据，请参见 Stasavage, 2011; Greif, Milgrom and Weingast, 1994。

［7］　Tilly, 1990: 64.

［8］　贝斯利和佩尔松以及我本人的早期著作中都曾详细讨论财政能力建设中的这种跨期困境，请参见 Besley and Persson, 2011; Queralt, 2015。

［9］　Brewer, 1988.

［10］　Peacock and Wiseman, 1961.

［11］　Schultz and Weingast, 1998; Slantchev, 2012.

［12］　Barro, 1979.

［13］　关于对欧洲各国利用国内债务为战争融资的情况的出色研究，请参见 Yun-Casalilla and O'Brien, 2012。

[14] 请参见第三章。

[15] Michie, 2006: 101. 具体案例请参见 Calomiris and Haber, 2014; Summerhill, 2015。

[16] Austin and Sugihara, 1993: 19.

[17] Bazant, 1995: 45—46.

[18] 更全面的论述，请参见 Panizza, Sturzenegger and Zettelmeyer, 2009。

[19] Eaton and Gersovitz, 1981.

[20] Rogoff, 1999: 31.

[21] Cappella Zielinski, 2016; Flores-Macías and Kreps, 2017; Fujihira, 2000; McDonald, 2011; Shea, 2013.

[22] Tomz, 2007.

[23] 相关的正式讨论，请参见本章附录。

[24] Schumpeter, 1991. 相关历史证据，请参见 Dincecco, 2011。

[25] 关于税收累进性的讨论，请参见 Scheve and Stasavage, 2010, 2016。关于现代所得税制度的起源，请参见 Aidt and Jensen, 2009; Mares and Queralt, 2015, 2020。

[26] Bueno de Mesquita and Smith, 2013: 527.

[27] Eichengreen, 1990; Neal, 2015; Reinhart and Rogoff, 2009.

[28] Frieden, 1991a: 54; Panizza, Sturzenegger and Zettelmeyer, 2009: 676.

[29] Ballard-Rosa, Mosley and Wellhausen, 2021.

[30] 详尽的论述，请参见 Panizza, Sturzenegger and Zettelmeyer, 2009。

[31] Bulow and Rogoff, 1989; Schultz and Weingast, 1998.

[32] Schultz and Weingast, 1998: 21—22.

[33] Flandreau, 2020. 少数例外情况值得我们关注，比如希腊的独立战争债券。尽管希腊中断偿还这些债券，但还是能够获得新的贷款（Tomz, 2007: 228）。

[34] Frieden, 1991a: 55.

[35] Bulow and Rogoff, 1989.

[36] Flandreau and Zumer, 2004: 39.

[37] Flandreau and Zumer, 2004: 39.

[38] Mitchener and Weidenmier, 2010.

[39] Cain and Hopkins, 2016: 284.

[40] Cain and Hopkins, 2016.

[41] Fishlow, 1985; Platt, 1968; Tomz, 2007.

[42] 汤姆兹的研究也表明，炮舰外交并不常见，详见 Tomz, 2007。

[43] Mitchener and Weidenmier, 2010: 120.

[44] Ahmed, Alfaro and Maurer, 2010; Borensztein and Panizza, 2010; Panizza, Sturzenegger and Zettelmeyer, 2009.

[45] 古巴（Zanetti and García, 1998: 244—246）、埃及（Hyde, 1922: 535—536）、墨西哥（Wynne, 1951: 38—39）和希腊（Wynne, 1951: 305）都有这样的例子。

［46］　Winn, 1976: 112.

［47］　相关证据请参见第四章。

［48］　在本章附录中，我将极端贷款条件下的违约概率内生化，从而将这一论点形式化。我在附录中指出，超级制裁的严厉程度与外部融资偏好之间的关系呈U 形。

［49］　Frieden, 1991a: 55.

［50］　Annual Report of the Corporation of Foreign Bondholders 1893, p. 202.

［51］　Lindert and Morton, 1989; Jorgensen and Sachs, 1988.

［52］　例如，参见拉丁美洲的违约赔偿（Rippy, 1959: 26—28）。

［53］　Suter and Stamm, 1992.

［54］　请注意，负责接管的外国债券持有人也非常希望陷入窘境的政府重返资本市场，因为这样做可以恢复贸易、补充外汇储备、扩大税基以偿还旧债。例如，请参见第五章中的奥斯曼国债管理处。

［55］　Wynne, 1951: 109.

［56］　Wynne, 1951: fn.12.

［57］　Vizcarra, 2009: table 4.

［58］　Wynne, 1951: 114.

［59］　Vizcarra, 2009: table 4.

［60］　Sicotte, Vizcarra and Wandschneider, 2010: 299.

［61］　Wynne, 1951: 171.

［62］　有关日本、埃塞俄比亚和暹罗的公共财政和国家建设简史，请参见第九章。

［63］　Levi, 1988.

［64］　Besley and Persson, 2011.

［65］　Acemoglu and Robinson, 2019: 65.

［66］　Stasavage, 2020. 此外，藤平新树（Fujihira, 2000）指出了两个现代权力分享制度——代议制议会和政党——在促进税收水平持续增长方面的作用。这两种制度集合了资本和劳动力之间相互竞争的税收优惠，促进了两者在战后的妥协和持续合作。

［67］　Stasavage, 2011.

［68］　Bates and Lien, 1985; Boix, 2003.

［69］　Ardant, 1975; Dincecco, 2011; Ertman, 1997.

［70］　Weber, 1978: 987.

［71］　Schumpeter, 1991.

［72］　大英帝国的自治殖民地可以选举地方议会，法属阿尔及利亚也是如此，但这些都是特例。

［73］　Berman, 1984; Frankema, 2011.

［74］　戴维斯和赫滕巴克的研究表明，自治殖民地比直辖殖民地更能够抵制为帝国战争融资的要求，参见 Davis and Huttenback, 1986。详细内容可见第六章南非各共和国的配对比较。

［75］ Gardner, 2017; Maurer and Arroyo Abad, 2017; Reinhart and Trebesch, 2015.

［76］ Owen, 1981: ch. 9; Cromer, 1908; Owen, 1981.

［77］ Cromer, 1908; Owen, 1981.

［78］ Acemoglu, 2003; Besley and Persson, 2011.

［79］ 此类模型的示例，请参见 Besley and Persson, 2011; Queralt, 2015。

［80］ Reinhart and Rogoff, 2009.

第一部分
全球金融的兴起

接下来的三章将介绍公共信贷的全球化，即经常性利用外部融资为政府提供资金。第三章通过记录资本输出的扩张和主权贷款利率的长期下降，描述了 1816—1914 年间第一个全球金融市场的特征。这是有史以来第一次，核心国家和边缘国家——无论贫富、无论是主权国家还是附属国——都能获得几乎无限的廉价资本。在第四章中，我研究了使得利差长期下降的国别政策和制度。在通过多元回归分析验证现有解释的杠杆作用后，我提出了极端贷款条件假说，以解释为何基本面薄弱且有违约历史的国家能以相对优惠的利率获得外部资本。在讨论了可执行性问题后，我展示了相关统计证据，证明主权债券质押降低了借贷资本利率。第五章则讨论了质押和金融控制对国家建设的影响。二手资料和对奥斯曼国债管理处的案例研究表明，对国家垄断企业和税务管理机构的外国管理并没有提高国家能力。最后，我详细阐述了列强在晚清中国争夺特许权的国际和国内原因，这些特许权中包括取消当时中国效率最高的税收管理机构的赎回权。

总之，第一部分展示了公共信贷全球化的证据、极端贷款条件对利差的影响以及外国金融控制的财政后果。在这些证据的基础上，第二部分重在评估早期获得廉价资本对短期和长期国家建设与政治改革的影响。

第三章　公共信贷全球化

> 任何政府，只要宣称对地球表面的一小块土地和地球上的一小部分居民拥有主权，就能在伦敦找到金融代理人及其债券的购买者。
>
> ——詹克斯（Jenks，1927：282）

本书的主要论点是，如果一个国家在其发展的早期阶段很容易获得外部融资，那么这可能会扭曲统治者加强国家建设的动机，造成持续的财政疲软。在本章中，我回顾了第一个全球公共信贷市场形成的关键阶段，并检验了论证中的一个关键假设：新近成立的国家，以及古老但传统上孤立的国家都能以相对优惠的条件获得欧洲资本。为了支持这一观点，我建立了一个关于债券时代外部融资条件的原始数据集，扩大了时间覆盖范围和国家样本，几乎是现有数据集记录的主权贷款数量的三倍。在本章中，我将分析"借贷狂热"（lending frenzy）[1]的总体特征，并在第四章中讨论具体国家的拉动因素。第五章将探讨"轻松来钱"对国家建设的不利影响。

第一次资本全球化

现代国家是有史以来最复杂的组织，它提供安全、监管市场、执行合同、重新分配收入，它参与太空计划、领导癌症研究、确保大众公共教育并做出无数其他的贡献。国家对经济和社会的大规模干预是最近才出现的：在第一次世界大战之前，国家的范围要窄得多，由公众资助的支出类型也要少得多。

可以肯定地说，在 1914 年之前，军费开支在政府支出中所占份额是最大的。统治者（君主、王公、苏丹、酋长）为战争筹措资金的方式多种多样，从纳贡、征用财产到奴隶贸易，不一而足。然而，战争所花费的金钱往往大于国家的直接收入。从中世纪晚期（1250 年至 1500 年）开始，欧洲的商业型城市国家（city-state）建立了现代公共信贷的基础，允许统治者征用未来的税收，这些钱款可以在战争结束后逐步偿还。这是战争政策的一大进步，因为它使城市国家可使用的军费开支远远超过其军事对手，即便这些竞争对手的国土规模比城市国家大得多。最初，领土型国家（territorial state）依靠外国商业城市来发行公共信贷。当时的贷款条件远远称不上"优惠"，君主们需要为短期贷款支付高额的溢价。[2]

从 16 世纪开始，迫于军事技术成本上升的压力，领土型国家将关注点转向了国内贷款人，通常是商人和包税人，有时也包括土地贵族。[3]外部融资尽管从未消失，[4]但一直处于边缘地位，直到 18 世纪，英国王室开始在阿姆斯特丹发行新债券，以资助日益增长的战争开支。然而，无论是在规模上还是在地理范围上，这都是一个相对有限的国际信贷市场。荷兰对外贷款的鼎盛时期仅限于 18 世纪的最后几十年，涉及 8 个国家（相比之下，19 世纪的伦敦有 90 多个主权借款人和殖民地借款人）。荷兰的贷款也谈不上什么多样化：在阿姆斯特丹发行的债券中，约有四分之三借给了英国王室，平均期限为 12 年，这表明当时人们对国际贷款非常反感。[5]1795 年，在法国占领荷兰之后，荷兰资本逐渐枯竭，而自九年战争（1688 年至 1697 年）① 以后，英国提高了其财政动员能力，[6]成为新的且唯一的欧洲和世界金融中心。

---

① 九年战争，即大同盟战争。——译者注

伦敦：世界银行家

伦敦为历次反法同盟提供了资金，并且提高了将资本推向海外的能力，从此之后，伦敦一鼓作气地抓住时机，将工业革命产生的剩余资本输送到世界各地。[7]英国储蓄市场的开放是循序渐进的，但也难以避免因投资狂热和贷款突然崩溃而引起的"繁荣与萧条"周期。挫折并没能够阻止狂热。用不了几年，交易又恢复了，并进入新的、更长的周期。

图 3.1 显示了 1816 年至 1913 年英国的经常账户余额。1820 年至 1850 年间，英国约有 1.5% 的 GDP 被用于海外投资。在 19 世纪 50 年代和 60 年代，外部资本流动增至 3%，此后平均为 4.5%，并在第一次世界大战前夕达到了 9% 的峰值。[8]这些数字与 1990 年至 2010 年间的情况形成了鲜明对比，在 1990 年至 2010 年的三十年里，英国一直是外国资本的净接收国（OECD，2017）。[9]

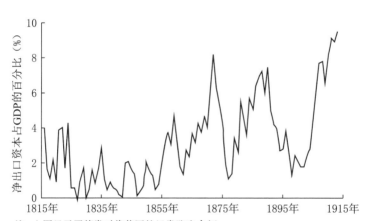

注：上图显示了债券时代英国的经常账户余额。

资料来源：有关（名义）净经常账户数值，请参见 Imlah，1958；有关 1816 年至 1829 年间名义 GDP 数值，请参见 Broadberry et al.，2012；有关 1830 年至 1913 年间名义 GDP 数值，请参见 Mitchell，2005。

图 3.1 1816 年至 1913 年净出口资本占英国 GDP 的百分比

早在 19 世纪，伦敦就已经是无可争议的世界金融中心。尽管当时世界各地还有其他金融中心，但绝大多数外国证券是通过伦敦证券交易所流通的。[10]"无论从事政府贷款业务的资本家是何方神圣，无论他们的初始资本来自何处，他们都会毫不迟疑地在伦敦建立金融据点。"[11]

表3.1列出了19世纪主要资本输出国的对外资产总值。在其巅峰时期，英国在全球对外投资总额中所占份额接近80%，远远超过其主要竞争对手的资本输出总和。[12]为了更好地理解英国金融在全世界的高杠杆作用，可以将这些数字与美国的数字进行比较。2000年，美国对外痪产占全球资产总额的25%，其历史最大份额为1960年前后的50%。由此可见，英国在19世纪被誉为"世界银行家"，也就一点也不足为奇了。

表3.1   19世纪各国外部资本存量

	1825年	1855年	1870年	1890年	1914年
英国	0.5	0.7	4.9	12.1	19.5
法国	0.1	—	2.5	5.2	8.6
德国	—	—	—	4.8	6.7
荷兰	0.3	0.2	0.3	1.1	1.2
美国	0.0	0.0	0.0	0.5	2.5
加拿大	—	—	—	0.1	0.2
总额	0.9	0.9	7.7	23.8	38.7
英国/总额	0.56	0.78	0.64	0.51	0.50
全球GDP	—	—	111	128	221

注：每单位数值代表十亿美元（以当前价值计算）的外国资产总额。
资料来源：Obstfeld and Taylor, 2004: table 2.1。

19世纪的最后几十年，巴黎和柏林也果断地加入了货币市场。[13]英国的金融资本家同时对政府证券和私人项目进行投资，而法国和德国的投资者则专注于向南欧、东欧和北非国家提供主权贷款。[14]法国和德国的海外投资总额分别占其GDP的2.5%和1%，这已然是一个非常惊人的数量了。[15]

从数量上看，从欧洲三大金融中心向世界其他地区的资本流动是前所未有的，其数额之巨大，直到冷战结束后才被超过。[16]在1816年至1913年间，平均而言，全球GDP的4%以资本投资的形式跨境流动，这一比例是1945年至1995年间的两倍。[17]相对于当年度的全球GDP

而言，1980 年的跨境贷款数额仍然只有百年前 1880 年的三分之一。[18]

就地理分布而言，英国资本最为多元。图 3.2 转载了欧文·斯通（Irving Stone）收集的数据，其中显示，英国资本以政府贷款的形式遍及各大洲。主权国家和殖民地政权（无论是否属于英国）均发行了债券。相对于其他金融资本，英国在北美、南美、亚洲、北非和非洲南部的投资都远超法国和德国，也就是说，在除南欧和东欧之外的所有地方，英国资本都居于主导地位。[19] 到 1914 年，英国资本占北美洲外国投资总额的 64%（德国位居第二，占 10.4%），占拉丁美洲的 42%（第二是美国，占 18.5%），占大洋洲的 96%（第二是法国，占 4%），占亚洲的 50%（第二是法国，占 17.6%），占非洲的 60.5%（第二是法国，占 22.2%）。[20]

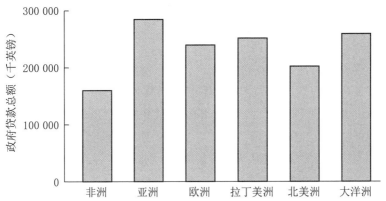

注：欧文·斯通收集的这些数据显示了英国在各地区发放的政府贷款总额，详见 Stone, 1992。

图 3.2　1865 年至 1914 年各地区政府贷款

尽管资本市场受到的外交干预日益频繁，但借贷仍然属于私人业务。政府间贷款非常少见，更不存在多边官方贷款。直到 19 世纪 60 年代，大部分贷款业务掌握在几家特定的承销商手中，其中最重要的是罗斯柴尔德家族和巴林家族。[21] 大型承销商代表外国政府进行贷款谈判，参与投标的投资者群体人数并不多，只有数百人，且大部分在伦敦。[22] 随后，主权贷款就在二级市场上出售给分散的、缺乏经验的投资者。小投资者的数量以万计，有时甚至以百万计（例如，在 20 世纪初，共有160万法国人持有俄国的贷款）。[23]到了19世纪下半叶，对外贷款的加速增长为中小承销商提供了代理主权贷款的新机会。[24]其中一部分承销商专门针对基本面较弱、债务记录不稳定的政府，而这是大承销商通常避而远之的高风险业务。[25]

谁来借钱呢？

正如本章开头的引文所言，所有国家（无论是不是主权国家）都可以在伦敦证券交易所发行债券。作为英国金融霸权的主要竞争对手，法国和德国也会在伦敦销售主权债券，通常是作为同时在其他金融中心发行的大规模债券的一部分。然而，绝大多数贷款流向了新近成立的主权国家，以及古老但传统上孤立的主权国家，这些国家位于北美和南美、南欧和东欧、东亚和东南亚、中东，以及北非和非洲南部。英国资本偶尔也会流入西班牙、荷兰、土耳其、法国和德国的殖民地。

英属殖民地经常在伦敦证券交易所发行债券，而且由于所谓的"帝国效应"，它们能够以优惠的条件发行债券。阿科米诺蒂（Accominotti）、弗朗德罗（Flandreau）和雷兹克（Rezzik）认为，殖民地被视为事实上的英国"外省"，这意味着宗主国会尽其所能避免违约，因此这一类贷款被认为风险较低。[26]弗格森（Ferguson）和舒拉利克（Schularick）对此表示认同，同时认为殖民地也更有可能执行格莱斯顿式（Gladstonian）经济政策——支持稳健货币、平衡预算和自由贸易。[27]一直以来，大多数殖民地被视为财政外流地区，并受到严格的财政监督。[28]

到19世纪70年代末，大多数自治殖民地或"自治领"（现代澳大利亚、加拿大、新西兰和南非的所有领土）能够在公开市场上借款，而无需英国政府的直接支持。从1881年起，各自治领被动宣布实行财政自治，除紧急情况外，帝国不再向它们提供担保。包括直辖殖民地（Crown colony）、保护国和印度在内的更多殖民地被视为附属殖民地（dependent colony），也就是说，它们没有真正的债券发行自主权，因为它们举借债务需要得到英国政府的明确批准。

所有殖民地的公债最初都由英国王室代理人管理。这些王室代理人以伦敦为基地，充当了殖民地的全权财政部长——他们既是银行家，又是殖民地的国债专员。[29]他们决定何时借债、借债多少以及如何偿还债务。他们与当地政府合作，但不对当地政府负责。[30]

殖民地普遍比较贫穷。为了克服投资者不愿意承销的问题，殖民地统治者可能会试图以极低的价格发行债券，从而导致财政失衡，并最终导致违约。而王室代理人凭借其经验和声誉，有望克服殖民地公债的市场需求低迷问题，避免因殖民地统治者的投机行为而产生的道德风险，因此这些代理人在殖民地投资中发挥着关键作用。[31]

从1881年起，王室代理人仅代表附属殖民地。殖民地当局"确定最高允许利率，确定所需的金额，并设定其认为合适的其他条件。然后，英国国务大臣授权王室代理人尽可能以最优惠的条件发行债券"。[32]王室代理人代表殖民地在伦敦证券交易所寻找承销商，并雇用他们信任的人。这些代理人被认为是殖民地的忠实代表。[33]事实上，王室代理人能够代表殖民地谈判的条件非常有吸引力，以至于在1881年之后，自治殖民地也请求与他们合作。英国财政部对此表示反对——"财政自治同时伴随着责任"。

1899年的《殖民地贷款法》（Colonial Loans Act）和1900年的《殖民地公债法》（Colonial Stock Act）颁布后，附属殖民地获得了与基准英国政府永续债券（即英国统一公债）相同的受托人地位，因此几乎可以自由地以高补贴利率获得资金。[34]在此后的10年内，附属殖民地发行的债券金额几乎增加了两倍，从1890年至1899年间的740万英镑增加到1900年至1909年间的1 840万英镑。[35]

在法兰西帝国，殖民地公债受到财政部的密切监控，新的公债需要经过法国议会批准。不过，殖民地利益的代表权被下放到货币发行局和各商业银行，它们同时是殖民地公债的承销商。[36]由于殖民地贷款受到严格监控，法国殖民地能够以优惠条件获得大量贷款，利率一般低于4%。[37]

在19世纪的最后几十年里，国际金融与帝国主义之间的关系日益密切。但信贷全球化并不是殖民地借贷行为的副产品。流向殖民地的资本仅占国际贷款总额的一小部分。[38]根据我的计算，1816 年至 1913 年间，英国在大英帝国内部的资本输出（以主权债务的金额来衡量）仅仅是其向帝国外部输出资本的三分之一。[39]在法国，对殖民地证券的投资仅占 1852 年至 1881 年法国对外投资总额的 4.3%，在 1913 年也仅占 9%。[40]

债券时代的大部分国际贷款流向了新成立的主权国家（如秘鲁）或新近融入西方世界的主权国家（如日本）。正如第四章所述，随着时间的推移，由于列强之间的帝国竞争等原因，主权国家接受（或被强加）贷款的条件越来越有利于欧洲贷款人。

随着第一次世界大战的爆发，债券时代戛然而止。为第一次世界大战融资使得流动性需求激增并引发了一系列金融动荡，永久性地扰乱了全球金融市场。[41]第一次世界大战、大萧条和第二次世界大战接踵而至，使得国际市场在那二三十年都无法稳定下来。即便在 1945 年之后，市场也专注于私人债务，特别是外国直接投资。对外国债券的狂热追捧虽然在 1914 年戛然而止，但影响至今仍在。

借钱做什么？

债券时代的公共外部融资有三个目的：国防开支、债务转换（即借新债还旧债）和大型基础设施项目。用于军费开支和债务转换的外部融资属于收入性金融的范畴，原则上不会促进地方经济增长。[42]收入性金融对国家建设的长期影响将在本书第二部分详细讨论。在此，我想谈谈外国贷款的第三个目的，即用于生产的借贷资本，或称为"开发性金融"。[43]外国投资可以帮助发展中经济体克服因市场失灵和当地资本短缺造成的经济增长障碍。在 19 世纪，铁路投资是开发性金融的典范，占英国海外投资总额的三分之一，遍及 70 多个国家和殖民地。[44]

至少在纸面上看起来，"火车一响，黄金万两"。首先，铁路将生产基地与贸易港口连接起来，降低了运输成本，提高了出口竞争力。其次，铁路创造了对劳动力、煤炭、钢铁和金融服务的需求。最后，通过经济发展，铁路刺激了进口商品的消费，增加了关税收入。在理想状态下，蒸汽机车能拉动当地经济和财政的发展。[45]

边缘国家的财政状况并不足以承担铁路建设。全球南方各国政府积极吸引外资，为这一革命性技术的建设提供资金。[46]供需双方一拍即合。例如，在拉丁美洲，1900 年可开行的铁路里程中有 75% 为外国公司所有，其中 70% 为英国公司。[47]

为了吸引资本，边缘国家政府不得不向欧洲投资者提供大量优惠条款，包括但不限于利润保证、建筑材料关税减免、[48]土地征用的便利[49]和铁路路网垄断。这些条款提高了投资的预期回报率，有助于吸引外国资本，但也带来了负面影响。例如，所谓"利润保证"的含义不言自明，它给地方财政造成了严重压力，甚至需要发行收益担保债券（revenue loan）才能满足开发性金融的条件。[50]利润保证还削弱了外方特许权获得者建设和维护高质量铁路的积极性，加速了铁路的淘汰。[51]铁路路网垄断是铁路贷款合同中的另一个常见条款，旨在限制竞争以确保利润，但这也阻碍了在全国范围内合理地设计铁路路网，加剧了经济和政治上的碎片化，对经济发展和国家建设造成负面影响。[52]

铁路投资的总体经济影响，应该根据其前向和后向联动效应（forward and backward linkages）来进行评估。前者指的是铁路对降低运输和商品出口成本的贡献，而后者则侧重于因铁路投资而衍生出来的新工业和金融部门。前向联动效应的规模通常取决于其社会节约（social saving），即相对于其他运输方式而言，运输成本降低所释放的资源。[53]在一些边缘国家，社会节约的规模惊人——相当于阿根廷GDP 的 26%[54]、巴西 GDP 的 18%、[55]墨西哥 GDP 的 38%[56]和印度GDP 的 16%。[57]然而，在许多其他经济体中，前向联动效应并不明显（或为零），包括拉丁美洲的哥伦比亚[58]、秘鲁[59]、乌拉圭[60]和委内瑞拉[61]，以及西班牙[62]、中国[63]和土耳其等其他地区。[64]

对于国家建设来说，后向联动效应可能更为重要。在英国、法国、德国和美国，铁路扩张对其他经济部门产生了积极的外部效应。[65]对金融、钢铁、工程和燃料的需求大部分在当地得到满足，从而促进了创新，推动了经济发展并扩大了税基。铁路路网将各经济部门和相距遥远的地区连接起来，使中央政府能够将其影响力延伸到首都以外的地区，从而进一步增加了有效税基。[66]

然而在边缘国家，即使是那些社会节约创历史新高的国家，也基本上不存在后向联动效应。[67]铁路投入（资金和物资）通常从欧洲和美国进口。这对国际收支产生了直接的负面影响。外国资本流入带动了外汇兑换的快速增长，推动了汇率高估，进一步增加了工业发展（即后向联动效应）的障碍。[68]由于中间投入品关税减免是吸引外资建设铁路的必要条件，因此高价值商品（机车、货车、钢材）的进口并不能产生关税收入，而关税收入又是偿还外债的关键。[69]总体而言，铁路社会节约的很大一部分以进口投入品和支付利息的形式走漏到了海外，经济多元化和扩大税基的能力也随之流失。以墨西哥为例，其出口总收入的约四分之一以铁路运营、进口和偿债的形式流到了欧洲金融家手中。[70]

由于缺乏后向联动效应，发展中国家陷入了产品单一化的出口导向型增长模式，常常面临"商品彩票"（commodity lottery）的风险，即主要出口商品的国际价格突然变化，这通常会损害发展中国家的经济和财政绩效。[71]铁路作为开发性金融的典型例子，给边缘国家带来了经济增长，但也造成了欠发达状态。[72]

从更普遍的意义上说，我在本书中提出的外部融资对国家建设的负面影响并不局限于收入性金融（即战争与债务整合）。边缘国家的开发性贷款往往会产生不正当的经济和政治动机，其后果是限制甚至消解了它们对经济增长和国家建设的潜在贡献。

借贷狂热的原因

主权借贷（即对外国政府的贷款）在全球金融兴起的过程中起了至关重要的作用。19世纪10年代和20年代拉美各国的独立战争为下一个百年奠定了基础。巴西、布宜诺斯艾利斯省、智利、哥伦比亚、墨西哥、秘鲁以及中美洲的一些小国在伦敦发行债券，用以装备军队并结束殖民统治。[73]这些债券在市场上很容易销售。第一次外国证券狂热——其中包括对奥地利、丹麦、希腊、那不勒斯、葡萄牙、普鲁士和西班牙的贷款[74]——几年内就结束了,因为其中许多国家中断了偿债。[75]外国政府证券在 19 世纪 30 年代中期卷土重来,并在此后不断增长。1853 年,外国政府债券占伦敦证券交易所所有上市证券的6%,到 1913 年,其占比达到了前所未有的 21%。[76]

考虑到当时典型的主权违约全球周期,19 世纪的借贷狂热可能令人惊讶。如图 3.3 所示,在 19 世纪的任何一年中,违约国家的比例都超过了 20%,在高峰期甚至高达 45%。这两种现象怎么才能做到兼容并存呢?有人认为是由于贷款人的非理性行为,也有人认为是由于投资者和借款人之间的信息不对称,还有一些则提出了基于市场的解释。在下文中,我将对这些解释进行简要的概述,然后引入一个关于长期主权贷款利率的原始数据集,目的在于以下两个方面:新数据用此前未曾使用过的方式记录了贷款狂潮(基于样本规模和时间范围),并且使我能够检验"极端贷款条件"的概念,从而阐释了这一明显矛盾的现象,即尽管发生大规模违约事件,主权贷款仍继续存在。

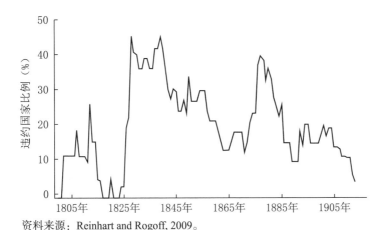

资料来源:Reinhart and Rogoff, 2009。

图 3.3 1800 年至 1913 年违约国家比例(仅计算违约时已独立的国家)

非理性和欺诈行为

查尔斯·金德尔伯格(Charles Kindleberger)是用非理性行为来解

释第一次金融全球化的主要支持者。当时的投机和狂热现象"近乎集体的歇斯底里与精神错乱"，扭曲了利率，导致价格和经济基本面之间出现了裂缝。[77] 有些解释确实符合"非理性借贷"的概念。例如，费斯（Feis）提到了19世纪60年代向埃及政府肆意发放的贷款。当时的埃及既缺乏年度预算，也不存在官方登记和有序的税收体系，然而即便如此，在1863年至1879年间，埃及的外债规模却膨胀至原来的五倍。

> 普通（欧洲）投资者并没有意识到这个国家的财政状况。银行愿意冒着亏损的风险，换取更大的回报和特殊的质押……。一个银行集团退出后，另一个银行集团又进入了这个领域。[78]

上面这段文字引出了借贷狂热的一个相关原因：公然的欺诈。外国债券的发行涉及三个参与主体：借款人（国家）、私人投资者和发行机构或承销商。发行机构或承销商在债券时代扮演着重要角色，他们代表借款人就债券合同进行谈判，发布规定贷款条款的贷款募集说明书，向借款人垫付资金，并将债券出售给私人投资者。[79] 借款人向承销商支付高额的佣金，事实上，詹克斯得出的结论是："贷款业务的真正利润流进了承销商的钱包。"[80]

大型承销商通常比较谨慎，尽量销售安全的产品来赢得良好声誉，但一些二线承销商和推销商却利用信息不对称来宣传风险大的贷款。[81] 直到19世纪70年代，"吹嘘的艺术"（art of puffing）——泡沫——一直是伦敦证券交易所的普遍做法。[82] 推销商们利用不择手段的经济媒体（详见下文），对贷款进行精心设计，使它们看起来像是安全的投资。弗朗德罗（Flandreau）在其著作中提到了发生在伦敦证券交易所的各种教科书式"白领犯罪"案例——使推销员和秃鹫投资者受益的庞氏骗局，这些人专门从事主权债务重组，并且他们通常是同一批人。[83]

19世纪70年代初，针对向中美洲小国提供主权贷款的公然欺诈和灾难性后果问题，英国议会进行了一项议会调查。[84] 调查报告揭露了发行机构为推销产品而采取的各种不择手段的做法，然而，外国统治者也可能将此视为一个机会：

因此，像1860年摩洛哥政府这样对"金融秘密"一无所知的政府，从游走各国的代理人那里了解到在伦敦或巴黎安排贷款是一件非常容易的事情。那些渴望体面而不张扬地侵占公帑的政客们发现，通过发行债券的方式可以很容易地解决这个问题。[85]

里皮（Rippy）也得出了同样的结论，认为英国银行家和不少拉美国家政府"极其不诚实"。[86]他们皆"以牺牲英国（小）投资者的利益为代价"来获取利润。正如第二章所讨论的，欺诈行为是一个广泛存在的问题，因为它使得外国投资者和不负责任的当地统治者都有利可图。

信息不对称

欺诈之所以可能，是因为投资者无法实时获得公正的信息。[87]横跨英吉利海峡的海底电缆，也就是连接世界两大金融中心的电缆，直到1851年才开通，此时全球进入债券时代已经三十年了。直到19世纪末，电报才到达主要的海外市场：1878年覆盖到布宜诺斯艾利斯，1900年覆盖到东京。在此期间，投资者主要根据伦敦出版的经济报刊做出相关决定，然而，这些报社直到很晚才在海外派驻专职记者。[88]例如，当时最受尊敬的出版物之一《泰晤士报》，直到19世纪90年代才在阿根廷派驻常驻记者。在此期间，财经报社主要依靠当地投资者获取信息，而这些投资者往往又存在利益冲突。[89]

信息问题并未就此结束。弗朗德罗、奈伊（Nye）和泰勒（Taylor）都曾提到，推销商从结构上俘获了新闻行业，例如，在19世纪40年代的铁路投资热潮中，专业期刊刻意歪曲信息以换取广告收入。[90]1872年，一位在《泰晤士报》工作了长达28年的编辑被指控因公然的利益冲突而导致工作失误和腐败。而他恰好持有在《泰晤士报》上刊登广告的产品的股份。[91]这些丑闻损害了整个财经媒体的公信力。[92]

不仅专业报刊经常发布有偏差的信息，发行机构代表借款人发布的贷款募集说明书上往往也充斥着不实信息。有些贷款募集说明书是公然捏造的，其中最著名的要数波亚斯（Poyais）债券计划。波亚斯是一个虚构的中美洲国家，这一债券计划以并不存在的波亚斯政府的所有收入作为担保，于19世纪20年代在伦敦发行了两笔债券。还有一些贷款募集说明书对某些国家过去的偿债记录进行了误导性说明，或包含虚假内容。发行机构并没有披露它们所掌握的信息，而这些信息本应对投资者起到警示作用，提醒他们借款国政府极不稳定，注定会违约。[93] 温克勒（Winkler）在研究20世纪头几十年在美国投资者中流传的贷款募集说明书的细则时，发现了许多这样的例子。[94] 例如，在20世纪20年代，智利国债的贷款募集说明书一再谎称"智利已经有长达95年的借款记录，从未违约"。实际上，智利在19世纪曾有两次违约记录——第一次是在19世纪20年代，第二次是在19世纪70年代末——累计违约长达26年。即便如此，智利的国债仍然在1921年和1922年成功进入市场，但仅在8年之后，智利又出现了违约。

寻求收益

有些作者认为，可以用市场力量来解释借贷狂潮现象。一方面，在缺乏本地信贷市场的情况下，新兴市场需要大量外国资本流入，为政府的基本运作提供资金。[95] 另一方面，海外投资比国内投资更有利可图（以及被认为更有利可图）。在美洲、南非和澳大拉西亚（Australasia）①等新兴初级产品经济体中，铁路和其他社会间接投资（social overhead investment）的利润异常之高，推动英国资本向海外流动。[96] 迈耶、莱因哈特和特雷贝施在最近的一篇论文中指出，外部主权债券在1815年至1869年的实际收益率为7.87%，在1870年至1914年为6.19%，这一数字仅被1995年至2016年的9.12%超越。[97] 收益率最高的是频繁违约国的债券，在1815年至1869年，其相对于英国统一公债的超额收益率为3.4%，1870年至1913年更是攀升至4.2%。[98]

为了确保获利，英国贷款人投资了与出口相关的基础设施和自然资源项目（如铁路和矿山）。这些投资项目旨在促进当地经济、增加税

---

① 包括澳大利亚、新西兰及太平洋西南岛屿。——译者注

收和出口，从而增加外汇储备以偿还外债。[99]然而，对外国政府贷款进行投资是有风险的：林德特（Lindert）和莫顿（Morton）计算了10个新兴经济体在1850年至1914年间相对于英国统一公债的利差，发现名义利率明显高于本国政府债券，但1850年至1914年间发行的债券几乎与英国统一公债的回报率持平。[100]然而，这只是样本国家的平均值，这些国家在主权借贷方面的经历截然不同。日本、澳大利亚、加拿大和埃及（仅在金融干预后）自始至终都坚持偿还债务，而墨西哥和俄国等其他国家则在革命后中断偿债，从而降低了平均总回报率。

综上所述，资本市场的狂热可能是由以下三个因素共同造成的：信息匮乏、欺诈和较高的海外利润率。借贷狂潮的另一个原因可能是，一旦出现违约，债券持有人有能力没收资产和收入来源，从而限制风险。在接下来的两章中，我将对这一观点进行阐述，对其进行检验，并讨论外国金融控制对长期国家建设的影响。在本章的其余部分，我将引入一个有关利率的原始数据集，对漫长的19世纪中国际借贷的广度和相对较低的信贷价格进行量化。

获得国际融资

为了阐明债券时代外部融资的有利条件，我整理了从1816年至1914年间在世界金融中心伦敦发行的国际借贷或债券的原始数据集——在20世纪中期之前，"贷款"和"债券"这两个术语可以互换使用。现有的数据集仅限于部分国家和19世纪的特定年代，或同时受这两方面限制。在迄今为止最雄心勃勃的三个数据集中，有一个来自阿科米诺蒂、弗朗德罗和雷兹克，另一个来自弗格森和舒拉利克，他们分别列出了1880年至1913年间32个国家和57个国家在伦敦二级市场的利差。[101]这些数据集对于研究借贷最密集时期的利差具有极高价值，但却无法涵盖债券时代的前65年（即1815年至1880年）。而第三个数据集是由铃木俊夫收集整理的，也最接近我本人收集的数据集，他记录了53个国家从1870年到1913年的首次报价（或一级市场）数据。[102]铃木俊夫的数据集总共列出了 329 笔在伦敦发行的债券。

受到铃木俊夫数据集的启发，我从一手和二手资料来源收集了更多国家的一级市场数据，共计 92 个国家，最早可追溯到 1816 年，最晚截止到 1914 年。我纳入了所有中央政府贷款和政府担保贷款，不论其用途（如战争、债务再融资和基础设施）是什么。[103]新数据集总共包括 944 笔贷款，几乎是铃木俊夫数据集的三倍。对于每笔债券，我都收集了名义利率、报价、期限、用途和承销商名称等数据。[104]通过新的数据集，我试图深化对第一次资本全球化的理解，同时巩固本书主要论点的一个关键假设：无论是对于已巩固的经济体还是新经济体，资本都是充裕且相对廉价的。

数据集描述

数据集的主要原始资料来源是《证券交易所贷款募集与公司招股说明书》(*The Stock Exchange Loan and Company Prospectuses*) 和《韦滕豪尔交易行情通报》(*Wetenhall's Course of the Exchange*)（1825—1871 年间每年第一天的证券报价数据），这两份资料都保存在伦敦证券交易所的档案中，现存于伦敦市政厅图书馆。二手资料主要来自道森（Dawson）、霍布森（Hobson）、詹克斯、马里沙尔（Marichal）、毛罗（Mauro）、苏斯曼（Sussman）、雅菲（Yafeh）、以及铃木俊夫等人的相关研究成果。此外，我还参考了艾耶尔（Ayer）的著作和芬恩（Fenn）1838 年、1855 年、1869 年、1883 年和 1898 年的《英国和外国基金、债务与收入汇编》(*Fenn's Compendium of the English and Foreign Funds, Debts and Revenues*)，[105]并选择性地参考了《外国债券持有人公司理事会年度报告》(*Annual Reports of the Council of the Corporation of Foreign Bondholders*) 第 1 卷（1874 年）至第 45 卷（1917 年）。

表 3.2 列出了一些描述性统计数字，用以说明英国资本输出的分布情况，随后列出了每个国家的贷款数量明细。发行债券的总额接近 40 亿英镑，相当于今天的 6 000 亿美元，但当时世界经济规模只有今天的十分之一。从表 3.2 中可见，资本流向了各大洲，从欧洲和美洲

开始，最终扩展到非洲、亚洲和大洋洲。欧洲的债券发行量似乎大得不成比例，但这反映了不同的收入水平。相对于当地经济规模而言，拉丁美洲、亚洲和非洲的借贷数量非常巨大。

表3.2 1816—1913年主权债券的描述性统计

地区	国家	贷款笔数	发行金额（单位：百万英镑）（占总额的％）	最早贷款时间
非洲	15	102	301（8%）	1860年
美洲	33	279	1 100（28%）	1822年
亚洲	10	128	544（14%）	1854年
欧洲	25	252	1 700（43%）	1816年
大洋洲	9	283	285（7%）	1859年
总计	92	944	3 940	

注：样本所涉及的国家和地区（括号内为样本中的贷款笔数）为安提瓜和巴布达（1）、阿根廷（41）、奥地利（10）、巴哈马（1）、巴巴多斯（1）、比利时（7）、玻利维亚（2）、巴西（31）、保加利亚（4）、加拿大（30）、开普殖民地（27）、智利（30）、中国（32）、哥伦比亚（6）、美利坚联盟国（1）、哥斯达黎加（6）、古巴（8）、丹麦（15）、多米尼加共和国（7）、厄瓜多尔（2）、埃及（20）、萨尔瓦多（3）、斐济（1）、芬兰（1）、法国（9）、德国（5）、加纳（3）、希腊（22）、格林纳达（2）、危地马拉（6）、圭亚那（4）、海地（2）、夏威夷（1）、黑森（1）、洪都拉斯（5）、匈牙利（13）、印度（28）、伊朗（2）、爱尔兰（5）、马恩岛（1）、意大利（12）、牙买加（8）、日本（13）、利比里亚（4）、毛里求斯（7）、墨西哥（17）、黑山（1）、摩洛哥（1）、那不勒斯（4）、纳塔尔（21）、荷兰（8）、新南威尔士（30）、新西兰（29）、纽芬兰（13）、尼加拉瓜（2）、尼日尔（1）、尼日利亚（3）、挪威（8）、奥兰治自由邦（1）、巴拉圭（4）、秘鲁（11）、葡萄牙（20）、波斯（1）、普鲁士（6）、波多黎各（1）、昆士兰（29）、罗马尼亚（9）、俄国（44）、圣卢西亚（2）、塞尔维亚（3）、塞拉利昂（4）、新加坡（4）、南非（3）、南澳大利亚（30）、西班牙（16）、斯里兰卡（锡兰）（10）、瑞典（16）、瑞士（2）、坦桑尼亚（1）、塔斯马尼亚（18）、泰国（2）、东京（1）、德兰士瓦（4）、特立尼达和多巴哥（10）、突尼斯（2）、奥斯曼帝国（36）、英国（10）、美利坚众国（7）、乌拉圭（9）、委内瑞拉（5）、维多利亚（23）和西澳大利亚（22）。

资料来源：见正文。

历史视角下的名义利率

戴维·斯塔萨维奇制作了迄今为止最雄心勃勃的近代早期欧洲主权借贷的深层历史数据集。[106]他指出，欧洲大陆的公共信贷遵循两条路径。城市国家采取的是更快捷的路线。例如，威尼斯和锡耶纳早在13

世纪就能以低利率发行长期债务。远距离贸易和银行业务是商业型城市国家赖以生存的基础。中世纪的欧洲商人最初依靠长途贸易等高风险活动累积了第一桶金。一旦站稳脚跟，他们就会将财富转移到公共借贷或私人借贷的固定收入上，从而成为食利者。

领土型国家则采取了一条相对较慢的路径。长期债务直到 16 世纪初才出现。在此之前，英国、法国或卡斯蒂利亚的君主依靠短期债务（通常为一两年），并向贷款人支付较高的利息，贷款人则通常是犹太人或意大利的银行家（例如，英国国王爱德华三世曾在佛罗伦萨和热那亚发行债券，为 1337 年至 1453 年的百年战争筹措资金）。直到 16 世纪初，在军事革命造成的压力成本（pressing cost）的推动下，领土型国家才开始发行长期债券。[107]

图 3.4 是用斯塔萨维奇收集的从 1250 年到 1800 年的数据来绘制的。[108] 其中的模式一目了然：五个世纪以来名义利率呈长期下降趋势，然而，领土型国家和城市国家之间的差异也是持续存在的。17 世纪法国和英国的平均名义利率分别为 6.14% 和 7.78%，而巴塞罗那和热那

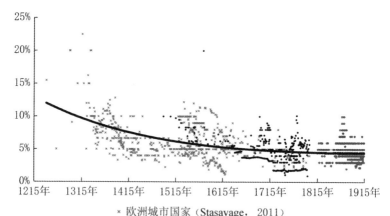

× 欧洲城市国家（Stasavage，2011）
• 欧洲领土型国家（Stasavage，2011）
◦ 全球现代样本，1816—1913 年

注：上图绘制了 31 个政治实体（浅灰色 × 代表城市国家，深色圆点代表领土型国家）在 1200 年到 1800 年间 1 198 种主权债券的名义利率，图中还叠加了一条低值线。

资料来源：数据来自斯塔萨维奇（Stasavage，2011）的著作，以及我新收集的 92 个国家从 1816 到 1913 年间 944 种债券的名义利率（以浅灰色圆圈表示）。

图 3.4　1800 年前后的名义利率

亚分别为 4.5% 和 2.6%。又过了一个世纪，名义利率才逐渐接近 5% 左右。在图 3.4 中，我绘制了新收集到的漫长的 19 世纪的利率。1815 年之后，尽管一些缺乏经验的国家进入资本市场并屡屡发生违约事件，但名义利率并未出现结构性断裂，而是呈现持续下降的态势。

　　19 世纪的低利率，并不是把成熟国家和非成熟国家合并到同一张图表中得出的统计假象。图 1.1 显示，在 19 世纪初，欧洲国家与非欧洲国家之间的名义利差低于 100 个基点，到 19 世纪末则趋近于 0。

　　英国殖民地之所以在资本市场上受到青睐，是因为投资者将其视为英国的"外省"——这就是前面讨论过的帝国效应。然而，图 1.1 中的低利差并不是由于非欧洲样本中包含英国殖民地的副产品。图 3.5 显示，如果排除了附属殖民地和 1881 年之前的自治殖民地（它们在 1881 年失去被王室代理人代理的资格），结果在本质上是相似的。欧洲国家与非欧洲国家之间近乎趋同的情况发生得较晚，但利差始终保持在 100 个基点以下——这一数值大大低于一百年前领土型国家与城市国家之间的利差。新兴经济体是否用极短的贷款期限来换取相对低廉的信贷呢？

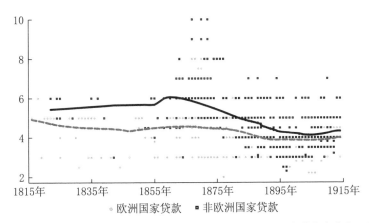

注：在本研究中，直辖殖民地被排除在非欧洲样本之外，1881 年前的自治殖民地同样被排除（因其贷款由王室代理人承销，详见正文说明）。1881 年后，自治殖民地被视为财政独立实体，与其他非欧洲借款方并列列出。正方形用于表示非欧洲国家的贷款，圆形则表示欧洲国家的贷款。虚线表示的光滑曲线对应欧洲样本，实线则对应非欧洲样本。

资料来源：由作者根据多方来源编纂。

图 3.5　排除英国附属殖民地后的名义利率比较

较长的贷款期限

较短的贷款期限使贷款人可以约束借款人的行为：被排斥的威胁预期，能够激励借款人制定审慎的宏观经济政策，从而确保债务偿还。[109] 较长的期限，则表示对借款人的还款能力和还款意愿具有信心。由于中世纪欧洲的领土型国家普遍存在信誉问题，因此贷款期限往往只有一两年。[110] 在 19 世纪，一些不成熟且政治不稳定的政治实体屡屡发生违约事件，然而，贷款期限却很长，并且这种状况一直持续到了第一次世界大战，1870 年前平均贷款期限为 31 年，1870 年之后则为 38 年。[111] 相较于近代早期欧洲和当今的情况，这些期限都是很长的。由于 20 世纪 80 年代和 90 年代在新兴经济体又发生了大规模违约事件，因此它们在 21 世纪初的贷款期限通常为 5 年至 10 年。[112]

实际利率

借贷狂热的表现是名义利率处于历史低位，且贷款期限较长。现在我把关注的重点放在实际利率（effective interest rate）上。实际利率可以通过多种方式来衡量：我效仿毛罗、苏斯曼和雅菲的做法，使用息票与价格的比率或发行收益率来衡量投资者从债券中获得的收益占债券价格的百分比。[113] 重要的是，这一比率模拟了投资者评估债券收益率的方式。[114]

为了计算发行收益率，我整理出了 803 种债券的发行价格，占样本总数的 87%。[115] 使用发行价格有利有弊。从积极的一面来看，我可以分析在经济期刊发表标准化序列之前发行的债券，因此可以分析整个 19 世纪，而不仅仅是 19 世纪的最后三十年——而几乎所有现有研究所分析的都是这三十年。缺点是数据生成过程具有内生性：借款人可能会在条件较为优惠并且预期信贷成本更低时发行新债券。作为一种验证方法，我将一级市场的发行收益率与二级市场的收益率联系起来，后者在新报价之间持续运行。为了进行这一检验，我借鉴了弗格森和舒拉利克关于二级市场收益率的数据，他们收集了 1880 年至

1913 年间大英帝国下辖的 57 个独立国家、殖民地和自治领的证券相对于英国统一公债的利差数据。[116]

由于存在价值异常，二级市场的价格分布呈现长尾效应。一级市场发行收益率与二级市场原始收益率和对数转换收益率的线性相关系数分别为 0.6 和 0.7，这表明息票与价格的比率（即当时投资者所采用的简便方法）对债券在二级市场的未来估值具有真正的参考价值。作为参考，图 3.6 绘制的是一级市场收益率与对数转换后的二级市场收益率的对比图。

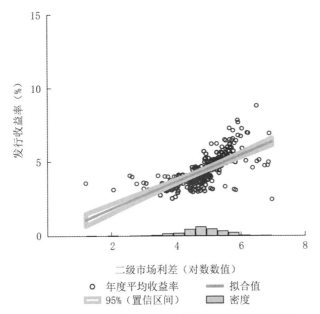

注：二级市场价值为年度平均值，已经过对数转换以应对异常观测值。
资料来源：一级市场的数据由作者编制。二级市场的数据来自 Ferguson and Schularick，2006。

图 3.6　1880 年至 1913 年一级和二级债券市场的比较

为了总结债券时代的描述性特征，我研究了发行收益率的地区差异。图 3.7 中的水平虚线显示 1816 年至 1913 年间的平均发行收益率为 5.19%。除大洋洲（英国殖民地在大洋洲所占比例过高）外，所有地区的实际利率与样本平均值的差距均在 1 个百分点以内，这与图 1.1 和图 3.5 中名义利率趋同的现象是一致的。[117]

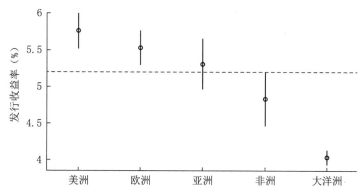

注：来自 803 种债券的发行收益率。样本平均值用虚线表示。

资料来源：一级市场数据由作者编码。

图 3.7 1816 年至 1913 年各地区平均发行收益率

图 3.7 显示，相对于欧洲的成熟经济体，世界各地的经济体支付了适度的溢价。债券时代新兴经济体的利差，不仅与 20 世纪 90 年代和 21 世纪初期二级市场的利差形成了鲜明对比（后者在经济危机时期曾高达 800 个基点），而且与 2002 年至 2008 年间 300 个基点的利差也形成了鲜明对比，这一时期被认为是 1914 年以来流动性最强、最稳定的金融期段。[118]在（国家发展的）早期获得廉价资本对国家建设的长期影响，将是本书后面章节论述的重点。

小结

本章对第一次资本全球化进行了原始数据的量化，这是迄今为止涵盖的政治实体数量最多、时间跨度最长的原始数据集。描述性统计显示，债券时代的借贷狂热表现为历史上较低的名义利率和实际利率，以及较长的贷款期限，所有这些共同促成了一种低息贷款的氛围。在下一章中，我将检验现有模型，并且提出一个原创性假设——在违约情况下对借款国实施金融控制的能力，或称"极端贷款条件"——从而研究影响利差的特定国家因素。这一假设解释了一个令人费解的现象，即经常性的大规模违约与迅速恢复资本输出并存的现象，并阐明了廉价外部资本对长期国家建设的不利影响。

【注释】

[1] Taylor, 2006.

[2] 斯塔萨维奇对欧洲公共信贷的起源，以及城市国家和领土型国家公共信贷的演变进行了开创性的阐述，参见 Stasavage, 2011。

[3] 相关概述，请参见 Tracy, 2014。

[4] 西班牙的腓力二世（1556—1598 年在位）和更早的英格兰的爱德华三世（1327—1377 年在位）都曾从意大利银行家那里借款，但这些业务仍然相当少见。

[5] 关于贷款业务，请参见 Riley, 1980: 84。关于期限，请参见 Riley, 1980: 35。

[6] 关于 18 世纪英国财政能力的扩张，请参见 Brewer, 1988。

[7] Hobson, 1914; Jenks, 1927; Obstfeld and Taylor, 2004; Rippy, 1959.

[8] 虽然经常账户汇集了公共资本和私人资本，但其演变"与外国贷款的趋势和周期密切相关"（Taylor, 2002: 726）。

[9] OECD, 2017.

[10] Michie, 2006.

[11] Jenks, 1927: 267.

[12] Clemens and Williamson, 2004.

[13] 相关概述，请参见 Feis, 1930。有关法国和德国海外投资的分类清单，请分别参见 Esteves, 2008; Esteves, 2011。

[14] Feis, 1930; Fishlow, 1985; White, 1933.

[15] Edelstein, 1982: 3.

[16] Bordo, Eichengreen and Kim, 1998: 3—4.

[17] 得出该估计值的数据来自 Jordà, Schularick and Taylor, 2016。

[18] Eichengreen, 1991: 150.

[19] Esteves, 2011: table 1.

[20] Woodruff, 1966：table IV/3, p. 154.

[21] Flandreau and Flores, 2009.

[22] Mauro, Sussman and Yafeh, 2006: 136.

[23] Suter, 1992: 45.

[24] Flandreau, 2020. 大承销商的市场份额从 19 世纪 70 年代的 53% 下降到了 20 世纪 10 年代的 35%，参见 Cottrell, 1976: 30。

[25] Flandreau, Flores, Gaillard and Nieto-Parra, 2009.

[26] Accominotti, Flandreau and Rezzik, 2011.

[27] Ferguson and Schularick, 2006.

[28] Frankema and van Waijenburg, 2014; Gardner, 2012; Herbst, 2000.

[29] Kesner, 1977: 314.

[30] Davis and Huttenback, 1986.

[31] Sunderland, 2004: 150.

［32］ Davis and Huttenback, 1986: 185.

［33］ Davis and Huttenback, 1986; Kesner, 1981. 与之相反的观点，请参见 Sunderland, 1999。

［34］ Ferguson and Schularick, 2006: 286.

［35］ Davis and Huttenback, 1986: 168.

［36］ Flandreau, 2006.

［37］ Feis, 1930: 143.

［38］ Kenser, 1981: 44.

［39］ 我根据本书新收集的数据计算，稍后将在本章介绍这些数据。戴维斯和赫滕巴克也证实了国际贷款中的反殖民主义倾向，请参见 Davis and Huttenback, 1986。

［40］ Cameron, 1966: tables 3 and 4.

［41］ Neal, 1990: ch. 11.

［42］ Fishlow, 1985.

［43］ 由于军事因素在债券时代的铁路建设和国有化过程中起了关键作用，因此收入融资和发展融资之间的区别在某种程度上被夸大了（Bogart, 2009; Onorato, Scheve and Stasavage, 2014; Pratt, 1916）。这里的论证省略了这一重要的细微差别。

［44］ Stone, 1992: 13—14.

［45］ Bignon, Esteves and Herranz-Loncán, 2015.

［46］ Lewis, 1983.

［47］ Sanz Fernández, 1998: 377.

［48］ 例如，向西班牙政府提供的外国贷款就包含了关税减免的条款。这些减免条款适用于在西班牙和其殖民地古巴的铁路投资项目（Comin, 2012: 170—171）。

［49］ 在波菲里奥执政时期（1876—1910 年），将近 11% 的墨西哥领土被作为补偿交给了土地测量公司（Salvucci, 2006: 273）。

［50］ 委内瑞拉在 19 世纪借贷的最大一笔外部贷款，是为了确保委内瑞拉大铁路公司（Gran Ferrocarril de Venezuela）的最大投资者获得利润保证，后者是一家总部设在德国的银行——德意志折扣银行（Disconto Gessellschaft）。1896 年举借的这笔贷款使委内瑞拉的未偿外债增加了 70%（Harwich Vallenilla, 1976: 222—227）。有关阿根廷的利润保证，请参见第九章。

［51］ 阿根廷北中央铁路（F. C. Central del Norte）就是一个很好的例子。在 1888 年该部门被出售给外国投资者后，此后的 50 年中没有再修建任何铁轨（Scalabrini Ortíz, 1972: 230）。在委内瑞拉，所有 7% 利润保证项目中，只有 20% 的项目真正启动了（Santamaría García, 1998: 481）。

［52］ 从古巴（Zanetti and García, 1998: ch. 5）到晚清中国（Köll, 2019: ch. 3），无论是小型经济体还是大型经济体，在保有铁路的情况下，碎片化都持续存在。

[53] Fogel, 1963. 对社会节约估算假设的简明批判性评估，请参见 Chaves, Engerman and Robinson, 2014。另请注意，社会节约的计算并未考虑投资成本。

[54] Summerhill, 2001.

[55] Summerhill, 2003.

[56] Coatsworth, 1981.

[57] Donaldson, 2018.

[58] 根据麦格里维的估计，哥伦比亚1924年的社会节约大约占其GDP的3.2%（McGreevey, 1971: 266）。拉米雷斯得出了几乎相同的估计（Ramírez, 2001）。

[59] 对秘鲁1914年社会节约最乐观的估计为占其GDP的2%—7%（Zegarra, 2013）。乘客节约费用则低于0.5%。类似的结论可参见 Bonilla, 1972。

[60] 据埃兰斯-隆坎（Herranz-Loncán, 2011）估计，货运社会节约占其GDP的3.8%，客运社会节约约占1.9%。

[61] 虽然没有委内瑞拉的社会节约估算金额，但哈韦奇·巴列尼利亚（Harwich Vallenilla, 1976）、圣玛丽亚·加西亚（Santamaría García, 1998）和保罗·缪里尔（Polo Muriel, 1998）得出的结论是，铁路并未促进委内瑞拉的经济增长。关于拉丁美洲铁路经济收益不均衡的综合调查，孔茨·菲克尔（Kuntz Ficker, 2015）和桑兹·费尔南德斯（Sanz Fernández, 1998）主编的著作中均有相关论述。

[62] 埃兰斯-隆坎（Herranz-Loncán, 2003, 2006）的研究表明，西班牙铁路开发的平均社会节约在统计学意义上几乎等于零。这类投资在绩效方面有很大的异质性：早期建设的连接原有工业区的线路效益较好，而后来出于政治原因（也可能是投机）修建的线路则经济效益不佳，导致平均社会节约接近于零。

[63] 据许内曼（Huenemann, 1984）估计，社会节约低至GDP的0.5%。

[64] Quataert, 1977. 撒哈拉以南国家，无论是独立国家还是殖民地国家，在债券时代几乎都没有吸引到铁路投资。

[65] 有关英国的情况，请参见 Hawke, 1970: 211。有关美国的情况，请参见 Fishlow, 1965: ch. 3。有关法国的情况，请参见 Caron, 1983。有关德国的情况，请参见 Fremdling, 1983。

[66] 关于铁路在衔接欧洲国家基础设施能力方面的作用，请参见 Mann, 1984。有关瑞典的最新应用，请参见 Cermeño, Enflo and Lindvall, 2018。

[67] 有关巴西和墨西哥缺乏后向联系的问题，请分别参见 Summerhill, 2005; Coatsworth, 1979。

[68] 萨尔武奇认为"荷兰病"阻碍了阿根廷的工业化（Salvucci, 2006: 288）。

[69] 当投资者在私人土地上修建铁路时，漏税现象就会更加严重。例如，古巴的外资糖业垄断企业就属于这种情况（Zanetti and García, 1998: 404）。

[70] Coatsworth, 1981: 181.

[71] Blattman, Hwang and Williamson, 2007. 全球资本市场的波动仍然是当前拉丁

美洲巩固社会福利的主要障碍（Wibbels, 2006）。

[72] 科茨沃思（Coatsworth, 1981）、考尔（Kaur, 1980: 698），以及扎内蒂和加西亚（Zannetti and García, 1998: 99—100）等人都同意这一结论。

[73] Marichal, 1989.

[74] Flandreau and Flores, 2009.

[75] Reinhart and Rogoff, 2009: 91.

[76] Michie, 2006: table 3.3. 这些估计值不包括由政府担保的铁路债券，因此是对主权贷款总额的下限估计。

[77] Kindleberger, 1996: 20.

[78] Feis, 1930: 338.

[79] Eichengreen, 1991: 151.

[80] Jenks, 1927: 49.

[81] 有关发行公司声誉的研究，请参见 Flandreau and Flores, 2009; Flandreau, Flores, Gaillard and Nieto-Parra, 2009。

[82] Flandreau, 2016: 8.

[83] Flandreau, 2016: chs. 4—5.

[84] 参见向外国提供贷款问题特别委员会的报告（Select Committee on Loans to Foreign States, *Report from the Select Committee on Loans to Foreign States: With the Proceedings of the Committee*, House of Commons, London, 1875）。

[85] Jenks, 1927: 273.

[86] Rippy, 1959: 32.

[87] Neal, 2015: 166—167. 与之相反的观点，请参见 Mauro, Sussman and Yafeh, 2006: ch. 2。

[88] Jones, 1979.

[89] Jones, 1979.

[90] Flandreau, 2016; Nye, 2015; Taylor, 2015.

[91] 1890 年金融危机的应对很有启发性。尽管《泰晤士报》和《经济学家》已经掌握了巴林家族和阿根廷即将破产的内部消息，但它们封锁了这一消息，转而呼吁制定有序重组阿根廷财政的计划（Nye, 2015: 217）。随后就出现了巨额的损失。

[92] Nye, 2015; Taylor, 2015.

[93] Borchard, 1951: 143—144.

[94] Winkler, 1933: ch. 5.

[95] Mauro, Sussman and Yafeh, 2006: 11.

[96] Edelstein, 1982: 7; Neal, 2015: 155。

[97] Meyer, Reinhart and Trebesch, 2019: table 3.

[98] Meyer, Reinhart and Trebesch, 2019: table 5.

[99] Fishlow, 1985. 这与弗朗德罗和祖默尔的观点一致，他们认为本地经济的发展降低了边缘国家的利差，请参见 Flandreau and Zumer, 2004。

［100］ Lindert and Morton, 1989.

［101］ Accominotti, Flandreau and Rezzik, 2011; Ferguson and Schularick, 2006.

［102］ Suzuki, 1994.

［103］ 我将在第六章中详细阐述外部资本在国家预算中的可替代性，以及在研究国家建设问题时，我们为什么需要考虑所有的主权债券，无论其官方用途是什么。

［104］ 一旦某个地区被并入了更大的主权管辖区，我就会停止收集该地区的数据，例如，1861 年布宜诺斯艾利斯省与阿根廷统一之后，我就停止收集该地区的数据。

［105］ Ayer, 1905; Dawson, 1990; Fenn, 1838, 1855, 1869, 1883, 1898; Hobson, 1914; Jenks, 1927; Marichal, 1989; Mauro, Sussman and Yafeh, 2006; Suzuki, 1994.

［106］ Stasavage, 2011. 本段文字出现在该书第二章之后。

［107］ 公共信贷往往采取年金形式（如法国的地租）来规避反高利贷法。

［108］ Stasavage, 2011.

［109］ 更正式的论述，请参见 Diamond and Rajan, 2001; Jeanne, 2009。

［110］ Stasavage, 2011: 34.

［111］ 我收集了 496 笔到期后延长期限的贷款信息。我的估计介于毛罗、苏斯曼和雅菲（Mauro, Sussman and Yafeh, 2006）与迈耶、莱因哈特和特雷贝施（Meyer, Reinhart and Trebesch, 2019）之间，前一个研究认为 1870 年至 1913 年间的贷款期限约为 20 年，后一个研究估计 1815 年至 1869 年间的平均贷款期限为 46 年（30 个国家），1870 年至 1913 年间的平均贷款期限为 42 年（45 个国家）。

［112］ Borensztein et al., 2004; Mauro, Sussman and Yafeh, 2006.

［113］ Mauro, Sussman and Yafeh, 2006. 这一比率背后的假设是利率将保持当前利率不变，不考虑投资者在变卖时，债券的任何升值或贬值（Brown, 1998: 23）。

［114］ Mauro, Sussman and Yafeh, 2006: 41. 如今，交易商采用了更复杂的公式对债券进行估值，其中一个原因是所掌握的信息质量。

［115］ 缺失的观察数据主要来自从二手数据来源收集的债券。在随后的分析中，我剔除了两笔债券，一笔是西班牙的，另一笔是波多黎各的，原因是收益率值异常，它们分别为 19.2% 和 33.3%。

［116］ Ferguson and Schularick, 2006.

［117］ 这些结果与博尔多和罗克夫的观点（Bordo and Rockoff, 1996）一致。他们估算 1870 年至 1914 年间新兴经济体相对于英国统一公债的利差为 200—300 个基点。作为参考，美国的利差为 100 个基点。

［118］ 20 世纪初至 21 世纪初的数据，请参见 Cruces and Trebesch, 2013；2002 年至 2008 年的数据，请参见 Özmen and Doğanay Yaşar, 2016。

第四章　国际借贷中的极端贷款条件

上一章认为，债券时代的外部资本价格受供给或推动因素的影响，其中包括欧洲的资本过剩、欺诈和较低的国内收益。在本章中，我将重新探讨需求或拉动因素，即能够吸引外资的国家特征。除了几个标准解释——金本位制度、声誉和帝国效应——之外，我提出了一个补充假设，即在违约情况下债券持有者的外国金融控制，或称为"极端贷款条件"。我详细阐述了私人债券持有者接管当地资产的条件，并通过增强版的历史利率数据对这一建设进行了检验，增强版的数据集包含了新收集的贷款质押信息。[1] 结果表明，公共资产质押的确降低了新兴经济体的利率，但却使其面临外国金融控制。本章分为三个部分。首先，我将回顾 19 世纪对利差的主要解释。然后，我将阐述极端贷款条件的假设，并检验它的部分实证推论。最后，我将讨论质押国有资产对长期国家建设的风险。

19 世纪的债券收益率

19 世纪欧洲资本输出的扩张是外部融资平均成本下降的原因，尤其是对于基本面薄弱的国家而言。推动因素并非 19 世纪独有，弗里登和莫斯利在研究第二次世界大战至今新兴经济体的外部融资时，也发现了类似的结果。[2] 当资本充裕时，即使是基本面薄弱和制度不民主的借款国也能以优惠条件获得国际融资，换句话说，在良好的信贷周期中，投资者对于风险的容忍度较高。[3]

在经济学家和经济史学家中有一个悠久的传统，即认为特定的国家特征也会影响外部融资的条件，也就是说，需求很重要。针对债券时代的现有解释主要集中于借款国的违约记录、与制度相关的信誉问题，以及大英帝国成员的资格。[4] 在引入极端贷款条件的概念之前，我将对上述解释进行简要回顾。

声誉

国家为什么会偿还债务呢？这可能是因为它们想建立良好的声誉，[5] 也可能是它们想要避免受到信贷排斥。[6] 声誉的概念包含了债券持有人对其所面对的政府类型的看法。人们期望声誉良好的政府（国家）在顺境或逆境中都会尽其所能偿还债务（例如，在必要时实施紧缩政策）。虽然从投资者的角度来看，违约偶尔也是可以理解的，但违约往往会损害国家的声誉，因此应尽量避免。良好的声誉会使投资者更愿意提供信贷，因为他们认为借款国是可靠的。[7]

汤姆兹（Tomz）的合作理论（cooperative theory）与伊顿（Eaton）和格索维茨（Gersovitz）的非合作理论（noncooperative theory）形成了鲜明对比，合作理论认为可通过良好声誉实现借贷。[8] 根据这一模式，贷款人通过以信贷排斥（即拒绝向未履行义务或未与债权人达成协议的政府提供证券报价的做法）相威胁的方式，迫使各国提高声誉，也就是按时偿还债务。[9] 早在 1826 年，排斥原则就被写入了伦敦证券交易所的规则中。[10]

图 3.3 显示，债券时代经常发生大规模违约事件，但随着时间的推移，实际利率不升反降，这让一些学者对"声誉"的概念提出了质疑。林德特和莫顿研究了 1850 年至 1985 年间获得贷款的条件。他们以 10 个新兴经济体为样本，发现违约国家并未受到国际贷款机构的系统性惩罚。[11] 林德特和莫顿认为，在某些情况下，与大借款人继续开展合作业务的前景，足以让违约国家在短时间内重新获得市场准入。[12] 艾肯格林（Eichengreen），以及乔根森（Jorgensen）和萨克

斯（Sachs）等研究发现，在两次世界大战期间中断偿债的国家在战后并没有受到信贷排斥或受到惩罚，因为市场将违约归因于不可预见的外部冲击，并认为债务人的违约行为情有可原。[13]投资者认识到，与其浪费时间进行艰难的谈判，不如快速达成和解，这样才能加快借款国的经济复苏，并最终使投资人获益。莱因哈特和特雷贝施对1920年至21世纪初期的债务减免形式进行了分析，其研究发现支持这一推测。[14]

如果一个国家可以在不承担任何代价的情况下违约，那么它为什么还要偿债呢？为了解决这个问题，汤姆兹提出了动态声誉模型，该模型放宽了"关于外国政府偏好的完整信息"假设，并允许这些偏好随着时间的推移而变化——这种变化是由执政者或民众的变化所导致的。[15]在这个模型中，投资者会不断更新他们对所面对的政府类型的看法。通过分析1770年以来不同时间点二级市场上的债券收益率，汤姆兹发现，相对于知名度较高或相关经验丰富的国家而言，投资者认为未经检验的政府的信用更差。汤姆兹的研究也证实了，良好的声誉是通过多年按时偿还债务建立起来的，而经常违约的政府很难在国际市场上筹集到新的资金。迄今为止，汤姆兹为声誉论提供了最有力的证据。

金本位制

培养良好声誉的动机，可能会与短期政治生存的压力相冲突。机会主义政策（例如，用印钞来弥补预算赤字）可能会对宏观经济造成危害，并使债务偿还陷入困境。为了使偿还债务的承诺具有可信度，统治者可能会将本国货币与贵金属或主要货币挂钩。在资本市场开放的世界里，采用固定汇率会使货币和财政政策为汇率服务。[16]这种政策组合（policy bundle）被认为有望避免"政治-商业周期"的影响，并确保债务偿还。

博尔多和基德兰（Kydland）认为，坚持金本位制就等于向国际市场发出了信号，表示有坚定的决心，相当于"产品质量许可证"

（good housekeeping seal of approval）。[17] 博尔多和罗克夫对 1870 年至 1914 年间的二级市场债券收益率进行了分析，发现采用金本位制的国家能够以更好的条件获得外部融资。[18] 出乎他们意料的是，尽管两次世界大战期间的国际市场动荡不安，博尔多、埃德尔斯坦（Edelstein）和罗克夫还是发现了金本位制的支持性证据。[19] 奥布斯特费尔德（Obstfeld）和泰勒估计，在 1914 年之前坚持金本位制大约能带来约 30 个基点的优势，但是在两次世界大战期间则没有发现这种效果。[20]

其他学者则对金本位制提出了更多批评。弗格森和舒拉利克认为，金本位制不足以使实行稳定的宏观经济政策和偿还债务的承诺具有可信度。一些国家只是在法律上采用金本位制而已。[21] 国际投资者绝不是盲目的，他们会努力将审视的目光"透过镀金薄膜"，对违约者征收更高的溢价。米奇内尔和魏登米尔比较了 1880 年至 1914 年间坚持金本位制五年后的利差，发现采用金本位制的新兴市场仍需支付 285 个基点的溢价。[22]

帝国效应

在 19 世纪，来自宗主国的补助金并不常见。相反，英国、法国、奥斯曼帝国和西班牙的殖民地经常在国际资本市场上发行债券。这些债券通常在其宗主国市场销售，偶尔也会在其他金融中心销售。例如，1896 年，法属殖民地东京在伦敦发行了一笔债券，用于修建一条新铁路。私人投资者并没有特别偏爱帝国的公共债务。[23] 事实上，大部分贷款借给了主权国家（参见第三章）。

有关殖民地贷款的大多数研究集中关注大英帝国，因为大英帝国是世界上最大、记录最完整的帝国，也是唯一一个拥有世界金融中心的帝国。[24] 帝国效应——殖民地更受投资者青睐的概念——受到了奥布斯特费尔德和泰勒，以及弗朗德罗和祖默尔的质疑。[25] 弗格森和舒拉利克建立了一个更大的数据集，重新提出了帝国效应的观点，据他们估计，在 1880 年至 1914 年间，大英帝国的成员资格能够使利差缩小 150 个基点。[26] 阿科米诺蒂、弗朗德罗和雷兹克证实了弗格森和舒拉利克的结果，但也阐明了一种新的因果机制：英国殖民地既没有更好的管理，也没有实现更好的宏观经济稳定性。简而言之，投资者预期这些殖民地"不会选择战略性违约，因为相关资产可能会在帝国法院的支持下被扣押"。[27]

现有解释的实证检验

鉴于现有关于债券利差假设的结果不尽相同，我试图用一个新的数据集来重新检验这些假设，与以往所有的检验相比，该数据集所包含的政治单位更多——多达 92 个，并可追溯到 1816 年。[28] 作为参考，弗格森和舒拉利克的数据集是此前最全面的数据集，它以 1880 年以来的 62 个政治单位为样本。[29]

该分析中的被解释变量是发行债券时的有效利率（$N=803$），观察单位是国家–年份。[30] 有的国家在某一年份发行了不止一笔债券。对于这些情况，我计算的是每一年的平均收益率，从而将 1816 年到 1914 年间的样本数量从 803 个国家–年份观测值降低为 693 个。

我借鉴了三种利差解释的传统测量方法。对于是否采用金本位制，我增加了一个来自迈斯纳（Meissner）的时变指标变量（time-varying indicator variable）。[31] 我利用奥菲瑟（Officer），以及莱因哈特、罗格夫和特雷贝施等人收集的数据将这一变量补充完整。[32] 需要注意的是，采用金本位制的既有主权国家，也有非主权政治实体。作为参考，样本中有 30% 的债券是在其本地货币与黄金挂钩的情况下发行的。

我从两个方面来解释声誉问题。最常见的衡量标准是对外违约记录，这些信息来自莱因哈特和罗格夫的研究。[33] 原始变量表示了违约的开始时间，以及随后进行重组的年份。例如，智利曾在 1826 年至 1842 年间，以及 1880 年至 1884 年间中断偿债。在这两个时间区间内的年份，其违约指标为 1，其余年份则为 0。为了对声誉进行检验，我借鉴了弗格森和舒拉利克的策略，确定该借款国在过去十年中是否发生过对外违约行为。[34]汤姆兹的研究表明，首次从国际市场借款的国家会因缺乏良好声誉而支付更高的溢价。我用指标变量"没有经验的借款国"（Unseasoned Borrower）来标记 1816 年之后某个国家首次发行的债券，其取值为 1。[35]

最后，我生成了一个时变分类变量（time-variant categorical variable）——"帝国"，来表示特定领土的殖民地位。例如，摩洛哥在 1912 年之前被视为独立国家，在 1913 年至 1914 年间被视为（法属）殖民地。[36]由于英国的自治领在 1881 年开始失去获得王室代理人代理的资格，因此在此之后被视为独立借款人。[37]根据现有的这些数据，我用普通最小二乘法（OLS）对债券发行时的有效利率进行建模：

$$发行收益率_{it}=\alpha+\beta_1 金本位制_{it}+\beta_2 声誉_{it}+\beta_3 殖民地位_{it}+\epsilon_{it} \quad (4.1)$$

如图 4.1 所示，上述模型在地理和时间范围上扩大了样本量的同时，证实了现有文献中的三个假设。协变量的数据可用性使得样本数量略微缩小，然而，在 95% 的置信水平下，坚持金本位制使溢价降低了 155 个基点，是大英帝国成员效应的两倍。与独立国家相比，非英属殖民地（数据集包括了法国、奥斯曼帝国和西班牙的殖民地）多支付了 216 个到 157 个基点的溢价。统计结果还表明，声誉问题很重要。在过去十年中至少有一年违约记录的国家，在伦敦发行新债券时会被加收 136 个基点的溢价。在其他条件不变的情况下，首次借款的国家会被额外收取 89 个基点的溢价。

在图 4.1 中，点估计值的大小可以说是适中的。以最坏的情况为例，在非英属殖民地、非金本位制、最近发生过违约的情况下，预期的溢价为 501 个基点，这个数字虽然绝对称不上微不足道，却远低于现代溢价水平。[38]为什么陷入窘境的政府没有受到私人投资者更高利率的惩罚？要回答这个问题，我们应该关注贷款合同的细则，以及违约清算（default settlement）的谈判内容。

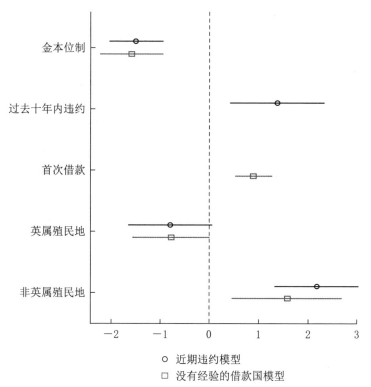

○　近期违约模型
□　没有经验的借款国模型

注：涵盖的时间段为 1816 年至 1914 年。近期违约模型的样本为 69 个国家，没有经验的借款国模型的样本为 82 个国家。样本数量减少的原因是违约记录和金本位制这两个控制变量的数据可用性。有效利率由作者计算得出。

资料来源：关于金本位制的数据，来自 Meissner, 2005; Officer, 2008; Reinhart et al., 2018。关于过去十年内违约情况的数据，来自 Reinhart and Rogoff, 2009。关于殖民地位的数据，来自 Hensel, 2018 和本书作者。

图 4.1　对债券利差现有解释的检验（声誉、金本位制和帝国效应）

债券时代的贷款合同与违约清算

　　19 世纪的国际借贷几乎都是根据国内法（municipal law）执行的，即依据的是借贷地的法律（例如，如果债券在伦敦证券交易所挂牌上市，则借贷地为伦敦，适用英国的法律）。[39] 在 1973 年美国通过《外国主权豁免法》之前，违约国家都会援引主权豁免原则来逃避借贷国法律的管辖。在对这一原则施加限制之前，对个人投资者来说，起诉主权债务人几乎是不可能的事情。[40] 在缺乏明确法律框架的情况下，需要其他机制来保护债券持有人的利益。公开的军事胁迫，即通常所说的"炮舰外交"，算是例外情况。[41] 在大多数情况下，违约的解决涉及债券持有人与债务人之间的临时谈判和妥协。[42] 债券时代的违约清算方案包括债务减免、为旧债再融资而进行新贷款，以及最终以债转股和接管的形式进行外国金融控制。[43] 国有资产被债权人没收，这并不只是一种理论上可能发生的事情，而是首先针对先前贷款合同中被抵押出去的国有垄断企业、土地、铁路和税务部门。

债务减免

债券时代违约清算的标准办法是削减未偿债务、降低利率以及将拖欠的利息转为新的债务。[44] 从 1821 年到 1871 年，未偿债务的削减幅度较小，平均为票面价值的 3%，但在 1870 年到 1925 年间，未偿债务的削减幅度增加到了 23%。在这两个时期，利率下调都很频繁，幅度可达 15% 左右。[45] 由于清算可能需要数年才能实现，拖欠的利息经常超过违约债券的面值，往往成为违约清算谈判的最主要内容。平均而言，欠款的 75% 被转换为以低利率发行的新债券，剩余的 25% 由债券持有人冲销。换句话说，债券时代的债务减免额度是非常可观的。

外国金融控制

对于债务国来说，即使债务冲销是它们梦寐以求的结果，但它削弱了进行财政改革以偿还外债的动力，使债务与税收之间的等价关系无法实现，而这一等价关系对国家建设至关重要。但债务宽免（debt condonation）并不是阻碍国家加强改革的主要障碍。债务减免（debt relief）通常还有更重要的附加条件：它往往是更大规模的债务调整的一部分，其中包括外国金融控制——用外债换取股权和接管。[46]

债转股

为了重新进入国际资本市场，而不需要用税款偿还贷款，借款国可以将国有垄断企业（如铜矿）、关键性基础设施（如铁路）和土地租赁给外国的债券持有人，由债券持有人对这些资产进行开发利用，直到债务清偿为止。将债务换成资产，如今被称为"债转股"。

1886年的秘鲁就是债转股的教科书式案例。在与英国债券持有人的违约清算谈判中，秘鲁把其现有债务换成了"秘鲁公司"（Peruvian Corporation）的创建，这是一家由外国债券持有人拥有和管理的公司。根据《格雷斯合同》的规定，秘鲁将其国有铁路割让给这家私营公司，期限为66年，同时移交了多达200万吨的鸟粪磷矿，并保证该公司从海关收入中获得补贴，还将500万英亩的土地赠送给该公司。作为回报，秘鲁在没有提升征税能力的情况下，重新获得了进入资本市场的机会。不出所料，秘鲁仍将高度依赖外部资金。[47]

在拉丁美洲以及东欧和南欧的贷款谈判中，债转股是一种相当普遍的做法。这种做法早期发生在秘鲁（1865年，鸟粪磷矿）、巴西（1906年，咖啡）、保加利亚（1904年，烟草）、哥伦比亚（1861年，土地）、哥斯达黎加（1871年和1885年，铁路）、多米尼加共和国（1893年，铁路）、厄瓜多尔（1855年，土地；1895年，铁路）、萨尔瓦多（1899年，铁路）、希腊（1893年，盐、石油和卷烟纸等商品）、巴拉圭（1855年，土地；1877年，铁路和土地）、葡萄牙（1891年，烟草）、塞尔维亚（1881年，铁路、盐和烟草）、西班牙（1835年，水银）和委内瑞拉（1886年，铁路）等地。[48]

接管

除了国有垄断企业，借款国还可以将部分税务管理部门（通常是主要港口的海关）租赁给外国投资者。启动接管需要建立一个平行的官僚机构或债务管理委员会，来监督或管理征税工作。接管可以由外国私人投资者处理（如奥斯曼国债管理处），也可以在外国势力的直接监管下进行（如美国在多米尼加共和国实行的监管）。通过启动接管，借款国将部分收入的控制权交给了债券持有人或征收机构，并按照贷款协议进行分配。[49]外债清偿完毕后，接管即告终止。

尽管接管明显地侵犯了国家主权，但它仍然相对频繁地出现。中国（1911 年）、哥斯达黎加（1911 年）、多米尼加共和国（1905—1913 年）、埃及（1881—1913 年）、希腊（1898—1913 年）、利比里亚（1912—1913 年）、摩洛哥（1905—1911 年）、尼加拉瓜（1912 年）、塞尔维亚（1895—1913 年）、突尼斯（1870—1881 年）、土耳其（1882—1913 年）、乌拉圭（1903 年）和委内瑞拉（1902—1903 年）等国都经历过接管。

米奇内尔和魏登米尔发现，28% 的违约事件最终以接管的形式解决，他们称之为“财政软禁”（fiscal house arrest）。[50]尽管这一估算很有价值且很有意义，但米奇内尔和魏登米尔的数据并没有考虑“预先控制收入条款”（preemptive revenue control clause），如 1892 年对葡萄牙实施的条款[51]，1902 年、1904 年和 1907 年法国对保加利亚的贷款中实施的条款[52]，以及 1898 年对中国实施的条款[53]，当时欧洲的债券持有人已取得了对海关收入的控制，以此作为向清政府发放三笔新贷款的先决条件，这三笔贷款是为了向日本支付战争赔款。米奇内尔和魏登米尔的估算也没有包括债转股。这并不是对两位学者的批评，而是呼吁人们注意债券持有人在主权违约时扣押外国资产的能力被低估了。接下来，我将提出我的研究框架，探讨外国金融控制，以及它对债券时代及以后的利差和国家能力建设的影响。

极端贷款条件及其执行

在第二章中，我已经介绍了极端贷款条件的概念（即因中断偿债而导致的严厉制裁），包括债转股和接管。极端贷款条件的概念与米奇内尔和魏登米尔的超级制裁概念有异曲同工之处，在米奇内尔和魏登米尔的框架下，超级制裁是对表现出不良行为的借款国，事后根据具体情况逐案实施的。[54]而我推测，实施外国金融控制的可能性已逐渐被纳入国际借贷的规范。这成为投资者和借款国共同认可的一种债务追收方式，并在发行时或事前达成一致。获得外国资金的条件是抵押公共资产，一旦出现违约，这些资产将成为外国控制的焦点。通过质押主要收入来源，新兴国家在国际信贷市场中获得了前所未有的低利率。

将国内资产移交给外国债券持有人，这会被认为是一种国耻。极端贷款条件旨在提高现任执政者的国内违约成本，从而最大限度地降低违约的可能性。然而，它并不总是能够防止违约。当违约发生后，债转股和／或接管等超级制裁也会立刻出现。这一系列事件比人们通常认为的要常见得多：在1870年至1913年间违约的国家中，至少有一半受到了超级制裁，而在多次暂停偿债的国家中，有70%受到了超级制裁。[55]私人债券持有人是如何对主权国家施加并执行极端贷款条件的呢？

没收资产和建立接管机构绝非易事，首先需要得到当地政府的批准。接管机构往往不受政府欢迎，因为它们被解释为不正当的权力委托。[56]对于陷入窘境的政府来说，它们的第一反应便是反对资产没收，并援引主权豁免原则以防止投资者起诉它们。

在19世纪的上半叶，外国债券持有人组成特设委员会，与违约国政府就债务清算问题进行双边谈判。[57]为了获得对其有利的让步，债券持有人会拒绝向违约国家发放新贷款，这种做法被称为"信贷排斥"。在19世纪20年代的债务危机之后不久，信贷排斥的做法就被伦敦证券交易所正式采用。[58]查沃特（Chabot）和圣罗莎（Santarosa）认为，抵押国有资产和收入来源的做法完善了信贷排斥，因为它们使违约的解释变得简单明了。[59]如果借款国用同一资产抵押了两笔贷款，或将质押的收入流用于贷款合同规定以外的用途，那么伦敦证券交易所就会认为这是不守信用的明显证据，并拒绝提供新贷款。有鉴于此，借款国在质押资产并将其用于虚假目的时，会选择谨慎行事。因此，质押强化了外部融资的声誉逻辑。

对债券持有人来说，尽管信贷排斥使他们能够在违约清算时谈成更优惠的条件，但这还不足以强制执行债转股和接管。无论是债转股还是接管，都需要强制性权力作为保障，而这恰恰是债券持有人所缺乏的。现有文献中很少讨论法国和德国政府急于为其投资者斡旋的情况。[60]法国政府对在巴黎证券交易所（Paris Bourse）发行的债券实行严格控制，如果借贷的性质或方向未获批准，法国政府就拒绝上市报价。[61]法国和德国政府也经常代表私人投资者促成贷款，特别是在军火贸易方面[62]，并对违约清算谈判施加外交压力。[63]外交压力最终可能导致经济妥协、金融控制甚至直接占领，就像法国在突尼斯（1881年）和摩洛哥（1912年）以"保障法国债券持有人的权益"为名而采取的行动。[64]

美国在贷款谈判和违约清算方面的干预也日益增多。[65]根据门罗主义，美国在中南美洲致力于推行"债务强制执行帝国"政策，并推行"受控贷款"制度，即债务国同意在违约时允许美国或美国指定的代理人接管关税或国内税收——这是极端贷款条件的一个例子。[66]在塔夫脱总统任内（1909—1913年），美元外交达到顶峰，当时的美国政府代表大银行（包括摩根公司，即现在的摩根大通）促成了中国、阿根廷和墨西哥的贷款合同，模糊了国家利益和私人利益之间的界限。[67]

在19世纪后期的几十年里，法国、德国和美国政府借助金融外交来促进其经济和地缘战略利益。外交政策介入了干预国内商业银行与外国政府之间的合同，而这原本属于私法领域。许多人认为，英国并未采取这种做法，而是坚持自由开放的市场。而我认为，英国在债券时代的自由放任政策事实上也逐渐被放弃了，这是由于以下三方面的原因。第一，英国国家机构内部的精英更替过程，已经将金融利益置于外交政策优先事项的前列。第二，私人债券持有人在与外国签订新贷款合同和谈判违约清算方案时，完善了游说外交援助的艺术。第三，在"帝国时代"[68]，英国外交部不得不对抗其主要竞争国家对金融市场的公开干预。在这种情况下，债券持有人在私人贷款合同中加入极端贷款条件条款，并在违约情况下执行这些条款的能力也不断增强。接下来，我将对这些情况进行详细阐述。

精英更替

19世纪下半叶，"绅士阶层"在英国诞生，这是土地贵族和新银行精英的联盟。[69] 英国贵族从金融业中找到了在土地衰退时期维持其地位和生活方式的机会。对于金融精英来说，这一联盟为他们提供了一条通往较高社会地位和政治机会的捷径。绅士阶层专门从事（金融、航运和保险等）商业活动与（政府和军队的）文职工作。

这个新兴联盟编织了一个严密而封闭的网络。他们就读于同一所公立学校（如伊顿公学）和大学（牛津大学和剑桥大学），是同一家伦敦俱乐部的成员，并与彼此的家族通婚。[70] 一个著名的例子是先后担任英国外交大臣和首相的第五代罗斯伯里伯爵（the 5th Earl of Rosebery），他与汉娜·德·罗斯柴尔德（Hannah de Rothschild）结婚，并因"未能实现私人利益与公共利益的完全分离"而遭到批评。[71]

绅士阶层在公共职务中占据要职。保守党代表了他们的普遍利益，有时候银行家家族成员自己也会在议会中拥有席次。[72] 然而，外交政策主要由政府的行政部门决定，在行政部门中，恩庇式任命仍然相当普遍。利用贵族在国家官僚机构中的主导地位，新的绅士阶层在财政部、外交部和殖民部（Colonial Office）担任重要职位，并且在英国派驻印度、东南亚、非洲的行政机构和在拉丁美洲的外交职位中占据了不成比例的重要位置。[73]

与此同时，大银行家家族在英格兰银行董事会中占有席位，英格兰银行是管理金本位制的准国家机构，因此也监管债券发行机构的偿付能力和声誉，进而确保英国及其殖民地公共信贷的健康运行。[74] 旧的土地精英、新的金融部门和大英帝国的命运几乎有机地紧密联系在一起。因此，确保对外投资者在海外获得公平待遇，自然而然地成了关乎国家利益的问题。[75]

"（国家官员与国际银行家之间）这种程度的一致性或志同道合，很好地解释了为什么在绅士秩序的顶层，企业与政府之间的障碍不过是可移动的'长城'（Chinese wall）①。"[76] 换句话说，在债券时代，金融业在外交政策中的影响力来自利益的一致，而非恶性行为（如贿赂）。不能把利益一致与盲目支持或利益俘获混为一谈，这一论点曾得

---

① 即券商自律机制。——译者注

到霍布森的辩护，并由弗拉基米尔·列宁普及。[77]英国政府代表着各种利益，并对议会负责，而反对帝国主义、金本位制和外国投资的工业利益集团也在议会中有自己的代表。[78]

在得到英国政府支持之前，债券持有人应用尽借款国的所有法律手段，并证明后者违反了国际法，例如，"在某些情况下，已经作为抵押品抵押给债券持有人的特定收入被故意挪作他用。在维多利亚时代的人们看来，这种行为就是存心不良的恶意失信行为"。[79]英国外交部对这种情况的解读非常严格，因为干预可能会产生潜在的不正当激励，即贷款人因为有望获得外交援助而进行不谨慎的贷款。[80]然而，在19世纪的最后几十年里，政府干预变得相当普遍。

外国债券持有人公司

小投资者被排除在绅士阶层之外，但他们从绅士阶层那里购买政府证券，即从商业银行、发行公司或承销商（我交替使用这三种说法）手里购买。承销商可以在一级市场上销售主权债券，也可以直接买下所有债券后在二级市场上出售。[81]虽然承销商会承担他们所销售债券的剩余份额，以培养人们对其产品的信心，但小投资者才是主权债券的最终买家。

如果发生了违约，发行公司和小投资者所采取的策略并不一定相同。发行公司倾向于更快地结清债务，以便恢复借贷并尽量减少对其声誉的损害。而小额债券持有人的要求往往更为激进，他们宁愿选择更好的清算条件，而不是更快的清算速度——毕竟这关系到他们微薄的积蓄。[82]1868年成立的外国债券持有人公司（CFB）将发行公司和小投资者置于同一屋檐下，从而缓解了不同投资者偏好不一致的问题。

外国债券持有人公司是一个非政府组织，代表在伦敦证券交易所上市的外国证券的私人持有者，专门从事违约清算的谈判。[83]在该组织成立之前，小投资者自发组成临时特设委员会，与违约方进行双边谈判。当时还没有一个制度化结构来协调行动、与其他债券持有人共享信息，或向英国政府陈述其要求。[84]

外国债券持有人公司的管理机构——理事会——中既有小投资者的代表，也有贷款承包商的代表，这有助于在违约清算谈判中达成妥协和统一行动。[85] 外国债券持有人公司下设常设委员会和特定国家委员会，定期向理事会报告工作。理事会发布这些信息，[86] 并对违反信贷排斥规定的成员进行黑名单公示。[87] 外国债券持有人公司参与了每一次涉及英国资本的清算谈判。[88] 债券持有人在协调性和专业化方面的进步，有助于解释为什么在外国债券持有人公司成立后，违约清算的数量和速度都达到了最高水准。[89]

外国债券持有人公司成立初期，政府在贷款和违约谈判中的参与程度一度成为激烈辩论的焦点。虽然政府干预有助于解决违约危机（小投资者对此持欢迎态度），但也可能会吓跑借款人并损害商业模式（这是商业银行担心的）。早在 1873 年的第一次成员大会上，双方分别表达了自己的意见。在那次开幕大会上，低干预主义的立场占了上风，但此后不久，外国债券持有人公司与政府之间的关系就变得日益紧密。[90]

事实上，早在 1876 年埃及发生海外债务违约事件之后，外国债券持有人公司就曾寻求政府的支持。来自英国的债券持有人是当时埃及政府的主要债权人，外国债券持有人公司要求英国政府提供支持，并在必要时使用武力。为此，外国债券持有人公司聘请了最高级的谈判代表并组织公众集会，以期望获得财经媒体和著名保守派政治家的同情，其中包括时任印度事务大臣索尔兹伯里勋爵（Lord Salisbury）和财政大臣斯塔福德·诺思科特爵士（Sir Stafford Northcote）。[91]《经济学人》杂志写道，如果说还有什么疑问的话，那就是"我们的商业和金融利益集团从来没有像现在这样热衷于参与代价高昂的军事行动"[92]。

游说工作取得了成功。外国金融控制和炮舰外交接踵而至，埃及于 1882 年沦为英国的保护国。尽管有多种经济因素在其中起作用——苏伊士运河对于确保英国与印度的贸易畅通至关重要[93]——但外国债券持有人公司对埃及主权的丧失负有不可推卸的责任。[94] 重要的是，外国对埃及的金融控制帮助债券持有人收回了投资，并扩大了他们在该地区的业务。[95]

外国债券持有人公司还努力寻求英国海外官员的支持。"从最早的（年度）报告到最近的报告都清楚地表明，英国外交代表在各自所派驻的国家代表债券持有人行事，从而提供了极其宝贵的服务，这是任何没有准官方地位的组织都无法企及的。"[96] 例如，1884 年，外国债券持有人公司请求出身绅士阶层的英国驻巴拉圭代表埃德蒙·约翰·蒙森爵士（Sir Edmund John Monson）协助处理自 1874 年以来悬而未决的违约清算谈判。虽然我们只能猜测会谈所讨论的内容，但在几个月内，巴拉圭同意了债券持有人建议的债券转换方案。外交支持得到了应有的认可："债券持有人非常感谢蒙森先生为斯图亚特博士（Dr. Stewart，外国债券持有人公司驻巴拉圭代理人）取得这一结果所提供的帮助。"[97]

总而言之，大小债券持有人协同一致的行动，进一步完善了信贷排斥的技能，也增强了外国债券持有人公司争取政府援助的能力。结合了金融高层与政治高层的偏好一致——这一点在外国债券持有人公司理事会中也得到了体现，首届理事会 29 名成员中有 9 名是英国议会的议员[98]——该公司大幅度提高了债券持有人面对陷入财政困境的政府时，进行讨价还价的能力。接下来，我将对极端贷款条件可执行性的第三个，也是最后一个要素——主权贷款合同签约时的国际背景——进行评估。

帝国时代

从官方的角度来看，债券时代的英国政府将违约解释为投资不谨慎的结果，倾向于将其视为私人事务并保持一定距离。[99] 随着时间的推移，由于英国的帝国主义野心，以及主要竞争对手——法国、俄国及后来的德国和美国的野心，不干涉原则逐渐被放松了。[100]

国际法并不支持政府代表私人事务进行干预，在这种情况下，英国政府的行动最初以 1849 年的帕默斯顿主义（Palmerston Doctrine）为指导原则。针对债券持有人的求助，时任外交大臣帕默斯顿于 1849

年 3 月 2 日向下议院发出通告，其中阐述了英国政府对于私人资本面临主权违约的政策精神。这一政策的精神可以用一段话来概括：

> 因此，是否应该通过外交谈判解决这一问题，完全是英国政府的自由裁量权问题，而这一自由裁量权的决定完全取决于英国以及国内利益的考虑。[101]

这份通告"足够宽泛，允许英国政府为其选择采取的任何行动提供理由"。[102]普拉特（D.C.M. Platt）在一本现已成为经典的著作中指出，英国政府只有在既有地缘战略考虑受到威胁时，才会代表英国投资者进行干预。[103]凯恩和霍普金斯对普拉特本人的解读提出了质疑，认为他"过于紧密地遵循官方思维的运作方式"[104]，而我总体上认同这种解释。

普拉特承认，在 1870 年后，当其他列强都在谋求建立帝国时，英国政府对待外国违约的态度也发生了变化："事实证明，（外交部）不可能僵硬地死守不干预原则，特别是在政治利益可能受损的情况下。"[105]在这种国际背景下，"外交部始终认为，至少有义务确保英国债券持有人获得与其他国家同等的待遇"。[106]从普拉特的角度来看，英国对金融市场的干预是被动的，也就是说，是为了回应其他欧洲列强代表其债券持有人所采取的干预措施。

1889 年，（曾三度出任首相的）索尔兹伯里勋爵在接受采访时，阐释了 19 世纪末期英国外交原则的修正：

> 外交部根据每个案件的具体情况作出判断。如果只是由于不幸或迫不得已而造成违约，英国政府就不宜强制要求其付款；但如果对平等的债权人实行不公平的歧视，或者不公正地剥夺了英国臣民（解读为"债券持有人"）的优先权利和担保，那么就有理由得到外交部的特别同情。[107]

新的外交原则扩大了政府干预的情景范围，同时强调：拒绝相对于其他列强债权人的歧视性待遇。然而，在帝国竞争的背景下，关于歧视的指控变得越来越常见，并促使政府进行干预。我在第五章中提到的列强在晚清中国"争夺特许权"，就是一个很典型的例子。[108]

一般来说，英国外交部的外交干预仅限于"斡旋"。然而，"英国驻中美洲总领事查特菲尔德（Chatfield）先生，或是驻智利总领事威尔逊（Wilson）先生等外交官进行的'斡旋'，的确很难与无条件的外交干预区分开来"。[109]在涉及重大经济或地缘战略问题时，英国外交部会直接管理贷款合同和违约清算谈判。英国外交官在巴西（1913年）、中国（1898—1911年）、埃及（1876年）、希腊（1898年）、波斯（1889年）和土耳其（1875年）等国的贷款、担保和接管谈判中发挥了主导作用。[110]参与这些谈判的是（通常出身于绅士阶层的）国家官员，或是精心挑选的代表，如独立金融家欧内斯特·卡斯尔（Ernest Cassell）先生，他没有官方身份，但在英国外交部的支持下主导了与埃及、中国和奥斯曼帝国的贷款谈判。[111]

军事干预或炮舰外交是最后的手段，并且是不得已而为之的手段，因为它与官方的自由放任政策相冲突。其中比较著名的有对埃及（1882年）、危地马拉（1913年）、墨西哥（1861年）、摩洛哥（1910年）和委内瑞拉（1902年）的军事干预。[112]更重要的是，在帝国时代，军事干预的威胁决定了人们对不偿还债务的代价的预期。[113]要知道，直到20世纪初，军事干预仍被国际社会认为是一种公认的收债做法。1902年，"海牙法庭不仅仲裁认定德国和英国（为追收债款而在委内瑞拉进行军事干预）是正当的，而且认定，由于它们愿意使用武力来伸张正义，它们有权优先于那些满足于和平解决的列强获得付款"。[114]

正是基于这些担忧，商业银行在贷款合同中加入了苛刻的条件。例如，19世纪90年代末，罗斯柴尔德家族同意在附加极端贷款条件的前提下，出资帮助巴西摆脱财政困境。[115]1898年，巴西在伦敦发行的1 000万英镑融资债券，要求以全部的联邦关税收入为抵押，并实施严厉的通货紧缩措施。[116]那么巴西为何接受这些条件呢？

罗斯柴尔德家族仅仅用逻辑劝说的温和手段，推测"除了完全丧失国家信用之外，这一措施（即违约）还会严重影响巴西的主权，其引发的不满可能导致极端的外国干预"。当代美国在古巴、波多黎各和菲律宾的例子，以及更恰当的英国在埃及的例子，使得巴西政界人士不得不认真对待罗斯柴尔德家族的威胁。[117]

这种隐晦的军事干预威胁，"虽然未经授权，但听起来却很有权威性"[118]，这恰恰说明了当时的国际背景，以及对外部融资和暂停偿债之后可能的结果的预判。阿图尔·科利（Atul Kohli）以英语所能表达的最有力的方式总结了这一立场：

普拉特和其他学者在查阅官方记录时都没有找到明确的命令，比如说，帕默斯顿向英国海军下达的命令，要求他们确保巴林家族在阿根廷的贷款（获得清偿），这丝毫也不奇怪。权力不是这样运作的。……当需要施压的时候，海军舰艇的鸣号声和殖民总督的窃窃私语，常常就足以动摇边缘国家统治者的意志了。[119]

殖民总督的窃窃私语是很有分量的。以委内瑞拉为例，1849年，国会通过了《债务延期与减免法案》(Ley de Espera y Quita)，将贷款合同的期限延长至九年。[120]英国债券持有人对于委内瑞拉这一单方面举动感到愤怒，他们向临时代办贝尔福德·威尔逊（Belford H. Wilson）寻求外交援助，后者又请求皇家海军的支援。威尔逊的请求得到了时任英国海军北美和西印度群岛总司令托马斯·科克伦（Thomas Cochrane）的支持，科克伦在与威尔逊的通信中确认，他"正（在特立尼达）集结一支足以完成女王陛下命令所需的部队"[121]。威尔逊向委内瑞拉政府递交了科克伦先生的照会副本之后，委内瑞拉外长同意讨论债务清算问题。几周之内，这项有争议的法律就被废除了，外国债券持有人的权利得到了恢复。甚至不需要展示军事力量。[122]仅仅一份照会就足够了。[123]

出于信念驱动，或是受到其他列强"谋求建立帝国的强烈愿望"的牵引，也或许两者兼而有之，英国在 19 世纪 70 年代加快了外交干预的步伐。英国政府公开干预拉丁美洲、西非、桑给巴尔、缅甸、马来亚、波斯、中国和奥斯曼帝国等地的贷款合同和违约清算。[124]到 20 世纪初，借贷外交的优势已毋庸置疑，正如英国驻波斯公使提醒英国外交部的那样：

> 我们越是让（波斯）负债累累，我们对其政府的控制力和政治影响力就越大。一旦到了清偿债务的那一天，波斯对我们的财政义务就越重……我们对违约清算拥有权威发言权的道义诉求就越强。[125]

主权借款人也感受到了与外部融资相关的风险。所谓的"德拉戈主义"（Drago Doctrine）认为以军事手段追偿债务是非法的，它起源于 20 世纪初的拉丁美洲，是对欧洲在委内瑞拉的炮舰外交的回应。路易斯·德拉戈是一位律师、记者，并曾在 1902—1903 年间担任阿根廷外交部长，他谴责"当地政府屈从于债权国的情况……在近代史上屡见不鲜"[126]。德拉戈的文章有力地反映了全球南方对帕默斯顿和索尔兹伯里主义的理解：

> 许多人仍在坚持 1848 年帕默斯顿勋爵的通告，1880 年索尔兹伯里勋爵也确认了这一通告的原则。根据这一通告，军事干预的权利是无可争议的，然而是否采取干预措施需要根据每一个案的具体情况来决定，这纯粹是出于国家和国内利益考虑的权宜之计。[127]

直到 1907 年后，德拉戈主义才被纳入国际法，并且适用于破产案件，而非欺诈案件，这就为进一步解释留下了空间。[128]在拉丁美洲以外的地区，同样存在对于帝国时代军事胁迫的担忧，我将在第九章中研究泰国、埃塞俄比亚和日本的外部融资与国家建设之间的关系，从而进一步阐释这一观点。

概括地说，由于英国政府内部的精英更替、债券持有人的组织收益，以及列强之间对领土和经济特许权的争夺，英国投资者对边缘经济体的谈判能力随着时间的推移而增强。在这种情况下，投资者能够在贷款合同中加入极端贷款条件的条款，并在发生违约的情况下，通过政府或明或暗的支持强制执行这些条款。

贷款合同的措辞也逐渐反映出债券持有人议价能力的增强。大多数情况下，贷款要求抵押资产，但双方达成共识：如果发生违约，这些资产将被外国没收。在另一些情况下，贷款合同明确规定了偿债中断后的债转股和接管条款，从而巩固了投资者的预期。例如，保加利亚在 1892 年获得了一笔新贷款，以"卡舒比亚-索菲亚-丘斯滕迪尔"（Kaspitshan-Sofia-Kyustendil）和"鲁斯丘克-瓦尔纳"（Rustchuk-Varna）两条铁路以及两个港口的收入与应付款项作为抵押。如果出现违约，外国债券持有人有权在六个月后接管铁路，必要时可在两年后出售铁路。中国（1898 年、1911 年、1913 年）、哥斯达黎加（1911 年）、萨尔瓦多（1922 年）、利比里亚（1906 年）、摩洛哥（1904 年）、波兰（1920 年）、葡萄牙（1891 年）和塞尔维亚（1902 年、1906 年、1909 年、1913 年）的贷款合同中都明确提到了暂停偿债情况下的债转股和接管问题。

对极端贷款条件的实证研究

在本节中，我将对极端贷款条件的一个关键层面进行评估：质押与利差之间的关系。如果质押可信（即被解读为"可以扣押"），那么投资者应该回报以较低的溢价。资产扣押并不是抽象的。债转股和接管的法律依据包括签订新贷款合同时就规定的质押。法律研究者承认，债券时代的质押具有内在的法律价值。首先，抵押贷款在违约清算谈判中享有优先权。有质押物的贷款将最先得到偿还，并且利息减少和本金扣减的幅度也较小。[129] 其次，在金融干预的情况下，质押贷款的贷款人在控制或管理这些资源方面享有优先权。[130] 如果投资者预期有能力在违约情况下强制执行债转股或接管，并且抵押的资产将成为违约清算的关键点，那么包含质押物的贷款预期能获得较低的利率。

　　查沃特和圣罗莎对西班牙（1870—1874 年）和阿根廷（1887—1899 年）的两笔贷款进行了比较，通过比较这两个重要案例中有抵押和无抵押贷款在二级市场的债券价格，说明了质押对债券价格的影响。[131] 他们的研究设计重点关注的是"除有无质押外，其他条件几乎等同的贷款"，结果清晰地显示了抵押品对债券价格具有明显的负面影响。在接下来的实证研究中，我将采取一种不同且互补的方法，在回归框架下研究 1858 年至 1914 年间多达 88 个国家的抵押品对一级市场利率的影响。与查沃特和圣罗莎的研究不同，我的分析强调了列强之间的帝国竞争对贷款质押可信度的重要性。

对质押进行编码

　　为了检验质押对资本价格的影响，我将伦敦市政厅图书馆收藏的《证券交易所贷款募集和公司招股说明书》（*Stock Exchange Loan and Company Prospectuses*）藏品进行数字化，伦敦证券交易所的档案目前存放在该图书馆。该藏品包括 88 个国家的 707 份债券的募集说明书，这些债券于 1858 年至 1914 年间（分别为最早和最晚的条目）在伦敦发行或上市。[132] 我考虑了所有政府贷款和政府担保贷款，无论其官方用途是战争、债务转换还是基础设施建设。[133] 在对募集说明书中的质押品进行编码时，我排除了所谓的"一般性声明"［例如以"全国总收入"（general revenue of the country）作为担保的贷款，这是一种经常使用的修辞手法］，而将重点放在具体的质押品上（例如烟草专卖或主要港口的关税收入）。

　　对质押品的具体描述，减少了关于抵押物价值的信息不对称。募集说明书通常包括特定质押物产生的年收入信息（例如，见图 4.4a），有时候，贷款的抵押物正是外部资本将要融资的基础设施（例如，一条新建铁路；见图 4.2)。这些募集说明书详细说明了该项目的预期收益，包括运营费用和年收入。[134] 所有这些信息都是为了吸引投资者的注意，同时帮助他们调整发生违约时的预期收益。

£600,000, or Fcs. 15,000,000, or 4,000,000 Thalers.

ROUMANIAN STATE RAILWAY LOAN,

WITH GOVERNMENT GUARANTEE.

Being balance of a Loan of £4,800,000, issued in Berlin, and authorized by the Act of Concession voted by the Legislative Bodies and sanctioned by Decree (No. 1,516) of His Highness Prince Charles I., of Roumania, dated September 21st (October 3rd), 1868.

To be issued in Bonds to Bearer of £15 each, or in multiples of Four, Eight, or Ten Bonds respectively, bearing Interest at 7½ per cent. per Annum.

The Interest to commence from the 1st January, 1870, and to be payable half-yearly on the 1st January and 1st July in each year.

The Bonds to be Redeemed at par, by the operation of an accumulating Sinking Fund, in yearly drawings. The first drawing to take place on the 1st March following the completion of the Line, from Galatz to Roman.

Messrs. GLYN, MILLS, CURRIE & Co. are authorised by the Contractors of the Loan to receive subscriptions for the above Bonds, which are issued by virtue of a Concession granted by His Highness Prince Charles I., of Roumania, and approved by the Roumanian Chambers, on the 3rd of October, 1868, to provide the requisite capital for the construction of Railways in the Principalities. A portion of the contemplated lines has already been opened, and a further section is expected to be opened in the course of two or three weeks, and the remaining lines by the end of August, and before October, 1870, and only for a small portion of the lines, the latest time is stipulated to be in the course of 1871. The present issue of the Bonds is designed for the works and purchases executed, and all particulars will be found in the Report of the Special Commissary of the Roumanian Government, appended to this Prospectus. In the same official document, a literal translation of which is annexed, will be found in detail the various terms and conditions of the issue. The Loan bears the immediate and unconditional guarantee of the Roumanian Government for the due payment of interest, and is moreover secured on the entire property of all the conceded Railways.

注：摘录自原始募集说明书。

资料来源：《证券交易所贷款募集和公司招股说明书》，来自对伦敦市政厅图书馆数字化图像的改编。

图 4.2　例 1：1870 年罗马尼亚贷款中的质押说明

在样本中，共有 175 份募集说明书（占样本的 29.8%）包含一项或多项具体的质押，其中绝大多数质押债券涉及主权国家，而非殖民地属国。为尽量减少编码假设，只要某国在贷款合同中包含一项或多项具体的质押，我就将质押值设为 1，否则设为 0。图 4.2、图 4.3 和图 4.4 分别展示了三个例子。第一个是 1870 年罗马尼亚的例子，当时罗马尼亚政府在欧洲各大金融中心发行了一笔债券，用于修建国家铁路（图 4.2）。如图 4.2 中摘录的最后一行所述，这笔债券"以所有受让铁路的全部财产为抵押"。

REPUBLIC OF SAN DOMINGO.

ISSUE OF £1,500,000 DOMINICAN UNIFIED DEBT 4 PER CENT. BONDS.

Being part of a total of £4,236,750 authorized by Law of August 9th, 1897, and created for the purpose of discharging all the Bonded and Floating Debts of the Republic, all of which have separate special securities attached to them, and of unifying and applying all those securities to this new Debt.

The remainder of the creation under the denomination of "Obligations Or de St. Domingue," bearing $2\frac{3}{4}$ per cent. interest and redeemable in 1999, out of surplus revenue, has been applied to the conversion at par of the Gold Bonds of 1893 (chiefly held in Belgium) in accordance with arrangements made between the Government and the **Committees of Bondholders in Belgium** which have been submitted to and approved by the **London Committee of Bondholders**, acting in conjunction with the **Council of Foreign Bondholders** in London.

a. 首页

---

of the "Caisse de la Regie" will hereafter be made under the advice and approval of the Council of Foreign Bondholders in London. It is also provided by Law, and will be a term of the contract with the Bondholders, that in case of any default in the payment of Coupon or Sinking Fund, or in case of "other manifest necessity," the Improvement Company under its powers as their Trustee shall call upon the Governments of the United States, Great Britain, Belgium, Holland and France to each name a Commissioner, and the Dominican Government consents that the person or persons so appointed shall constitute a **"Financial Commission"** for the purpose of collecting directly the Revenues of the Republic and exercising the functions of the "Caisse de la Regie."

b. 质押条款

注：摘录自原始募集说明书。

资料来源：《证券交易所贷款募集和公司招股说明书》，来自对伦敦市政厅图书馆数字化图像的改编。

图 4.3　例 2：1897 年圣多明各贷款中的质押说明

图 4.3 显示了第二种担保类型：在违约情况下对税务管理机构的控制，即所谓的"接管"。在这个例子中，圣多明各（今多米尼加共和国）政府同意在发生违约的情况下将税务管理机构移交给伦敦的外国债券持有人公司。正如贷款所反映的那样，几年前，该国的征税工作已经外包给了一家美国公司——这正是财政能力低下的表现。[135] 这笔贷款需要圣多明各、外国债券持有人公司、那家美国公司和美国政府的同意。这笔贷款的实际利率为 6.1%，比 1897 年的平均利率高出 230 个基点——考虑到该国糟糕的财政状况，这一溢价虽然不小，但也还算适度。不出

所料，圣多明各仅仅在两年后就暂停偿债。作为违约清算谈判的一部分，美国在圣多明各设立了一个接管机构（1905—1941 年），铁路交由美国债券持有人管理，新组建的财政管理局 ① 每月向欧洲债券持有人指定的圣多明各代理机构支付一笔款项，直到债务清偿为止。[136]

The SUBSCRIPTION LIST will CLOSE on or before 4th NOVEMBER, 1910.

IMPERIAL CHINESE GOVERNMENT
5% TIENTSIN-PUKOW RAILWAY SUPPLEMENTARY LOAN
FOR
£4,800,000 STERLING.
Present Issue £3,000,000.

AUTHORISED BY IMPERIAL EDICT,
WHICH HAS BEEN COMMUNICATED TO THE MINISTERS OF GREAT BRITAIN AND GERMANY IN PEKING.

This Loan which is the direct obligation of the Imperial Chinese Government for principal and interest is specifically secured by a first charge upon the Provincial Revenues specified herein to the aggregate amount of 3,600,000 Haikuan Taels (say £500,000) per annum, and by a second charge upon the Provincial Revenues referred to herein to the aggregate amount of 3,800,000 Haikuan Taels (say £528,000) per annum.

Principal and Interest free from Chinese Taxes and Imposts.

ISSUE IN LONDON OF £1,110,000 5% STERLING BONDS,
BEING PART OF THE

above ISSUE of £3,000,000, of which the remaining £1,890,000 is offered for subscription in Germany upon similar terms.

a. 首页

So long as principal and interest of the Loan are regularly paid, there is to be no interference with these provincial revenues; but if principal or interest of the Loan be in default at due date, then, after a reasonable period of grace, likin and suitable internal revenues of the four provinces sufficient to provide the amount above stated are to be forthwith transferred to, and administered by, the Imperial Maritime Customs, in the interest of the Bondholders. And so long as this Loan or any part thereof shall remain unredeemed, it is to have priority both as regards principal and interest, subject to the obligations created by Article 9 of the Loan Agreement of 13th January, 1908, over all future Loans, charges and mortgages charged on the above-mentioned revenues of the four Provinces.

b. 质押条款

注：摘录自原始募集说明书。

资料来源：《证券交易所贷款和公司招股说明书》，来自对伦敦市政厅图书馆数字化图像的改编。

图 4.4　例 3：1910 年中国贷款中的质押说明

---

① 原文为 Treasury，根据图 4.3 中募集说明书的内容，该机构指的是 "Caisse de la Regie"，即由外国债权人监督、负责管理债务偿还资金的部门。——译者注

图 4.4 展示的第三个例子表明，即便是像中国（晚清政府）这样的大国，也同意了外国干预条款。例如，1910 年的贷款允许外国债券持有人在出现违约的情况下没收清政府的主要收入来源。为了筹得这笔贷款，清政府抵押了厘金（likin）①，以及直隶、山东、江苏和安徽四个省份的税收。如果清政府违约，那么这些收入的征收将移交给大清皇家海关总税务司署，这个税务机构在其成立一年后就被欧洲投资者实际接管了。[137]

范德文（van de Ven）在评估 1913 年列强向中国提供的 2 500 万英镑重组贷款时，[138]对帝国主义全盛时期的欧洲投资者如何看待质押问题，进行了生动的描述：

> 朱尔典（John Jordan，时任英国驻华公使）认为，（欧洲）银行……相信，列强准备使用炮舰外交来收回他们的钱。他写道："借钱给中国是一种温和的赌博行为。贷款人相信中国有巨大的自然资源，相信政治压力或干预。"他补充说："对我们的继任者来说，收回所有这些钱将是一项棘手的任务。"[139]

这个例子揭示了投资者当时的盘算，以及对欧洲各国政府代表他们进行外交干预（如果不是军事干预的话）的预期。质押不仅仅是一纸空文，它们影响着市场预期，而这些预期又反映在资本价格上。

分析

随着时间的推移，投资者扣押质押资产的能力也在增强，这得益于主要政府部门中来自绅士阶层的代表、债券持有人组织能力的进步以及列强的帝国野心。为了解释质押可信度随时间变化的情况，我首先在质押和时间之间进行线性互动分析：

---

① 主要由水陆交通要道的关卡征收的过境税种，也是当时中国国内通行费和最有利可图的税收。——译者注

$$\begin{aligned}
\text{发行收益率}_{it} = &\ \alpha + \beta_1\, \text{质押}_{it} + \beta_2\, \text{年份}_t + \beta_3\, \text{质押}_{it} \\
&\times \text{年份}_t + X\beta_4 + \eta_i + \epsilon_{i,t}
\end{aligned} \tag{4.2}$$

其中，X 表示时变的国家级别控制向量。我预期 β_1 为正值，β_3 为负值。19 世纪初，发生违约时扣押资产的预期可谓非常渺茫。虽然债券持有人在必要时能够拒绝给予信贷，但政府不太可能代表私人投资者进行干预。在那个时代，贷款合同中出现质押，就意味着会有潜在的麻烦，换句话说，只有预期难以偿还债务的国家，才会质押资产以消除债权人的疑虑，因此 $\beta_1 > 0$。

随着时间的推移，债券持有人的组织化程度越来越高。通过建立覆盖面较广的投资者组织，放债人提高了与陷入窘境的政府谈判的能力，以及游说本国政府以争取外交支持的能力。当时，欧洲各国政府本身也卷入了帝国-殖民竞赛，这使它们更容易接受债券持有人的请求。在这种情况下，我预计质押将被视为可信的，即在违约情况下确实可以扣押资产。因此，投资者会下调他们此前对新兴经济体贷款风险的看法。从经验上看，我预计在存在质押的情况下，利率会下降，$\beta_3 < 0$。

质押并不是随机分配的。为了尽量减少选择，我加入了一组国家固定效应（country fixed effect）η_i。这些固定效应捕捉了影响收益率和质押需求的非观测特征（如经济基本面薄弱、军事力量强大或与英国的外交关系）。[140] 实质上，"组内估计值"（within estimator）捕捉的是对同一国家，质押相对于没有质押的影响。

这项分析仅限于我可以计算出有效收益率的贷款。这样，样本数量就从 707 个减少到了 643 个。与图 3.6 中的分析一样，我计算的是某一国家在任何一年中不止一笔贷款的平均收益率。在同一年份中，有些贷款可能有质押，而有些则没有。我计算的是任何给定年份中（有质押的贷款占）总贷款金额的份额。如果质押贷款的比例在 50% 或以上，我就会将该"国家–年份"观测数据的质押值赋值为 1。最终样本量从 643 个"国家–年份"观测数据减少到了 567 个"国家–年份"观测数据。

表 4.1 的第 1 列展现了最简单模型的结果，包括国家固定效应和其他协变量。估计数与预期一致：在 19 世纪中期以前，想要扣押被质押的资产几乎是不可能的。投资者将资产抵押视为宏观经济表现不佳的信号，因此 $\hat{\beta}_1 > 0$。随着时间的推移，质押的可信度逐渐提高，利率溢价也相应降低，因此 $\hat{\beta}_3 < 0$。

表 4.1　1858—1914 年债券收益率与质押

	（1）	（2）	（3）	（4）	（5）	（6）
质押 × 年份	−0.039*** （0.012）	−0.030*** （0.009）	−0.025*** （0.009）	−0.033** （0.012）		
质押 × 外国债券持有人公司成立后					−0.732* （0.420）	−0.781* （0.439）
质押	74.056*** （22.833）	56.336*** （17.840）	48.109*** （16.234）	62.293*** （22.854）	0.773** （0.381）	0.726* （0.374）
年份	−0.030*** （0.005）	0.046*** （0.004）	0.048*** （0.007）	−0.013** （0.006）		
外国债券持有人公司成立后					2.544*** （0.250）	2.649*** （0.387）
金本位制			−0.257 （0.266）			−0.269 （0.290）
过去十年是否违约			0.356** （0.163）			0.404** （0.197）
公共债务 / 收入				0.027 （0.034）		
ln（人均出口）				0.183 （0.153）		
财政赤字 / 收入				0.037 （0.049）		
截距	62.075*** （8.828）	−82.391*** （8.304）	−86.283*** （12.223）	28.644** （12.005）	2.180*** （0.149）	2.263*** （0.157）
国家固定效应	是	是	是	是	是	是
年份固定效应	否	是	是	是	是	是
殖民地状态	否	否	是	否	否	是

续表

	（1）	（2）	（3）	（4）	（5）	（6）
观测数量	567	567	492	286	567	492
R^2	0.888	0.938	0.918	0.873	0.934	0.914

注：债券收益率按债券发行时的数值计算。作者对质押进行了编码。有关金本位制和外部违约的资料来源，请参见第三章。括号内为国家分组标准误差。*** $p<0.01$，** $p<0.05$，* $p<0.1$。

图 4.5 直观地展示了主要结果。有两个模式值得我们注意。第一，可以观察到有效利率的长期下降。尽管在此期间违约事件屡屡发生，[141] 但随着时间的推移，市场提供的信贷利率越来越低。第二，我认为，高风险贷款人的利率与资深借款人的贷款利率逐步趋同的一种方式，是通过质押有重要价值的公共资产和收入来源。在本研究所涵盖时间段的初期，质押被理解为空头承诺，因此并没有导致溢价下调。随着时间的推移，债券持有人在清算谈判和扣押被抵押资产方面变得

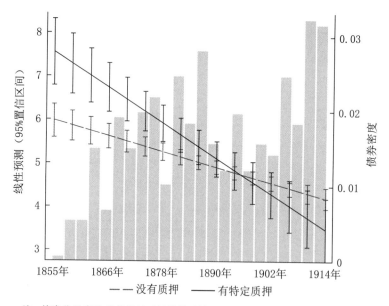

注：债券收益率按债券发行时的数值计算（详见第三章）。深色实线和灰色长虚线分别表示质押贷款和非质押贷款的预测值，并给出了 95% 的置信区间。叠加的密度显示了债券在不同时期的发行分布情况。

图 4.5　1855 年至 1914 年质押对债券收益率的影响

更加有效，这两条曲线之间的差距逐渐缩小。大约在 1880 年，即外国债券持有人公司成立后不久，这个利差就渐渐消失了。

到目前为止，我假设外国债券持有人扣押被质押资产的能力随着时间的推移而增强，因为他们逐渐获得了更强的议价能力，高层政治的偏好和金融利益趋于一致，同时，帝国竞争也不断加剧。然而，利率的长期下降也可能与其他未观测的趋势（如资本供应的持续扩张）相吻合，这可能导致表 4.1 第（1）列中的相关性存在偏差（即使不是虚假的）。为了解释国际资本市场的任何长期趋势，我在第（2）列中拟合了一系列年份固定效应（fixed effect）。不出所料，一旦我们控制了共同的长期趋势，随着时间的推移，质押的影响就会减弱，但是，这种影响并没有消失。

表 4.1 的第（3）列增加了本章前面研究过的利差标准解释的控制因素：金本位制、近期是否违约和殖民地状态。[142] 如预期的那样，纳入这些协变量后，质押对利率的影响幅度会缩小，但影响仍为负值，而且在统计学上显著不为零。

在表 4.1 的第（4）列中，我增加了债券时代指导投资者进行决策的一系列经济类控制变量：[143] 公共债务占财政收入的比例、财政赤字占财政收入的比例以及贸易开放度（以人均出口额的对数来衡量）。[144] 关于这些控制变量，我借鉴了弗格森和舒拉利克的研究成果，但是这一成果仅有 1880 年以后的数据。[145] 尽管样本数量大幅减少，但第（4）列中交互项的结果与之前的模型设定相似。

到目前为止，我假设扣押被质押资产的能力随着时间的推移呈线性增长，然而，1868 年外国债券持有人公司的成立，可以说改变了债务重组谈判的游戏规则。在表 4.1 的第（5）列中，我将质押变量与时间指示变量 "外国债券持有人公司成立后" 进行了交互，其数值在 1868 年之前为 0，1868 年之后为 1。该指示变量旨在估算外国债券持有人公司正式成立的前后，质押对有效利率影响的任何显著变化，即双重差分（difference-in-difference）估计法。由于数据集的起始年份为 1858 年，所以以 1868 年这个时间节点之前的统计能力较弱，应据此对结果进行相应评估。第（5）列中，质押 × 外国债券持有人公司成立后的交互项为负，在 90% 的置信水平上具有统计显著性。该系数意味着，在其他条件不变的情况下，在外国债券持有人公司成立后，包含质押条款的贷款的有效利率会降低 0.73 个百分点（相对于样本中的平均利率下降了 15%），这可能是因为在外国债券持有人公司成立之后，债券持有人在违约情况下执行资产扣押的能力增强了。在第（6）列中，我增加了制度类控制变量并重复这一过程。其结果（如果成立的话）强化了本书的假设。由于只有 1880 年之后（也就是说，只有外国债券持有人公司成立之后）的宏观经济数据，因此我无法将这些控制变量纳入这一模型中。

阿科米诺蒂、弗朗德罗和雷兹克，以及弗格森和舒拉利克都在他们的研究中提供了大量证据，以证明存在所谓的"帝国效应"，即相对于基本面相似的其他经济体而言，殖民地能够获得系统性低利差。[146] 阿科米诺蒂等人认为，投资者将殖民地视为国家领土的延伸——外省。如果殖民地违约，那么投资者可以在帝国的司法管辖权之下解决争端，也就是说，投资者可以将陷入窘境的殖民地政府告上（英国）法庭。如果这一论点成立，那么殖民地债券中本就应当很少出现质押条款。同样道理，质押也应该有助于降低外国，而非殖民地附属国的利差。我们很难想象英国政府会允许某个殖民地进行债转股，因为这样做会减少帝国的税基。

在殖民地借贷中，质押确实并不常见——只有 6% 的殖民地债券包含了质押，而在（大英）帝国以外的主权债券中，这一比例达到了 50%。[147] 事实上，在债券时代，多达 35 个（或 70%）独立国家在 1850 年至 1914 年间的某个时刻，抵押了特定的国有资产。从未抵押的国家只是少数，其中就包括了主要列强国家和英国自治领。为了检验质押在大英帝国内外，以及在不同时期的不同影响，需要进行三重交互分析。表 4.2 显示了三重交互的结果。为便于解释，我分别展示了两组比较的结果，即在不同时期，质押对大英帝国和主权国家的影响。在第（1）列中，我展示了其与年份的交互（对应公式 4.2），在第（2）列中，我展示了其与指示变量"外国债券持有人公司成立后"的交互。结果证实，质押确实降低了主权国家的外部融资价格，对殖民地则没有这种效果，但只有当债券持有人有能力在发生违约后扣押被质押的资产，即在 19 世纪的最后几十年，这种作用（即降低外部融资成本）才能够显现出来。[148]

表 4.2　质押与帝国效应

	（1）	（2）
质押 × 年份 × 独立国家	−0.028*** （0.011）	
质押 × 年份 × 大英帝国	0.021 （0.015）	
质押 × 外国债券持有人公司 成立后 × 独立国家		−0.898* （0.477）
质押 × 外国债券持有人公司 成立后 × 大英帝国		1.213 （0.784）
观测数量	567	567
R^2	0.938	0.936

注："大英帝国"和"独立国家"是互斥的。如果观测单位是大英帝国的附属殖民地，则被归类为"大英帝国"。如果观测单位不是大英帝国的附属殖民地，则被归类为"独立国家"，这样的单位有主权国家、其他主权国家的殖民地以及 1881 年之后的英国白治领（相关讨论见正文）。所有模型都包括三重交互分析的所有组成部分，但此处只显示选定的系数。括号内为国家分组标准误差。*** $p<0.01$，** $p<0.05$，* $p<0.1$。

在这一部分的结尾，我还想提出一个替代性假设，即质押之所以能够降低利率，是因为它们传达了有关借款人财务健康状况的信息。[149] 如前所述，包含质押的贷款募集说明书提供了关于质押物年收入的关键信息，以及当贷款为开发性贷款时，质押物又将如何为商业活动做出贡献。这些信息的披露可以被解读为政府透明度的表现，而政府透明度往往与"良好的制度"密切相关，并受到资本市场的肯定。[150] 如果是这样的话，仅仅是质押的存在（无论债券持有人扣押资产的能力是否有所提高），就会降低发行收益率。稍后在表 4.3 中，我将通过探讨质押与收益率之间的双变量关系来评估这种可能性（参见本章附录）。结果显示零假设成立，与这一替代性假设相悖。

极端贷款条件与国家建设

1951 年，博尔夏德（Borchard）在其著作中提出，质押具有"内在价值"和"法律意义"，能够在发生违约时实现外国金融控制。[151] 上述统计证据与博尔夏德的判断是一致的。在 19 世纪的后几十年里，贷款合同中特定抵押品的存在降低了债券发行利率，可以说，这是因为预期的债转股和接管降低了向经济基本面薄弱的经济体提供贷款的风险。较低的利率为全球南方注入了急需的资本，但质押并不能阻止违约的发生。随之而来的往往是超级制裁，至少有 28% 的违约事件和 48% 的主权违约者，[152] 不得不把本地资产和收入来源交到外国投资者手中，从而完成了极端贷款条件的闭环。

债券时代的外国金融控制十分普遍，这对于理解"为什么外部金融不可能促进国家建设"至关重要。通过将资产和部分税务机构移交给债券持有人，本地政府可利用的税基进一步缩小，使得新兴经济体的财政状况岌岌可危。因为财政收入不足，政府很快就会需要新的贷款，这可能是作为外国金融控制的一部分而商定的。这一系列典型事件（即图 1.3 中的路径 E）将许多新兴经济体推入了"债务陷阱"[153]，其特征便是高负债和持续的低国家能力。

新兴经济体的执政者为什么要承担如此大的风险？既然已经预见到违约之后可能会发生债转股和接管，他们为什么还要发行债券？其中一个原因，是外部融资使统治者能够规避其他资金来源（其中最关键的是税收）的即时成本，本书第二章曾对此进行过详细论述。更高的税收或新的税收可能会引发纳税人要求分享财政政策的决策权，即对如何使用税收拥有发言权。或者，可能需要权力分享制度来促使纳税人准自愿地遵从税收规定。无论哪种方式，税收改革都有可能会限制执政者对财政支出决策的自由裁量权。相比之下，外国贷款使统治者能够在短期内集中权力的同时，将偿还外部资金的政治成本（权力分享制度或外国控制）转嫁给继任者们。

外国投资者对收益率的追求，加上不受约束的统治者短视的政治算计，造成了高负债、违约和外国金融控制——这与国家建设背道而驰。

把赌注押在违约上？

没收公共资产是国际金融的终极目标吗？投资者是否把赌注押在违约上？菲什洛（Fishlow）承认：

> 对于（欧洲投资者）来说，违约可能带来收益，而非损失，但前提是某种隐性的干预保证（即金融控制）承诺对那些管理不善的国家的金融混乱进行整顿，从而得以偿还先前的债务。[154]

弗朗德罗认为，英国投资者曾经有过"违约–殖民地化关联机制"（default-colonization nexus）的想法，为此，他们要求以土地作为抵押，并期望发生中断偿债行为。[155]从这个角度，就不难解释列强在对华贷款中"争夺特许权"的行为。[156]

贷款合同中通常包含了质押以及偿债基金的相关条款，后者迫使借款人定期留出资金来回购部分现有债券，从而逐步降低贷款的票面价值。设立偿债基金，是为了阻止借款人在信贷期结束时拖欠未偿还的本金。1914年以前，债务国可以将偿债基金支付给代理人，通常是债券的承销商，而不是直接支付给债权人。[157]从投资者的角度来看，偿债基金的存在降低了风险，并转化为较低的利率。然而，与控制国有垄断企业或接管不同，偿债基金并不能确保未来的收入来源。

除了质押条款外，我还对伦敦市政厅图书馆收藏的贷款募集说明书中每笔贷款的偿债基金进行了编码。在伦敦证券交易所发行的债券中，52%设有偿债基金。在本章附录的表4.4中，我用"贷款合同中是否存在偿债基金"替换"是否存在质押"，并展示了替换后的公式4.2的回归结果。无论采用哪种设定，交互系数的影响都为零。对这一结果的善意解释是，与质押相比，偿债基金的风险降低机制不够强大。

而不那么善意的解释则是，对投资者来说，偿债基金不像"对别国资产行使止赎权"那么有利可图，因此，偿债基金对资本价格没有影响。

从更普遍意义上说，利用国际借贷获取政治和经济利益的做法，与金融帝国主义的"霍布森–列宁假说"不谋而合。[158]然而，我对极端贷款条件的解读是：对于私人投资者来说，没收资产是他们的次优选择，而非蓄意追求的目标。19 世纪下半叶，债券持有人获得了相对于主权借款人的更多筹码，他们不仅能够从定期的债务偿还中获利，也能从违约中获利。然而，到目前为止，我还没有发现足够的直接证据来证明违约和外国控制是国际借贷的最终驱动因素，也许晚清中国是个例外。希望将来能够发现新的档案，为这个古老但重要的问题提供更多线索。

与"霍布森–列宁假说"不同，本书更关注外国金融控制和国家能力弱的国内原因。我的观点是，外国投资者和本地统治者负有共同责任，尽管两者的责任可能是不对称的，统治者们往往宁愿承担外部融资的风险，也不愿承担与税制改革相关的政治和行政成本。

总结与启示

本章和上一章的内容表明，在债券时代，基本面薄弱的经济体可以获得相对优惠的外部融资条件。通过迄今为止覆盖时间最长、政治单位数量最多的原始数据集，我在本章检验并证实了对利差的标准解释。除了这些标准解释，我还认为，低利差的原因，在于外国债券持有人有能力在发生违约的情况下扣押关键资产和收入来源。外国金融控制并不是抽象的：它往往建立在先前质押的资产和收入来源之上。同样，我的研究表明，质押能够降低利差的前提条件，是债券持有人获得了组织能力，以及债权人所在国政府对借贷市场加大了干预力度。有关质押条款在塑造投资者信念中的作用，这一观点具有创新意义，因为抵押品通常被认为"无关紧要"。[159]

如何理解新兴经济体长期存在国家能力有限（limited state capacity）

的问题？本书认为，发展中国家获得（廉价）外部资金的条件可谓至关重要。在债券时代，尽管违约事件屡见不鲜，但对别国资产行使止赎权和先发制人地抢占的预期，有助于解释新兴经济体的利差为何能维持历史低位。借款国的现任执政者绝非受害者，他们更愿意将战争账单（和其他重大支出）推给继任者们，同时在短期内获得低息信贷，并且避开征税的政治成本。一旦发生违约，责任就落到了未来某个领导人身上，这位领导人需要增加新的税收来偿还债务，就债务减免进行谈判，或者同意债转股或接管协议。

就国家建设而言，违约和外国控制国内资产——可能附加一些债务减免的优惠——会打破财政冲击（如战争）与国家建设之间的联系。在财政冲击之后，新兴经济体往往不是扩大财政能力以偿还债务，而是通过请求减免以及将资产租赁给外国势力来取消公共债务。在这种情况下，即使是国家间战争的财政努力也会侵蚀或破坏（unmade）国家能力，从而对制度发展产生长期影响。这方面的统计证据，我将在第七章和第八章中进一步呈现。

上述解释伴随着一个重要的附加说明：债券持有人对借款国当地税务管理的临时控制可能对国家建设有利。设计合理的外国金融控制可以对当地官僚机构产生积极的影响和外部效应。在下一章中，我将对这种可能性进行评估。然而，证据表明，在外国债券持有人的控制下，借款国的税务管理并没有得到改善。

附录

在附录部分，我探讨了质押效应的另一种替代性假设，并对偿债基金进行了检验。首先，质押是否传递了政府透明度和良好治理的信号？如果是这样的话，那么无论债券在何时发行，质押的存在都应该降低贷款利率。我在表4.3中评估了这一替代性假设。在第（1）列中，我展示了质押与发行收益率之间的双变量关系。这一关系为正相关，并且在统计上显著不为零。这一结果与莫斯利的研究结果相吻合，莫斯利在其研究中对 22 个国家在 1880 年至 1914 年间发行的 70 笔债券进行了双变量分析。[160] 然而，该系数为正值，这与替代性假设并不一致。

表 4.3　质押与发行收益率之间的双变量关系

	（1）	（2）	（3）	（4）
质押	2.117*** （0.293）	0.642* （0.329）	0.148 （0.241）	0.059 （0.217）
国家固定效应	否	是	是	是
年份固定效应	否	否	是	是
控制变量	否	否	否	是
观测数	567	567	567	492
R^2	0.200	0.818	0.932	0.912

注：债券收益率按债券发行时的数值计算。作者对质押进行了编码。控制变量为金本位制、过去十年是否有违约记录和时变性殖民地位。未显示截距。括号内为国家分组标准误差。*** $p<0.01$，** $p<0.05$，* $p<0.1$。

质押并不是随机分配的。在国家层面还有一些不可观测的特征，很可能与存在质押和发行收益率相关。表 4.3 的第（2）列显示，一旦我们纳入了国家固定效应，质押效应就缩小为原来的三分之一，但仍然为正值。现在我们需要考虑任何可能影响质押和收益率的长期趋势，例如帝国竞争。一旦我们在第（3）列中加入一系列年份固定效应，质押效应就会消失。在第（4）列中，我加入了其他相关控制变量，质押效应仍然为零。综上所述，表 4.3 的结果表明，质押对 1850 年至 1914 年间利差的平均效应为零。如图 4.1 所示，只有当帝国竞争加剧时，质押才会降低利率。

其次，我研究了偿债基金的影响。设立偿债基金的目的是降低风险，但并没有给投资者带来与扣押外国资产和接管税务机构相关的利润。在表 4.4 中，我分析了偿债基金是否降低了发行收益率。我展现了三个模型：因为偿债资金很容易执行——至少相对于资产扣押而言——我在第（1）列中展现了一个不含时间交互项的模型。紧接着，我在第（2）列和第（3）列分别展现了与"年份"和"外国债券持有人公司成立后"的交互作用。各种设定的结果均为零，假设成立。也就是说，偿债基金并没有降低利率。

表 4.4　偿债基金与发行收益率

	（1）	（2）	（3）
偿债基金	−0.036 （0.089）	−11.131 （12.554）	−0.073 （0.540）
偿债基金 × 年份		0.006 （0.007）	
偿债基金 × 外国债券 持有人公司成立后			0.040 （0.554）
年份		0.041*** （0.007）	
外国债券持有人公司 成立后			2.698*** （0.597）
国家固定效应	是	是	是
年份固定效应	是	是	是
控制变量	是	是	是
观测数	492	492	567
R^2	0.912	0.912	0.912

注：债券收益率按债券发行时的数值计算。作者对偿债基金进行了编码。控制变量为金本位制、过去十年是否有违约记录和时变性殖民地地位。括号内为国家分组标准误差。未报告截距。*** $p < 0.01$，** $p < 0.05$，* $p < 0.1$。

【注释】

[1]　在本章中，"质押"（pledge）、"抵押"（hypothecation）、"担保"（security）和"抵押品"（collateral）等表达法是可以互换使用的。

[2]　Frieden, 1991b; Mosley, 2003.

[3]　Ballard-Rosa, Mosley and Wellhausen, 2021.

[4]　这份清单并没有穷尽所有解释，有的解释强调地方经济条件（Flandreau and

Zumer, 2004）、发行关联（Lipson, 1985; Kelly, 1998）和中央银行（Poast, 2015）等因素。分析这些假设需要宏观经济和制度层面的数据，而这些数据只存在于一部分国家，或是仅在 19 世纪的后几十年才存在。

［5］ Tomz, 2007.

［6］ Eaton and Gersovitz, 1981.

［7］ Tomz, 2007.

［8］ Eaton and Gersovitz, 1981.

［9］ Jenks, 1927: 284.

［10］ 伦敦证券交易所第 62 条规则如下："如果外国政府违反了以前在英国筹集的任何公共贷款的条件，委员会将不承认该国政府发行的新债券、股票或其他证券，除非委员会认为现有债权问题的解决方案已得到全体债券持有人的同意。发行此类证券的公司将被排除在官方名单之外。"（Melsheimer and Gardner, 1891: 164）

［11］ Lindert and Morton, 1989.

［12］ 这一观点与德莱奇曼和福特（Drelichman and Voth, 2014）关于腓力二世统治时期的西班牙的论点类似。

［13］ Eichengreen, 1987; Jorgensen and Sachs, 1988.

［14］ Reinhart and Trebesch, 2016.

［15］ Tomz, 2007.

［16］ 这种权衡又被称为"蒙代尔-弗莱明三元悖论"（Mundell-Fleming trilemma）。

［17］ Bordo and Kydland, 1995.

［18］ Bordo and Rockoff, 1996.

［19］ Bordo, Edelstein and Rockoff, 1999.

［20］ Obstfeld and Taylor, 2004.

［21］ Ferguson and Schularick, 2006, 2012.

［22］ Mitchener and Weidenmier, 2009.

［23］ Davis and Huttenback, 1986; Feis, 1930; Platt, 1968.

［24］ 埃斯特韦斯在最近的研究中探讨了法国（Esteves, 2011）和德国（Esteves, 2008）向其殖民领地的资本流动。

［25］ Obstfeld and Taylor, 2004; Flandreau and Zumer, 2004.

［26］ Ferguson and Schularick, 2006.

［27］ Accominotti, Flandreau and Rezzik, 2011: 402.

［28］ 关于该数据集更详细的情况，请参见第三章。

［29］ Ferguson and Schularick, 2006.

［30］ 发行时的实际利率是以息票与价格的比率来衡量的，详见第三章。

［31］ Meissner, 2005.

［32］ Officer, 2008; Reinhart et al., 2018.

［33］ Reinhart and Rogoff, 2009.

［34］ Ferguson and Schularick, 2006.

［35］ Tomz, 2007.

［36］ 荷兰和德国治下的所有地区都不曾在伦敦发行债券，但部分领土在获得独立之后曾在伦敦借贷，如比利时和塔斯马尼亚。

［37］ 如果将 1881 年后的自治领地视为附属殖民地，则殖民地状态系数几乎是相同的。

［38］ 2011 年 7 月，希腊、爱尔兰和葡萄牙相对于德国债券的利差分别为 1 600 个、1 200 个和 1 100 个基点（De Santis, 2012: 6）。

［39］ 魏贝尔在其著作中对国际私法的相关论述很有启发性，请参见 Waibel, 2011。

［40］ Mauro, Sussman and Yafeh, 2006: 132. 对主权豁免演变的不同解释，请参见 Verdier and Voeten, 2015; Weidemaier and Gulati, 2018。

［41］ 债券时代有三起著名的与债务有关的炮舰外交事件，分别是 19 世纪 60 年代发生在墨西哥、1902 年发生在委内瑞拉和 1882 年发生在埃及的事件。

［42］ Frieden, 1994.

［43］ 相关概述，请参见 Krasner, 1999: 5。

［44］ 本段内容借鉴自 Suter, 1992: 94—95。

［45］ 利率下调的详细列表，可参见 Borchard, 1951: 326—328。

［46］ Suter and Stamm, 199: 659. 第五章详细阐述的奥斯曼帝国案例是一个具体的例子。

［47］ 有关秘鲁对外融资更详细的情况，请参见第二章。

［48］ Borchard, 1951; Gnjatović, 2009; Mauro and Yafeh, 2003; Nadal, 1975; Suter, 1992; Wynne, 1951.

［49］ Borchard, 1951: 93.

［50］ Mitchener and Weidenmier, 2010. 正确地说，米奇内尔和魏登米尔的估计包括接管和军事干预，但后者只是传闻。

［51］ Wynne, 1951: 371—382.

［52］ Tooze and Ivanov, 2011.

［53］ Feis, 1930; van de Ven, 2014.

［54］ Mitchener and Weidenmier, 2010.

［55］ Mitchener and Weidenmier, 2010: 27.

［56］ Hyde, 1992: 535. 在某些情况下，接管权也可能会受到当地政府的欢迎，例如在圣多明各（Maurer, 2013: ch. 3）。可以肯定的是，这是个特例。

［57］ Flandreau, 2013.

［58］ Neal and Davis, 2006: 288.

［59］ Chabot and Santarosa, 2017.

［60］ Feis, 1930; Rich, 1992; Stern, 1977; Viner, 1929.

［61］ Platt, 1968: 7.

［62］ Grant, 2007.

［63］ Feis, 1930: chs. 5 and 6.

［64］ Cohen, 1986: 107.

［65］ Maurer, 2013; Mitchener and Weidenmier, 2005; Perez and Weissman, 2006: 66.

［66］ Ahmed, Alfaro and Maurer, 2010: 40.

［67］ Carosso, 1987: 594.

［68］ Hobsbawm, 1987.

［69］ Cain and Hopkins, 2016.

［70］ 卡西斯和斯科特对绅士阶层进行了深入的人类学研究，请参见 Cassis, 1994; Scott, 2003。

［71］ Fergusson, 2004: 286.

［72］ 关于高收入议员的介绍，请参见 Cassis, 1994: table 8.3。

［73］ Cain and Hopkins, 2016: 125; Ingham, 1984: 151; Smith, 1979: 5.

［74］ 对于发行公司来说，保持声誉至关重要，因为这是它们赖以立足的基础，请参见 Flandreau and Flores, 2009。

［75］ Green, 1992: 203; Ingham, 1984: 131.

［76］ Cain and Hopkins, 2016: 50.

［77］ Hobson, 1902; Lenin, 1934.

［78］ 在当代的论争中，有的学者把帝国主义与较高的税收（用于军费开支）和对当地生产发展的投资不足联系在一起（Daunton, 2002: 129）。事实上，在1907年，英国工业发展的资金中只有不到 10% 来自伦敦（Ingham, 1984: 146）。坎贝尔-班纳曼爵士（Sir Campbell-Bannerman）在英国议会辩论中就委内瑞拉著名的炮舰外交事件（1902—1903 年）发表的演讲，是自由党反对政府支持外国债券持有人的一个很好的例子："这些可怜的渔民（炮舰轰炸委内瑞拉的借口）给高贵的勋爵和（保守党）政府带来了极大的便利，在他们的背后，是大量的金融债权，最终是债券持有人的债权。我敢说，没有什么比我们甚至似乎接受了这样一种学说（如果它能够被称为'学说'的话）更恶毒的了，那就是，当我们的同胞投资外国的高风险企业而遭到违约时，拯救他们竟然成为一种公共责任。每个在委内瑞拉这样的国家投资的人都知道自己在做什么。我想说，高风险总是意味着高股息并不十分准确，但如果换个说法，那就更准确了——高股息通常意味着高风险。但如果大英帝国的全部力量都去支持投资者，他的风险就会消失，那么股息也应该相应减少。"（Hansard's Parliamentary Debates Session February 17, 1903, 4th series, vol. 118, p. 71）

［79］ Cohen, 1986:104.

［80］ 凯恩和霍布金斯（Cain and Hopkins, 2016: 340），以及史密斯（Smith, 1979: 17）都在其著作中论述了对道德风险的担忧，更广泛的论述，请参见普拉特（Platt, 1968）和利普森（Lipson, 1985）的著作。

［81］ 莫斯利在其著作中，对"债券是如何发行的"进行了非常详尽的解释，请参见 Mosley, 2003: 256—257。

［82］ 弗朗德罗和弗洛雷斯（Flandreau and Flores, 2012a）的研究表明，债券持有人与著名承销商之间发生策略偏差的差异较小，因为后者有强烈的动机要求

更苛刻的重组条件，以维护自己的声誉。

［83］ 其他金融中心城市也成立了类似的协会：1876 年荷兰证券交易协会
（Vereeniging voor den Effecthandel）在阿姆斯特丹成立；1898 年法国全国证券
持有人协会（Association Nationale des Porteurs Francais de Valeurs Mobilières）
在巴黎成立；1903 年比利时公共基金持有人保护协会（Association Belge pour
la Défense des Détenteurs de Fonds Publics）在比利时成立；1913 年瑞士海外
金融监管特别组织（Spezial-Organisation zur Vertretung der Schweizerischen
Finanzinteressen im Ausland）在瑞士成立。

［84］ Wynne and Borchard, 1933: 285.

［85］ 1868 年后，小投资者和大投资者之间的分歧并没有消失，而是经常成为讨
论的话题。外国债券持有人公司在 1898 年的重组为小债券持有人提供了更
多的筹码。

［86］ Mauro, Sussman and Yafeh, 2006.

［87］ Wright, 2005.

［88］ 唯一的例外是 1898 年巴西的违约谈判（Esteves, 2007: 25）。

［89］ Suter, 1992: ch. 6. 有关外国债券持有人公司的深入分析，请参见 Eichengreen
and Portes, 1986, 1989; Kelly, 1998; Mauro, Sussman and Yafeh, 2006。

［90］ Ronald, 1935: 424—426.

［91］ Meszaros, 1973: 429.

［92］ *Economist*, XL (July 29, 1882), pp. 936—937.

［93］ 关于埃及对（英国）与印度贸易的重要性，请参见 Kohli, 2019: ch.2。

［94］ Meszaros. 1973: 438. 关于英国债券持有人游说活动的更多讨论，请参见
Smith, 1979: 16—24。

［95］ Hansen, 1983.

［96］ Ronald, 1935: 425. 第一份年度报告的日期是 1873 年。

［97］ *Annual Report of Foreign Bondholders*, vol. 12 (1885, p. 95).

［98］ Ronald, 1935: fn.31.

［99］ Lipson, 1985: 187.

［100］ Cain and Hopkins, 2016; Feis, 1930.

［101］ House of Commons, *State Papers British and Foreign* XLII, March 2, 1849,
p. 385.

［102］ Feis, 1930: 103.

［103］ 在这个问题上，普拉特和利普森、汤姆兹的观点一致，请参见 Platt, 1968;
Lipson, 1985; Tomz, 2007。

［104］ 相同的观点，请参见 Cain and Hopkins, 2016: 265; Gallagher and Robinson, 1953。
请注意，凯恩和霍普金斯与加拉格尔（Gallagher）和罗宾逊（Robinson）对
于英国外交优先考虑的国内利益认定，是存在分歧的。凯恩和霍普金斯认
为外交政策追求的是金融精英的利益，而加拉格尔和罗宾逊则认为外交部
追逐的是制造业的利益。我自己的理解是，这些利益往往是一致的。以海

外铁路投资为例，铁路建设的扩张有利于英国的钢铁和机车出口商，也有利于制成品出口商，因为他们获得了销售产品的新市场和原材料的进口地。同时，海外铁路投资的资金来自英国资本，使伦敦的商行也从中受益。铁路建成后，出口商品由伦敦的金融界负责运输和保险。大英帝国通常同时促进制造业和金融业的利益。

[105] Platt, 1968: 17.

[106] Platt, 1968: 46—47.

[107] 转引自 Platt, 1968: 39—41。

[108] 在这里需要指出，英国参与贷款谈判符合现有的列强竞争模式（如 Gent, 2007）。对债券持有人的保护不可能外化到其他列强，因为这些国家自己也会促进本国国民的利益。只要涉及其他列强，英国外交部就不得不放弃自由放任政治，以防止英国债券持有人在贷款减免和违约交割中受到歧视。

[109] Platt, 1968: 42.

[110] 相关研究，请参见 Cain and Hopkins, 2016; Peterson, 2002: 106—111; Wynne, 1951。

[111] Thane, 1986.

[112] 汤姆兹（Tomz, 2007: 145）提供的证据表明，在 19 世纪上半叶，英国政府一般拒绝代表债券持有人使用武力。

[113] Mitchener and Weidenmier, 2010: 156.

[114] Finnemore, 2003: 28. 直到 1907 年，列强签署了《海牙第二公约》(Convention II of the Treaty of the Hague)，才放弃以军事手段收债。即便如此，仍然很难相信，如果没有军事胁迫的影响力，中国和其他地方会做出与贷款有关的让步。

[115] 当时巴西正处于经济困难时期，偿债支出消耗了联邦预算的一半。自 1855 年以来，罗斯柴尔德家族一直都是巴西的官方银行家。

[116] Cain and Hopkins, 2016: 283.

[117] 这是托皮克（Topik, 1979:331）在其著作中引用的巴西总统坎波斯·萨莱斯（1898—1902 年在任）的原话。

[118] Cain and Hopkins, 2016: 283.

[119] Kohli, 2019: 74.

[120] Banko, 1995.

[121] 上述引文是托马斯·科克伦说的——无独有偶，他也是出身于绅士阶层——威尔逊在与帕默斯顿勋爵的通信中也曾提到过这一点 (Carl, 1980: 109—110)。

[122] 委内瑞拉政府指控威尔逊与英国殖民地银行（British Colonial Bank）的投资人会勾结牟利，该银行于 1839 年成立，负责管理清算（委内瑞拉）为脱离西班牙殖民统治的独立战争而融资所产生的外债。英国债权人和威尔逊先生都否认了这些指控 (Carl, 1980: 111)。

[123] 这个例子也揭示了用确凿数据检验炮舰外交所面临的实证性挑战。汤姆兹

（Tomz，2007）提出了迄今为止最好的检验方法，他的结论是，炮舰外交并不经常被用于追讨债务。该分析借鉴了国家间军事争端的数据（Jones, Bremer and Singer, 1996），其中列出了威胁、军舰巡航和公开军事行动，但没有考虑到许多不透明但关键的幕后外交渠道，如威尔逊先生在 1850 年使用的渠道。

[124]　McLean, 1976: 305.

[125]　A. Hardinge to Lansdowne, July 18, 1903, C. P.（8399），引自 McLean, 1976: 297—298。

[126]　Drago, 1907: 725.

[127]　Drago, 1907: 697—698.

[128]　Drago, 1907: 704.

[129]　Irmscher, 2007.

[130]　Borchard, 1951: 98—100.

[131]　Chabot and Santarosa, 2017.

[132]　该藏品中也包含了 1858 年之前的公司招股说明书，但第一笔主权贷款可追溯的日期是那一年。

[133]　关于政府收入的可替代性，请参见第六章。

[134]　在刚刚提到的罗马尼亚铁路贷款中，贷款募集说明书后附有一页纸的说明，具体介绍了铁路的路线、机车、客车和预期收入："（通过这条铁路）可以以安全和相对便宜的方式实现出口——上述数字（每年 2 亿法郎的出口额）将会翻一番。"

[135]　圣多明各政府拖欠了 1869 年发行的一笔用于购买巡洋舰弹药和新设备的债券（Wynne, 1951: 207）。1888 年，这家美国公司取代了荷兰一家以收债为目的而创建的公司。

[136]　Wynne, 1951: 224—269.

[137]　关于外国对近代中国金融控制的详情，请参见第五章。

[138]　这笔贷款以更多的厘金、所有的海运海关收入和盐税管理局作为担保。如果出现违约，盐税将由海关总税务司署管理，1910 年的贷款也是如此（Feis, 1930: 450）。

[139]　van de Ven, 2014: 170.

[140]　可以说，当借款国拥有强大的军事力量时（如俄国），资产被扣押的可能性较小，从而降低了质押的可信度。如果这样的话，这个问题会增加向下偏误，也就是将 β_3 推向零。

[141]　Reinhart and Rogoff, 2009.

[142]　我没有加入"首次借款"的指标，因为它与国家固定效应是共线的。为了与之前的分析保持一致，1881 年之后的自治领被视为财政独立的经济体，但如果把它们在 1914 年之前都视为殖民附属地，结果仍然成立。

[143]　Accominotti, Flandreau and Rezzik, 2011: 392.

[144]　利息偿付在财政收入中所占比例也是一个重要的控制变量（Flandreau and

Zumer, 2004），但这一变量有很多缺失值。由于它与"债务占财政收入的比例"这一变量非常接近，我就选择了后者。结果也是相同的。

[145] Ferguson and Schularick, 2006.

[146] Accominotti, Flandreau and Rezzik, 2011; Ferguson and Schularick, 2006.

[147] 魏德迈、斯科特和古拉蒂在第二次世界大战前的债券（N=493）中也发现了类似的数值（Weidemaier, Scott and Gulati, 2013）。

[148] 为了与之前的设定保持一致，英国的自治殖民地（或自治领）在 1881 年后被视为财政独立的经济体。这种偏差（如果有的话）不利于发现质押的影响，因为自治殖民地比主权国家或其他列强的殖民地更不可能质押资产，因此影响检验的结果。如果这些自治领在 1914 年之前都被视为附属殖民地，则结果成立。

[149] 感谢一位匿名审稿人指出了这种可能性。

[150] 有关政府透明度与治理质量之间的关系，请参见 Hollyer, Rosendorff and Vreeland, 2018；有关民主在资本市场中的优势，请参见 Schultz and Weingast, 2003。

[151] Borchard, 1951: 99.

[152] Mitchener and Weidenmier, 2010. 需要注意的是，这些统计数据只是下限，因为它们不包括债转股。

[153] Fishlow, 1985: 400.

[154] Fishlow, 1985: 401.

[155] Flandreau, 2016: 93—101.

[156] Cain and Hopkins, 2016.

[157] Tunçer, 2015: 20.

[158] 弗里登对这一问题进行了深入探讨，请参见 Frieden, 1994。

[159] Bulow and Rogoff, 1989: 156. 国际法学者的近期研究表明，即使在"绝对"主权豁免时代，"合同条款也很重要"，请参见 Weidemaier and Gulati, 2017。

[160] Mosley, 2003: 289—291.

第五章 债务陷阱与外国财政金融控制

外国财政金融控制（Foreign Financial Control，FFC）紧随着违约而来。如果外国管理者对当地官僚机构进行改组，并采用新的税收技术和管理标准，那么外国财政金融控制可能会对财政能力产生积极影响。如果是这样的话，通过海外融资为重大财政冲击（如战争）提供资金，即便此后出现了违约和外国财政金融控制，也将有利于长期的国家建设。在本章中，我对这种可能性表示怀疑，并认为外国财政金融控制是将各国推入债务陷阱（即图 1.3 中的路径 E）的关键推手。

在本章中，我首先从阐述财政金融控制的各种模式入手，并回顾其在亚洲、拉丁美洲、非洲和欧洲边缘国家的各种表现形式及其现有证据。其次，我对 1881—1914 年间在奥斯曼帝国实施的外国财政金融控制进行了深入研究，这可谓是这一时期最雄心勃勃的一次外国财政金融控制。这一案例阐释了"轻松获得外部融资"所存在的风险——迅速负债、质押和违约——以及失去财政金融主权的后果。我对奥斯曼帝国的外国财政金融控制进行了评估，认为它确实为外国债券持有人带来了利润，但对当地的税收能力并没有产生可量化的影响。20 世纪初，奥斯曼帝国财政绩效的改善源自国内精英更替，而不是外国控制。

外国财政金融控制有时也被认为是"金融帝国主义"的顶峰，反映了私人贷款人相对于弱势国家的议价能力。[1] 这只是部分情况。外国财政金融控制也是当地统治者糟糕决策的结果，他们宁愿为外国"主子"服务，也不愿与纳税人分享权力。事实证明，对全球南方的许多统治者来说，金融改革的政治成本过于高昂，他们宁愿承担外部融资所带来的外国财政金融控制风险。这一点在奥斯曼帝国和中国都很明显。在"晚清中国的外国财政金融控制"这一部分中，我将试图阐释中国在 1911 年面临外国财政金融控制的国内政治因素。在本章结尾部分，我将总结外国财政金融控制对长期国家建设的影响。

财政金融控制的目标和类型

在债券时代，列强对主权国家的财政金融控制从未被等闲视之。[2] 由于这些干预措施可能会被解释为殖民主义的一种形式，因此外国财政金融控制往往需要欧洲列强采取协调一致的行动。

外国财政金融控制的具体实施者包括债券持有人代表、外国政府，或代表债券持有人及其政府的机构，具体的形式和程度也各不相同，其中最温和的形式是检查相关机构的账簿和账目，这些机构负责确保当地收入用于偿还债务。例如，英国在 1861 年与墨西哥的违约清算谈判中就选择了这种方式，在当时，外国直接干预被墨西哥视为"国耻"。[3] 中等程度的控制形式包括参与接管机构（当地称作 *régie* 或 *caja de recaudación*）、国有银行，以及负责为偿债而征税的垄断性公司。希腊就采用了这种模式，1893 年，希腊成立了希腊偿债收入管理公司（Société de Régie des Revenues Affectés au Service de la Dette Hellénique），外国官员通过该公司来监控希腊国有垄断企业用于偿还债务的税收征缴情况。最严格的控制形式是把债务国的征税权直接交给债券持有人，直到债务清偿为止。这种干预形式就要求建立一个永久性的管理机构，该机构有权在没有当地政府介入的情况下，进行财产评估、监督和收税。财政金融控制的日常运作由债券持有人的代表负责，他们通常允许当地政府的代表参加债务管理委员会的董事会，但没有否决权。

在进行外国财政金融控制时，优先考虑的是违约债券中被质押的收入（通常是海关和国有垄断企业的收入）。在欧洲国家的单边或多边管控之下，保加利亚（1904 年）、中国（1911 年）、埃及（1880 年）、希腊（1893 年）、摩洛哥（1902 年）、塞尔维亚（1895 年）、突尼斯（1869 年）、土耳其（1881 年）和乌拉圭（1903 年）等国都出现了这种情况。美国在 20 世纪初的几十年里开始实行外国财政金融控制。根据门罗主义，美国控制了 8 个拉丁美洲经济体以及利比里亚的质押关税收入。美国的干预通常由白宫直接策划，带有强烈的政治色彩。[4]

第一次世界大战后，国际联盟（League of Nations，1920—1946 年）对违约国家进行了财政金融控制。第一次世界大战前的财政金融控制主要是为了保护被违约债券持有人的利益，而国际联盟提出的措施则旨在重振经济并稳定价格，以此作为重新进入信贷市场的手段。由国际联盟实施的国际控制，实际上是 20 世纪后半叶国际货币基金组织实施的一系列经济稳定计划的前身（更多内容请参见第十章）。接下来，我将对欧洲列强和美国在第一次世界大战之前实施的干预类型进行评估。

外国财政金融控制是否有助于国家建设？

外国财政金融控制是一项具有侵略性的政策，但也可能会对所在国的国家能力产生积极的影响。外国管理者可能会引入新的预算和税收技术，而这些技术的应用场景会超出外国管理者所控制的收入范围（例如，用于国家预算的复式记账）。如果管理得当，那么这些改革可能提升国家能力，并在债务清偿和外国财政金融控制理事会终止活动后持续存在。在其他领域，外国干预已被证明是成功的，例如选举监督和国际维和特派团。[5]

如果管理不善，则财政金融控制可能成为一种榨取机制，使国家陷入更糟糕的境地，类似于殖民统治时期的情况。[6]克拉斯纳（Krasner）和韦恩斯坦（Weinstein）认为，外国干预必须是债务国自愿的（或称为"契约性的"），这样才能取得成功：如果财政金融控制是在债权国政府的支持下、由债券持有人强制实施的——这种情况在债券时代经常出现——那么其预期绩效可能会很差。[7]即使债务国的精英认为外国控制是有限条件下的最佳选择，当地民众和政治反对派也可能不愿意与外国政府合作。这种持续性的摩擦会阻碍专业技术的传播和实质性的行政改革。最近，试图通过外国干预来推动中东地区国家建设的尝试之所以失败，正是因为国际特派团在东道国缺乏合法性。[8]

在评估债券时代财政金融控制的效果时，我们应该记住，其追求的任务有且只有一项：动员当地资源，用于偿还债务。换句话说，维护债券持有人的利益是首要任务。[9] 既然想要促进资源动员，改善当地条件就很重要。1915 年美国与海地签订的条约就恰如其分地说明了这种优先顺序。该条约规定，美国接管了海地的海关收入之后，按以下顺序分配：第一，接管人（由美国总统任命的美国国民）及其工作人员的行政支出；第二，偿还债务；第三，警务支出；第四，海地的日常开支。[10]

有关财政金融控制绩效的现有证据，只能说"尚无定论"：1911年，当大清皇家海关总税务司署成为欧洲债券持有人的收债机构时，清政府也就失去了对海关收入的控制。外国对海关的控制增强了财政能力，并以优惠条件获得外部融资。然而，早在外国直接控制之前，总税务司署就已成功运作多年。到 1911 年，该机构已经拥有了 50 多年的专业经验和高效的官僚化运作记录（我将在下文中进一步讨论总税务司署的案例）。

埃及是另一个"成功"实施财政金融控制的例证。英国人在 1882年接管了埃及的税务管理，以确保偿还债务。埃及政府（埃及当时是奥斯曼帝国的行省）在几十年内还清了所有未偿债务，并以相当有利的条件迅速获得了重新进入国际市场的机会；[11] 然而，与财政金融控制同时发生的是政治主权的丧失，从此埃及成为英国政府事实上的受保护国。[12]

20 世纪初，法国在保加利亚设立了接管机构。1930 年，当战争赔款达到其国内生产总值的两倍时，保加利亚实施了一系列旨在增强财政能力的财政改革。结果是预算赤字大幅减少，然而，这些改革并不是来自法国接管机构管理者的指示或启发。保加利亚在国家建设方面的努力，正是为了避免在寻求新的债务减免时需要向法国债券持有人做出进一步让步。[13]不过，这也可以被解读为外国金融控制的间接积极影响。

菲什洛、毛雷尔和阿罗约·阿瓦德，以及莱因哈特和特雷贝施等人通过硬数据（hard date）研究了金融干预前后税收能力的变化。菲什洛主要研究了新兴经济体的税收表现，这些新兴经济体在19世纪都有主权债务违约的记录，菲什洛计算了它们在债务清偿前后的年收入增长率。他的样本包括了十个国家，但其中只有四个国家受到财政金融控制：土耳其、埃及、秘鲁和希腊。平均而言，土耳其的收入增长率从6.4%降至−0.2%，秘鲁从9.0%降至4.0%，希腊从5.1%降至2.0%。只有同时丧失了政治主权的埃及，其年收入增长率有所上升，从1.4%上升到2.0%（但这一差异在统计上并不显著）。[14]

莱因哈特和特雷贝施研究了过去200年来希腊的负债、违约和清偿周期，他们发现了一种伴随着财政金融控制而反复出现的救助贷款（bailout lending）模式："虽然外国债权人成功迫使希腊偿还了债务……，但希腊的财政状况仍然问题重重，经济条件也很糟糕。"[15]他们援引莱万季斯（Levandis）的观点，总结道：

> 他们（债券持有人和债权国政府代表）未能从宏观层面来考虑债务问题，也没有采取措施来根除长期困扰希腊财政金融的顽疾，而是采取了一些治标不治本的权宜之计，不足以从根本上解决问题。[16]

莱因哈特和特雷贝施的批判性评价，与怀恩（Wynne）对希腊外国干预的评价不谋而合：为确保从国有垄断企业获得税款而设立的管理机构成功地确保了债务偿还，却没有能力（或兴趣）去打击税务管理部门内部猖獗的腐败问题。[17]

毛雷尔和阿罗约·阿巴德研究了美国在拉丁美洲设立的8个海关接管机构的业绩，这些机构分别位于玻利维亚、古巴、圣多明各、厄瓜多尔、海地、尼加拉瓜、巴拿马和秘鲁。美国的干预是全方位的：除了海关之外，美国对这些国家的经济政策、国内税收、债务上限和支出等方面都具有发言权。[18] 如果想要进行目标远大的改革，永久性地提高财政能力，这就是一个绝佳的机会。毛雷尔和阿罗约·阿瓦德对上述八国海关在 1900 年至 1931 年间的收入情况进行了研究，结果表明，美国在拉丁美洲接管的"每一个案例"都未能使其收入比干预前有所提高。[19] 美国既没有采用更新的技术，也没有提高公职人员的工资，更没有对腐败的官员实行适当的制裁制度。[20]

　　总而言之，有关外国财政金融控制的现有研究大多对其有效性表示怀疑。我将对"奥斯曼国债管理处"这一具体干预案例进行深入研究，从而评估实施财政金融控制的效果，并为这一领域的研究添砖加瓦。奥斯曼国债管理处的建立旨在清偿奥斯曼帝国的未偿债务，也是有史以来最为雄心勃勃的接管计划。这一案例也体现了第二章至第四章所阐述论点的关键要素：基本面薄弱且有军事需求的经济体有机会获得几乎无限的外部资本。随着其信用评级下降，该经济体在发行新债券时抵押了多项资产。经过长达 20 年的不间断借贷之后，奥斯曼帝国在 1876 年暂停了债务偿还。作为 1881 年违约清算方案的一部分，外国财政金融干预和债转股被强制实施。但是外部财政金融控制并没有提高其税收能力。直到 20 世纪初青年土耳其党（Young Turks）掌权后，奥斯曼帝国的税收能力才有所改善，然而这一过程与接管机构毫无关系。

奥斯曼帝国晚期的外国财政金融控制

　　1816 年至 1913 年间，奥斯曼帝国共参与了十次国家间战争，还经历了九次大规模的国内起义。持续的军事冲突推动了税制改革，但税收收入仍不足以支付战争开支。国际信贷市场的准入，使奥斯曼帝国的统治者得以获得外部战争融资，并避免其国内银行的高额利率。1854年，奥斯曼帝国政府（Sublime Porte）① 在国际信贷市场发行了第一笔主权债券。20 年后，奥斯曼帝国积累的债务已相当于其年税收总额的 10

---

① 直译为"高门"，实际指 1923 年前奥斯曼帝国中央政府。——译者注

倍。1881 年，奥斯曼帝国遭到了国际财政金融控制，相关控制措施是当时违约清算方案的一部分，方案中还有超过 50% 的债务减免。

下文的论述表明，外国干预的首要目标是确保债券持有人的利益。外国控制给当地经济带来了积极的外部效应，因为它促使受其监管的部门实现了现代化。然而，在国家建设方面，这些国家的税收能力与干预前相比并没有发生实质性变化。换言之，虽然外国干预把"蛋糕"做大了，但国家并没有相应地提高能力来征收更多税收，从而为基本商品和服务提供资金。长期的预算赤字和高负债现象仍持续存在。

通往高负债的漫漫长路

对于奥斯曼帝国来说，19 世纪是被迫进行经济和财政金融改革的时代，这是因为自从 18 世纪末以来，奥斯曼帝国先后被俄国和拿破仑的军队击败。[21] 追赶西方列强采用的军事技术——或者说"防御性发展主义"（defensive developmentalism）[22]——需要大量资金，然而，奥斯曼帝国的税收制度高度分散。各省的贵族控制着当地税收，其行事亦独立于中央政府之外。马哈茂德二世苏丹（1808—1839 年在位）受西方经济的启发，发起了一系列军事和财政金融改革。19 世纪 20 年代中期，马哈茂德二世解散了禁卫军（Jannisaries）——在当时已然落伍的精锐部队——取而代之的是一支由 7.5 万人组成的现代国民军队。他还收回了地方贵族的征税权（虽然成效有限）。1839 年颁布的《坦齐马特法令》（Tanzimat Decree）重启了改革的进程，该法令旨在结束基于宗教原因的法律歧视，加强财产权的保护，并制止地方包税官滥用征税权。

阿卜杜勒-迈吉德苏丹（1839—1861 年在位）继续推行其父亲发起的改革。他效仿欧洲国家官僚机构的部委和部门设置，对奥斯曼帝国的中央行政机构进行了重组。19 世纪 40 年代，他又试图以中央政府委派的官僚取代各省的贵族，从而彻底结束包税制。改革失败之后，包税制重新建立起来，但此后的种种条件使中央政府处于更有利的位置。改革持续了整个 19 世纪。帕慕克（Pamuk）估计，从 1808 年至

1914 年，奥斯曼帝国中央政府的收入占其国内生产总值的比例从 3%
增加到了 12%。这显然是一个大幅度的增长；[23] 然而，以黄金克数来
计算的话，奥斯曼帝国在 20 世纪第一个十年的人均税收仅仅是法国、
英国或普鲁士的四分之一或五分之一。[24]

在漫长的 19 世纪，奥斯曼帝国战事不断。表 5.1 列出了这一时期
发生的主要国内外冲突。军费开支是帝国财政预算中金额最大的支出
项。已知最早数据可追溯至 19 世纪 40 年代，当时奥斯曼帝国的军费
开支占其总支出的 46%；到 1905 年，军费开支仍占财政预算的 36%，
而此时财政预算的规模已达到了 19 世纪 40 年代的三倍半。[25]

表 5.1　奥斯曼帝国的主要战争

国家间战争	年份	国内战争	年份
土耳其-波斯战争	1821 年至 1823 年	希腊独立战争	1821 年至 1828 年
第八次俄土战争	1828 年至 1829 年	1852 年奥斯曼帝国-黑山战争	1852 年至 1853 年
第一次土埃战争	1831 年至 1832 年	1858 年奥斯曼帝国-黑山战争	1858 年至 1859 年
第二次土埃战争	1839 年至 1840 年	土耳其-黑山战争	1862 年
克里米亚战争	1853 年至 1856 年	1866 年克里特起义	1866 年至 1867 年
第十次俄土战争	1877 年至 1878 年	波斯尼亚基督教徒起义	1875 年至 1877 年
第一次希土战争	1897 年	1888 年克里特起义	1888 年至 1889 年
意土战争	1911 年至 1912 年	1896 年克里特起义	1896 年至 1897 年
第一次巴尔干战争	1912 年至 1913 年	普列欧布拉兹赫尼起义	1903 年
第二次巴尔干战争	1913 年		

注：上表列出的是伤亡人数超过 1 000 人的军事冲突。
资料来源：Wimmer and Min, 2009。

随着时间的推移，奥斯曼帝国的战争融资也逐渐发生着变化。在19世纪上半叶，战争资金的获取主要依靠货币贬值——在马哈茂德二世统治期间，其货币含金量发生了 35 次变化。[26] 苏丹还向当地金融家［即加拉塔银行家（Galata banker）］借款，他们主要提供短期贷款服务。"加拉塔银行家"的称呼源自他们所在的君士坦丁堡街区——加拉塔，这些金融家按照伦敦商业市场的利率从伦敦获得资本，转手借贷给苏丹并收取 12 个百分点的利息，从两者的差额中获利。[27] 由于货币贬值导致频繁的货币不稳定和高通胀，奥斯曼帝国在 19 世纪 40 年代放弃了这一做法，并采用了双本位制。然而，这项改革并不足以稳定经济和确保足够的战争资金。[28] 从 19 世纪 50 年代起，奥斯曼帝国开始寻求外部资本来平衡预算，并为军事开支提供资金，这一决定在此后产生了持久的影响。

1854 年，奥斯曼帝国签订了第一笔外国贷款合同。其背后的推动力是什么呢？是奥斯曼帝国与俄国在克里米亚爆发了战争。19 世纪 50 年代，对于西欧国家来说，奥斯曼帝国仍然是一个"神秘的国度"，[29] 因此奥斯曼帝国 1854 年 3 月的首次贷款尝试以失败告终。同年晚些时候，奥斯曼帝国在试图第二次对外借贷时以埃及贡赋（即埃及总督每年向奥斯曼帝国缴纳的贡赋）作为抵押。附有抵押品之后，债券一经发行即被成功认购，共筹集了 300 万英镑，利息为 6%，发行价格为面值的80%。外部资金几乎立刻就消耗殆尽，因此奥斯曼帝国必须在年内再度筹集一笔战争贷款。这笔金额为 500 万英镑的新贷款由英国政府担保，因为英国政府迫切希望阻止俄国在黑海的影响力。新贷款受到了市场的追捧，其名义利率为 4%，发行价格为面值的 103%，并且帮助奥斯曼帝国赢得了战争。这是第一笔，也是最后一笔由欧洲大国提供担保的贷款。从此之后，奥斯曼帝国就只能靠自己进行海外贷款了。

为了缓解对奥斯曼帝国财政状况的担忧，帝国政府在 19 世纪 60 年代初宣布了一系列财政改革措施。它首先着手修订奥斯曼帝国银行（Imperial Ottoman Bank，IOB）的特许状，用以整合货币政策、集中税收并偿还债务。奥斯曼帝国银行成立于 1856 年，最初是由一群伦敦银行家根据英国的皇家特许状成立的——因此它只是在名义上属于奥斯曼帝国——它垄断了纸币发行，成为奥斯曼帝国事实上的中央银行。[30]为了表示其在债务偿还方面的可信度，帝国政府将奥斯曼帝国银行作为"帝国的司库–出纳"（即帝国的财务主管）。换句话说，帝国的所有收入都通过奥斯曼帝国银行收缴和支付。最后，帝国政府在1861年引入了新的预算制度，每年公布预估的收入和支出。[31]

尽管进行了财政改革，但奥斯曼帝国仍然存在预算赤字，投资者的贷款条件也逐渐严格。[32]新的贷款同时被用于偿还旧债和新的军事支出。从形式上看，1876年前只有四笔贷款用于战争融资，[33]然而，即使奥斯曼帝国没有明确表明会将这些贷款用于战争，实际上也常常这么做。例如，1869年在巴黎发行的2 200万英镑债券，名义上的官方表述是为了"平衡预算"，但其中部分资金被用于购买战争物资，以平息克里特岛的叛乱。[34]图 5.1 展示的是用于战争融资的新债券发行情况，其中绘制了1841年至1913年间战争发生的频率与未偿债务存量的对照。

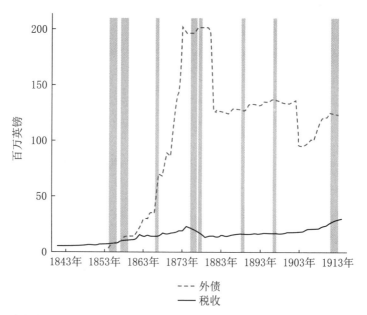

资料来源：有关战争的数据来自 Wimmer and Min, 2009。有关税收和债务系列数据分别来自 Güran, 2003；Tunçer, 2015。

图 5.1　奥斯曼帝国的外债与税收

继战时贷款之后，奥斯曼帝国随即发行了新债券，用以从欧洲购买船只、设备和军备。到了1876年，奥斯曼帝国组建了世界第三大海军，其中大部分舰船是从英国造船厂进口的。[35]军事开支无助于平衡预算。欧洲各国驻君士坦丁堡的外交官们不但没有阻止奥斯曼帝国将大量开支用于军事建设，反而同意其进一步装备海陆军。[36]供需双方一拍即合。

外债迅速增加。1854年至1874年间，奥斯曼帝国共发行了16笔债券，[37]英国是其发行债券的首选市场，其次是法国、奥地利、德国和意大利。债务规模从1854年的300万英镑增加到了1871年的2亿多英镑。随着债务规模的增加，外国投资者越来越不愿意投入新的资本。为了克服这一问题，奥斯曼帝国政府逐渐将海关、地方税收、各省贡赋和国家垄断权作为贷款的抵押，其中一部分最终被债券持有人没收，例如，1873年奥斯曼帝国在发行一笔年利率为6%的债券时，将烟草专卖权作为质押。[38]到1876年，奥斯曼帝国的未偿债务总额已经比其政府年收入高出一个数量级，当时其政府年收入略高于2 000万英镑（见图5.1）。

高额的债务（是该地区规模最大的债务）、肇始于1872年的连年粮食歉收，以及不断增长的军费开支，使得奥斯曼帝国几乎不可能偿还债务。帝国政府将奥斯曼帝国银行的特许状延长了20年，甚至在1874年接受了成立国际金融委员会来监督帝国预算的提议。但一切努力都付诸东流。帝国政府在1875年减少了偿债支付，并在1876年宣布违约。

违约和奥斯曼国债管理处的建立

经济管理不善，就会导致债务违约和政治危机。1876年，奥斯曼帝国苏丹被自己的内阁废黜。帝国官僚机构中的穆斯林民族主义派别推举阿卜杜勒哈米德二世（Abdülhamid II）成为新苏丹，迫使他接受宪法并建立议会。第一次立宪时代仅仅持续了两年。随着1878年奥斯曼帝国在俄土战争中战败，阿卜杜勒哈米德二世结束了议会统治，将所有权力集中在自己周围。[39]

　　就违约问题重新进行谈判并非易事。会谈时断时续，前后持续达六年之久。在违约期间，奥斯曼帝国与俄国再次开战。为了筹集资金，奥斯曼帝国代表再次前往伦敦，想要发行一笔名为"奥斯曼帝国国防债券"的新债券。新债券的发行需要与英国债券持有人进行艰苦的谈判，但该债券最终成功上市发行。[40]新的资金投入并没有带来胜利。奥斯曼帝国战败了。在 1878 年的柏林会议上，参会各方就战争赔偿和领土割让达成了一致。英国和法国政府积极参与了这一条约，因为英法希望在牵制俄国的同时，确保奥斯曼帝国公债持有人的利益。俄国同意，在战前抵押的奥斯曼帝国债券在奥斯曼帝国恢复偿债后，将获得优先偿还。作为回报，俄国获得了英法等国在领土问题上的让步。

　　柏林会议后，关于英法两国投资者所持违约债券的谈判仍在继续。法国银行集团邀请法国债券持有人（约 3 万至 5 万人）指定一名代表，代表他们就违约清算问题进行谈判。法国债券持有人选择了法国外交官瓦尔弗雷先生（M. Valfrey），他随即前往英国要求英国债券持有人效仿这一做法。外国债券持有人公司任命出身绅士阶层的国会议员罗伯特·伯克（Robert Bourke）为代表，代表英国的债券持有人进行谈判。谈判一经启动，仅数月即达成一致，并于 1881 年 11 月由帝国政府和债券持有人代表签字生效。该协议被称为《穆哈雷姆法令》（Decree of Muharrem，以起草该法令的月份命名）。

　　奥斯曼帝国政府同意成立一个由债券持有人代表管理的独立委员会，负责征收税款和偿还未偿债务。作为回报，奥斯曼帝国得以重新进入信贷市场，当然这也要归功于大规模的债务转换，包括将利率从 1% 递增到 4%。[41]奥斯曼国债管理处的总部设在君士坦丁堡，董事会包括 7 名成员：6 名董事分别代表英国、荷兰、法国、德国、奥匈帝国和意大利的债券持有人，还有 1 名董事代表本地银行家（即加拉塔银行家）。奥斯曼帝国政府也有一名代表，他拥有咨询权，可以查阅所有账簿，但不能干预机构的工作。[42]奥斯曼国债管理处有权在不受当地政府干预的情况下直接向纳税人征税，并将税款用于偿还债务。

　　奥斯曼国债管理处是债券持有人与帝国政府之间双边协议的产物，

它首先代表的是违约债券持有人的利益，因此致力于保护来自欧洲大陆和英国的私人投资者对奥斯曼债券的投资。[43]参与违约清算谈判的法国和英国债券持有人的所有代表，以及奥斯曼国债管理处董事会的其他成员都具有丰富的政治经验，并与各自国家的大使馆保持着密切联系。[44]尽管存在潜在的利益冲突，但奥斯曼国债管理处同意在总体上保持独立，不受政府压力的影响。[45]

但在1907年，奥斯曼国债管理处的角色发生了转变，它不仅要保障债券持有人的利益，也要明确地促进债权国政府的利益：奥斯曼国债管理处被赋予对欧洲进口商品征收3%的附加关税的使命。《穆哈雷姆法令》从未将这项职责列入其中。在此前，列强已经有能力限制奥斯曼帝国对进入其境内的外国商品征收关税。[46]19世纪80年代，当奥斯曼帝国政府需要增加额外的进口关税收入的时候，应其要求，开始了更新税率的谈判。税率提高了三个百分点，但按照1878年《柏林条约》的最初规定，这部分收入将被转用于救助马其顿。欧洲列强不相信奥斯曼帝国政府会将其收入用于巴尔干地区，因此要求奥斯曼国债管理处代为征收附加关税。这项任务改变了奥斯曼国债管理处的性质，也改变了当地人对这一机构的看法。从1907年起，奥斯曼国债管理处被视为"列强的代理人"，[47]而不再是私人债券持有人的代表。

财政金融控制的条件

作为《穆哈雷姆法令》的一部分，奥斯曼帝国政府同意将以下收入出让给奥斯曼国债管理处：第一类为间接税收入，包括烈酒税、印花税、渔业税、丝绸税以及烟草和食盐专卖收入；第二类为一揽子"政治性税收"，包括保加利亚的贡赋、东鲁米利亚（Eastern Roumelia）①的年金以及塞浦路斯的盈余收入；第三类为因修订现有商业条约（发生在1907年），或因增加营业税（temettu）或商业税（从未实施过）而增加的关税收入。

---

① 位于今保加利亚南部。——译者注

该法令规定，奥斯曼国债管理处征收税款的五分之四用于支付利息，剩余部分用于分期偿还本金（amortization）。它有权任命和解雇自己的官员，不受奥斯曼政府的干预。但凡可能会影响出让收入的税法修订，都需要其成员的绝对多数同意。作为让渡主权的回报，债券持有人的代表同意不要求（奥斯曼帝国）偿还募集说明书中规定的名义资本——总额为 2.1 亿英镑，其中 1.91 亿英镑尚未偿还——而是要求偿还合同贷款，即在扣除中介佣金和低于面值的发行价格后，奥斯曼帝国政府实际获得的资金。[48] 这样的话，未偿债务总计减少了 50% 以上——从 1.91 亿英镑减少到了 9 700 万英镑。欠款则减少了 85%——从 6 200 万英镑减少到 900 万英镑——因此，奥斯曼国债管理处需要清偿的债务总额为 1.06 亿英镑。按照当时的计算，奥斯曼国债管理处预计每年可减少 130 万英镑的未偿债务——因此它预计将长期存在。

贷款被分为四组，按顺序偿还。那些没有具体质押的贷款被分到第四组，即最后偿还的贷款。如果帝国政府不遵守违约清偿的条款，"就将恢复原来的权利、地位和担保"。当 1876 年前签约的所有债务清偿完毕后，奥斯曼国债管理处就将停止其所有活动。

奥斯曼国债管理处是否提高了财政能力？

奥斯曼国债管理处控制着三种类型的收入。来自保加利亚、东鲁米利亚和塞浦路斯的"政治税"是国际条约中商定的固定款项。如何提高这些收入的效率？在这方面，奥斯曼国债管理处几乎没有可提升的空间。此外，这些贡赋的数额在奥斯曼帝国预算中所占份额很少，而且随着时间的推移会越来越少。[49]

《穆哈雷姆法令》还规定，关税和所得税收入的增长部分都应上缴奥斯曼国债管理处。直到 1907 年，关税才有所增加，但这部分增加的收入随即被转用到了马其顿。重新签订的关税条约排除了债券持有人分享额外收入的可能性，因此奥斯曼国债管理处也就没什么动力去改变现有的关税征收结构。[50] 直到 1914 年，营业税——对商店和店铺征收的一种前现代营业税形式——的税率都保持不变，因此，也就没有额外的收入能够转移到奥斯曼国债管理处。

外国控制的绩效应根据间接收入（indirect contribution）的管理情况来评估，间接收入是奥斯曼国债管理处管理的第三项，也是最大的收入来源。奥斯曼国债管理处以每年 68 万英镑的租金将烟草专卖权转让给一个法国辛迪加。[51]烟草公司的净利润是有限的，必须按照浮动费率制在垄断经销商、政府和债务委员会①之间按比例分配。[52]间接收入的大头是盐业专卖，由奥斯曼国债管理处直接管理，其他四项收入也是如此，它们分别来自印花税、酒类税、渔业税和丝绸税。

1881 年至 1914 年间，间接税收入增长了 75%[53]——不过，这主要是因为奥斯曼国债管理处接管之前，奥斯曼帝国的收缴水平较低。奥斯曼国债管理处对其参与管理的五个行业进行了现代化改造，[54]采取相应措施防治葡萄根瘤蚜，发展食盐出口贸易（打开印度市场），并推广更好的蚕桑方法。它还规范了其管辖区域内的法治，并在自身（外国）管理中采用了较高的标准。[55]奥斯曼国债管理处按时支付工资，并打击当地税务机构的贪腐和截留税款等行为。[56]此外，在吸引欧洲新资本为奥斯曼帝国全国铁路融资方面，奥斯曼国债管理处也发挥了主导作用，从而能够更多、更快地创造收入。[57]扣除运营费用之后，奥斯曼国债管理处的收入从 1882 年至 1886 年间的 180 万英镑，增加到了 1902 年至 1906 年间的 230 万英镑——足以实现偿债目标。[58]

1889 年，奥斯曼国债管理处接管了《穆哈雷姆法令》中未列出的税收管理。镇压 1888 年克里特起义需要新的贷款。为增强信用，苏丹将此前进行军事和铁路贷款时抵押的收入委托给了奥斯曼国债管理处。[59]从 1889 年到 1913 年，奥斯曼国债管理处从"委托税"（delegated tax）中获得的收益翻了两番。

要评估奥斯曼国债管理处对当地税收能力的影响，必须将这些数字与具体的情境结合起来。为此，我重点关注的是奥斯曼国债管理处通过对国家征税、整合专业知识、官僚体制现代化和财政政策来进行税收动员的能力。

---

① 即奥斯曼国债管理处。——译者注

收入汲取

随着时间的推移，由奥斯曼国债管理处管理的税收的确有所增加，但其表现是否优于当地政府？在图 5.2 中，我比较了 1881 年至 1913 年间让渡税（ceded tax）与非让渡税（nonceded tax，即由当地政府征收的税收）的比例。这一比例相当稳定，始终保持在 12.5% 和 15.5% 之间，并没有显示时间趋势，也就是说，随着时间的推移，并没有出现"让渡税逐步占优"的情况。这一结果也可能意味着当地政府独立地，或效仿奥斯曼国债管理处进行了行政改革，从而提高了非让渡税的收入。然而，如下文所示，并无证据支持这一推测。

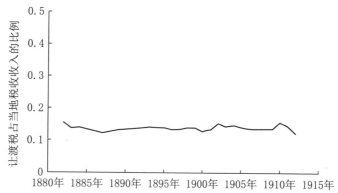

资料来源：让渡税收入的数据，引自 Tunçer，2015；当地税收收入的数据，引自 Güran，2003。

图 5.2　奥斯曼帝国的让渡税收入与当地税收收入

在外国财政金融控制之下，总收入的增幅有多大？在图 5.3a 中，我绘制了 1881 年成立奥斯曼国债管理处之前奥斯曼帝国的总税收（粗实线），以及 1881 年之后出现的三个系列：让渡税、非让渡税和委托税。为了保持直观性，图 5.3b 将未偿债务与上述几个系列绘制在同一幅图中。我们可以从中看出两个有意思的模式。第一，从 1843 年（图中最早的年份）到 1876 年奥斯曼帝国宣布违约时，它的税收是在增加的。这一增长与 1839 年《坦齐马特法令》颁布之后进行的定性描述和改革是一致的，但是，这些努力的效果不应被夸大。到 1876 年，奥斯曼帝国的税收收入比未偿外债少了一个数量级（见图 5.3b ）。

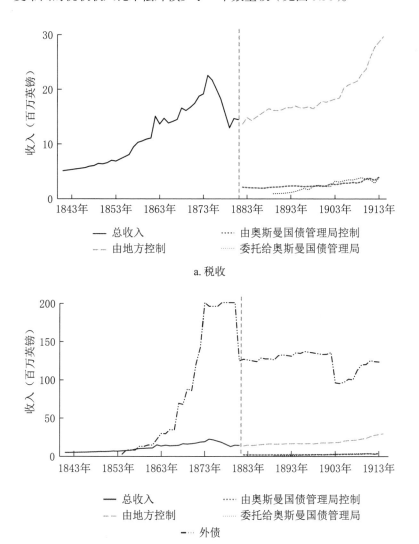

a. 税收

b. 相对于债务的税收

注：图中的垂直虚线表示的是奥斯曼国债管理处成立的年份，即 1881 年。相关数据引自 Güran, 2003。这些数据代表的是预算收入。肖的研究显示，预算收入与实际收入之间的差距缩小了 13 个百分点（Shaw, 1975: table 1 ）。

图 5.3 奥斯曼帝国的税收与外债

第二，由于债务违约、政局动荡以及俄土战争的影响，奥斯曼帝国在 1876 年至 1881 年间的税收有所下降。在 1881 年奥斯曼国债管理处成立之后不久，税收再次提升。如前所述，在接下来的几十年里，让渡税和委托税的收入均有所增长，但由于这两类税收的起点很低，因此增长比例就显得很亮眼。然而与当地政府控制的税收相比，奥斯曼国债管理处的收入所占的份额始终不大。到了 20 世纪初期，随着青年土耳其党的崛起、宪法秩序的重建以及奥斯曼帝国试图减少外部依赖的努力，这一差距甚至有所扩大。

青年土耳其党人"是在奥斯曼帝国出生、在法国接受教育"的精英，他们提出了一系列行政机构改革措施：清除公共服务部门中冗余或不称职的官员；削减奢靡的开支；聘请外国财务顾问；对各政府部门进行重组，并首次实行了复式预算。[60] "（新政权）要克服的困难是巨大的，但他们披荆斩棘，扫除了前进路上的障碍。" [61]

青年土耳其党提出部分改革措施之时，恰逢 1911 年至 1913 年间奥斯曼帝国与意大利和巴尔干国家爆发新的战争。这些战争的资金来自外部贷款和雄心勃勃的改革计划所带来的新税收。对于奥斯曼帝国来说，这本该是一个难得的契机，可以利用战争机会和近期的税制改革，并赶上欧洲列强。然而，奥斯曼帝国在第一次世界大战期间支持了德国，当时实施的财政政策主要是服务于地缘战略目的。1915 年，奥斯曼帝国暂停向法国和英国债券持有人偿还债务。与此同时，奥斯曼帝国政府在柏林和维也纳发行了七笔战争债券，总额高达 1.73 亿英镑。奥斯曼帝国从未偿还这些债务，因为协约国在战后取消了这些债务，作为对德国的惩罚。[62] 重要的是，无需偿还的外部战争融资再次打破了公共财政的债务-税收等价关系。正如最初设想的那样，奥斯曼国债管理处在第一次世界大战后也未再重建，并于 1922 年正式解散。

执行和专业技能

我们可以根据管理实践和专业技能传播来评估外国金融干预的效果。例如，1903 年对《穆哈雷姆法令》进行修订之后，奥斯曼帝国政府提出了一系列打击走私和违禁品的措施，而走私和违禁品是阻碍奥斯曼国债管理处履行职责的两大障碍。[63]相关的定性分析表明，随着政府加大对走私者的打击力度，奥斯曼国债管理处的收入开始增加。[64]为激励奥斯曼帝国政府打击走私，《穆哈雷姆法令》的修订版规定，当奥斯曼国债管理处的收入超过了固定年金（即200万英镑）之后，其收入盈余的四分之三将归奥斯曼帝国政府所有。虽然这项改革措施伴随着新的债务减免，但修订后的《穆哈雷姆法令》提高了未偿本金的利率，而这部分是偿债的最大份额。[65]总体而言，这项改革的净效应（net effect）并不明显。

奥斯曼国债管理处或许还在某种程度上促使奥斯曼帝国采用复式记账法。[66]这种预算编制法在当时的欧洲已被广泛采用，奥斯曼国债管理处也使用复式记账法，并受到了奥斯曼帝国官员的推崇。如果没有奥斯曼国债管理处，复试记账法会在奥斯曼帝国推行吗？很有可能还是会的。奥斯曼帝国首次尝试引入这种记账法是在1879年，比实施金融控制还要早两年。[67]奥斯曼帝国银行自1863年成立以来，也一直使用复式记账法。奥斯曼国债管理处似乎既不是奥斯曼帝国采用复式记账法的必要条件，也不是充分条件。事实上，直到青年土耳其党上台执政之后，才在国家预算中正式采用复式记账法，此时距外国财政金融控制的实施已经过去25年多了。

官僚能力

外来干预是否提升了官僚能力？奥斯曼帝国苏丹并没有对其控制下的税务管理部门进行类似的内部管理改革。财政金融控制"并没有为奥斯曼帝国政府的财政政策和行政管理带来改革"。[68]奢靡的开支、腐败的行政管理以及缺乏预算控制的情况依然如故，至少持续到20世纪的头十年并无改变。如果我们看看拨给财政部［或称"马里耶"（Maliye）］的预算资源，就会发现，在奥斯曼国债管理处运作期间，财政部并没有比之前拥有更多的资源。从表5.2中的系列数据可见，直到青年土耳其党在20世纪初上台执政之后，情况才发生明显改变。

表 5.2　奥斯曼帝国中央财政的资金来源

	金额［单位：库鲁什（ *kuruş* ）］	占公共开支的百分比
1846 年 7 月	0	0
1861 年 2 月	80 744	5.80
1875 年 6 月	174 190	6.00
1887 年 8 月	103 034	4.50
1905 年 6 月	135 033	6.10
1916 年 7 月	446 472	11.20

资料来源：Güran, 2003。

平衡预算

　　奥斯曼国债管理处本可以采纳欧洲外交官所信奉的格莱斯顿式经济原则，以此阻止过去几十年的借贷热潮，避免新的偿债支出，并结束长期财政赤字的历史。然而如图 5.4 所示，这种情况并未发生。不平衡的预算仍是常态，利用外部融资来缓解预算管理不善也仍然是常态。[69] 在 1881 年至 1914 年间发行的 26 笔债券中，有 21 笔是为平衡预算而正式发行的。[70] 新债券之所以得以发行，还要归功于奥斯曼国

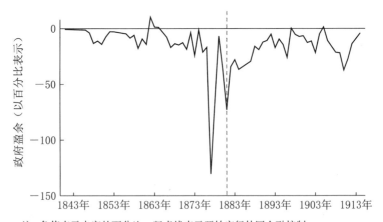

注：负值表示赤字的百分比。竖虚线表示开始实行外国金融控制。
资料来源：Güran, 2003。

图 5.4　奥斯曼帝国在外国金融控制前后的预算平衡

债管理处的存在。通过确保严格遵守担保规定，奥斯曼国债管理处促成了新外部信贷的发行。1881 年后的平均利率从高达 11% 的实际利率降至略高于 4%。[71] 在奥斯曼国债管理处运行了 30 年之后，低廉的信贷使帝国政府再次陷入 1876 年的困境——债台高筑。

其他评估标准

如果说评判奥斯曼国债管理处的标准是看其是否让"欧洲病夫"活了下来，那么它是成功的。它在某种程度上避免了奥斯曼帝国的经济崩溃，并帮助其融入全球贸易网络。如果要将奥斯曼国债管理处解读为外国财政金融控制的成功范例，能够提高对当地经济征税的能力，那么现有的证据并不支持这种说法。奥斯曼帝国政府的真正变革来自内部：在苏丹的掌控之下，税收适度但稳定地增长。到了 20 世纪初，在短暂的立宪统治下，随着雄心勃勃的行政改革计划的推进，奥斯曼帝国的税收收入同步快速增长。

有人可能会说，外国财政金融控制使奥斯曼帝国政府得以扩大军事力量，这是另一种形式的国家能力，然而，没有健全财政机构作为支撑的军队是走不远的。财政–军事国家（fiscal-military state）要求军事实力和财政实力同时增长。正如欧洲的经验所证明的，军事实力需要财政实力。[72] 奥斯曼国债管理处使得奥斯曼帝国政府能够不断扩大其军事机器，同时加深了这个帝国对外部的依赖。奥斯曼帝国"（在外国财政金融控制之下）经常被迫或被诱导从维克斯或克虏伯的兵工厂购买最新的武器"[73]，这就需要新的贷款和新的抵押。

最后，对奥斯曼帝国的案例分析产生了一个问题，即历史分析中哪种反事实推断才是正确的？在没有外部资金的情况下，奥斯曼帝国是否能够征收到足够的税款来对抗俄国，并建立更强大的国家机构？或者它是否会被俄国征服和掠夺，并经历比奥斯曼国债管理处更糟糕的结果？这一切已经没人能知道了。借钱资助战争的决定，可能使奥斯曼帝国避免沦于俄国的控制之下，然而，这一选择对其国家财政能力产生了长期影响。本书揭示了这些长期后果。

晚清中国的外国财政金融控制

奥斯曼帝国为何最终被外国所控制？其中一个原因在于它很容易获得外部资本，但另一个原因是帝国领导人不愿承担税制改革的成本，其第一次立宪时代（1876—1878 年）的短暂历程就证明了这一点。在世界各国的专制君主中，奥斯曼帝国的苏丹并不是将自己国家推向债务陷阱的唯一例证。其他国家也纷纷效仿，其中就包括了晚清中国。

清朝在 19 世纪最后几十年里积累了大量外债，在外国的重重压力之下，清政府于 1911 年将当时最有效的税收管理部门交到外国列强手中长达 18 年之久。我对晚清中国的外国财政金融控制进行了简要回顾，着重强调了清政府不愿与各省的官员就税收问题进行协商。这一案例说明了以下两个因素对于造成外国财政金融控制的耦合（尽管可以说是不对称的）责任：掠夺性投资和不负责任的本地政治精英。

陷入债务陷阱

第一次和第二次鸦片战争后清政府与列强分别签订的《南京条约》（1842 年）和《天津条约》（1858 年）迫使中国开放经济，并限制中国对欧洲进口商品征收关税。来自西方列强的军事羞辱，加上长达 14 年之久的太平天国运动，[74] 促使清政府在 19 世纪 60 年代进行了一系列三心二意的、寻求自强的政治和军事改革。由于财政状况捉襟见肘，清政府无法在国内筹集足够的资金来满足现代化改革的各项开支。[75] 1861 年至 1911 年间，中国在海外发行了 78 笔债券。[76] 尽管所有贷款都是由清政府担保的，但其中只有部分贷款进入了中央政府的金库，另外一些贷款则流向各省。

在 1894 年中日甲午战争之前，对外融资在很大程度上是自愿的，是政治意愿和现实可能性相结合的结果。晚清政治家和军事家左宗棠（1812—1885 年）总结了政府对外国贷款的看法：

> 政府借钱打仗，在西方很常见。外国商人愿意借钱（给我
> 们），不像中国商人不愿意借钱（用于打仗）。而且，向外国人借
> 的钱越多，支付的利息就越低。这也与中国商人的做法大相径庭
> （他们是借得越多，利息越高）。[77]

因此，到 1894 年为止，中国海外借贷的 75% 都是用于军事。[78]
最糟糕的时刻即将来临：1898 年，当清政府被迫向日本支付白银 2 亿
海关两（Hk. Tls.）① 的战争赔款时（相当于其年度总收入的 2.5 倍），
主权债务也因此翻了两番。仅仅三年后，即 1901 年，清政府因义和团
运动向欧洲列强支付了 4.5 亿海关两白银的战争赔款，使得外债进一
步增加。随着清政府财政状况的恶化，欧洲债权人要求抵押其主要收
入来源：厘金（晚清帝国的国内通行税，也是最有利可图的税收）、海
关、食盐专卖和铁路。1911 年，在清政府濒临违约之际，外国债券持
有人在其本国政府的支持下全面接管大清皇家海关总税务司署，并将
其改造为接管机构，从而在中国实行外国财政金融控制。

大清皇家海关总税务司署是当时中国最有效率的税务管理机构。
其起源可追溯到 1854 年，当时的上海海关尝试性地任命了三名外国人
担任税务司。[79]上海是第一次鸦片战争（1840—1842 年）后对西方贸
易开放的通商口岸之一。《南京条约》规定，英国将任命领事官员以促
进贸易（例如，消除贸易垄断）和评估关税（即确保不对英国产品征
收高额关税）。

1853 年，小刀会起义并占领上海之后，上海海关被关闭。尽管清
军在一年内驱逐了起义军并收复了上海，但海关并未重新开放。此时，
英国驻上海领事提出了重新开放口岸的设想，即在维持外国监督的同
时，允许地方当局管理日常运营。对于英国人来说，这一协议为他们
提供了便利，因为他们缺乏足够的（军事）能力来控制和执行《南京
条约》中规定的海上贸易条款。该协议也为清廷地方当局提供了便利，

---

① 全称为 "Haikwan Taels"，清朝后期使用的标准计量单位，主要用于国际贸易和
支付，尤其是在与外国的海关结算中。——译者注

他们基于经济和军事原因，急需恢复贸易，从而获得关税收入以支付战争的开支。

1861 年的辛酉政变使恭亲王奕䜣执掌了军政大权。他是自强运动 ① 的发起人之一，这场自强运动是清政府为抵御欧洲列强而重整军事和官僚机构的举措。[80] 为了确保现代化改革的资金来源，他承认上海的"试行办法"并将其制度化，而后推广到所有开放口岸。此时，所谓的"大清皇家"海关总税务司署由一名被皇帝的诏令任命，但是具有外国国籍的总税务司领导。总税务司及其下属工作人员被赋予监督权，但实际收税工作仍由地方（本土）政府负责。"总税务司始终须服从中国的皇权"——直到 1911 年。[81]

大清皇家海关总税务司署成为当时中国最复杂的管理机构之一。同样地，它在外国投资者眼中的吸引力也与日俱增，经过长达 20 年的运作之后，总税务司署最终落入外国投资者的掌控之中。这一切始于19 世纪 90 年代后半期的赔款贷款——可以说这标志着"特许权争夺战"的开端。[82] 1895 年，清政府被迫在三年内向日本支付 2 亿海关两白银的战争赔款，但其年度总收入还不到这个数字的一半，只有 8 000 万两白银。为了承担赔款，清政府在欧洲募集了三笔资金：1895 年的法俄贷款（年息为 4%），1896 年的英德贷款（年息为 5%）和 1898 年的英德黄金贷款（年息为 4.5%），每笔贷款的额度都是 1 600 万英镑。

在俄国政府的要求下，第一笔赔款贷款附带了一项特许权，即华俄道胜银行（Russo-Chinese Bank）获得了西伯利亚铁路在中国东北的支线 ② 的特许经营权。该特许权包含治外法权，包括免于向中国政府纳税、在必要时允许部署俄国军队保护该处所等。义和团运动后，俄国利用后一条规定控制了中国东北的大片土地。[83] 第二笔赔款贷款是罗斯柴尔德家族在英国和德国官方支持下谈判达成的，以在大清皇家海关总税务司署监管下的未分配收入（uncommitted revenue）为抵押，如果海关收入被证明不足以支付，那么还需要提供额外的担保。第三

---

① 即洋务运动。——译者注
② 即中东铁路。——译者注

笔，也是最后一笔赔款贷款也是由英德联合投资财团发放的，以总税务司署监管下的额外海关收入[84]、四个省的厘金收入的第一押记，以及部分盐厘局的收入作为抵押。贷款合同规定，如果清政府无法偿还债务，外国势力将接管这些机构，换句话说，这就是极端贷款条件。似乎这还不够，贷款合同还将英国对大清皇家海关总税务司署的监管延长至 45 年。

1901 年，义和团运动抗击八国联军并最终失败，清政府的赔款金额被上调至 4.5 亿海关两白银（或 6 700 万英镑），这个数字高得不合理，但依然具有约束力。[85] 由于缺乏偿还能力，清政府同意签署一项新的贸易条约，将进口关税提高到从价 5% 计征，增加的关税收入将用于清偿债务，这也标志着中国丧失了关税自主权。由于海关收入不足，尚未分配的盐税和其他杂项收入也被列入典当资产清单。义和团运动的赔款程序烦琐、负担沉重，一直持续到了第二次世界大战后。

对这些特许权和其他特许权（包括港口、土地、铁路和部分邮政服务）的反对声浪日益高涨，并成为 1911 年辛亥革命爆发的原因之一。[86] 从某种程度上说，20 世纪初的社会动荡正是外国金融家期待已久的机会。革命引发了更高的政治风险，也使得财政表现更加糟糕，这改变了大清皇家海关总税务司署的职责和组织结构。总税务司署不再满足于监督国际条约的履约情况，而是直接控制了海关收入，并将其运往上海用以偿还债务，支付对欧洲债券持有人的外债。[87] 总税务司署的职能也发生了变化。1911 年以前，尽管外国贷款以海关税收作为抵押，但这些款项不一定用来还债。中央政府把额度分配给地方官员，由他们决定如何偿还。但这种情况在 1911 年后发生了变化，海关收入优先用于偿债，而非其他地方开支。通过改变大清皇家海关总税务司署的优先级，列强将其转变为类似于在埃及和奥斯曼帝国的接管机构。

为了确保列强对大清皇家海关总税务司署的控制，地方高级官员纷纷被撤职。对于欧洲债券持有人来说，这一安排非常方便，"举例来说，如果说在奥斯曼帝国和埃及，他们的债权人必须建立一个机构来执行强制收债，那么在中国，他们甚至不需要这样做：大清皇家海关总税务司署是现成的"。[88] 也就是说，对中国而言，外国财政金融控制并没有促进国家能力建设，而是攫取了国家能力。辛亥革命胜利后，民国政府接受并继续这些安排，毕竟海关总税务司署是自 19 世纪 50 年代起就陷于财政衰退的中国的唯一收入来源。民国政府在 1913 年募集了一笔新资金：2 500 万英镑的"善后大借款"，堪称极端贷款条件的又一个教科书式案例。政府抵押了所有剩余的海关收入，并允许海关总税务司署控制厘金、盐厘局（中央政府的第二大收入来源）以及通商口岸附近的常关。该债券在欧洲市场大受欢迎，获得了四倍的超额认购。

要解释 1911 年和 1913 年贷款对投资者的有利条件，就不能不提到债权人所在国政府的干预。[89] 不仅外交部参与了这些贷款的谈判，而且 1913 年"善后大借款"的募集说明书明确表示，"英国的大臣们"对这笔贷款很满意。[90]

在外国势力控制了海关总税务司署之后，中国政府就失去了最有效率的税务管理机关——这与国家建设的初衷背道而驰。外国控制使中国处于金融崩溃的边缘，从而使其对新贷款的依赖成为必然。"资本的价格低廉，但（对中国而言）可能并不划算。"[91] 用范德文的话说：

> （财政金融控制的）后果是，海关总税务司署并没有像赫德（原海关总税务司）所希望的那样成为中国现代行政机构的核心，而是成了外国债券持有人的收债机构。[92]

特许权争夺战的国内政治因素

为什么中国会在 1911 年丧失财政金融主权（直到 1929 年才恢复）？低廉的资本和外交压力是关键因素，但并不是全部因素。之所以还会发生争夺特许权的现象，是因为专制王朝宁愿承担外部金融风险，也不愿承担增加税收所造成的政治影响。

在晚清中国，财政体系的现代化要求对税收体系进行集权——但由于中央政府的军事实力薄弱，这只能通过与地方精英讨价还价，特别是通过分享财政权力来实现。清政府拒绝考虑这一选择，结果在多重军事压力下，清政府逐渐丧失了仅存的有限财政权。[93]地方精英利用清政府的弱点，接管了四大收入来源：田税、厘金、关税和国家盐务专营。[94]中央政府失去了对省级财政的控制权，也失去了对强制性权力的垄断。[95]各省拦截的税收被用来扩大地方武装的规模和提供地方公共物品，从而巩固地方军阀的权力。[96]地方武装不仅成为地方起义的助燃剂，而且进一步削弱了晚清中国应对外来侵略的能力。[97]

19世纪60年代的自强改革取得了一些成果，但还远远不够。政府总收入从1849年的4 250万两白银增加到了1908年的2.92亿两白银。然而，这一增幅中有三分之一是由于银价上涨，而不是税收能力的提高，更重要的是，政府总收入中只有18%至28%能够实际上缴北京。[98]由于缺乏国内资金，清政府越来越依赖外国资本来平衡预算。事实证明，在贷款合同中包含质押条款，对于克服信贷配给，并将利率保持在有竞争力的水平是至关重要的，[99]但资产抵押使国家面临外国财政金融控制的风险，并且最终在1911年发生了这种情况。问题的核心在于清政府不愿与省级政治精英分享财政权力。

改革的力度太小、为时太晚

在19世纪末20世纪初，晚清中国的财政状况已经岌岌可危。清政府急需更多的省级税赋，但地方精英——包括总督和各省巡抚——不愿放弃对税收的控制权，除非获得中央政府的其他让步。时至1901年，在接连遭遇两次战败（先是败给日本，后又败给八国联军）之后，清政府启动了一系列类似于君主立宪制的政治改革。

省谘议局正式成立，这是在严格限制的选举权之下选举产生的省级立法机关。省谘议局完全为省级政治精英所垄断，其中一小部分省谘议局议员进而又被任命为清政府资政院的议员。从原则上讲，这些改革是建立权力分享制度的契机——在世界上其他地区，权力分享制度是促进财政集权的途径之一。[100]然而，各省精英对资政院的期望与清政府显然不同。[101]清政府只是将资政院视为与民众建立联系的工具——在民族主义情绪高涨、对国际干预和抵押国家资产愤愤不平的时代，这是一种建立合法性的手段。而各省的政治精英则将资政院视为"将相当一部分地方和国家权力转移到自己手中"的机会。[102]实际上，资政院仅仅被赋予了咨询的角色。各省的政治精英仍被排除在国家政治生活之外，逐渐与清朝宗室拉开了距离，并纷纷加入了终结王朝统治的民族主义立宪运动。[103]

清政府不愿意与国内精英达成协议，这种态度也表现在其不愿意发行国内债券上，尽管这一时期地方信贷市场正在不断扩大。[104]1897年，中国通商银行在上海成立。该银行的12位董事中，有8位是实力雄厚的中国银行家和商人。[105]清政府为了限制他们对财政政策的影响力，没有授予中国通商银行发行纸币的垄断权。

清政府对于诉诸国内信贷犹豫不决的态度，可能是源于19世纪50年代第一次，也是唯一一次发行票钞①的负面经验。[106]然而，如果统治者能够预见国内债权人要求以行政约束和产权保护（即履行债务合同）作为国内贷款的条件，那么这也算是在意料之中，这一假设与马德斌对1911—1949年民国时期中国财政金融改革的研究结论相吻合。[107]具有讽刺意味的是，清政府的担忧成为现实。在财政金融改革后，中国的银行家们"多次试图在财政支出方面对（民国）政府施加限制"。[108]

晚清政府的衰亡

19世纪中国在全世界GDP中所占份额的变化，最直观地说明了晚清中国的衰落：1830年为30%，1860年为20%，1900年为6%。[109]商业和金融业开放在其中发挥了重要作用：

> 辛亥革命后，中国并没有以"亚洲第一个共和国"的形象出现，而是成为一个依赖外国善意和外国资本的国家。中日甲午战争

---

① 即大清宝钞和户部官票。——译者注

的赔款已经将晚清中国推到了"金融刽子手"的绞刑架前，庚子赔款则给它套上了绞索，而辛亥革命则打开了绞刑架下的活板门。[110]

然而，外部融资只是故事的一部分。清政府本身对清朝的覆灭负有责任，因为它更愿意向"洋大人"低头，而不是为百姓着想，即图1.3 中的路径 E，而不是路径 A 或路径 B。不愿与总督或各省巡抚和国内金融家达成税收协议的做法，被证明是自取灭亡。[111] 以国家主权为代价与外国金融家达成的协议，则进一步助长了民族主义热情，最终结束了清朝的统治。[112] 讽刺的是，辛亥革命胜利后的领导层为避免信贷配给，抵押了更多资产（例如，1913 年的"善后大借款"）。然而，彼时的中国已经成为外国投资者大肆劫掠的猎物。

权力分享制度是否能够巩固财政集权和军事化，从而完全或部分避免外国列强的掠夺，目前还很难说，然而，清政府对外部融资的偏好，也揭示了政治成本的重要性，即统治者与国内精英分享权力以换取税收遵从的政治成本。这个案例也反映了清朝统治者目光短浅：从长远来看，外部融资的短期低成本具有致命的危害。外国贷款缩减了国家的税基，侵蚀了政权声望，并导致清朝的灭亡。

小结

图 1.3 描述了国家建设和国家衰败的不同路径。如果国家在面对战争（或其他重大财政冲击）时选择了外部融资，虽然中断偿债，但最终偿还了贷款，那么公共财政的债务-税收等价关系依然能够成立。从这个角度看，外国金融控制可以迫使债务国重新调整税务管理，积累新的收入来源以偿还债务，并因此永久性地提升其财政能力，从而促进国家建设。可以说，这正是外国财政金融控制在现代干预行动中的任务，在当今时代，这种干预行动又处于国际货币基金组织和世界银行等多边组织的主导之下。[113]

在债券时代，情况有所不同。财政金融控制的主要目标（如果不是唯一目标的话）是偿还海外私人债券持有人的债务。只有改革本地官僚机构能使外国私人投资者的利益最大化时，它才会被考虑。绝大多数文献表明，在债券时代，外国财政金融控制在税收能力建设方面并没有什么出色的表现，这毫不令人奇怪。即使是奥斯曼国债管理处，虽然它毫无疑问促进了奥斯曼帝国的经济发展，但是在通过税收动员财政收入方面，其表现也没有超过当地的政府部门。

为什么从长远来看，外部融资可能会对国家建设产生负面影响？要回答这个问题，理解债券时代外国金融控制的任务就非常重要。如果外国金融控制的目的是攫取（或掠夺）当地的资源来偿还债务，而不是改善财政状况，那么该国就会在税收能力并没有得到加强的情况下，重新获得进入国际资本市场的机会。这本身就对以国家建设为目的的战争−债务等价关系提出了挑战。此外，如果这个国家在重新进入信贷市场时，只有部分税基可供利用，那么可预期的就是出现新的预算赤字，从而需要新的贷款，并接受更苛刻的条件。为了解问题的严重程度，本书的第二部分将深入探讨外部融资对财政能力的短期和长期影响，以及外部融资如何影响政治和官僚改革。

在债券时代，虽然外部融资常常先于国家建设，但不能把责任只归咎于外国投资者。需要注意的是，专制统治者并不愿意就税收问题与国内精英达成协议，这有助于我们解释为什么国家建设的重大进展，需要对权力分享制度作出明确承诺。我将在第九章继续讨论这一问题，并在该章中探讨通往积极国家建设，而不是债务陷阱和国家衰败的路径。

【注释】

[1] 对于这一论点的最有力辩护，请参见 Hobson, 1902。

[2] 本段中的部分材料转引自 Borchard, 1951: ch. 18。

[3] Wynne, 1951: 25, fn. 29.

［4］　Maurer, 2013.

［5］　请分别参见 Hyde, 2017; Fortna, 2004。

［6］　Acemoglu and Robinson, 2012; Easterly, 2006.

［7］　Krasner and Weinstein, 2014.

［8］　Lake, 2016.

［9］　Borchard, 1951; Feis, 1930; Fishlow, 1985; Wynne, 1951.

［10］　Waibel, 2011: 47.

［11］　Hansen, 1983; Lindert and Morton, 1989.

［12］　Kelly, 1998: 42—43.

［13］　Tooze and Ivanov, 2011.

［14］　Fishlow, 1985.

［15］　Reinhart and Trebesch, 2015: 16.

［16］　Levandis, 1944: 102.

［17］　Wynne, 1951: 344—335.

［18］　例如，在圣多明各、海地和尼加拉瓜，美国接管机构的管理者对海关税率拥有否决权；在海地和尼加拉瓜，美国还对其国内税收进行监督。在古巴、圣多明各和海地，美国规定了其债务上限；在古巴、海地、尼加拉瓜和巴拿马，美国限制了财政收入的使用方式（Borchard, 1951: 294）。

［19］　Maurer and Arroyo Abad, 2017: 33.

［20］　详细的论述，请参见 Maurer, 2013。

［21］　本段中部分材料转引自 Pamuk, 2018: ch. 4。

［22］　Gelvin, 2005.

［23］　Pamuk, 2018: 102.

［24］　Karaman and Pamuk, 2010.

［25］　Güran, 2003.

［26］　Pamuk, 1987: 57.

［27］　Jenks, 1927: 305—306.

［28］　Pamuk, 2018: 103.

［29］　Wynne, 1951: 393.

［30］　在 1863 年重组之后，奥斯曼帝国银行的控制权交到了英法联合董事会手中。董事会的 20 名成员中有 10 名是居住在巴黎的法国人，其余 10 人是居住在伦敦的英国人（Blaisdell, 1929: 219）。

［31］　本章所使用的数字来自这些预算汇编后的数据，古朗对这些数据进行了系统化，请参见 Güran, 2003。

［32］　Wynne, 1951: 416.

［33］　Suvla, 1966.

［34］　Blaisdell, 1929: 37.

［35］　Davison, 1963: 266. 具体而言，奥斯曼帝国共集结了 185 艘舰船，携带 2 370 门火炮，舰船中包括 4 艘战列舰、5 艘一级装甲护卫舰（mailed frigate）、12

艘护卫舰和 5 艘现代级炮艇（Farley, 1872: ch. 9）。为了使舰队的战斗力与时俱进，奥斯曼帝国在 1864 年到 1871 年间从英国制造商那里共购买了 20 艘铁甲舰，并引进了水雷和鱼雷技术，采用了早先只在美国内战中使用过的新技术。奥斯曼帝国陆军也实现了现代化：帝国政府购买了克虏伯（普鲁士）和阿姆斯特朗（英国）的新式火炮和弹药，包括新式防御武器和攻城炮。炮兵部队也扩大了规模，并用锻铁炮车取代了木制炮车。在英国军队采用速射步枪仅一年之后，奥斯曼帝国就从英国购买了这种速射步枪。

［36］ Jenks, 1927: 309.

［37］ Birdal, 2010: table 2.1.

［38］ 贷款合同第 7 条中规定以"君士坦丁堡烟草专卖局的产品盈余"为抵押，在 1881 年进行违约清算时，这笔盈余被交到了外国债券持有人手中。

［39］ Devereux, 1963: ch. 10.

［40］ Birdal, 2010: 39—43.

［41］ Feis, 1930: 315.

［42］ Feis, 1930: 334.

［43］ Birdal, 2010.

［44］ Blaisdell, 1929; Feis, 1930.

［45］ Birdal, 2010; Wynne, 1951.

［46］ 就法国而言，自从 1534 年苏莱曼大帝与法国国王弗朗西斯一世签署条约之后，法国就获得了这一能力，并在此后法国与奥斯曼帝国签署的条约中得到确认（Blaisdell, 1929: 24）。英国在 1838 年与奥斯曼帝国签署《巴尔塔利曼条约》(Trade Treaty of Balta Liman) 之后也获得了这一能力，根据该条约，进口关税固定为 3%（Pamuk, 2018: 97—98 ）。

［47］ Blaisdell, 1929: 174.

［48］ Feis, 1930: 313.

［49］ 保加利亚从未缴纳过贡赋，贡赋最终被税率为 10% 的烟草税取代。1885 年，东鲁米利亚并入保加利亚，随后便是不定期地支付利息。1908 年，保加利亚宣布独立，并停止支付年金。塞浦路斯的缴款金额也在 1890 年减少了 20%。然而，由于塞浦路斯自 1878 年以来一直处于英国的政治和财政控制之下，因此对奥斯曼帝国的国库而言，这笔收入一直都是"看得见却摸不着"的状态。

［50］ Wynne, 1951: 60, fn. 26.

［51］ 为此，1883 年成立了奥斯曼帝国烟草联合监管协会（Société de la Régie Co-intéressée des Tabacs de l'Empire Ottoman ）。

［52］ 对该机构的深入介绍，请参见 Birdal, 2010: ch. 5。

［53］ Tunçer, 2015: figure 8.4.

［54］ Birdal, 2010; Eldem, 2005.

［55］ Wynne, 1951.

［56］ Blaisdell, 1929: 7.

［57］ Blaisdell, 1929: 125.

［58］ Caillard and Gibb, 1911.

［59］ Tunçer, 2015: 74.

［60］ Feis, 1930: 316.

［61］ Blaisdell, 1929: 179. 有关青年土耳其党领导下的官僚体制改革（bureaucratic reform）的更多细节，请参见 Findley, 1980: ch. 6。青年土耳其党的政治议程包括了恢复国家议会和行政控制等，详情请参见 Yapp, 1987: 189—195。

［62］ Suter, 1992：170.

［63］ Blaisdell, 1929：118.

［64］ Caillard and Gibb, 1911.

［65］ Feis, 1930: 315.

［66］ Birdal, 2010: 177.

［67］ 1879 年的皇家敕令用复式记账法取代了梅尔迪班记账法（merdiban method，这是一种已经沿用一千多年的地方会计制度）（其中的"merdiban"，字面意思为"阶梯"，代指帝国财政系统中的上报层级。——译者注）（Guvemli and Guvemli, 2007）。这种观点与奥尔顿（Orten, 2006）的研究不谋而合，后者认为复式记账法是多年前被派往法国接受一流会计技术培训的土耳其学生——青年土耳其党人——主动接受的。

［68］ Wynne, 1951: 476.

［69］ Owen, 1981: 201.

［70］ Suvla, 1966: 104—106.

［71］ Blaisdell, 1929: 147—153; Tunçer, 2015: ch.4.

［72］ Hoffman, 2015.

［73］ Owen, 1981: 199.

［74］ 太平天国运动（1851—1864 年）造成了 3 000 万至 5 000 万人伤亡。

［75］ 关于 19 世纪军事和财政衰退的研究，请参见 Rosenthal and Wong, 2011: ch. 6。关于中华帝国统治中的委托代理问题，请参见 Ma and Rubin, 2019; Sng and Moriguchi, 2014。

［76］ Goetzmann, Ukhov and Zhu, 2007: appendix I.

［77］ 原文引自《左文襄公奏疏初编》（Zuo Zongtang, 1890），本段文字转引自 Deng, 2015: 332，括号中文字也是他补充的。

［78］ von Glahn, 2016: table 9.9.

［79］ van de Ven, 2014: 26.

［80］ 有关自强运动的批判性研究，请参见 Rosenthal and Wong, 2011: 212。

［81］ van de Ven, 2014: 11.

［82］ 有关这一问题的深入论述，请参见 Cain and Hopkins, 2016: ch.13。

［83］ Rich, 1992: 320.

［84］ 请注意，到 1898 年，中国 70% 的海关收入已经被抵押了（van de Ven, 2014: 142)。

［85］ King, 2006.

［86］ 杨国伦（Young, 1970: ch. 2）对英国、法国、德国、比利时和俄国投资者与政府的特许权进行了研究。

［87］ van de Ven, 2014: 162.

［88］ van de Ven, 2014: 135.

［89］ van de Ven, 2014: 164.

［90］ van de Ven, 2014: 168.

［91］ Goetzmann, Ukhov and Zhu, 2007: 284.

［92］ van de Ven, 2014: 134.

［93］ Koyama, Moriguchi and Sng, 2018: 182.

［94］ von Glahn, 2016: table 9.7; Wakeman, 1975: 232.

［95］ Wakeman, 1975: 232.

［96］ Wakeman, 1975: 181—182.

［97］ Dincecco and Wang, 2020.

［98］ He, 2013: 159.

［99］ Goetzmann, Ukhov and Zhu, 2007.

［100］ Dincecco, 2011.

［101］ Wakeman, 1975: 234—237.

［102］ Wakeman, 1975: 236.

［103］ Zheng, 2018.

［104］ He, 2013: 175—179; Goetzmann, Ukhov and Zhu, 2007: 275.

［105］ He, 2013: 175.

［106］ Goetzmann, Ukhov and Zhu, 2007; He, 2013.

［107］ Ma, 2016. 也可参见 Goetzmann, Ukhov and Zhu, 2007: 280。

［108］ Ma, 2016: 16.

［109］ van de Ven, 2014: 130.

［110］ van de Ven, 2014: 169—170.

［111］ 有关中国专制主义统治的深入历史研究，请参见 Ma and Rubin, 2019。

［112］ Wakeman, 1975; Zheng, 2018.

［113］ 对于外国金融控制在现代的附加条件的批判性评估，请参见 Kentikelenis, Stubbs and King, 2016。

第二部分
全球金融对国家建设的影响

在第一部分中，我描述了全球金融的兴起，提出了一项关于债券利差长期趋于缩小的原创性假设，研究了国际财政金融控制的影响。有证据表明，相对于近代早期欧洲和今天的发展中国家，债券时代的全球边缘国家能够以优惠条件获得国际资本。在第二部分中，我研究了国家建设早期获得外部资本对短期和长期财政能力建设的影响。

战争对任何国家来说都是最大的财政冲击，因此我重点关注战争融资与国家建设之间的联系。在第六章中，我回顾了1914年前发展中国家发生的战争。鉴于战争的频率、强度和持续时间，我认为发生在欧洲以外的战争比人们通常认为的影响更大。此外，我还提出了相关证据，表明主权国家和非主权政治实体的军事开支都是经由外部融资的。在这些证据的基础上，我在第七章中对100多个国家发动战争的情境进行了研究，研究在进入和未能进入国际资本市场的情况下，发动战争对短期和长期财政能力的影响。我发现，外部融资的可及性削弱了财政能力建设的动力，这表现在：当期和长期直接税占税收总额和国内生产总值的比例较低。

为什么战争融资的影响会长期存在？我将在第八章和第九章中探讨这一问题。第八章提供了相关的统计证据，证明在资本排斥条件下如何激活传导的政治机制和官僚机制。在第九章中，我将对阿根廷、智利、埃塞俄比亚、日本和暹罗的国家建设与外部融资进行考察，以进一步阐述公共财政的政治困境和早期财政决策的持久影响。

总的来说，第二部分的研究表明，早期得以进入廉价信贷市场的机会，将许多借款国推入了以国家能力弱和政治僵滞为特征的债务陷阱。出人意料的是，发展中国家在国家形成的早期阶段可能会受益于不太活跃的国际信贷市场。

第六章 战争融资

战争是财政冲击的最典型范例。为了支付军费开支，统治者可能会进行财政创新，而这些创新措施可能会在战争结束后持续存在，从长远来看会增强国家能力。本章认为，19世纪全球南方的国家间战争十分普遍，它们与近代早期欧洲的战争有着共同的关键性特征。战争的普遍性得到证实之后，我随即将证明各国政府经常向海外举借贷款以应对这种财政冲击。这些证据表明，需要对高级金融假说进行重新解释，根据该理论，国际银行家不愿为战争提供资金，因为战争会破坏宏观经济的稳定。在本章的最后一部分，我将反思外部战争融资对长期国家能力的影响。

战还是不战？

在20世纪福利国家兴盛之前，战争是财政创新的主要驱动力。[1]战争与国家财政之间的紧密联系，源于大约发生在16世纪下半叶的"军事革命"，当时新的军事技术将战争成本提高到了前所未有的水平。[2]因此，君主们不得不开发新的财富来源，规范税收措施和征税技术，并建立专业的税务官僚机构。[3]战争催生的金融创新和新的官僚机构很少在战后遭到废除，从而对税收产生了持久影响或棘轮效应。[4]国家制造战争，战争塑造国家。[5]

战争塑造国家的理论在很大程度上依据的是欧洲的国家建设历史；

然而在欧洲以外地区，相关证据却不尽一致。卡德纳斯（Cárdenas）、斯凯诺尼（Schenoni）和蒂斯（Thies）在拉丁美洲，[6] 斯塔布斯（Stubbs）在亚洲[7]以及蒂斯在非洲[8]的研究都证实了战争与国家建设之间存在正相关关系。还有学者认为，在西欧以外的地区，战争与国家建设之间的关系取决于一些初始条件，包括城市化水平[9]和社会凝聚力等。[10]然而，大多数研究者得出的结论是，战争塑造国家的理论并没有在西欧以外的地区获得支持。森特诺（Centeno）和赫布斯特（Herbst）是持后一种观点的著名代表。[11]

赫布斯特在其发表于1990年的论文中，集中讨论了20世纪下半叶发生在非洲的战争，尤其是后殖民时期的战争。他（正确地）指出，"非洲国家在独立后很少进行国家间战争"，因此非洲缺乏国家能力强的国家。[12]赫布斯特对列强瓜分非洲（Scramble for Africa，1881—1914年）之前和瓜分期间的军事冲突作出了不同评估：非洲本土国家之间的战争，或欧洲侵略者代理人之间的战争确实很频繁，然而，战争的资金来源往往是奴隶贸易收入。[13]有趣的是，这种现象与本书的主要论点产生了共鸣：替代税收的收入来源打破了战争与国家建设之间的联系。此外，奴隶贸易对长期社会信任产生了负面影响，[14]而长期社会信任是税收遵从的关键要素。[15]

米格尔·森特诺对19世纪和20世纪拉丁美洲国家建设的研究非常具有启发性，他认为，拉丁美洲的战争持续时间较短，且并非资本密集型战争，因此战争对国家和民族建设的影响有限。[16]森特诺的上述结论来自他对19世纪战争和20世纪战争的比较研究，[17]然而，这种比较存在一定问题，因为其中包括了两次世界大战，而两次世界大战"极大地颠覆了我们对战争的认知"。[18]从历史上看，国家间战争的时间较短，也很少涉及大规模动员。

我建议将19世纪拉丁美洲（和其他地区）的战争与近代早期欧洲的战争进行有区别但可能更公平的比较，当时各领土型国家仍致力于核心能力建设。接下来的分析表明，全球南方在债券时代所经历的国家间战争的程度，与欧洲国家在其国家形成时期（即15世纪至17世纪）的战争程度相当。

边缘国家的战争强度

为了估算西欧以外地区的战争强度，我参考了布雷克（Brecke）汇编的战争数据，他对 1400 年至 2000 年间中央政府与武装组织之间阵亡人数超过 32 人的暴力冲突进行了编码。[19] 为方便起见，布雷克将军事冲突的发生地大致划分为 12 个不同地区。为了便于阐释，我又将这些地区合并为五个组别：西欧——这一组别的样本几乎都支持战争塑造国家的理论，[20] 以及东欧（包括欧亚大陆）、美洲、非洲和亚洲。

布雷克的战争数据共包括 3 682 次军事冲突，其中 82% 发生在 1914 年之前。该数据集涵盖了所有类型的冲突：从相对较小的国内小规模冲突，到大规模的国家间战争。然而，战争塑造国家的理论认为，大规模的资源动员才能促进国家形成。当统治者被迫进行制度转型以支付耗资巨大的战争费用，战争就会制造国家。我主要用战争伤亡规模来确定战争强度，如果一场战争的伤亡人数处于史上前四分位区间，那么我就认为它是大规模军事冲突。这一组别包括所有伤亡人数大于 20 000 人的战争。

表 6.1　1400 年以来各地区大规模军事冲突

时间	西欧	东欧	美洲	非洲	亚洲
15 世纪	2	2	0	0	2
16 世纪	8	14	1	1	6
17 世纪	12	12	0	0	4
18 世纪	12	13	3	3	10
19 世纪	16	16	11	15	29
20 世纪	3	20	11	47	40

注：如果军事冲突的伤亡人数处于史上前四分位区间（即伤亡人数大于 20 000 人），就被视为大规模军事冲突。

资料来源：作者根据布雷克（Brecke, 1999）的战争数据计算得出。

表 6.1 列出了各大洲发生大规模军事冲突的频率。其结果符合人们对近代早期军事冲突的普遍理解，即大规模军事冲突主要集中在欧

洲。除此之外，发生在 19 世纪之前的部分战争已经包含前所未有的大规模战争动员，如三十年战争（1618—1648 年）、西班牙王位继承战（1701—1714 年）和七年战争（1756—1763 年），这些战争彻底改变了欧洲国家的版图。在欧洲以外地区，只有亚洲在 1800 年之前曾经历过类似的大规模战争。19 世纪的到来，标志着这一系列趋势的分水岭。1800 年后，世界上所有地区都时常发生大规模战争，其发生频率与欧洲国家在其国家形成关键时期的频率相似。

遗憾的是，布雷克的战争数据没有对国家间冲突和国内冲突进行区分。这一区分非常重要，因为战争塑造国家的理论建立在对外战争（即国家间战争）的积极影响之上。与外敌作战有助于克服国内对于垄断强制性权力和财政集权的障碍。相比之下，内战对国家建设的影响仍存有争议。[21] 由于内战可能会破坏地方机构、分散强制性权力并瓦解财政机构，因此我在评估战争塑造国家的理论在西欧以外地区的适用性时，重点关注的是国家间战争。为此，我根据威默（Wimmer）和闵（Min）汇编的战争数据[22]来确定表 6.1 中国家间战争和国内战争的比例，威默和闵修订并增补了战争研究的三个标准数据集——克劳德菲尔特（Clodfelter）数据库、理查森（Richardson）数据库以及萨基斯（Sarkees）和韦曼（Wayman）数据库，后者又被称为"战争相关因素"（Correlates of War, COW）数据库。[23]

威默和闵列出了 1816 年到 2001 年间全世界范围内阵亡人数超过 1 000 人的战争地点和参战各方。该数据库将战争发生的地点投射到当前地理单元中，并列出了参战各方，无论它们在参战时是否拥有主权地位和国际承认。总的来说，该数据库详尽列举了自 19 世纪初以来全球范围内的国家间战争和国内战争。

利用这些数据，我在图 6.1 中绘制 1816 年至 2001 年间西欧以外地区国家间战争和国内战争的年平均发生率。在 1900 年之前，这两类战争的发生频率相对均衡（注意规模的变化）。以 1890 年为例，那一年在欧洲以外地区正进行着三场国家间战争和三场国内战争。随着时间的推移，国家间战争逐渐变得不那么频繁，到 21 世纪就很少见了。相比之下，发展中国家的国内战争却从未停歇。随着非殖民化运动的开启，内战日益频繁，并在 20 世纪 90 年代末达到历史最高峰。从伤亡人数和发生频率来看，如果国家间战争的目的是促成边缘国家的国家形成，那么我们关注的焦点应该放在 19 世纪。

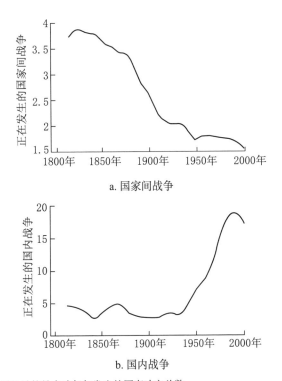

a. 国家间战争

b. 国内战争

注：上图显示的是全球每年发生的军事冲突总数。

资料来源：作者根据威默和闵（Wimmer and Min, 2009）的数据计算得出。

图 6.1　1816 年至 2001 年西欧以外地区发生的战争

　　针对 19 世纪战争性质的另一种评论主要围绕战争持续的时间：这种观点认为，如果战争持续的时间短，就不需要持续动员资源来为新的基础设施建设和行政管理提供资金。[24] 根据威默和闵的战争数据，1816 年至 1913 年，国家间战争的平均持续时间和中位数分别为 6.6 年和 4 年。这些数值远大于蒂利计算得出的 1400 年至 1900 年间欧洲战争的平均持续时间，当时的战争平均持续时间始终低于 2 年。[25] 欧洲以外的战争也比人们通常认为的更具有技术含量。乔纳森·格兰特

（Jonathan Grant）按地区汇编了 1863 年至 1914 年间欧洲和北美公司交付出口的巡洋舰、战列舰、装甲舰和铁甲舰的统计数据。在此期间出口的 83 艘舰艇中，交付给亚洲、南美洲和东欧地区的数量分别为 31 艘、37 艘和 15 艘。同时出口到这些地区的还有鱼雷艇和炮艇。在 371 艘鱼雷艇和炮艇订单中，交付给南亚、南美和东欧地区的数量分别为 121 艘、86 艘和 164 艘。[26] 购买这些军舰和其他军火装备（如步枪、枪支、弹药）的资金绝大部分来自欧洲资本。

战争史学

上一部分的分析指出，如果从伤亡人数、发生频率、持续时间和技术角度来判断，19 世纪发生在边缘地区的国家间战争比通常认为的更加普遍，资本密集程度也更高。不过，如果其中一些数据与欧洲列强发起的帝国战争，特别是在非洲和亚洲殖民地发动的战争相混淆，那么这些数字就可能仅仅是统计上的假象。要解决这个问题，我们只能求助于战争史学。

关于拉丁美洲和亚洲的多项研究表明，19 世纪这些地区的战争和军事现代化程度很高。自独立以来，拉美国家就纷纷向欧洲列强购买军事装备试图建立一支能够比肩欧洲国家的军队。[27] 与这一普遍现象相一致，1879 年发生了世界上第二次装甲舰之间的直接交锋，当时的参战方是智利和秘鲁，但事实上，这些装甲舰都是从欧洲购买的。[28]

直到 19 世纪末，拉美国家的政府除了建立国家军队和垄断强制权的使用之外，几乎没有其他职能。[29] 即使像阿根廷这样的发展型国家，也将大量国家预算用于军事目的。直到 1895 年至 1899 年，阿根廷仍将其普通预算的 34% 用于陆军和海军。这些资金被用于组建一支由 10.5 万人组成的常备军，并向德国制造商购买新式火炮和舰艇。[30] 虽然在 19 世纪的最后几十年里，外部贷款并未正式用于大部分军事开支，[31] 但如果不依靠外部资金来支付非军事开支（即基础设施和债务），那么当时的阿根廷和其他拉美国家是负担不起它们所组建的庞大军队的。为什么仅仅关注明确的军事贷款，并不足以有效地评估外部资金对债券时代战争和国家建设的影响？要理解这一问题，外部资金的可替代性是一个关键因素。

拉美各国政府购买的新军事装备并不是为了在阅兵式上展示。它们将其投入实战，所发动的战争次数与 19 世纪欧洲国家大致相同，只是战争持续时间更长，伤亡也更惨重。[32] 罗伯托·谢伊纳（Roberto Scheina）对这一时期拉美战争的深入研究让人们不难看出，在世界的这一隅，军事冲突是多么频繁和惨烈。[33] "因此，纵观 19 世纪的南美洲，我们可以看到和平与战争、干预、领土掠夺、结盟、军备竞赛和权力平衡模式与 18 世纪的欧洲极为相似"[34]，这两者之间的比较，可谓比将它们与两次世界大战进行比较更为合理。

19 世纪亚洲也频繁爆发战争，其中既有相邻国家之间的战争，也有抵抗欧洲列强的战争。布彻（Butcher）和格里菲思（Griffiths）对 1816 年至 1895 年间发生在亚洲与其他边缘地区的国家间战争和国内战争进行了量化。他们的研究表明，在南亚和东南亚，国家间战争的发生频率和开战次数均高于同一时期的西欧。[35] 有的国家成功抵御了欧洲列强的侵略（如暹罗[36]），另一些国家虽屈服了，但并非未曾奋力抵抗（如缅甸[37]）。为了应对外部威胁，南亚和东南亚各国的海陆军都进行了现代化。[38] 波斯、中国和日本发行的外债被用于聘请欧洲军事教官、建造新的兵工厂，以及从英国、德国和法国的军工厂和造船厂购买军事装备。[39] 的确有部分外债对国家能力建设产生了负面影响，如第五章中晚清中国的例子就说明了这一点。另一方面，明治时期日本的情况也表明，外部融资未必都会对国家建设产生不利影响。我将在第九章再次讨论这个案例，并认为日本成功的国家建设建立在先前已存在信贷市场的基础之上，而这一基础在发展中国家非常罕见。

与拉丁美洲和亚洲相比，关于非洲和殖民地世界的战争史研究较为匮乏。大多数关于殖民战争的研究集中于殖民者的经历。[40] 虽然无法对这一问题进行详尽论述，但接下来我将简要地回顾列强瓜分非洲前后发生在非洲的战争，以及发生在亚洲主要殖民地的战争：印度（英属殖民地）、印度支那（法属殖民地）和印度尼西亚（荷属殖民地）。这些研究表明，在整个 19 世纪，战争在非洲和亚洲都非常普遍，军事行动的资金来源包括本地资源（不一定是现代税收）、外债和帝国补贴——因此对国家建设的影响有限。熟悉这些地区战争的读者，可以直接跳到本章"高级金融？"部分，我将在那一部分具体阐述战争贷款的详细情况。

非洲的战争

里德（Reid）和范德福特（Vandervort）对 19 世纪的战争进行了富有启发性的研究，并且其研究成果对传统观点形成了挑战。他们指出，在欧洲殖民者到来之前，非洲国家就已经开始了军事革命。[41]意识形态-宗教战争（如，埃塞俄比亚以基督教的名义进行的战争）是例外现象，并且在时间和空间上都受到限制。战争首先是为了控制全球贸易路线。[42]美国和欧洲生产的步枪涌入非洲市场：据估计，在 19 世纪，非洲本土军队先后购买了约 1 600 万支枪支。[43]老式的前膛枪逐渐被欧洲殖民者使用的步枪——更快、更轻的后膛枪——所取代。[44]

在列强瓜分非洲之前，战争已经使非洲大陆发生了巨大的变化。新的军事技术被引入非洲，包括军队的专业化、使用伪装和围攻战术，某些国家（如埃塞俄比亚和图库洛尔帝国）甚至已经开始制造火器。地方经济也因为战争而发生变化。为了购买新的军事装备，并确保有足够的农产品来维持军事国家，需要进行专业化分工。军队成为提升社会地位的快速通道。军事化社会催生了新的集体身份认同，或强化了现有的身份认同。[45]

19 世纪上半叶，地区性的国家间战争十分普遍。由于与欧洲人的交往较为频繁，北非地区军队的现代化程度也是最高的。穆罕默德·阿里（Muhammad Ali，1805—1849 年在位）执政期间，埃及引进了制造技术，使其能够在当地生产武器。随着国防开支的增加，经济改革也被提上了日程。阿里推行的财政-军事国家模式使他得以组建一支拥有 20 万人的强大军队。[46]利用这种军事优势，阿里强行占领了叙利亚、苏丹和巴勒斯坦。[47]

在撒哈拉以南非洲的西部地区，约鲁巴人（Yoruba）、达荷美人（Dahomey）和阿散蒂人（Ashanti）则陷入了一场需要持续进行战争动员的帝国竞赛中。[48]约鲁巴人投资建设坚固的城防工事，并从欧洲进口武器——最初是火绳枪和燧发枪，1870 年后开始购买后膛枪。阿散蒂的军队全部由步兵组成，其部队装备了标准的欧洲贸易火枪（European trade musket）①。[49]图库洛尔人和萨莫里人（Samori）投资本地的枪炮匠人，他们能够修理和改装进口枪支。[50]图库洛尔的精锐部队还配备了火炮——尽管他们的武器是从与法国人的早期小规模战斗中缴获。[51]萨莫里人最初从英国商人那里获得枪支，不过他们最终学会了在当地制造火器。[52]让我们把目光转向非洲大陆的东部，无论是在社会复杂程度，还是在军事能力方面，埃塞俄比亚都远远超越了所有其他非洲国家，该国在采用西方军事技术的同时发展了自己的军事工业。与埃及不同，埃塞俄比亚用于建设新兵工厂的大部分资金来自国内资源，事实证明，这是最大程度减少外国干预的关键之所在。我在第九章中会再次讨论这个案例。

1880 年之前，欧洲人在撒哈拉以南非洲的活动仅限于沿海地区。在苏伊士运河开通（1869 年）之前，非洲各港口对于确保通往亚洲的贸易路线至关重要。19 世纪 80 年代以来，欧洲各国对非洲内陆地区的觊觎之心迅速增长。[53]尽管非洲的军事力量获得了不少提升，但其本土军队在结构、组织和战术上都无法与欧洲列强抗衡，更不用说在武器装备上与欧洲最先进的兵器（如马克沁机枪）相比了。面对欧洲列强的征服，阿散蒂人和祖鲁人起初也奋起抵抗，最终不得不像其他非洲本土国家一样屈服了。[54]双方在技术上的差距太大，无法进行持续的军事对抗。非洲当地武装即使还能积极抵抗，也只能退缩到山区和丛林中进行游击战，这种作战方式不同于持续的战争动员，而后者才是欣策（Hintze）或蒂利认为与国家建设相关的战争类型。

1884 年柏林会议之后，殖民统治下的非洲国家迎来了国家能力建

---

① 又称"欧洲商用火枪"，生产此类火枪不是为了供给欧洲军队使用，而是为了与本地土著居民交换商品、服务，甚至与他们结盟。和军用火枪相比，贸易火枪的制造工艺更简单，生产成本更低，通常性能也较差。——译者注

设的新契机。由于在非洲部署常驻军队的成本过高，殖民者征服非洲内陆的大部分行动是由欧洲军官指挥着非洲士兵完成的。[55]仿效欧洲模式的非洲军团是通过从当地军队中"挖墙脚"建立起来的。英国人招募干达族（Ganda）士兵，让他们与他们自己在该地区的老对手布尼奥罗人（Bunyoro）作战，从而在现代乌干达地区建立了统治。[56]英国还在冈比亚、塞拉利昂和黄金海岸组建了帝国非洲军团（Imperial African regiment）。[57]法国则在招募班巴拉族（Bambara）士兵征服南撒哈拉之后，又在法属赤道非洲组建了一支由当地人资助的军队，将其殖民统治扩展到非洲内陆，同时在今天的塞内加尔地区组建了塞内加尔军团（Tirailleuers Senegalais）并击败图库洛尔帝国。[58]最终，这些军团被整合进帝国的防御体系，用于打击国内外的敌人。[59]

里德和范德沃特百科全书式的论述表明，19世纪撒哈拉以南非洲的国家间竞争，与近代早期西欧国家间的竞争有着惊人的相似之处。倘若非洲同样经历了军事革命，那么为什么战争没有催生更有能力的国家？里德和贝茨（Bates）认为，19世纪80年代欧洲列强的殖民活动阻止了内生性国家建设。列强瓜分非洲中断了国家间竞争，而国家间竞争是塑造权威、建立合法性并最终建立强大国家的关键（虽然很残酷）途径。

除了殖民干预之外，我还想请读者们关注列强瓜分非洲之前与之后战争的资金来源。在殖民征服之前，非洲本土战争的资金来源主要是奴隶（和象牙）出口。尽管欧洲已禁止非法贩卖奴隶，但这一问题在西非仍然持续存在，而到了19世纪，非法贩卖奴隶的问题甚至在东非和中非愈演愈烈。掳掠并贩卖奴隶以换取武器，这是非洲本土国家通行的做法。[60]约鲁巴人通过奴隶输出来筹措资金，用以从欧洲购买武器；[61]达荷美王国、索科托哈里发国、图库洛尔哈里发国家（Tukolor caliphates，位于非洲大草原）以及位于东部的桑给巴尔苏丹国和米兰博王国（the kingdom of Mirambo，今坦桑尼亚）也是如此。[62]奴隶士兵在当地军队中发挥着重要作用，和平时期则被安排在种植园劳作。然而就国家建设而言，使用奴隶来创造收入和充实军队，并不必然造就更有能力的国家。比如，掳掠奴隶很可能会对社会和经济造成持久的负面影响。[63]此外，使用奴隶兵还可能使统治者得以避免与经济和地区精英就税收问题进行谈判，从而阻碍权力分享制度的建立。[64] 列强瓜分非洲之后，地区战争仍在继续，但此时的战争资金很大程度上来自外部，主要是帝国补贴，因此对国家建设的影响较为有限。在本章结尾部分，我将以南非为例，具体说明殖民战争对地方税收动员的负面影响。

英属印度的战争

印度次大陆有着历史悠久的军事主义传统。到 1600 年左右，印度的几个邦国［德里苏丹国（Delhi sultanate）、拉其普特诸邦国（Rajput states）、德干苏丹国（Deccan sultanates）和毗奢耶那伽罗帝国（Vijayanagara Empire）］通过持续的国家间竞争强化了军事实力。[65] 在随后漫长的一个世纪里，莫卧儿帝国建立了可与欧洲模式相媲美的财政−军事机制。[66] 到 18 世纪，莫卧儿帝国开始走向四分五裂，但帝国各组成部分的军事实力却不断增强。1795 年，荷兰东印度公司将其所有殖民地转让给英国，以防止被共同的敌人——法国占领。到 19 世纪初期，英国已是印度次大陆上唯一的欧洲强国。英国与各本土邦国之间出现军事争端或遭遇抵抗几乎成为常态，直至 19 世纪 50 年代末，英国最终实现对印度次大陆的吞并。[67]

前殖民时期的财政军事主义在英国统治下得以继承和加强。[68] 虽然大部分军官是欧洲人，但军队士兵都是当地人。[69] 印度军队的实力和规模对英国的殖民统治造成了持续威胁，特别是 1857 年印度民族大起义（英国称之为“印度叛乱”）之后，英国人设计了一套缜密的征兵制度以阻碍集体行动，并避免进一步发生叛乱。[70] 同样，英国也不再向印度军队提供最新军事技术。[71] 然而，在印度，发生战争是很常见的，算不上什么特例。与绝大多数殖民地不同，印度奉行自给自足的原则，承担了大部分军费开支。尽管印度是大英帝国的净贡献者（net contributor），但它几乎没有财政自主权，仍然“在法律上受制于英国总督和英国政府制定的任何政策”。[72]

印度军队承担着三大职能：维持国内秩序、在边境作战，以及作为帝国军队的一部分在世界各地参与战斗。印度军队与缅甸进行了三场代理人战争，又与阿富汗进行了两场代理人战争。19 世纪 20 年代的第一次英缅战争和 19 世纪 70 年代末的第二次英阿战争尤其耗资巨大，前者耗资 500 万英镑（相当于 2015 年的 3.7 亿英镑），后者更是耗资高达 2 500 万英镑（相当于 2015 年的 20 亿英镑）——其中 80%的军费由印度本地筹资。[73] 印度军队还在帝国防务中发挥了关键作用，他们经常被派往海外，参与了阿比西尼亚战役（Abyssinian campaign，1868 年）、镇压义和团运动（1899—1901 年）的行动、在东非和中非的行动（1897—1898 年）、东非和索马里兰战役（1902—1904 年）、英埃战争（1882—1885 年）、英波战争（1856—1857 年）、第二次布尔战争（1899—1902 年）和入侵中国西藏（1903—1904 年）。[74] 印度纳税人承担了大部分海外战争的相关费用，印度次大陆在殖民统治之下仍然保持了财政自给，在军事上也十分活跃（O'Brien, 1988）。[75]

法属印度支那与荷属印度尼西亚的战争

继 1858—1862 年法国远征军和西班牙联军发动第一次法越战争之后，法国人开始自南向北地征服越南。法国人在征服过程中利用了越南阮朝明命帝（1820—1841 年在位）的军事改革成果，并在此基础上进一步发展。明命帝曾试图效仿西方的技术、服式和纪律，建立一支现代化军队，[76] 但这支军队仍不足以与欧洲的军事力量相匹敌。

1862 年初，法国占领了交趾支那的三个东部省份，从此开始了法国对印度支那的殖民。法国想要继续吞并印度支那北部地区，这需要组建一支本地军队，因此法国就通过从原有军团中抽调兵员、征召新兵以及接受志愿兵等方式招募本地兵员。[77] 在中法战争（1883—1885 年）中，与法国军队一起作战的越南本地军队经受了第一次考验，联手击败了中国军队。在法国强行吞并北部地区——东京和安南——并于 1887 年建立印度支那联邦（Indochinese Union）的过程中，殖民地军队起了至关重要的作用。在法国占领期间，其大部分军事和行政开支由当地承担；[78] 在交趾支那独立之前，它一直都是法国帝国防务为数不多的净贡献者之一。

荷兰人效仿英国和法国的做法，组建了本地军队以扩张其在亚洲的统治范围。印度尼西亚是荷兰最重要的殖民地，其军队中当地士兵的数量逐渐增加，从 1815 年的 52% 增加到了 1909 年的 61%。[79] 这些士兵参加了该地区的很多战争，促进了该地区的逐步军事化，然而，其军费开支依靠的依然是宗主国提供的大量补贴。

总结评估

上述定量和定性描述都表明，在 19 世纪，国家间战争在西欧以外的地区是很普遍的。在漫长的 19 世纪，无论是有意为之还是被迫参与，传统国家与新兴国家、殖民地和自治领地都发动了无数次战争。同一时期发生在西欧的战争相对较少，这一点与"百年和平"（Hundred Years' Peace）① 的说法一致。但在欧洲以外地区，"百年和平"更像是一个反映了彼时欧洲中心主义偏见的神话。

在地区军事竞争和帝国威胁的背景下，西欧以外的国家，无论是否拥有主权，都致力于通过采用新技术和组织结构来加强其海陆军。现代化的军队很快就奔赴战场，从伤亡情况、战争频率和持续时间来看，他们参与的战争可以说与欧洲国家形成时期（即 15 世纪至 17 世纪）的常规战争相类似。

如果战争的确（对国家建设）具有重要意义，那么为什么现有研究并没有显示出边缘国家的战争与国家建设之间存在稳健关系呢？我认为外部融资削弱了这些国家提升税收能力的动力，从而使战争与长期国家建设脱钩。在本章接下来的部分，我将提供充分的证据表明，战争费用问题的确是通过外部融资来解决的，而在第七章至第九章中，我将分析这一现象对国家建设的影响。

高级金融？

在研究战争金融时，有必要对公共债权人和私人债权人进行区分。

---

① 即 1815 年至 1914 年间西欧相对和平的时期。——译者注

国际法禁止中立国向交战国提供政府贷款，但对私人投资者的放贷行为却没有这种限制。[80] 鉴于这一重要区别，我主要关注的是私人贷款，而在债券时代垄断国际借贷业务的也恰恰是私人贷款。

尽管私人为战争提供融资在法律上是允许的，但往往并不容易实现，原因有二：地缘政治利益和宏观经济稳定。英国和法国均明令禁止国内投资者向那些正与本国军队作战或危及本国地缘政治利益的国家提供贷款。然而，间接证据表明，投资者找到了规避官方限制的方法。大型发行机构在欧洲各大金融中心都有特许经营权。每当融资贷款与当地外交政策相冲突时，融资计划就会被转移到欧洲大陆的另一个金融中心。[81]

甚至受人尊敬的金融机构也存在公然违反国家政策的情况。1853年，在俄国与英国及其盟友在克里米亚交战期间，罗斯柴尔德家族公然违反英国政府对俄国的禁令，发行俄国债券。[82] 在此前4年，巴林家族和罗斯柴尔德家族还发行过另外一系列俄国和奥地利的债券，尽管他们知道这些融资是为了镇压匈牙利革命者，而后者则是由英国外交部资助的。在法国也有类似的例子。例如，巴黎证券交易所在1903—1904年间发行了日本债券，而当时日本正与俄国交战，俄国则是法国的重要盟友。几年后，法国资本家又为奥斯曼帝国提供贷款以资助巴尔干战争，引发了法俄之间新一轮外交风波。[83] 在对外借贷中，私人利益总是能够想方设法地找到出路。

如果国际投资者预估参战国会在战后违约，他们可能就不愿意提供战争贷款。军事开支可能导致财政紧张、通货膨胀和货币贬值，从而使债务偿还面临风险。按照波兰尼的观点，正是由于预见到"资本排斥"，各国才没有发动战争，因此才有了所谓的"百年和平"。[84] 近年来，柯什纳（Kirshner）进一步扩展了所谓的"高级金融假说"，强调了战争对国际资本市场宏观经济的负面影响，战争既会影响参战国，也会对未参战国家造成影响。[85] 国际投资者预期到这些负面冲击，就会对参战国施以惩罚，提高它们海外借贷的难度。[86] 按照这一逻辑，我们应该几乎看不到由外国资本融资的战争。

然而事实与高级金融假说的严格解释并不一致。第一，谢伊

（Shea）和珀斯特（Poast）发现战争与主权违约之间并不存在系统性关系[87]。第二，正如我在本章前面所述，"百年和平"在欧洲以外地区并未真正存在。第三，仔细阅读波兰尼的著作就会发现，投资者反对为战争融资的做法，只是针对列强之间的战争：

> 然而，欧洲资本家所面临的主要危险并非技术或财务上的失败，而是战争——不是小国之间的战争（这种战争可以被轻易隔绝开来），也不是列强对小国的战争（这种现象经常发生，而且也很容易发生），而是列强之间的全面战争。[88]

综上所述，高级金融假说的可信度面临着一些挑战，特别是在涉及全球南方的战争问题上。更重要的是，债券时代的借贷狂潮很可能是军事市场全球化的主要结果。英国、法国和德国制造的步枪、大炮和军舰销往世界各地。非洲军队使用欧洲的步枪与英法军队作战，[89]印度尼西亚的军队同样用欧洲步枪对抗荷兰殖民者。[90]拉美、东欧、奥斯曼帝国、日本、中国和印度都是欧洲军火的主要购买者。毫无疑问，相当一部分军火是走私的，[91]但欧洲各国政府也在军火贸易中发挥了重要作用：只要第三国从欧洲某国生产商那里购买军事装备，该国便会协调促成对第三国的贷款。[92]乔纳森·格兰特（Jonathan Grant）在研究债券时代的全球军火贸易时得出结论认为，欧洲的军事工业确实是推动主权贷款的关键因素："军火制造商主导了金融利益，而不是相反。"[93]

债券时代的战争融资

关于战争外部融资的证据虽然丰富，但很零散。森特诺、费斯、马里沙尔、铃木和蒂斯等学者的研究表明，西欧以外的战争往往是由欧洲资本提供资金支持的。[94]然而，现有文献中缺少针对特定战争的战争融资综合数据库（即特定战争的资金来源中，来自税收、债务和其他融资手段的比例）。而且，由于缺少历史数据、会计技术不断变化和资金的可替代性，该数据库很可能无法建立起来。

目前最接近于理想数据集的是由卡佩拉·泽林斯基（Cappella Zielinski）建立的数据集。[95]她通过严格的多元交叉验证和逐个案例定性分析，确定了参战国是否向海外借款以支付部分战争费用，即广延边际。卡佩拉·泽林斯基选取了截至1914年的17个主权国家和19场国家间战争为样本，从这些样本中提取的数据表明，在债券时代，56%的国家间战争至少有部分资金来自外部资本。[96]为了进一步阐释债券时代战争外部融资的普遍性，我首先确定了欧洲市场上发行的、明确表示为战争融资的债券，然后对战争期间流入的资本进行量化，无论它们是以何种形式流入的。

明确的战争贷款

弗朗德罗和弗洛雷斯对伦敦知名金融中介机构或承销商的贷款决策进行了深入研究，并在此基础上重新审视高级金融假说。[97]他们的数据来自罗斯柴尔德档案馆的原始资料，这些数据为高级金融假说的某些内容提供了支持。他们研究发现，知名的金融中介机构很少对战争融资感兴趣：在小额债券持有人眼中，这些债券的获利并不大，却有可能对声誉造成较大影响。被选定的承销商通常拥有足够的市场影响力，可以设定贷款条款，禁止借款人将资金转用于战争。例如，1831年向法国发放的贷款，就要求其财政部长公开宣布法国政府无意发动新的战争。

尽管知名金融中介机构通常不愿意向交战国提供贷款（除了一些重要的例外情况，其中包括普法战争，这是债券时代欧洲大陆上规模最大的战争），但二级承销商却会这么做。弗朗德罗和弗洛雷斯共识别出1845年至1913年间的15笔战时贷款，而这15笔战时贷款涉及该时间段中20%的国家间战争（弗朗德罗和弗洛雷斯在该时间段选定的样本数为51场国家间战争）。

依据弗朗德罗和弗洛雷斯的研究思路，我们可以查找那些明确用于战争和军事目的的贷款。所谓"明确"，是指借款人公开了外国资本的最终用途。本着这一精神，表 6.2 列出了从二手资料中找到的 40 多笔此类贷款。这足以证明，19 世纪的战争往往得到了外部资本的融资。然而，如果高级金融假说成立，甚至部分成立的话，那么投资者在购买明确用于战争的债券时，应该会有所犹豫。可以预料，政府可能会通过发行官方宣称用于其他用途的债券，来掩盖其用于战争的真实意图。以希腊为例。1890 年，希腊借贷了一笔金额为 360 万英镑、利率为 5% 的贷款，这笔贷款"明确指定的用途"是建设从比雷埃夫斯到拉里萨的铁路，但几乎全部款项都被挪用于更紧迫的预算需求，包括调动军队对抗奥斯曼帝国。[98] 考虑到这种情况或其他会计手段，接下来我将仔细考察外国资本流入的情况，而不论其官方宣称（即明确）的目的是什么。

表 6.2　明确的战争和军事贷款

1822 年	哥伦比亚 6%	战争贷款（Marichal, 1989）
1822 年	智利 6%	智利海军（Marichal, 1989）
1822 年	秘鲁 6%	军费开支（Vizcarra, 2009）
1824 年	布宜诺斯艾利斯 6%	政府和军事（Marichal, 1989）
1824 年	哥伦比亚 6%	政府和军事（Marichal, 1989）
1824 年	墨西哥 5%	政府和军事（Marichal, 1989）
1824 年	希腊 5%	独立战争（Reinhart and Trebesch, 2016）
1825 年	秘鲁 6%	军费开支（Vizcarra, 2009）
1825 年	墨西哥 6%	政府和军事（Marichal, 1989）
1825 年	秘鲁 6%	政府和军事（Marichal, 1989）
1825 年	希腊 5%	独立战争（Reinhart and Trebesch, 2016）
1852 年	巴西 4.5%	阿根廷-巴西-乌拉圭战争（F&F, 2012）
1854 年	奥斯曼帝国 6%	克里米亚战争（Birdal, 2010）
1855 年	奥斯曼帝国 4%	克里米亚战争（Birdal, 2010）
1855 年	法国 3.75%	克里米亚战争（Birdal, 2010）
1864 年	委内瑞拉 6%	战争费用（Sicotte and Vizcarra, 2009）

续表

1864 年	墨西哥 6%	军费（Marichal, 1989）
1865 年	墨西哥 6%	军费与再融资
1865 年	巴西 5%	三国同盟战争（F&F, 2012）
1865 年	智利 6%	军费（Marichal, 1989）
1865 年	智利 6%	军费（Marichal, 1989）
1865 年	秘鲁 5%	战争费用（Sicotte and Vizcarra, 2009）
1866 年	智利 6%	军费（Marichal, 1989）
1866 年	阿根廷 6%	三国同盟战争（F&F, 2012）
1867 年	智利 7%	战争（Marichal, 1989）
1868 年	阿根廷 6%	战争费用（Sicotte and Vizcarra, 2009）
1863 年	美国南部邦联 7%	美国内战（F&F, 2012）
1870 年	法国 6%	法俄战争（F&F, 2012）
1873 年	智利 5%	铁路和军事（Marichal, 1989）
1877 年	奥斯曼帝国 5%	俄土战争（Birdal, 2010）
1882 年	阿根廷 6%	军费（Marichal, 1989）
1885 年	中国 7%	中法战争（F&F, 2012）
1888 年	奥斯曼帝国 5%	军事装备（Birdal, 2010）
1894 年	中国 7%	中法战争（F&F, 2012）
1895 年	中国 6%	中法战争（F&F, 2012）
1896 年	奥斯曼帝国 5%	军事装备（Birdal, 2010）
1898 年	塞拉利昂	茅屋税战争（Gardner, 2017）
1904 年	日本 6%	日俄战争（第一笔贷款）（F&F, 2012）
1904 年	日本 6%	日俄战争（第二笔贷款）（F&F, 2012）
1905 年	日本 4.5%	日俄战争（第一笔贷款）（F&F, 2012）
1905 年	日本 4.5%	日俄战争（第二笔贷款）（F&F, 2012）
1905 年	奥斯曼帝国 4%	军事装备（Birdal, 2010）
1911 年	奥斯曼帝国 5%	意土战争（Birdal, 2010）
1913 年	奥斯曼帝国 5.5%	军事装备（Birdal, 2010）
1913 年	罗马尼亚 4.5%	第二次巴尔干战争（F&F, 2012）

注：括号内为资料来源。"F&F, 2012" 指的是 "Flandreau and Flores, 2012a"。

战争期间的资本流入

对战争期间外国资本流入情况进行研究，有三个方面的益处。第一，它使我们得以研究战争融资的集约边际，即借款人能够从国际来源筹集多少资本。第二，政府可能会发行债券来为战争融资，但同时向投资者掩盖其真实意图——仅仅因为战争可能会导致更高的利差。[99] 在英国投资者中间流传的贷款募集说明书中，"战争贷款"的表述一直非常罕见。第三，即使某些主权贷款在法律上被禁止用于战争，借款国的本地财政仍可将其国内收入转用于战争，并将外部资金用于同一时期的非军事支出。综上所述，关注资本流入可以捕捉到国际资金流动与战争之间的所有系统性关系，而这些关系可能会被忽视。

有关资本流动的数据，我借鉴了斯通的研究成果，他列举了1865年至1913年间英国向25个国家政府和私人企业发放的贷款。[100] 我只关注向政府发放的贷款，因为我的研究兴趣在于主权借贷。斯通的数据过度代表了欧洲和南美洲，不过其中也包括了非洲和亚洲的部分经济体。[101] 对于样本中的每个国家，我都会确定其在1865年至1913年间的每一年是否发生过国家间战争。战争数据来自威默和闵建立的数据集，该数据集纳入了非主权政治实体参与的战争，由此扩大了国家间战争的范围。[102]

由此生成的数据集包括了1 125个"国家-年份"。双变量分析显示，在数据集所包含的41场国家间战争中，有17场（占41%）是在政府获得外国资本流入的时期发动的。表6.3详细列出了这41场战争。在其余24场战争中，有7场发生在政府违约期间（因此该政府被排除在资本市场之外）；在另外2场战争中，英国是战争的敌对方——交战国也因此遭到英国资本市场的排斥；还有11场战争的参战国是法国和德国，它们可以依靠国内贷款。还有4场战争可能得到了德国或法国信贷的融资（请注意，斯通的数据仅限于英国资本），也可能根本没有外国资本的资助。然而，总体模式与理论预期是一致的：如果可以获得外部融资，交战国就会想方设法获得外国资本流入。即使贷款未能覆盖全部的战争费用，至少能够缓解预算限制并补贴其他开支。

表 6.3　战争与外部资本流入（1865 年至 1913 年）

借款国	借款年份	战争名称
国家间战争		
墨西哥	1865	法墨战争
秘鲁	1865	西班牙-智利战争
巴西	1865	三国同盟战争
巴西	1866	三国同盟战争
俄国	1866	俄国对浩罕汗国和布哈拉汗国的战争
智利	1866	西班牙-智利战争
阿根廷	1866	三国同盟战争
阿根廷	1868	三国同盟战争
阿根廷	1869	三国同盟战争
阿根廷	1870	三国同盟战争
巴西	1870	三国同盟战争
法国	1870	普法战争
德国	1870	普法战争
法国	1871	普法战争
德国	1871	普法战争
法国	1873	法越战争
法国	1875	法越战争
中国	1876	法越战争
中国	1877	法越战争
中国	1878	法越战争
奥斯曼帝国	1877	俄土战争
奥斯曼帝国	1878	俄土战争
法国	1881	法越战争
法国	1881	法突（尼斯）战争
法国	1882	法越战争
法国	1882	法突（尼斯）战争

续表

借款国	借款年份	战争名称
法国	1882	法国-印度支那战争
中国	1885	法越战争
中国	1885	中法战争
法国	1886	曼丁哥战争（Mandingo War）
中国	1894	中日甲午战争
中国	1895	中日甲午战争
美国	1898	美西战争
南非	1899	布尔战争
南非	1901	布尔战争
南非	1902	布尔战争
日本	1904	日俄战争
日本	1905	日俄战争
分离主义战争		
西班牙	1870	西班牙-古巴战争
西班牙	1871	西班牙-古巴战争
西班牙	1872	卡洛斯战争
西班牙	1873	卡洛斯战争
奥斯曼帝国	1875	奥斯曼帝国镇压波斯尼亚基督徒起义
奥斯曼帝国	1877	奥斯曼帝国镇压波斯尼亚基督徒起义
南非	1880	布尔战争
南非	1881	布尔战争
希腊	1888	奥斯曼帝国镇压克里特起义
希腊	1889	奥斯曼帝国镇压克里特起义
奥斯曼帝国	1889	奥斯曼帝国镇压克里特起义
美国	1899	美菲战争

注：本表列出了交战国在获得外部贷款的情况下发动的国家间战争和分离主义战争。样本涵盖了25个国家，时间跨度为1865年至1913年。更详细的内容，请参见正文。

资料来源：Stone, 1992；Wimmer and Min, 2009。

接下来，我将以多元回归的形式重新检验同样的数据。该技术模型将资本流入建模为战争函数，同时控制时不变因素（time-invariant）、国家特定特征（如与英国的友好关系）、资本市场的长期趋势（即资本市场的繁荣与萧条），以及第四章讨论的三个拉动因素：金本位制、声誉（以近期违约事件为代表）和帝国效应。

无论是发生在战争准备期间、战争期间，还是战争结束之后（例如，用于支付退役费用或赔偿）的战争贷款，均被纳入我的研究范畴。为了涵盖所有这些可能性，我在当前战争之外，拟合了两个滞后期和两个领先期来进行分析：

$$\text{政府贷款}_{i,t}=\beta_0+\beta_1\text{战争}_{i,t-2}+\beta_2\text{战争}_{i,t-1}+\beta_3\text{战争}_{i,t}+\beta_4\text{战争}_{i,t+1}+$$
$$\beta_5\text{战争}_{i,t+2}+\beta_6\text{金本位}_{it}+\beta_7\text{10年内违约情况}_{it}+ \qquad (6.1)$$
$$\beta_8\text{殖民地地位}_{i,t-1}+\beta_9\text{政府贷款}_{i,t}+\eta_i+\gamma_t+\epsilon_{i,t}$$

其中 i 和 t 分别代表国家 i 在年份 t 的情况。政府贷款的分布极不均衡，其中 62% 的国家年份观测值为 0。对结果变量进行对数转换，并未使其分布正态化，同时会减弱因战争而导致的金融冲击。因此，我使用了原始变量。为了捕捉获得贷款和参与战争的潜在倾向，我拟合了结果变量的第一个滞后期，并加入了国家固定效应。我还添加了一系列年份固定效应，以解释国际市场流动性的普遍冲击。

图 6.2 绘制了 β_1 至 β_5 的估计值，置信区间为 95%（公式 6.1 中的其余协变量未体现）。柱状图的高度，表示战争发生时贷款流入相对于样本平均值的偏差，同时其他所有控制变量保持不变。图 6.2 表明，战争与外部政府资金之间存在系统性关联。值得注意的是，资本流动比战争行动提前一年，这可能是国家在为未来的战争行动提前做准备。这种效应是显著的：在战争爆发前夕，资本流入量激增了约 90 万英镑，与年度样本平均值 103 万英镑相比，几乎增长了 100%。同样有趣的是，滞后期和领先期都不是负值，这种模式似乎与高级金融假说不一致，因为根据该假说，战争前后的资本流入应该会大幅减少。

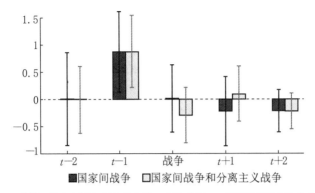

注：两个模型均包括被解释变量的第一个滞后期、一系列国家固定效应和年份固定效应、金本位制、过去 10 年内的违约情况，以及时变性殖民地位。置信区间为 95%。误差按国家层面进行聚类。

图 6.2 战争对外部资本流入的边际效应

接下来，我将探讨第二种冲突：独立战争或民族分离主义战争，在这种类型的战争中，参战的某一方想要建立一个新的、独立的民族国家。[103]中央政府和分离主义地区都可能获得贷款以支付战争费用，就像希腊在成为主权国家之前，曾在 1824 年和 1825 年获得贷款。[104]威默和闵的数据列出了 25 个国家在 1865 年至 1913 年间发生的 12 次分离主义战争。在这 12 次战争中，有 5 次发生在外部资金流入参战方资金库的情况下。表 6.3 的下半部分列出了这些分离主义战争。图 6.2 也绘制了回归模型的结果（浅灰色部分）。它们证实了平均效应，同时提高了估算效率。

统计分析显示，在国家间战争和分离主义战争的样本中，有相当一部分（两者分别为 41% 和 42%）战争发生在获得来自伦敦市场国际资本的情况下。如果我们扩大时间和国家的覆盖范围，并关注资本流入的集约边际，这些结果就更精准地说明了 19 世纪战争外部融资的频率和规模。事实上，这些数值只是外部战争融资的下限近似值，因为这里的数据仅涉及英国的资本输出。交战各方很可能还在巴黎、柏林或维也纳发行债券，以替代或补充在伦敦发行的债券。这些结果并不一定会对欧洲本土的高级金融假说提出质疑（尽管也存在重要的例外情况），但却让人深深地怀疑其在旧大陆以外的适用性。

殖民地世界的战争融资

定量分析的样本是主权国家和英国的附属国，但附属殖民地是如何为战争筹资的呢？虽然没有针对这些国家的类似统计数据，但定性证据表明，欧洲国家的殖民地如果参与了战争，那么战争资金主要由宗主国资助，因此战争对殖民地财政能力的影响较小。

殖民地战争往往是在帝国边境进行的。按照 20 世纪的标准来衡量，其中一些战争的规模较小：1873 年至 1874 年的阿散蒂战争耗资 100 万英镑，1879 年的祖鲁战争耗资与此接近；1877 年至 1879 年的南部非洲第九次边境战争（the Ninth Frontier War）则耗资 200 万英镑，两年后的"枪炮战争"（Gun War）耗资达 430 万英镑。[105] 然而在当时，这些战争并不算小规模战争，其消耗的资源也超过了宗主国愿意接受的范围。[106]

英法两国的殖民地和自治领被要求自行支付它们的安全费用（军队和警察）和行政开支；[107] 然而，为军事开支提供资金往往是宗主国和殖民地之间产生分歧的原因。殖民地当局并不觉得它们有义务为帝国战争提供资金，因为他们认为帝国战争是外来的和强加的。[108] 在大英帝国，战争的初始费用由英国财政部设立的帝国基金——政府对政府的贷款——支付。殖民地向该基金提出求助，随后就偿还贷款的条件进行谈判，然而，"英国财政部在收回其预付款方面通常收效甚微"[109]。

按照官方规定，殖民地不能发行战争债券，但也有例外情况，例如，印度曾获得一笔 200 万英镑的零利率贷款，作为 1878 年至 1880 年第二次阿富汗抗英战争的部分资助。[110] 英属殖民地塞拉利昂和黄金海岸也曾通过在伦敦发行的零利率债券来为其边境战争提供资金。在其他时候，殖民地从皇家代理人那里获得预付款项，以平衡其预算赤字。一旦战争结束，代理人就通过发行新的债券来收回资金。[111] 宗主国补贴或援助拨款也很常见。例如，在赫伯特·基钦纳（Herbert Kitchener）指挥的帝国战役中，埃及和苏丹士兵的装备大量依靠英国纳税人的补助。[112] 在第二次布尔战争中，开普殖民地的军事行动亦是如此，我将在下文中再讨论这一案例。

由于从外部进行战争融资的选择较多，殖民地官员几乎很少因为战争而动员国内资源。从人均支出来看，殖民地承担的军费开支显然不成比例。1860 年至 1912 年间，英国纳税人所承担的帝国防务人均支出为 0.64 英镑；自治殖民地的纳税人则承担了 0.12 英镑，而附属殖民地的纳税人承担了 0.02 英镑（如果包括警务开支，则为 0.15 英镑）。相比之下，同一时期发展中的主权国家的人均支出为 0.22 英镑。[113]

除了印度之外，在大英帝国共计 160 多个殖民地中，有 5 个殖民地承担了殖民地对大英帝国军事维持费用总分担额度的三分之二：海峡殖民地（今新加坡）、香港、锡兰（今斯里兰卡）、毛里求斯和埃及。[114]这几个通过动员内部资源支付战争费用的殖民地，如今也拥有相对较强的治理能力，这并非巧合，而且与本书的论点不谋而合。然而，对于绝大多数殖民地来说，参与帝国战争的大部分费用得到了英国的补贴。戴维斯（Davis）和胡滕贝克（Huttenback）认为："在殖民地享受的所有补贴中，最有利可图的莫过于防务补贴了。"[115]

巴黎也面临着类似的挑战，甚至情况更为严峻。与英国相比，法国的殖民地更加贫穷，且经济整合的程度更低，因此税基也就更为薄弱。1830 年至 1891 年间，法国用于帝国领地的军费开支几乎是当地总收入的三倍——分别为 35 亿法郎和 13 亿法郎。[116]直到 1893 年，法国政府才开始向殖民地征税以分担当地开支，而直到 1900 年才开始向每个殖民地征收驻军费用。[117]即便到了 1901 年，殖民地仍然只支付了当地军费开支（总额为 1.01 亿法郎）的 11%。

法兰西帝国内部也存在例外的情况。加蓬的所有早期收入都用于征服北部的沙里（今中非共和国）和乍得——它们共同组成了法属赤道非洲①。[118]在东南亚，法国吞并东京和安南（分别为今天的越南北部和东部）的费用主要是由交趾支那（今越南南部）的预算支持的，[119]但这种情况并不常见。大多数情况下，军费由法国陆军部和殖民地部补贴。[120]

总而言之，殖民地积极参与了帝国战争和殖民战争，但（出于可

---

① 1910 年至 1959 年间，法国在非洲中部建立的殖民地联邦政权。——译者注

理解的原因）几乎不会动员国内资源来支付战争费用。殖民地政府依赖外部资本，主要是软贷款和补贴。尽管获得外国资本的形式和机制各不相同，[121] 但它削弱了殖民地政府为战争动员资源的动力，类似于常规贷款对主权国家统治者所产生的影响。第二次布尔战争就是一个很好的例证。

南部非洲的殖民战争：两个国家的故事

第二次布尔战争（1899—1902 年）是英国及其两个殖民地——开普殖民地和纳塔尔殖民地，与两个邻近的布尔共和国——德兰士瓦（正式名称为南非共和国）和奥兰治自由邦之间的对峙。英国打赢了这场战争，两个布尔共和国在 1902 年并入帝国版图。八年后，这四块领土合并为南非联邦，并保留了很大的财政收入和支出权。

无论是第二次布尔战争之前还是之后，这四个地区都能获得外部资本，但是在战争期间，德兰士瓦和奥兰治自由邦被排除在国际信贷市场之外。我利用这一点，来研究殖民地和主权国家在获得和未获得外部资金的情况下，分别如何应对战争造成的财政冲击。为了简化分析，我将研究重点放在德兰士瓦和开普殖民地，这也是冲突双方中最富裕的地区。德兰士瓦拥有几乎无限的黄金资源，而开普殖民地则坐拥丰富的钻石资源。

第二次布尔战争的起因是多方面的，其中最主要的原因是关于在开普殖民地和德兰士瓦之间建立关税同盟而产生的分歧。德兰士瓦是内陆地区，其黄金出口需要通过位于其南方的开普敦（位于开普殖民地），或位于其东方的洛伦索-马贵斯（Lourenço Marques，今莫桑比克），后者当时处于葡萄牙控制之下。多年来，德兰士瓦政府、开普殖民地政府以及多位英国高级专员持续进行协商，商讨关税同盟成立后如何分配德兰士瓦的关税收入（关税在入境口岸征收）。然而德兰士瓦对所有提议表示反对。1895 年，开普殖民地政府"另辟蹊径"，策划了一场针对德兰士瓦极受人爱戴的总统保罗·克留格尔（Paul Kruger）

的阴谋。所谓的"詹姆森袭击"（Jameson Raid）事件以彻底失败告终，并使这四个殖民地陷入了冲突。

　　战前，两个布尔共和国在伦敦发行了少量债券。[122]然而，大部分外部资本来自德国和荷兰，用于修建从金矿到德拉瓜湾（Delagoa Bay）的公共铁路。[123]1899年，德国人认为在英国统治下他们的利益会得到更好的保护，于是选择了支持英国。[124]有趣的是，这种政策转变是极端贷款条件的副产品。1898年的英德协定使两个大国联合起来，要求葡萄牙做出让步以换取新的贷款。具体来说，如果葡萄牙未能按时偿还外债，就将割让其在非洲的殖民地，而洛伦索-马贵斯将被移交给德国。作为对于临时盟友的友好表示，德国同意不干涉英国在南非的事务，事实上就等于让布尔共和国"自生自灭"了。[125]

　　战争爆发时，德兰士瓦在外交和财政上都处于孤立状态。"其力量主要在于能自给自足"，[126]德兰士瓦人也没有浪费时间。克留格尔组建了一支由5万名士兵、几千名外国志愿兵和5 000名好望角叛军组成的军队。[127]这些士兵装备的武器都是从德国进口的，[128]至少从"詹姆森袭击"事件以来，这些武器就开始源源不断地流入。[129]政府将火药专卖重新转变为战时工业，生产枪支和子弹，并通过控制铁路来进行物资分配。

　　鉴于关税收入非常不稳定且被排除在资本市场之外，德兰士瓦政府不得不加大对国内税收的压力：提高了酒精消费税（每加仑6%到10%，而开普殖民地仅为4%）[130]、土地税以及来自火药、水泥和砖块专卖的收入——火药、水泥和砖块都是黄金开采的关键投入。最重要的是，德兰士瓦政府通过了一项新的金矿利润税，税率为5%，并且对从租赁区（mynpacht）开采的黄金总产量征收2.5%的税。[131]政府平均每月能够从这些新的直接税中筹集到10万英镑的资金，这些资金几乎承担了战争的全部费用。[132]

　　战争结束后，有一些税种被保留了下来，包括土地税和金矿利润税，新的殖民地政府将后者提高到了10%。[133]如图6.3所示，德兰士瓦共和国通过强有力的国内资源动员，在与世界上最强大的军队交战并失利之后，仍然能够保持预算平衡。以名义税负和人均税负来衡量，这种财政效应在战后至少持续了10年之久。

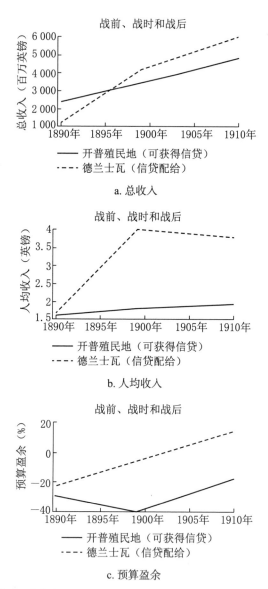

a. 总收入

b. 人均收入

c. 预算盈余

资料来源：Gwaindepi and Siebrits, 2020。

图 6.3　第二次布尔战争中开普殖民地和德兰士瓦的财政状况

　　开普殖民地的财政发展轨迹显然与德兰士瓦截然不同。开普殖民地在传统上依靠关税收入来支付殖民地各项开支。战前，贸易税占其收入的 51%。[134] 开普殖民地并没有推行新的税收，而是通过举债来为新的开支筹措资金。由于国内信贷市场不发达，这些债券都是在伦敦发行的。[135]

尽管开普殖民地（或纳塔尔殖民地）是战争的主要发动者，但它并没有为第二次布尔战争提供大量资金。这几乎是开普殖民地在每次军事行动中的惯例。1896 年占领罗得西亚（Rhodesia）的行动得到了英国纳税人的大量补贴。[136] 在此之前，1879 年的祖鲁战争、1873 年的阿散蒂战争和第九次边境战争也都得到了英国资本的资助。[137]

开普殖民地的人均税收比例在战前、战时和战后几乎持平。与此同时，开普殖民地的外债从战前的 2 400 万英镑增加到战争期间的 3 100 万英镑，战后又增加到了 5 200 万英镑，[138] 这些数字与德兰士瓦在 1903 年仅有的 250 万英镑外债形成了鲜明对比。[139] 开普殖民地和纳塔尔殖民地在战后才分别于 1904 年和 1908 年通过了所得税法案，但由于没有筹集到大量资金，又在 1910 年取消了所得税。[140] 第二次布尔战争耗资 2.18 亿英镑，其中大部分费用最终由英国纳税人承担。正如格莱斯顿首相的第一任财政大臣罗伯特·劳尔（Robert Lower，后来的舍布鲁克勋爵）所写："我们没有像我们的祖先所声称的那样向他们（南非殖民地）征税，相反，就这笔军事开支而言，我们在很大程度上允许他们向我们征税。"[141]

对南部非洲的成对比较充分说明，税收动员的动机差异取决于是否能够获得外部资本，以及殖民地的状态。如果国家发动战争的时候被排除在资本市场之外，即使是德兰士瓦的保守派领导人也不得不进行税收改革以确保政府资金，从而使财政能力得到持续提升。如果当地政府（无论是主权国家还是殖民地）依赖贷款和帝国补贴等形式的外部资金，它们就很少进行这种努力。

小结

从历史上看，国家间战争是国家建设的主要推动力。基于这一前提，本章有两个目标。首先，我记录了全世界各主权国家和非主权政治实体在过去两个世纪的战争发生频率和规模。对历史战争数据的描述性统计表明，在欧洲以外的地区，国家间战争在 19 世纪是一种普遍现象——而在 1914 年之后则明显减少。如果国家间战争是国家建设的动因，那么 19 世纪的相关证据应该比之后的证据更为明显。

其次，第三章和第四章的论述表明，无论经济基本面如何，世界各国都可以轻易获得外部资金。第五章的研究表明，向发展中国家提供的贷款经常以实物形式，而非税款偿还，这揭示了贷款与税收在公共财政中的长期等价关系。本章表明，在债券时代，领土合并和新近建立的国家与殖民地抓住了借贷热潮来支付战争费用。现在，所有要素都已齐备，我将在接下来的三章中探讨外部战争融资对国家建设的短期影响和长期影响。

【注释】

［1］ 关于 1914 年之后福利支出的扩张，请参见 Lindert, 2004。关于 1914 年之前财政能力的非战争驱动因素，请参见 Mares and Queralt, 2015, 2020; Beramendi, Dincecco and Rogers, 2019。

［2］ Hoffman, 2015; Rogers, 1995.

［3］ Ardant, 1975; Brewer, 1988; Ertman, 1997; Dincecco, 2011; Hintze, 1975; Mann, 1984; O'Brien, 2001.

［4］ Peacock and Wiseman, 1961; Rasler and Thompson, 1985.

［5］ Tilly, 1990.

［6］ Cárdenas, 2010; Schenoni, 2021; Thies, 2005.

［7］ Stubbs, 1999.

［8］ Thies, 2007.

［9］ Karaman and Pamuk, 2013.

［10］ Kurtz, 2013; Soifer, 2015; Taylor and Botea, 2008.

［11］ Centeno, 1997, 2002; Herbst, 1990, 2000. 瑟伦森（Sørensen, 2001），以及戈埃纳加、萨巴泰·多明戈和特奥雷尔（Goenaga, Sabaté Domingo and Teorell, 2018）对战争塑造国家的理论的全面研究也说明了结果各不相同。

［12］ Herbst, 1990: 123.

［13］ Herbst, 2000: 42—43.

［14］ Nunn and Wantchekon, 2011.

［15］ Besley, 2020.

［16］ Centeno, 1997, 2002. 相关的论述，请参见 Kurtz, 2013; López-Alves, 2000; Soifer, 2015。

［17］ Centeno, 2002: ch. 2.

［18］ Fazal and Poast, 2019: 7.

［19］ Brecke, 1999.

［20］ 其中有一个重要的例外，请参见 Abramson, 2017。

［21］ 有关内战和国家能力的讨论，请参见索贝克（Sobek）2010 年主编的《和平研究杂志》(Journal of Peace Research) 特刊。

［22］ Wimmer and Min, 2009.

［23］ Clodfelter, 2002; Richardson, 1960; Sarkees and Wayman, 2010.

［24］ Centeno, 2002; Sørensen, 2001.

［25］ Tilly, 1990: table 3.1.

［26］ Grant, 2007: 147—148.

［27］ Dawson, 1990; Grant, 2007; Marichal, 1989.

［28］ Sater, 2007: 21.

［29］ Rouquié, 1989: ch. 3.

［30］ Resende-Santos, 2007: 196—200.

［31］ Marichal, 1989: table 3.1.

［32］ Schenoni, 2021：408.

［33］ Scheina, 2003a, 2003b.

［34］ Holsti, 1996: 152；文字强调由本书作者添加。

［35］ Butcher and Griffiths, 2015.

［36］ Ingram, 1955.

［37］ Bruce, 1973.

［38］ Black, 2009.

［39］ Cronin, 2008; Feis, 1930; Ralston, 1990.

［40］ 关于非洲和亚洲殖民战争的概况，可参见以下文集：Wesseling, 1978; Moor and Wesseling, 1989。

［41］ Reid, 2012; Vandervort, 1998. 详细描述请参见 Bates, 2014。

［42］ Reid, 2012: 112.

［43］ Reid, 2012: 108.

［44］ 有关武器贸易的详情，请参见 Grant, 2007。

［45］ Reid, 2012: 142.

［46］ 关于阿里及其继任者领导下埃及军事现代化的详情，请参见 Ralston, 1990: ch. 4。

［47］ Reid, 2012: 130.

［48］ 约鲁巴人居住在今天的尼日利亚、贝宁和多哥；达荷美人居住在今天的贝宁；阿散蒂人居住在今天的加纳。

［49］ Vandervort, 1998.

［50］ 图库洛尔人主要分布在今天的塞内加尔、马里和毛里塔尼亚；萨莫里人则分布在今天的几内亚、塞拉利昂、马里、科特迪瓦和布基纳法索。

［51］ Reid, 2012: 127.

［52］ Black, 2009: ch. 9.

［53］ Herbst, 2000.

［54］ Vandervort, 1998. 祖鲁人居住在现代南非的夸祖鲁-纳塔尔省（KwaZulu-Natal）。

［55］ Robinson, 1978.

［56］ Reid, 2012: 139.

［57］ Reid, 2012: 148.

［58］ Reid, 2012：140; Black, 2009.

［59］ 在第一次世界大战期间，塞内加尔军团被部署在西欧，这就充分证明了他们的军事能力。

［60］ Herbst, 2000.

［61］ Reid, 2012: 111.

［62］ Reid, 2012: 111—115. 阿散蒂王国逐渐摆脱了奴隶贸易。这可能是唯一一个没有从奴隶出口中获得大量收入的撒哈拉以南非洲的主要国家。

［63］ Nunn and Wantchekon, 2011.

［64］ 关于公元 1500 年前奴隶兵对伊斯兰世界政治体制的影响，请参见 Blaydes and Chaney, 2013。

［65］ Roy, 2013: ch. 2.

［66］ de la Garza, 2016; Richards, 1995.

［67］ Lee, 2017; Iyer, 2010.

［68］ Dincecco, Fenske, Menon and Mukherjee, 2019; Stein, 1985.

［69］ Wilkinson, 2015: 39.

［70］ Wilkinson, 2015: 38—44.

［71］ Black, 2009: ch. 9.

［72］ Davis and Huttenback, 1986: 14.

［73］ 战争费用的估计值参考了 Webster, 1998: 142—145。

［74］ Davis and Huttenback, 1986: 154; Robinson, 1978: 149.

［75］ O'Brien, 1988.

［76］ Black, 2009: ch. 6.

［77］ Taylor and Botea, 2008: 40.

［78］ López Jerez, 2020: 112—117.

［79］ Bossenbroek, 1995: 29.

［80］ Borchard, 1951: 151.

［81］ Jenks, 1927: 284.

［82］ Jenks, 1927: 285—286.

［83］ Viner, 1929: 437—447.

［84］ Polanyi, 2001.

［85］ Kirshner, 2007.

［86］ Kirshner, 2007: 206.

［87］ Shea and Poast, 2018.

［88］ Polanyi, 2001: 15.

［89］ Vandervort, 1998; Killingray, 1989.

［90］ de Moor, 1989: 63—64.

［91］ Reid, 2012.

［92］ Feis, 1930: chs. 5 and 6.

［93］ Grant, 2007: 7.

［94］ Centeno, 2002; Feis, 1930; Marichal, 1989; Suzuki, 1994; Thies, 2005.

［95］ Cappella Zielinski, 2016.

［96］ 样本国家包括阿根廷、巴西、智利、中国、丹麦、法国、希腊、意大利、日本、墨西哥、摩洛哥、巴拉圭、秘鲁、俄国、西班牙、奥斯曼帝国、英国和美国。

［97］ Flandreau and Flores, 2012b.

［98］ Wynne, 1951: 300—302.

［99］ Mauro, Sussman and Yafeh, 2006.

［100］ Stone, 1992.

［101］ 这组数据较为平衡，包括以下国家：阿根廷、澳大利亚、奥地利、巴西、加拿大、智利、中国、古巴、埃及、法国、德国、希腊、印度、意大利、日本、墨西哥、新西兰、秘鲁、罗得西亚（今津巴布韦）、俄国、南非、西班牙、奥斯曼帝国、乌拉圭和美国。

［102］ Wimmer and Min, 2009. 有关战争数据的更多细节，请参见本章前面的内容。

［103］ 威默和闵在 2009 年发表的论文中，对分离主义战争进行编码的依据是战争意图，而非结果。

［104］ Reinhart and Trebesch, 2016: 12.

［105］ 战争费用的数据转引自 Davis and Huttenback, 1986; Ranger, 1969。

［106］ Davis and Huttenback, 1986.

［107］ Frankema and van Waijenburg, 2014; Gardner, 2012.

［108］ 这个问题在自治殖民地中非常突出。早在 1862 年，英国议会就发布了《1862 年殖民地军事开支报告》(*1862 Colonial Military Expenditure Report*)，承认英国对于由"帝国"政策产生的军事费用负有责任。同时，该报告将内部秩序视为殖民地的"主要责任"（Gordon，1965: 22 ）。

［109］ Davis and Huttenback, 1986: 149.

[110] 该战争总耗资 2 350 万英镑，其中印度支付了 1 850 万英镑，英国支付了 500 万英镑（Benians, 1960: 187—188）。

[111] Gardner, 2017: 247—248.

[112] Black, 2009.

[113] Davis and Huttenback, 1986: table 5.2.

[114] Davis and Huttenback, 1986: 159.

[115] Davis and Huttenback, 1986: 145.

[116] Vignon, 1893: 286, 引自 White, 1933: 83, fn. 1。作为参考，1880 年法郎对英镑的汇率为 1 法郎 = 0.04 英镑。

[117] White, 1933: 81.

[118] Coquery-Vidrovitch, 1969: 176.

[119] López Jerez, 2020: 112—117.

[120] Cogneau, Dupraz and Mesplé-Somps, 2021: 448.

[121] 相关内容，请参阅第三章。

[122] Ferguson and Schularick, 2006: 296.

[123] Gwaindepi and Siebrits, 2020: 283.

[124] Van-Helten, 1978: 388.

[125] Krüger, 1969: 343—344.

[126] Pakenham, 2000: 258.

[127] Krüger, 1969: 346.

[128] Judd and Surridge, 2002.

[129] Krüger, 1969: 342.

[130] De Kock, 1924: 412.

[131] De Kock, 1924: 424.

[132] Pakenham, 2000: 258.

[133] De Kock, 1924: 423—424.

[134] De Kock, 1924: 411.

[135] Gwaindepi and Siebrits, 2020: fn. 18.

[136] Headlam, 1936: 538.

[137] Davis and Huttenback, 1986: 150—151.

[138] De Kock, 1924: 394.

[139] British Parliament, 1908: 295.

[140] Lieberman, 2003: 111—112.

[141] Quoted in Davis and Huttenback, 1986: 119.

第七章　战争、信贷和财政能力

　　第二章所论述的公共财政政治经济学表明，用税收为军费开支提供资金应有助于国家建设，因为这样做会激发国家进行自强改革。相比之下，如果国家未能按时偿还战争债务，并在债务重组协议中将国有资产和全部收入来源都交给外国债券持有人，那么利用外资为战争提供资金并不一定会使得国家更加强大。在本章中，我将着重探讨获取外部资本对财政能力（即增加税收的能力）的短期和长期影响。我首先表明，在债券时代，战争期间获得外部融资减少了增强财政能力的可能性（这里的财政能力以直接税收比例来衡量）。随后，我研究了早期的税收努力（或其缺失）是否会产生长期的影响。我的研究表明，债券时代战争融资对财政能力的影响一直延续到 21 世纪初。与依靠国内资源动员的国家相比，在 19 世纪过度依赖外部战争融资的国家在 2000 年前后的税收能力也较低。为了得出这一结论，我解决了这一推论所面临的各种挑战，并通过展示中间效应来详细分析和展开历史过程。"战争塑造国家"的命题是否适用于 1800 年后建立的国家？围绕这一问题的实证研究常常存在证据不一致的现象，本章对这一现象进行了阐释。战争融资的方式，是理解"战争塑造国家"得以成立的条件的关键。

理论期望

　　本书第二章中理论探讨的一个关键启示是，当统治者被迫进行税制改革以动员国内资源时，财政冲击会加强国家能力，而这一行动并非理所当然。单方面征收新税的"交易成本"[1]很高：通过恐吓和武力迫使民众缴税，成本高昂且效率低下。为了促使民众"准自愿遵从"新的税收，统治者可能会给予纳税人对于财政政策一定的政治发言权，这就是权力分享制度，向纳税人传达关于财产归属（即税基是什么）以及如何使用税收等信息，并限制统治者对政府资金的自由裁量权（因此表达了有限政府的概念）。

对于追求财富和权力最大化的统治者来说，权力分享制度是次优的解决方案。除了降低统治者对当前财政政策的自由裁量权之外，未来的政治对手在掌权之后，也可能会选择利用增强的税收能力来反对当前统治者的最大利益。当前和未来的征税成本共同解释了统治者为何对征税犹豫不决。[2]

统治者在面临财政冲击时会考虑其他政策选择，同时避免与纳税人分享权力或在税务官僚部门耗费资源。外部融资就是这样一种政策选择。流入的外国资本可以立即投入使用。在战争期间，这些资金可以用来购买新的军事装备、扩大军队的规模或供养军队，此外，外国贷款也可以补贴政府在其他领域的开支，从而释放国内资源，将其用于支付战争费用。无论哪种方式，外部融资都能让统治者在不必加强财政能力的情况下满足支出激增的需要，推迟因增加税收所带来的（不受欢迎的）政治后果。

在本章其余部分，我将对战争融资政治经济学的几个方面进行检验。首先，我着重说明在债券时代，战争期间过度使用外部资金并没有在短期内增强税收能力。然后，我将证明其对长期财政能力的负面影响。总体而言，研究结果表明，大部分统治者会迫于形势，即在被排除在国际信贷市场之外的情况下，重组税务管理机构并增加新税收。然而，财政能力一旦得到提升，就不会再恢复到战前水平，这种现象通常被称为战争的"棘轮效应"或"挤出效应"。[3]在第八章中，我将详细阐述这种持久性的原因，即所谓的"传导机制"。

战争融资与财政能力的短期收益

为了验证该论点的第一部分——统治者优先选择外部融资而非税收，以最大限度地降低政治和行政成本——我首先研究了财政能力的演变，将其作为战争（1914 年前最主要的财政冲击）和国际资本市场准入的联合函数。我预计国家 i 在第 t 年的税收能力将会以如下形式演变：

$$税收能力_{i,t} = \beta_0 + \beta_1 战争_{i,t-1} + \beta_2 外部资金排斥_{i,t-1} + \beta_3 战争_{i,t-1} \times$$
$$外部资金排斥_{i,t-1} + \beta_4 税收能力_{i,t-1} + X\Gamma + \eta_i + \gamma_t + \epsilon_{i,t} \quad (7.1)$$

其中，X 表示国家层面控制变量的向量，η_i 和 γ_t 分别表示国家和年份固定效应的完整系列。如果统治者试图将税收带来的政治影响降至最低，那么他们只有在别无选择的情况下才会加强财政能力。基于这一前提，我预计当国家发动战争——财政冲击——同时被排除在资本市场之外时，税收能力将会提高，因此 $\beta_3 > 0$。相反，如果国家在战争期间能够获得外部资本，这可能会减少其增强税收能力的动机，以避免与纳税人分享财政权力，也避免新增行政开支，因此 $\beta_1 = 0$。

我们可以借鉴西班牙在战争融资方面的经验。西班牙在 19 世纪下半叶参与了三波战争。在第一波战争中，西班牙参与了在交趾支那（1858—1862 年）、摩洛哥（1859—1860 年）、圣多明各（1863—1865 年）和智利（1864—1866 年）的战争。两年后，西班牙出兵应战第一次古巴独立战争（1868—1878 年）——这是第二波。最后是菲律宾独立战争（1896—1898 年）和第二次古巴独立战争（1895—1898 年）——这是第三波。从军费开支的规模来看，第一波战争是这三波战争中花费最少的，[4] 但也是西班牙所经历的唯一一波被排除在国际资本市场之外的战争。国内资源被动员起来：在七年内，税收占 GDP 的比例增加了 1.7 个百分点，从 7.1% 上升到 8.8%（增长了 23%）。尽管按现代标准来看，这个税负压力是很小的，在此后大约 25 年的时间里，西班牙的税负压力始终保持在这一水平，直到 19 世纪 90 年代初期。另外两次军事行动的资金来源是外债、殖民地债务和通货膨胀税。[5]尽管第二波和第三波战争的费用要高得多，但税收占 GDP 的比例分别增加了 0.40 个百分点和 0.88 个百分点，仅是第一波战争的四分之一和二分之一。像当时许多其他国家一样，西班牙在无法依靠海外借款的情况下，进行了重要的财政制度改革。

研究设计与测量

在 1816 年至 1913 年间，持续的军事冲突（参见第六章）与全球金融的兴起（参见第三章）几乎同步发生，因此我着重研究这漫长的 19 世纪。1914 年之前，财政改革在很大程度上是由军事需求驱动。第一次世界大战之后，福利支出激增，这使得我们难以单独分析战争对此后财政能力的影响，因为新创设社会项目也需要更高的税收支持。此外，由于两次世界大战的财政成本是前所未有的，因此起初最积极的参战国本身就具有较高的财政能力。如果将分析范围扩大到 1913 年以后，就会进一步加剧选择性偏差问题。

对于因变量，我主要参照了安德森（Andersson）和布兰博尔（Brambor）最近汇编的一个重要的公共财政数据集，他们收集了包括欧洲、拉丁美洲与大洋洲国家和日本共 31 个国家税收比例的非平衡面板数据，涵盖了早至 1800 年以来的税收比例。[6]为了研究 1914 年之前税收能力的发展，我参照了丁切科和普拉多（Prado），以及我本人之前的研究成果[7]，采用了直接税在总税收中所占的比例作为衡量指标。征收直接税（所得税和财产税），就需要一个复杂的官僚机构对财富进行评估，并监督零散税基的纳税遵从情况。[8]在 19 世纪，增加直接税的努力显示了统治者加强财政能力的决心。

表 7.1 列出了实证分析的有效样本，由于 1914 年前的税收数据有限，样本减少到 23 个国家。另外两个关键协变量是战争和国际金融的可获得性。战争数据来自威默和闵，如第六章中所述，他们汇编的数据代表了 19 世纪主权国家和非主权政治实体发动的所有战争。[9]对于

每一年份，我都计算了每个给定国家参加的国家间战争和独立（或分离主义）战争的总数，即战争的集约边际。为保证结果的稳健性，我还参考了 COW 数据集，但这样的话战争数量就会减少，因为该数据集只列出了获得国际承认的国家（即与英法均有外交关系的国家）发动的国家间战争。

表 7.1　1914 年前直接税税率的样本覆盖范围

阿根廷	1895	1913	墨西哥	1867	1895
澳大利亚	1910	1913	荷　兰	1816	1913
奥地利	1816	1913	新西兰	1879	1913
比利时	1830	1912	挪　威	1851	1913
智　利	1817	1913	秘　鲁	1899	1913
丹　麦	1820	1913	葡萄牙	1833	1913
厄瓜多尔	1830	1913	西班牙	1845	1913
芬　兰	1882	1913	瑞　典	1850	1913
法　国	1816	1913	瑞　士	1875	1913
德　国	1906	1913	英　国	1816	1913
意大利	1862	1913	乌拉圭	1903	1913
日　本	1868	1913			

注：该表表示了每个国家的首次和最后一次观测数据的年份（$N=23$）。

资料来源：Andersson and Brambor, 2019。

为了确定国际资本的可获得性，我采用了莱因哈特和罗格夫编码的自 1800 年以来外部贷款违约事件，他们将主权违约定义为政府未能在到期日（或在规定的宽限期内）支付本金或利息。[10] 莱因哈特和罗格夫根据 21 世纪初的国际边界来定义国家，这一点与威默和闵的战争数据一致。在本研究所覆盖期间，违约事件持续时间的中位数为 6 年。[11] 重要的是，在违约期间，违约国被排除在国际借贷市场之外。我预计在违约期间发动战争，会刺激相关国家在财富评估、税收执行和制度建设方面有所改进。

税收能力是一个变化缓慢的变量（slow-moving variable）。为了考虑结果变量的序列相关性，我将其滞后一期的值作为额外的控制变量。为了调整国家间时不变的不可观测特征，我增加了一系列国家固定效应。任何影响诸如信贷获取和税收能力的长期趋势，都可以通过一整套年份固定效应加以解释。为了尽量减少选择偏差，我控制了战争和外部违约的累计次数，并将军事和金融轨迹的差异纳入考虑，这些差异可能会影响在任何特定时间发生战争的可能性（即一个国家在过去发动的战争越多，该国在未来发动战争的可能性就越大[12]）和违约的可能性（即过去的违约记录可能会增加未来遭到信贷排斥的可能性[13]）。

公式 7.1 中 β_1 和 β_3 的点估计值见图 7.1。第一组结果表明，战争对税收能力的影响取决于外部资本的可获得性。当一个国家违约，因而被排除在国际资本市场之外时，战争对直接税比例产生正面影响。而当一个国家能够获得外部资本时，其影响则相反，且影响力度减半。考虑到这些估计值涉及战争对财政的直接影响，其影响相当可观：在其他条件不变的情况下，被排除在外部资本之外的战争年份每增加 1

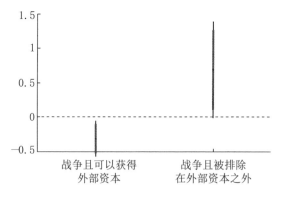

注：结果变量是 1816 年至 1913 年间每年度直接税在总税收中的占比。我使用外部违约事件来衡量外部资本的获取情况，对公式 7.1 进行回归估计。协变量（未体现）包括了结果变量的滞后一期的值、战争和违约事件的累计次数，以及国家和年份固定效应。$N=1\,225$。在国家层面进行误差聚类，置信区间为 90% 和 95%。

图 7.1　战争对直接税收的影响与违约事件的函数关系

年，直接税比例就会增加 0.7 个百分点。根据这些估计，一个国家在债务违约的情况下打一场完整的战争（平均 4 年），直接税比例将增加 2.8 个百分点，相对于样本平均值增加了 11 个百分点。与预期相反，在能够获得外部资本的情况下发动战争并非对税收能力没有影响，事实上，这反而会降低其税收能力。出于政治声望的考虑，统治者可能会在战争期间减轻税收压力，但同时确保获得主权贷款以满足军费开支。如果是这样的话，在战争结束后将税收比例恢复到战前水平可能需要付出更多努力，从而增加了违约的可能性。[14]

全球信贷紧缩

虽然直观，但使用针对具体国家的外部违约衡量标准来确定是否能够获取外部资本，这是有问题的。在违约状态下发动战争的国家，可能与那些推迟宣战直到获取外国资本的国家有所区别，这些区别也会影响其长期财政能力。在这一部分中，我利用全球信贷紧缩来解决资本获取的内生性问题。在本研究所覆盖的时间段里，欧洲国家经历了经济危机和银行危机，并且它们迅速影响了主权债务市场。[15] 我利用在欧洲引发的、突如其来的全球信贷紧缩（也被称为"急刹车"）[16]，来确定各国在哪些时期无法利用外部资金为战争融资，而无论其是否具有某些特征。用莱因哈特和罗格夫的话说：

> 全球金融中心的银行业危机（以及随之而来的信贷紧缩）导致向边缘地区的贷款"急刹车"……从本质上讲，来自"北方"的资本流开始枯竭，并且以一种与新兴市场潜在的经济基本面无关的方式枯竭。[17]

基于这种直观感觉，我研究了在国际资本因借款人特征以外的原因而枯竭的时期，用税款资助战争的动机是否会变得更强。为了确定全球信贷紧缩的开始和持续时间，我参考了世界银行家——英国——

在 1914 年前的银行和股市危机（表 7.2）。伦敦的金融风暴迅速蔓延到巴黎、柏林和纽约。危机蔓延的途径多种多样，包括商品和证券套利、各种形式的资金流动（货币、银行存款、汇票）、金融主管部门之间的合作以及纯粹的心理因素。[18]伦敦的金融风暴以这样或那样的方式使全球范围内的国际借贷枯竭。[19]

表 7.2　1816 年至 1913 年间伦敦的银行危机和股市崩盘

银行危机年份		股市崩盘年份
1825	1849	1865
1837	1850	1866
1838	1857	1867
1839	1866	1910
1840	1873	1911
1847	1890	1912
1848		1913

注：相关日期借鉴了莱因哈特和罗格夫（Reinhart and Rogoff, 2009）的著作，其中 1873 年的银行恐慌由作者添加。

确定外生性非常重要，19 世纪英国金融崩溃的主要原因来自其国内——1825 年、1847 年、1857 年和 1866 年的重大危机无疑符合此特征，但 1890 年的金融恐慌却并非如此，当时阿根廷爆发了大规模财政失衡，引发了英国停止放贷。[20]更重要的是，英国银行业恐慌并没有对借款国的违约行为做出反应，这令人对其金融冲击的外生性产生质疑。在 19 世纪，发生违约的大多数国家是边缘国家。虽然相对于其本国经济而言，违约的数额可谓规模庞大，但从全球角度来看，它们只是英国经济的“附带事件”。[21]综上所述，除了英国和 1890 年的阿根廷之外，其他国家遭遇信贷紧缩都可以被稳妥地视为外生性事件。

为便于说明，图 7.2 显示了英国资本输出自起始以来的演变过程，也标识了莱因哈特和罗格夫所确定的银行业恐慌和股市崩盘的年份。[22] 图 7.2 反映了银行业危机前后的"繁荣与萧条"周期，1873 年和 1890 年发生的危机就是例证。在每次崩盘之前，借贷都非常活跃，但一旦债务泡沫破裂，国际资本流动便会暂时陷入全面枯竭。正因为如此，在信贷紧缩时期，我预计统治者会有更强的动机通过外部借贷以外的手段（即税收）为军事行动筹措资金。[23]

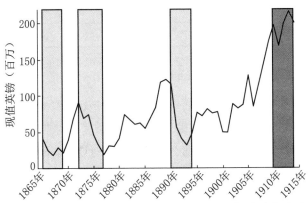

注：浅灰色表示 1865 年、1873 年和 1890 年的银行业恐慌。深灰色表示 1907 年的股市危机。

资料来源：Reinhart and Rogoff, 2009；Stone, 1992。

图 7.2　1865 年至 1914 年英国的资本输出

在 19 世纪，全球信贷紧缩的平均持续时间为 4 年。[24] 因此，我在每次爆发全球信贷紧缩之后设立了 4 年的窗口期，并假设在这些窗口期，各国均无法获得外部贷款。如果全球信贷紧缩是可预测的，那么各国可能会在发生信贷停止之前就发动战争，从而对这一历史偶然事件的外生性提出了质疑。为了评估全球信贷紧缩的不可预见性，表 7.3 显示了在纳入资本获取的内生性指标（即是否违约）和外生性指标时，战争爆发的频率和持续时间。前两列数据显示，参战国在贷款违约期间很少发动战争，这证实了使用这一直观指标时的内生性考虑。相比之下，外生性指标的分布则相当均衡：57% 的战争年份与国际借贷市场低迷的时期重合。这种分布很好地说明了全球信贷紧缩的不可预测性。

表 7.3　短期测试样本中战争频率和持续时间与内生因素和
外部信贷获取的函数关系

	内生性指标		外生性指标	
	没有违约	违约	信贷流动	信贷停止
频率	94%	6%	43%	57%
持续时间	3.06 （0.21）	1.89 （0.35）	2.01 （0.18）	2.42 （0.17）
持续时间差异	1.17**		−0.41	

注：战争年份的总数为 162。信贷停止，指的是全球信贷紧缩时期。括号内为标准误差。*** 表示 $p<0.01$，** 表示 $p<0.05$，* 表示 $p<0.1$。

现在，我着手探讨结束战争的决定，这是对本章推论的第二个挑战。依靠外部战争融资的弱国，在全球信贷紧缩时期可能更容易投降。如果确实是这样的话，那么在信贷流动时期，弱国经历的战争年份会较多，而在全球信贷紧缩时期的战争年份则较少。这将会使估计结果偏向于发现战争对信贷流动时期的负面影响。如果这种模式具有系统性，那么在全球信贷紧缩时期观察到的战争平均持续时间应该较短。然而，表 7.3 显示，在全球信贷紧缩时期和非紧缩时期的战争持续时间相当平衡——在全球信贷停止时期平均为 2.42 年，而在信贷流动时期为 2.01 年，两者之间的差异在统计上并不显著。这些数字与内生性指标的分布结果形成了鲜明对比：与参战国能够获得资本的时期相比，违约时期发生的战争明显持续时间更短。表 7.3 中的数据表明，如果以战争的频率和持续时间来判断，在处理国际借贷流动时期进行的战争和全球信贷紧缩时期进行的战争时，两者之间具有同类可比性。

全球信贷紧缩的结果

接下来，我重新估算了公式 7.1，将衡量外部资本获取的内生性指标（即违约事件）替换为外生性指标（即全球信贷紧缩）。为了最大限度地提高外生性，我剔除了英国（世界银行家）以及法国和德国，因为到 1880 年（有效样本的平均年份），这两个国家已经在国际金融网络中承担了重要角色。我在图 7.3 中绘制了 β_1 和 β_3 的点估计值，并在表 7.4 中以回归格式展现了结果。

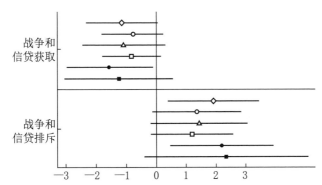

模型1：4年信贷紧缩　◦模型2：3年信贷紧缩
△模型3：5年信贷紧缩　□模型4：4年信贷紧缩+人均GDP
•模型5：4年信贷紧缩+人均GDP+广延边际
■模型6：4年信贷紧缩+人均GDP+广延边际（COW数据集）

注：结果变量为 1816 年至 1913 年间直接税占总税收的年度比例。我使用全球信贷紧缩作为外部资本获取的外生性冲击，对公式 7.1 进行了回归估计。为了最大化外生性，样本中排除了英国、法国和德国。所有模型都包括以下协变量，即结果变量的一期滞后值，战争和违约事件的累计次数，以及国家和年份固定效应。其他控制变量如图例所示。在国家层面进行误差聚类，置信区间为 90% 和 95%。

图 7.3　战争对直接税的影响，作为外生性外部资本获取的函数

表 7.4 中第 1 列展现的是模型 1，该模型使用 4 年的窗口期来近似计算信贷紧缩的平均持续时间。结果证实，在依靠资本获取的外生性指标进行衡量时，战争对财政能力的影响呈现相反的效应。当国家在能够获得外部资本的情况下发动战争时，战争对财政能力的影响是负面的。相比之下，在遭到外部信贷排斥的情况下发动战争则会在短期内提升财政能力。根据这组新的估计值，在无法获得外部信贷的情况下，战争年份每增加 1 年，税收比例就会比样本平均值增加 7.6 个百分点。

为了确保结果的稳健性，模型 2 和模型 3 将全球信贷紧缩的窗口期分别设定为 3 年和 5 年。由于较短和较长的窗口期会给排除性测度（exclusion measure）增加噪声，因此模型 2 和模型 3 中的系数相对于

表 7.4 战争和外部资本获取对短期财政能力的影响

	图 7.1	图 7.3					
		（1）	（2）	（3）	（4）	（5）	（6）
$\hat{\beta}_1$：战争	-0.316** (0.124)	-1.146* (0.576)	-0.787 (0.493)	-1.085 (0.663)	-0.825* (0.469)	-1.540** (0.689)	-1.244 (0.866)
$\hat{\beta}_2$：外部资本排斥	-0.309 (0.389)	-11.336*** (1.483)	-11.252*** (1.453)	-11.228*** (1.470)	-11.816*** (1.675)	-11.985*** (1.720)	-11.022*** (1.253)
$\hat{\beta}_3$：战争 × 外部资本排斥	0.684* (0.339)	1.936** (0.736)	1.356* (0.721)	1.455* (0.779)	1.195* (0.656)	2.174** (0.832)	2.336* (1.326)
外部资本指标 [a]	违约	危机	危机	危机	危机	危机	危机
战争边际 [b]	集约	集约	集约	集约	集约	广延	广延
全球金融中心 [c]	包括	排斥	排斥	排斥	排斥	排斥	排斥
信贷紧缩窗口期	—	4 年	3 年	5 年	4 年	4 年	4 年
滞后的结果变量	是	是	是	是	是	是	是
累计违约年份	是	是	是	是	是	是	是
累计战争次数	是	是	是	是	是	是	是

续表

	图 7.1	图 7.3					
		（1）	（2）	（3）	（4）	（5）	（6）
年份固定效应	是	是	是	是	是	是	是
国家固定效应	是	是	是	是	是	是	是
观测值	1 225	1 024	1 024	1 024	1 001	1 001	1 001
R^2	0.831	0.812	0.811	0.811	0.820	0.820	0.822
国家数量	23	20	20	20	20	20	20

注：本表以回归表格式展现了图 7.1 和图 7.3 的结果。用直接税在总税收中所占比例来衡量财政能力。括号内为按国家层面聚类的稳健标准误差。未报告本表未取得的截距。*** 表示 $p<0.01$，** 表示 $p<0.05$，* 表示 $p<0.1$。

a. 外部资本未取国家的违约事件（内生性指标）或全球金融危机（外生性指标）来衡量。

b. 战争的违约边际（每年的战争总数）或广延边际（任何给定年份是否发生战争）来衡量。

c. 为了最大限度地体现 19 世纪最后几十年间金融冲击的外生性，图 7.3 中的模型排除了英国、法国和德国这三个全球金融中心。

模型 1 中的系数有所减弱。在模型 4 中，我加入了从博尔特（Bolt）、英科拉尔（Inklaar）、德容（de Jong）和范·赞登（van Zanden）那里借鉴的人均 GDP 作为控制变量，[25]这无疑是一个相关性控制变量：直接税需要高度的货币化，而货币化又与收入水平相关。同样，较富裕的国家有望以更优惠的条件获得国际资本，并建立更强大的军队，从而增加发动战争的可能性。这个控制变量的缺点是 GDP 严重依赖线性插值，并减少了样本量。正如所预期的那样，这个控制变量会使得 $\hat{\beta}_1$ 和 $\hat{\beta}_3$ 的点估计值相对于模型 1 有所减弱，但实质性解释仍然保持不变。

一个国家在任何给定年份卷入的战争数量与战争强度之间的关系可能呈负相关关系——一个国家只能同时进行有限数量的大规模战争。模型 5 保留了收入作为控制变量，同时将迄今为止使用的战争集约边际指标替换为广延边际指标，具体的做法是：用一个指标变量来衡量，当一个国家在任何给定年份发动战争时，无论其卷入的战争数量多少，该指标变量都为 1。各种设定的结果几乎完全相同：在能够获得外部资金支持的情况下发动战争会减少短期税收，而在无法获得外部资金的情况下发动战争则会增加短期税收。

模型 1 至模型 5 使用的是威默和闵的战争数据。[26]模型 6 则使用 COW 数据集中的战争数据，[27]重新运行了与第 5 列相同的设定，COW 数据集是战争史研究中广泛使用的数据集。正如我在第六章中解释的那样，COW 数据集列出的国家间战争数量少于威默和闵的数据集，因为它只列出了获得国际承认的国家（即与英法均有外交关系的国家）发动的国家间战争。同样，主要的 COW 数据集只列出了国家间战争，不包括独立战争。[28]COW 数据集的优点显然超过了其局限性，而一旦使用 COW 数据集，结果是值得确认的。检验结果见模型 6，其点估计值与模型 5 几乎完全相同。置信区间略大，这是因为 COW 数据集中列出的战争次数少于威默和闵的数据集，因此造成了统计效能问题。

总而言之，图 7.3 表明，1816 年至 1913 年间，发动战争对短期税收能力的影响取决于这个国家是否能获得外部资本。在受到资本市场排斥的情况下发动战争会增加税收压力，而在能够获得资本的情况下发动战争，则不会增加税收压力，有时还会减少税收压力（统计显著性在 90% 的置信区间接近临界值）。图 7.1 和图 7.3 结合在一起，共同揭示了学者们对国际金融时代战争与国家建设之间关系的不同研究结果。资本全球化扭曲了统治者进行资源动员的动机，他们可能更倾向于依赖外部资本，而不是动员国内资源，特别是在他们最需要资源的时候。

战争融资与财政能力的长期收益

从长远来看，用外部资金为战争融资可能不会对国家能力造成损害。如果公共财政的债务-税收等价关系成立，统治者将承担战争债务的责任，并在军事冲突后加强税收以偿还债务，从而促进国家建设。然而，正如我在第五章中所述，普遍的债务减免，以及在违约情况下以战争债务换取非税收收入的做法，都可能会阻碍自强改革，并破坏税收和贷款在国家建设中的等价关系。考虑到外部融资对国家能力建设的影响（充其量）是不确定的，我预计，在其他条件不变的情况下，那些主要依靠税收，而非外部贷款为战争提供资金的国家，其长期财政能力更强。

研究设计

为了检验战争融资对财政能力的长期影响，可以利用与特定冲突相关的纵向数据——关于历史上战争融资方式（即税收和贷款的比例）的纵向数据，并用这些数据来建立长期税收能力的模型。正如我在第六章中提到的，除了少数几个案例（其中大部分在西欧）之外，并不存在理想的战争融资数据集。为了将分析范围扩大到发达经济体之外，我建议对债券时代能够获取外部资本和不能获取外部资本的情况下发生战争的频率进行比较，并利用这些信息来建立 2000 年前后的税收能力模型。根据第二章中所阐述的战争政治经济学，以及本章第一部分的分析结果，我提出假设：在能够获取外部资本的情况下，统治者将会过度依赖外部资本为战争融资。

对于 19 世纪的每场战争和每个国家，我都会确定战争是不是在该国能够进入国际信贷市场的情况下发动的。为了确定是否能够进入国际信贷市场，我依靠两个指标来衡量，分别是违约事件（内生但直观）和国际金融危机（难以预料的共同冲击）。有了这些信息，我将当前的税收比例与漫长的 19 世纪中的战争年数（分别包括了能够获得和不能获得外部融资的情况）进行了回归，同时控制了一系列混淆变量，包括战争持续时间、伤亡人数和战争结果等。从形式上看，

$$
\begin{aligned}
税收能力_{i, 2000} = {} & \alpha + \beta_1\,(\#\,1816\,年至\,1913\,年间的战争年数\,|\,无法\\
& 获得国际信贷) \\
& + \beta_2\,(\#\,1816\,年至\,1913\,年间的战争年数\,|\,能够 \qquad (7.2)\\
& 获得国际信贷) \\
& + X_i\delta + \gamma + \rho + \epsilon_i
\end{aligned}
$$

其中，基准类别是 19 世纪没有参加过战争。我认为，假如一个国家无法从外部融资，战争就会增强统治者投资财政能力的动机，从而促进长期财政能力的提升（即 $\beta_1 > 0$）。如果能够从外部为战争融资，那么其影响则较为模糊：一些国家可能会在战后进行财政建设来偿还债务，从而增强其税收能力（图 1.3 中的路径 C），但也有一些国家可能会暂停偿还债务。违约清算措施可能包括债转股和外国国际控制 [1]，这些都可能会缩小借款国政府的税基（图 1.3 中的路径 E）。比较宽松的外债重组措施则可能涉及债务减免和延长偿债期限，从而放松对财政能力建设的需求。总体而言，我认为，随着更多的国家在能够获得外部信贷的情况下发动战争，战争对国家建设的效应为 0（如果不是负面的话），$\beta_2 \leqslant 0$。

需要澄清两点。首先，$\beta_2 \leqslant 0$ 的期望值，与战争融资中债务-税收的等价关系对国家建设的作用相悖。请注意，如果这种等价关系成立，

---

[1] 原文如此，但疑似笔误，应为"外国财政金融控制"。——译者注

那么对于长期国家能力而言，借贷和税收应该是无差别的，这意味着在其他条件不变的情况下，$\beta_1 \approx \beta_2 > 0$。其次，在缺乏外部信贷的情况下，统治者可能会通过印制钞票、寻求国内贷款、贩卖奴隶或进行金融压迫来为战争筹措资金。[29] 如果采用这些替代措施，它们会对 β_1 产生向下偏误，因为在外部信贷枯竭时，这些替代方案降低了加强税收的动机。

我用个人所得税占 GDP 的百分比来衡量当今各国的财政能力。征收个人所得税需要一个复杂的官僚机构，能够对高度分散的税基进行评估、强制执行并惩罚逃税者。正是因为个人所得税对行政管理难度的挑战，这一税种被视为财政能力建设的终点。[30] 出于同样的原因，它也为确定各国自 1914 年以来在税收能力建设方面的进展提供了一个令人信服的基准。为了尽量减少异常观测值的影响（例如，暂时性经济冲击之后的影响），我采用的是 1995 年至 2005 年这十年间个人所得税占 GDP 比例的平均值。[31]

请注意，与本章第一部分相比，数据结构发生了重要变化。在短期模型中，我用的是纵向横截面数据；而在这里，区别在于仅使用了截面数据。样本不再受限于 19 世纪的税收数据，毕竟当时各国的税收数据相对稀缺，因此，长期模型所包含的国家数量是短期模型的四倍以上，涵盖了更广泛的发达国家和发展中国家、主权国家和附属国家。我在第六章中曾经提出，附属国借助国际贷款和来自宗主国的补贴，共同资助其本地战争和帝国战争，我认为这种情况对于长期国家建设来说收益甚微。这里使用的战争数据同样来自威默和闵。

由于采用的是截面数据，我没有使用国家固定效应，而是纳入一系列潜在的混淆变量 X，这些变量能影响各国当前的财政能力，也可能影响 19 世纪的战争参与、信贷获取或两者兼而有之。首先，我增加了一个列强的指示变量。[32] 这些国家拥有强大的国家能力和融资渠道，并且很可能会发动战争。其次，我考虑了初始财富的衡量标准，因为较富裕的国家更有可能发动战争，并且在起初拥有较强的财政能力。[33] 由于缺乏 19 世纪早期发展中国家的系统性 GDP 数据，我将 1820 年的人口密度作为衡量标准，这是工业革命前经济繁荣程度的标准代理变量。[34] 再次，我加入了两个地理特征，它们可能会对公式 7.2 产生两个方面的影响。第一个特征是出海通道（sea access），其定义是距离最近的不冻海岸 100 千米以内的陆地面积占各国陆地面积的百分比。我认为出海通道与贸易活动相关，因此也与国家的地缘战略价值及其与国际资本市场的融入程度相关。[35] 第二个地理控制变量是沙漠在领土面积中的占比。我认为沙漠会阻碍工业发展并阻止货币化，但沙漠地区也可能成为阻挡外国入侵的天然屏障，从而降低战争发生的频率。[36] 最后，我控制了一个可能影响战争动机（或导致遭受攻击）的重要非税收入来源：是否为石油生产国。[37] 可以说，这一变量在本研究覆盖时间段的后期变得更加重要了。

最后，下面的所有模型都包含了一组地区固定效应 γ，这些指标考虑了各大洲在战争频率、信贷获取和建国时间等方面的特征，还包括了一组殖民地起源指标 ρ，因为我认为殖民地参与战争的可能性、建立的税收结构以及外部信贷条件都会受到宗主国的影响。[38]

原始估计

第一组结果见图 7.4。为了建立一个有意义的基准线，我首先为莱因哈特和罗格夫抽样的所有国家中我能收集到完整信息的国家（68 个国家中的 63 个）绘制了战争塑造国家的理论——战争越多，国家越强大——的绝对化版本的估计值。[39] 无条件模型的具体设定如下：

$$财政能力_{i,2000} = \alpha + \beta_1(\#\,1816\,年至\,1913\,年间战争年数) + X_i\delta + \gamma + \rho + \epsilon_i \tag{7.3}$$

其中包括与上文相同的协变量 X，以及地区和殖民地固定效应 γ 和 ρ。图 7.4 最上面用圆圈表示的 1816 年至 1913 年间战争年数的系数为正，但在 90% 的置信水平上不显著，这与第一章和第六章中关于战争塑造国家的理论的文献综述中参差不齐的研究发现是一致的。

图 7.4 中模型 1 的无条件估计值应与后面的六个估计值进行比较，这些模型分别区分了"在违约状态下进行战争"与"在可获得国际信

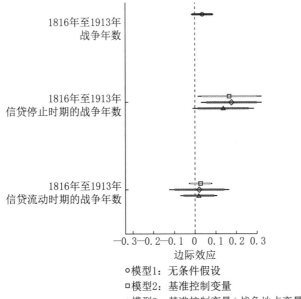

注：上图展示了战争和信贷获取对 2000 年前后个人所得税占 GDP 比例的边际效应。$N=63$。使用普通最小二乘法，置信区间为 90% 和 95%。根据违约事件来判断信贷获取和信贷排斥。四个模型都包括以下协变量——地区和殖民地起源的固定效应、违约总年数、1820 年的人口密度、是否为石油生产国、出海通道、沙漠地区面积以及列强指示变量。模型 3 的估计值来自包含了基准控制变量加战争地点变量的模型，模型 4 则在基准控制变量的基础上增加了战争伤亡人数变量。

图 7.4 长期财政能力作为战争和内生性信贷获取的函数

贷市场支持下进行战争"的影响，分别为公式 7.2 中的 β_1 和 β_2。第一对点估计值（模型 2，用正方形表示）设定了基准。系数的符号与建模时预期的一致：$\hat{\beta}_1$ 为正且在统计上显著不为零，$\hat{\beta}_2$ 则接近零。从实质上讲，基准模型设定意味着，违约期间战争年份的数量每增加一个标准差，当前的个人所得税占 GDP 的比例就会增加 0.41 个点。这相当于个人所得税的均值增加了 15%。相比之下，β_2 的估计值表明，在可获得国际市场支持的情况下发动战争，不会对财政能力产生持久的影响。

战争会造成破坏，但破坏程度可能因交战地点而异。当军事冲突发生在国内时，就会对税基造成严重损害，从而阻碍对财政能力的投资。因此，战争发生的地点很可能是一个混淆变量。为了解决这一逻辑问题，在模型 3 中，我在基准模型的基础上增加了冲突地点作为控制变量。[40] 对 β_1 和 β_2（用菱形表示）的新估计值与基准模型中的估计值几乎相同。

并非所有战争都是相同的。更血腥、更持久的战争可能会克服征税阻力，同时最大限度地激励统治者投资于财政能力。为了探究这种可能性，我在模型 4 中增加了战争强度的控制变量，即 1816 年至 1913 年间的战争阵亡总人数。[41] 加入战争伤亡人数变量并不会对相关系数 β_1 和 β_2（图中用三角形表示）的点估计值产生实质性影响。

这一初步分析得出的结果与理论预期一致：如果一个国家在受到国际信贷市场排斥的情况下发动战争，那么它投资税收能力的动机就会很强，其长期国家能力也会随之提高。相比之下，如果国家能够获得外国资本支持，战争（平均而言）就不会促成国家建设。

对推论的挑战

虽然上述分析具有直观性，但仍受到内生性问题的困扰。处于违约状态并不是一个外生性因素，是否发动战争或参与哪一场战争的决定也不是外生性的。接下来，我将逐步解决这两组问题。

全球信贷紧缩与长期能力

如"全球信贷紧缩"部分所述，我们可以用全球信贷紧缩来替代特定国家的违约事件，并将其作为对外部资本获取的外生冲击。信贷的"急刹车"往往源自世界金融中心，事先没有通知，平均持续时长为 4 年。依靠全球信贷紧缩，我创建了一个外部资本获取的测量标准，这一标准也不再受莱因哈特和罗格夫的国家层面违约数据的可用性限制，[42] 将样本数量有效地扩大到全球 100 多个国家。我计算了其中每个国家在全球资本冻结时期和非冻结时期的参战年份数据。

表 7.5 显示了这些冲击的外生性特征：样本中有一半的战争年份

发生在全球信贷紧缩期间，而战争的平均持续时长在不同时期基本保持均衡。战争持续时长的均衡分布，也证明了全球信贷"急刹车"的不可预期性。[43]

表 7.5 长期测试样本中战争频率和持续时间与外生性信贷获取的函数关系

	国家间战争		国家间战争与分离主义战争	
	信贷流动	信贷停止	信贷流动	信贷停止
战争频率	47.74%	52.25%	50.89%	49.11%
持续时间	2.32（1.87）	2.25（1.51）	2.23（1.73）	2.29（1.58）
各国战争年数	465		615	
国家	107		107	

注：信贷停止，是指全球信贷"急刹车"的时期。括号内为标准差。样本国家按地区划分如下。非洲：布隆迪、乍得、刚果、刚果民主共和国、埃及、埃塞俄比亚、几内亚、科特迪瓦、肯尼亚、莱索托、马达加斯加、马里、摩洛哥、纳米比亚、尼日利亚、卢旺达、塞内加尔、南非、斯威士兰、突尼斯、赞比亚、津巴布韦。亚洲：孟加拉国、不丹、柬埔寨、中国、塞浦路斯、印度、印度尼西亚、伊朗、以色列、日本、黎巴嫩、马来西亚、蒙古、缅甸、尼泊尔、巴基斯坦、菲律宾、韩国、斯里兰卡、泰国、土耳其、越南、也门。欧洲：阿尔巴尼亚、亚美尼亚、奥地利、阿塞拜疆、白俄罗斯、比利时、波斯尼亚和黑塞哥维那、保加利亚、克罗地亚、捷克共和国、丹麦、爱沙尼亚、芬兰、法国、格鲁吉亚、德国、希腊、匈牙利、冰岛、爱尔兰、意大利、哈萨克斯坦、拉脱维亚、立陶宛、马其顿、摩尔多瓦、荷兰、挪威、波兰、葡萄牙、罗马尼亚、俄罗斯、斯洛伐克、斯洛文尼亚、西班牙、瑞典、瑞士、塔吉克斯坦、乌克兰、英国。拉丁美洲：阿根廷、玻利维亚、巴西、智利、哥伦比亚、哥斯达黎加、多米尼加共和国、厄瓜多尔、萨尔瓦多、危地马拉、洪都拉斯、墨西哥、尼加拉瓜、巴拿马、巴拉圭、秘鲁、乌拉圭、委内瑞拉。北美洲：加拿大、美国。大洋洲：澳大利亚、新西兰。

在图 7.5 中，我绘制了公式 7.2 中的点估计值 $\hat{\beta}_1$ 和 $\hat{\beta}_2$（已净除其他控制变量的影响），以及当前税收能力分别与可获得外部资本、不可获得外部资本的情况下的战争年数分布之间的散点图。图 7.5a 显示，在其他条件不变的情况下，一个国家于 19 世纪在受到资本市场排斥的情况下发动的战争越多，那么其当前个人所得税占 GDP 的百分比就越高。相反，如图 7.5b 所示，如果我们关注的是在能够获得外部信贷的情况下发动战争的年数，则两者之间呈负相关关系。在得出进一步结论之前，我先讨论一下内生性问题的第二个挑战：选择参与战争。

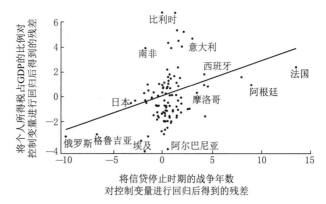

a. 信贷停止时期的战争

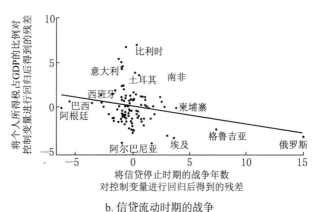

b. 信贷流动时期的战争

注：估计值反映了 2000 年前后个人所得税占 GDP 百分比的完整模型与 1816 年至 1913 年能够或不能获得外部融资（由国际信贷紧缩确定）情况下的战争年份数之间的部分相关性，控制变量包括了：1820 年的人口密度、是否为石油生产国、出海通道、沙漠地区面积、殖民地起源固定效应和地区固定效应。N＝106（不包括英国）。为避免图示过于混乱，图中仅显示部分国家的名称。关于排除了俄罗斯、格鲁吉亚和法国这些可能有影响力异常值的模型，请参见 Queralt, 2019: Appendix E。结果仍然成立。

图 7.5　长期财政能力与战争和外生性信贷获取之间的函数关系

发动战争的决定

在国际信贷紧缩（即使是由于外部原因导致的信贷紧缩）时期发动战争的国家，可能比那些等待信贷恢复的国家具有更强大的国家能力。为了解释初始国家能力的差异，我考虑了两个协变量：布克施泰特（Bockstette）、昌达（Chanda）和普特曼（Putterman）创建的国家古老指数（State Antiquity Index）[44]和人口普查能力。如果较古老的国家是因为在过去的战争中获胜而存在至今，那么国家古老指数应该能够反映累积的军事和行政能力。[45]人口普查技术最初用于在特定领土内确定税收基础和征兵潜力，同样能够反映国家的行政能力。为了控制*初始*行政能力，我创建了指标变量"1820 年前的现代人口普查"，如果国家 i 在 1820 年前进行过现代人口普查，则该变量值为 1。[46]

初始控制变量被推荐用于解释那些使国家更有可能发动战争、获得外部信贷和建立税收管理体制的内在特征。如果国家固定效应缺失，这些变量可以起到良好的替代作用，然而，在全球信贷突然"急刹车"之后，统治者仍然可以选择是否发动战争，或者选择进行何种类型的战争。为了解决这种选择偏差，我只考虑了部分战争，具体来说，在这些战争爆发时，市场仍在放贷，但最终因金融危机而导致信贷市场枯竭并无法提供贷款。这些战争是在没有预期会突发信贷"急刹车"的情况下发起的。因此，对于这些战争而言，决定是否开战或进行何种类型的战争，与外部信贷的可获得性无关。[47]

图 7.6 中的模型 1 和模型 2 显示了公式 7.2 中 β_1 和 β_2 的点估计值，此时，由信贷"急刹车"对信贷获取进行了外生化，而是否选择战争，则通过纳入初始国家能力控制变量（人口普查用菱形表示、国家古老指数用正方形表示）和对（发生信贷"急刹车"时）正在进行的战争进行子集划分来予以解决。[48]根据新的估计值，正在进行的战争数量每增加一个标准差，长期平均个人所得税就会增加 12.5%，这是一个相当显著的长期效应。相比之下，$\hat{\beta}_2$ 不再是负值（如图 7.5b 所示，在未考虑战争选择的情况下，$\hat{\beta}_2$ 表现为负值），而是零，这仍然不符合战争塑造国家的理论的绝对化解释（即战争越多，国家越强），也不符合战争融资对于国家建设的债务-税收等价关系，根据这种等价关系，贷款就相当于递延税收。

在本部分的最后，我还研究了分离（或独立）战争。分离主义地区的领导人可能会进行与主权国家统治者类似的谋算。例如，19 世纪 20 年代，希腊起义者通过谈判获得了外部贷款，用于资助其反抗奥斯

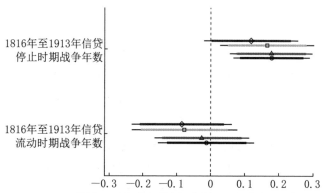

◇模型1：正在进行国家间战争|1820年前有人口普查
□模型2：正在进行国家间战争|国家古老指数
△模型3：正在进行国家间战争和分离主义战争|1820年前有人口普查
○模型4：正在进行国家间战争和分离主义战争|国家古老指数

　　注：上图描绘了战争和信贷获取对 2000 年前后个人所得税占 GDP 百分比的边际效应。N=106。我分别对国家间战争和国家间战争加上分离主义战争进行了分析。国际信贷市场准入通过全球信贷紧缩进行外生化。此外，只考虑"正在进行的战争"，即战争爆发时市场仍在放贷，最终因金融危机而导致信贷市场枯竭而无法提供贷款。为了使外生性最大化，我把英国排除在样本之外。所有模型都控制了地区和殖民地起源固定效应、1820 年的人口密度、是否为石油生产国、出海通道、沙漠地区面积和列强地位。此外，我还控制了初始国家条件，包括是否在 1820 年之前进行过现代人口普查，以及布克施泰特、昌达和普特曼（Bockstette, Chanda and Putterman, 2002）创建的国家古老指数。

图 7.6　长期财政能力与外生性信贷获取、正在进行的战争以及
初始国家能力控制的函数关系

曼帝国的独立战争。然而不久之后就发生了违约，而独立贷款成为未来数十年里充满争议的问题。[49] 图 7.6 中的模型 3 和模型 4 则显示了将"正在进行的战争"标准应用于国家间战争和分离主义战争后的结果。[50] 点估计值基本相同，这表明分离主义战争对税收能力的长期影响与主权国家的国家间战争类似。

边缘地区效应

　　战争对国家建设和长期税收能力的显著影响是稳健的，不受样本变化和其他控制因素（包括军事联盟以及排除英国或其殖民地参与的战争）的影响。关于完整的稳健性检验，请参见本人发表于 2019 年的

论文（Queralt，2019）。在此，我关注的重点是样本的组成。到目前为止，我在样本中纳入了列强和其他富裕国家（美国和荷兰）。这些国家都是军事强国，在危机时刻能够用外部信贷替代国内信贷，并深度嵌入了国际资本网络。

发展中国家应对金融冲击的方式可能存在本质区别，它们无疑更容易受到全球信贷流动性外生变化的影响。基于这一前提，在表 7.6 中，我从样本中剔除了所有列强和经合组织创始成员国（即当前的发达经济体），重新估计了 β_1 和 β_2。为了保持一致，这些模型整合了我在上文中阐述的各种方法来处理信贷获取和战争参与的内生性问题。表 7.6 中发展中国家的点估计值与整个样本的点估计值（图 7.6）大小相同，但其估算更有效。如果说有什么不同的话，针对边缘国家的分析表明，如果发展中国家在其国家建设的早期阶段无法轻易获得国际信贷市场的支持，那么它们将会从中获益更多。可以说，过早获得过多的资本，扭曲了发展中国家进行国家能力建设的积极性。

表 7.6　全球边缘国家 2000 年前后个人所得税占 GDP 百分比
与漫长的 19 世纪战争和外生性信贷获取的函数关系模型

	（1）	（2）	（3）
1816 年至 1913 年信贷停止时期战争年数	0.116** （0.056）	0.108** （0.054）	0.117** （0.058）
1816 年至 1913 年信贷流动时期战争年数	0.048 （0.109）	0.057 （0.108）	0.056 （0.120）
基准控制	是	是	是
1820 年有人口普查	否	是	否
国家古老指数	否	否	是
地区固定效应	是	是	是
殖民地起源固定效应	是	是	是
观测值	96	96	93
R^2	0.538	0.553	0.580

注：本次分析不包括列强和经合组织创始成员国。只考虑"正在进行的战争"。用信贷紧缩对信贷获取进行外生化。基准控制变量包括人口密度、是否为石油生产国、出海通道和沙漠地区面积。未报告截距。括号内为稳健标准误差。*** $p < 0.01$，** $p < 0.05$，* $p < 0.1$。

COW 数据集中的被动参战国

解释战争选择问题的另一个途径，是研究战争决策和信贷获取对那些没有主动选择参战却被卷入战争的国家的影响。这一检测的识别假设是，这些国家并没有在预期可能受到攻击的情况下，先发制人地主动发动战争。

我使用 COW 数据集来进行这一检测，该数据集识别了每次军事冲突的发起国。[51]尽管如上文所述，COW 数据集降低了战争和战争参与者的代表性，但它保证了这些国家是主权国家，因此能够完全掌控其军事和财政政策。[52] COW 数据集还非常便利地提供了控制战争结果所需的相关信息。这具有实质性的说服力，因为军事结果可能会影响对财政能力进行投资的动机，例如，战胜国可能会从战败国那里榨取利益，从而降低为支付战争费用而进行财政能力建设的需要。

图 7.7 体现了 COW 数据集完整样本和被动参战国子样本的系数。

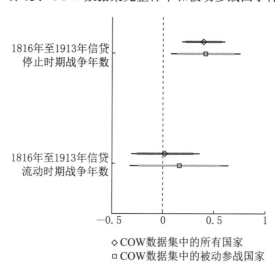

注：上图显示了战争和信贷市场准入对 2000 年前后个人所得税占 GDP 百分比的边际效应。N=106（不包括英国）。战争数据来自 COW 数据集。其中一个模型使用完整样本数据，另一个模型则关注 COW 数据集定义的被动参战国。用全球信贷紧缩事件对信贷市场准入进行外生化。所有模型都控制了地区和殖民地起源固定效应、1820 年的人口密度、是否为石油生产国、出海通道、沙漠地区面积、净胜利和列强地位。模型包含了衡量初始国家能力的两个指标中的一个——1820 年的人口普查能力。

图 7.7 长期财政能力与外生性信贷获取和 COW 数据集的函数关系
（子集为被动参战国并控制战争结果）

两个模型都控制了 1816 年至 1913 年间军事成败的历史。[53] 各子样本的结果相似：无论一个国家是主动发起战争还是被动卷入战争，在能够获得外部融资的情况下发动战争，都不会产生显著影响。相比之下，在无法获得外部融资的情况下，无论是主动还是被迫卷入战争，都会带动长期税收能力的提升。根据这些估计，在无法获得信贷的情况下发动战争的年数每增加一个标准差，就会使当前平均个人所得税比例增加 25.7%，这一效应比我在图 7.6 中发现的更强，这可能是因为在 COW 数据集中，富裕国家的比例过高。

综合来看，结合表 7.6、图 7.4、图 7.6 和图 7.7 的结果表明，外国贷款有可能解构了战争与国家建设之间的联系，这也解释了为什么在过去的两百年里，在广大发展中国家，战争并没能塑造更强大的国家。

处理历史压缩问题

到目前为止，我已经展示了战争融资对税收的短期和长期影响的证据。那么在短期和长期之间的时间段里又发生了什么呢？我通过评估战争在中间时间点的影响，来解决"历史压缩"[54] 的问题。具体来说，我展示了 1816 年至 1913 年战争对 1945 年至 1995 年（即第二次世界大战之后的时期）税收比例的持续影响。鉴于数据限制，我用非贸易税收占总税收的比例来近似衡量财政能力。这个比例衡量了通过复杂税种（如所得税、增值税）而非关税来提高税收收入的努力，而关税是低能力国家经常使用的一种税收手段。[55]

为了进行这一检验，我首先计算了 1945 年至 1995 年，非贸易税收占总税收百分比的每十年平均值，然后，我将这些比例值与 19 世纪可获得和不可获得外部贷款的战争年数进行回归，并加上控制变量（即公式 7.2），得出了 20 世纪下半叶每个十年的结果。非贸易税收的数据有限。在最大化自由度的同时，为最小化单位间的未观察到的异质性，我加入了一个前殖民地位指示变量，将之前的三个虚拟变量（英国殖民地、伊比利亚殖民地和其他殖民地）合并为一个。我还加入了列强指示变量，用于调整欧洲核心大国的系统性差异。此外，我还加入了初始财富（1820 年的人口密度）、是否为石油生产国和出海通道三个控制变量。由于样本量较小，尤其是早期几十年的样本量，因此我展示了 90% 的置信区间。结果见图 7.8。

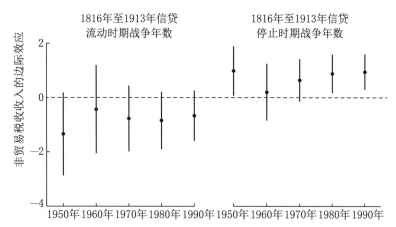

注：上图显示了 1816 年至 1913 年间，分别在可获得和不可获得外部贷款的情况下发生国家间战争年数，对 1945 年至 1995 年间（每十年的平均值，以该十年的第一年为中心）非贸易税收收入的边际效应。采用普通最小二乘法，置信区间为 90%。非贸易税收数据来自 Cagé and Gadenne, 2018。样本量分别为 34（1946 年至 1955 年）、37（1956 年至 1965 年）、55（1966 年至 1975 年）、71（1976 年至 1985 年）、84（1986 年至 1995 年）。样本不包括英国。控制变量为前殖民地位指示变量、列强指示变量、1820 年人口密度、是否为石油生产国和出海通道。

图 7.8　过往战争和外生性信贷获取对 1945 年至 1995 年财政能力的影响

对于 1945 年至 1995 年间"十年期税收比例"的估算结果与之前的研究结果基本一致：图 7.8 左侧的图示表明，19 世纪在可获得外部信贷的情况下发动战争与第二次世界大战后的财政能力无关，而在无法获得国际融资的情况下发动战争则与第二次世界大战后的财政能力有关（右侧图示）。大致而言，在其他条件保持不变的情况下，19 世纪在没有外部融资的情况下战争年数每增加 1 年，第二次世界大战后非贸易税收收入就会增加 1%。更重要的是，图 7.8 表明，不同类型的战争融资会产生持久的影响，因为它们将国家推向不同的国家建设路径，这与图 1.3 的结果是一致的。

小结

　　本章可谓是"数据密集型"章节，因为本章旨在确定战争和外部融资对财政能力的短期、中期和长期影响。尽管历史数据通常存在局限性，但研究结果表明，当一个国家无法获得外部资本的时候，提升税收能力的动机就会增强，而增强的税收能力将会带来中长期的获益。本章的研究结果还提请人们注意，在允许国际债券持有人对贷款合同施加苛刻条件的情况下，战争的外部融资可能会产生负面影响，轻则增加债务偿还在国家预算中的比重，重则导致资产抵押和外国控制。至此，我已经证明了战争、国际信贷和国家建设之间的短期和长期关系。接下来，我将在第八章中详细阐述这种持续性机制，即过往的战争融资为何会产生持续影响。在第九章中，我将通过一系列案例研究重新审视战争对财政能力的影响及其传导机制。

【注释】

[1]　Levi, 1988.

[2]　阿西莫格鲁（Acemoglu, 2003）、贝斯利和佩尔松（Besley and Persson, 2011）提出了规范的理论，认为统治者担心反对派一旦掌权之后，会利用增强的税收能力来对付前任统治者，抽取其资源。

[3]　Peacock and Wiseman, 1961.

[4]　按照时间顺序，这三波战争分别消耗了 35.1%、48.7% 和 43.7% 的预算（Comín, 2015）。

[5]　Comín, 2012.

[6]　Andersson and Brambor, 2019.

[7]　Dincecco and Prado, 2012; Queralt, 2015.

[8]　Daunton, 2001; Tilly, 1990.

[9]　Wimmer and Min, 2009.

[10]　Reinhart and Rogoff, 2009.

[11]　Reinhart and Rogoff, 2009: 81.

［12］ Gennaioli and Voth, 2015.

［13］ Tomz, 2007.

［14］ 有兴趣的读者可参阅表 7.4，详细了解回归结果。

［15］ Eichengreen, 1990; Neal, 2015.

［16］ Calv, 1988.

［17］ Reinhart and Rogoff, 2009: 74; 强调文字由本书作者标注。

［18］ Kindleberger, 1996: 109.

［19］ Bordo, 2006.

［20］ 关于 1825 年、1847 年、1866 年和 1890 年危机的国内原因，请分别参见 Neal, 1998; Dornbusch and Frenkel, 1982; Mahate, 1994; Kindleberger, 1996。

［21］ Eichengreen, 1991: 151.

［22］ Reinhart and Rogoff, 2009.

［23］ 根据图 7.2，银行业危机可能比股市崩盘更具破坏性（如 1907 年）。在我本人发表于 2019 年的论文（Queralt, 2019）的附录 I 中，已经证明在不考虑股市崩盘的情况下，该结果是成立的。

［24］ Catão, 2006.

［25］ Bolt, Inklaar, de Jong and van Zanden, 2018.

［26］ Wimmer and Min, 2009.

［27］ Sarkees and Wayman, 2010.

［28］ COW 辅助数据集列出了独立战争，但没有将其映射到当前的国家边界。

［29］ Cappella Zielinski, 2016.

［30］ Besley and Persson, 2011; Tilly, 1990.

［31］ 请注意，这一比例的分母是 GDP，而不是税收总额。选择 GDP 是因为它更好地反映了相对于税基的提取能力。历史数据中没有个人所得税占 GDP 比例的相关数据。关于数据来源以及使用增值税作为当前税收能力的替代指标，请参见我本人的论文（Queralt, 2019: Appendix M）。

［32］ 这里的列强，包括了奥匈帝国（被视为两个不同的国家）、法国、德国、意大利、俄国和英国。

［33］ Gennaioli and Voth, 2015.

［34］ Tilly, 1990.

［35］ 萨尔武奇（Salvucci, 2006）指出了商业与金融之间的紧密关系。

［36］ 出海通道和沙漠地区面积的数据来自 Nunn and Puga, 2012。

［37］ 石油生产国的数据来自 Wimmer and Min, 2009。

［38］ Accominotti, Flandreau and Rezzik, 2011; Ferguson and Schularick, 2006.

［39］ Reinhart and Rogoff, 2009. 我的分析按照地区对以下国家进行了划分。非洲：埃及、科特迪瓦、肯尼亚、摩洛哥、尼日利亚、南非、突尼斯、赞比亚、津巴布韦。亚洲：中国、印度、印度尼西亚、日本、马来西亚、缅甸、菲律宾、韩国、斯里兰卡、泰国、奥斯曼帝国。欧洲：奥地利、比利时、丹麦、芬兰、法国、德国、希腊、匈牙利、冰岛、爱尔兰、意大利、荷兰、挪威、

波兰、葡萄牙、罗马尼亚、俄国、西班牙、瑞典、瑞士、英国。南美洲：阿根廷、玻利维亚、巴西、智利、哥伦比亚、哥斯达黎加、多米尼加共和国、厄瓜多尔、萨尔瓦多、危地马拉、洪都拉斯、墨西哥、尼加拉瓜、巴拿马、秘鲁、乌拉圭、委内瑞拉。北美洲：加拿大、美国。大洋洲：澳大利亚、新西兰。

[40] 战争地点变量，指的是 1816 年至 1913 年间在国外进行的战争年份总和减去在国内进行的战争年份总和。当一个国家在国外的战争多于在国内的战争时，该变量为正；当国内的军事冲突比国外更频繁时，该变量为负；如果一个国家从未参战，该变量为零。战争地点的数据来自威默和闵的战争数据集（Wimmer and Min, 2009）。

[41] 1816 年至 1913 年间的战争伤亡数据来自丁赛科和普拉多（Dincecco and Prado, 2012）。

[42] Reinhart and Rogoff, 2009.

[43] 关于不同时期战争持续时长基本均衡的重要性，请参见表 7.3 的文字说明。关于战争并非在预期全球信贷"急刹车"的情况下发动的，相关证据请参见 Queralt, 2019: Appendix W。

[44] Bockstette, Chanda and Putterman, 2002.

[45] 请注意，在短期模型中，这一属性是通过 19 世纪累计战争次数来衡量的。

[46] 为了创建这个变量，我对样本中所有 107 个国家首次实施现代人口普查的日期进行了手动编码。这些信息来自戈耶尔和特纳（Goyer and Draaijer, 1992a, 1992b, 1992c）。

[47] 如果仅考虑那些在突发信贷"急刹车"时正在进行的战争，那么国家战争总年数就会从 222 下降至 72。

[48] 有兴趣的读者可参见本人的论文（Queralt, 2019: table 6），以了解单独的分析结果。

[49] Reinhart and Trebesch, 2015.

[50] 在威默和闵的战争数据集中，分离主义战争明显少于国家间战争。因此我将两者合并在一起分析，而不是分别进行。

[51] Sarkees and Wayman, 2010.

[52] 目前的国家间战争样本共包括 37 场军事冲突和总计 172 个战争年，其中 78 个战争年发生在信贷流动时期，94 个战争年发生在信贷"急刹车"时期。战争的平均持续时间分别为 1.57 年（SD=1.04）和 1.76 年（SD=1.23）。（战争年的总数对不上，原文如此。——译者注）

[53] 这可以用净胜利（net victory）来衡量，净胜利表示 1816 年至 1913 年间国家 i 赢得的战争次数减去同期输掉的战争次数。

[54] Austin, 2008.

[55] Cagé and Gadenne, 2018; Queralt, 2015; Soifer, 2015.

第八章 持续性机制

在第七章中，我阐释了战争会对财政能力产生相反且持久的影响，其中的差异取决于参战国能否获得国际资本。为什么这些影响会持续存在？我提出了两种"渠道"或传导机制，它们是过往战争融资影响当前财政能力的原因。第一个机制的基础是国内资源动员的政治后果。如果统治者遭到了外部资本市场的排斥，他们就会有更强的动机与国内纳税人达成妥协。在规模较小且人口稠密的政治体中，纳税人的协调成本较低，更有可能在权力分享制度中实现税收协商。权力共享制度一旦建立，税收就能实现自我维持，从而将战争的财政效应延续至未来。第二个传导机制则强调官僚制度的创新，对主权国家和非主权政治体来说，这一机制很可能同样适用。换句话说，为战争融资所创建的官僚机构会反对削减对财政能力的投入，从而确保其长期存续。通过分析政治和官僚改革的历史数据，我发现了与这两种机制一致的实证证据。

战争的棘轮效应

战争的棘轮效应或挤出效应表现为公共财政的一个规律：战争时期所提高的税收收入，在战后不会恢复到战前水平——因此随着时间的推移，政府规模会不断扩大。[1]然而，棘轮效应的存在并非不言自明。统治者也可能会在战时提高税率，并在冲突结束后将税收压力降至战前水平。如果情况确实如此，我们就无法预期战争对长期国家能力具有持久影响。

皮科克（Peacock）和怀斯曼（Wiseman）认为，之所以存在战争棘轮效应，是因为战争提高了人们对高税负的容忍度，并且在战后出现了新的义务，包括提供战争抚恤金和一些非军事支出，例如为复员士兵提供公共部门就业机会等。[2] 同样，谢夫和斯塔萨维奇发现，大规模战争会改变人们对社会公平的看法，使得非精英阶层更强烈地要求通过税收进行再分配，而精英阶层也比以前更愿意接受这些要求。[3] 第一次世界大战期间，所得税累进税率的上升与大规模动员相伴而生，并且在战后持续存在，这说明发达经济体对税收和社会支出的偏好发生了永久性变化。

1914 年以前，大规模战争——动员至少 2% 的成年男性——是非常罕见的，对福利国家的需求同样非常少见，尤其在西欧以外的地区。[4] 为了阐明 19 世纪战争棘轮效应的原因，我考虑了两种可相互替代且互为补充的机制——一种是政治机制，另一种是官僚机制，两者都源于第二章所提出的外部融资的政治经济学。

持续性的政治渠道

第二章中讨论的战争融资的政治经济学表明，统治者可能会赋予纳税人一定的政治权利，以解决税收政策中的可信度问题，并最大限度地降低征税的交易成本。由于统治者和被统治者都能从权力分享制度中受益，新的税收就会逐渐自我强化，从而使战争的财政效应得以长期保持。

在提供进一步细节之前，首先需要澄清三点重要内容。第一，战争融资并不是政治改革的唯一路径。政治理念[5]、经济发展[6]和政治碎片化（political fragmentation）[7]也是权力分享制度的关键驱动因素。第二，这些制度并不等同于民主，而是指为解决统治者一方的可信度问题而设计的制度配置——在本书所研究的案例中，指的是财政支出政策。[8] 代议制议会是权力分享制度的一种（高级）表现形式，但并不是唯一的表现形式——这一点在下文中会被更加清晰地阐释。[9]第三，在没有政治改革的情况下也可以建立财政能力。许多大帝国在未采用权力分享制度的情况下，也能够持续地对财政能力进行投资。例如，在古代中国的战国时期，秦国就进行了自强改革（即商鞅变法），但并未采用任何公认的权力分享制度形式。[10]同样，倭马亚王朝在8世纪开始启动官僚和军事改革，改革的时间跨度长达三个多世纪，但并没有表现出任何明确的行政制约形式。[11]暹罗却克里王朝也在债券时代进行了官僚改革，这些改革雄心勃勃却没有带来政治后果，至少在短期内如此。我将在第九章中再次讨论这个案例。考虑到这些重要因素之后，接下来我将详细阐述在其他条件不变的情况下，基于税收的战争融资如何带来政治改革和战争的棘轮效应。

战争与财政契约

在有关国家形成的既有研究中，战争融资与政治改革之间的联系有着悠久的传统。[12]从远古时代到罗马帝国，战争开支一直是国家财政的主要压力，并成为在任酋长、皇帝和君主的头等大事。[13]在过去的一千年里，战争开支不仅没有减少，反而不断增加。在中世纪盛期和晚期，君主们经常召集等级会议来为战争筹集资金。[14]从16世纪开始，新的战争技术——长弓、长矛和火药——的引入，大大增加了王室的财政需求。[15]然而，精英们担心统治者会发动错误的战争，即只为追求个人权势而进行的战争，或者担心统治者愚蠢地乱花钱。[16]

为了切实可信地承诺不浪费臣民的钱财，欧洲统治者将财政支出决策权移交给了纳税大户和政府贷款人——他们往往是同一批人。[17]这些权力分享的制度安排有时表现为拥有广泛财政政策权力的代表大会。早在1572年的荷兰和1688年的英国，议会就被赋予了"财政支配权"（the power of the purse）并取得了令人瞩目的财政成果。[18]这种政治代表制的现代形式在19世纪扩展到了其他西欧国家。[19]

1800年以前，欧洲大陆的部分地区已经采用了代议制以外的权力分享制度。[20]被称为"绝对主义典范"的路易十四（1643—1715年在位）也不得不与包税人分享财政权力，以确保为连年征战筹措资金。[21] 他的财政大臣科尔贝（J. B. Colbert）推动成立了总包税公司（Company of General Farms），使包税人（当时也是政府银行家）组成的寡头集团得以制约国王的财政政策。[22] 由于包税人确保了国王的税收收入和公共信贷，因此他们能够在国王违约的时候阻止他获得新的资金。正是在这种情况下，他们具备了制约法国君主权力的能力。[23] 对于国王而言，他通过承担违约的"重大政治成本"，[24] 为更低成本的长期主权债务奠定了基础。[25]

路易十四的财政创新体现了因战争而可能建立的权力分享制度。[26] 统治者与纳税人之间的税收谈判，并不必然产生一个代表社会大多数群体的立法会议。权力分享制度，包括任何为解决执政者在财政支出政策上的信誉问题而设计的制度体系。[27]

财政契约与持续征税

对于长期税收而言，权力分享制度的重要性怎么强调都不为过。对财政政策的行政约束，为政府所承诺的税收回报提供了可信度，并将税收转化为一种自我维持的非零和博弈：统治者确保税收收入，而纳税人对统治者的财政行为进行问责，从而促进了对税收能力的持续投资。一旦偏离这一均衡状态，制裁机制就将被激活，即统治者被剥夺税收收入（也就是说，纳税人停止缴纳税款）或遭到国内信贷排斥。

贝斯利和佩尔松提出了"共同利益国家"（common-interest states）在税收政策方面实现持续合作的机会。[28] 这些国家的特点是政治制度对行政部门形成制衡，并对现任政府的政策进行约束。[29] 有了这些制度，税收就成为双赢博弈：统治者获得了稳定的资金流用于生产公共物品，而纳税人则获得保证，保证其缴纳的税款会被负责任地使用。由于双方都能从中获益，权力分享制度有利于对财政能力进行持续投资。

最近，阿西莫格鲁和罗宾逊谈到了"红皇后效应"（the Red Queen effect），这一效应描述的是精英与非精英之间类似的自我强化均衡，精英希望最大限度地提高国家能力，而非精英则追求个人自由的最大化。[30]

权力分享制度（如宪法制衡机制）是平衡国家和社会权力的制度化机制，能够为国家和社会——统治者和纳税人——提供达成互利的解决方案。

斯塔萨维奇认为，权力分享制度一旦建立起来，就会自我强化，因为再次遇到集体行动的困境时，更容易克服种种问题，也就是说，纳税人学会了协调行动来对统治者进行问责。[31]莱维还从理论上阐述了通过权力分享制度解决信誉问题的好处。[32]一旦统治者的承诺具有可信度，税收的执行成本就会降低，从而增强了税收能力和公共物品的资金来源。考虑到较高的财政压力能够带来社会效益，纳税人愿意"准自愿"[33]地遵从税收。同样地，丁切科的研究显示，从长远来看，欧洲的有限政府增加了税收总量。[34]其证据来自一项珍贵的原始数据集，该数据集涵盖了 11 个欧洲国家自从 1650 年以来的税收收入和制度改革。在保持时不变国家特征（如地理和文化特征）恒定的情况下，丁切科通过国家内部变异（within-country variation）来评估建构有限政府之后税收征管的边际变化。[35]

财政契约与外部融资

要理解战争融资的政治机制是在何种条件下启动的，就必须研究统治者承担征税所带来的政治后果的动机。与纳税人达成协议——遵守财政契约——的动机，可以预期是内生于各种税收替代方案的。如果欧洲的君主们能够获得廉价的外部融资，他们可能就不会与纳税人分享财政权。[36]西班牙国王腓力二世（1556—1598 年在位）可以作为一个合理的反事实例证，他从热那亚银行家那里获得了外部融资，这要归功于西班牙从美洲源源不断地掠夺白银并将其作为外部融资的抵押。尽管腓力二世及其继任者在位期间发动了多次战争，但他们并没有实施重大的自强改革。1588 年无敌舰队战败之后，腓力二世召集了卡斯蒂利亚议会［即科尔特斯（Cortes）］，议会以新的税收减免换取了短暂的财政政策话语权，但这种安排难以为继。西班牙的城市分布过于分散，无法有效克服在监督王室方面的集体行动困境。[37]此外，白银的最大弊端在于它削弱了科尔特斯相对于王权的谈判地位。因为有白银收入的支持，卡斯蒂利亚的统治者可以肆意挥霍借来的资金，事实上最终还是让科尔特斯付款。[38]

换句话说，帝国统治和战争的资金主要依靠来自美洲的白银，这让西班牙国王得以逃避征税的政治代价——有限政府。1663 年之后，西班牙国王仅在出于礼仪需要时才召集科尔特斯，财政分散化成为长期存在的问题。在此后的漫长时期里，西班牙在经济和政治上都开始走下坡路。[39]

腓力二世及其继任者的行为毫不令人惊讶，这与我们在第二章中阐述的外部融资的政治经济学相一致：统治者只有在没有其他选择的情况下才会与纳税人分享财政权力，也就是说，当其他收入来源（尤其是外部融资）都无法获得或远远不足时才会如此。到了 19 世纪，热那亚银行家早已退出历史舞台，但新兴经济体能够获得来自英国的资本（后来还有来自法国、德国和美国的资本）。来自欧洲的廉价资金帮助发展中世界大部分地区的统治者获得了战争和公共基础设施建设的资金，也帮助他们规避了征税的政治成本。经济史学家利兰·詹克斯（Leland H. Jenks）将这一逻辑总结如下：

> 战争的准备工作是无休止的。战争本身也是一种昂贵的消遣——它往往被普遍的激情所激发，并以民族主义潮流为借口。这一切都是进步的表现。它们都意味着幸运的承包商（即承销商）可以从中获利。它们意味着不必再加重纳税人的负担。它们意味着对货币市场的持续依赖。一边是对进步的普遍渴望，另一边是对降低税负的同样普遍的渴望，这两者并不一致，唯有公共借贷才能弥合两者之间的矛盾。[40]

执政者利用外部信贷逃避政治问责的观点并不新鲜。因为税收"构成了政府对其国民私人生活的最大干预"[41]，所以人们认为增税会使纳税人（无论是精英还是普通民众，或两者兼而有之）更加关注政府如何使用税款。这一观点在战争时期更有说服力，因为此时纳税人的生命和财产都可能受到威胁。为了尽量减少政治争议，统治者可能会采取其他方式为战争融资，包括征用财物或通货膨胀，这些方法虽然可以筹措资金，但也可能造成新的不满情绪：政府征用工厂或征收捐税，很容易引发政府与精英或大众（或两者同时）的公开冲突。印钞可能解决流动性不足的问题，但也可能对经济造成急速的破坏。[42] 为了避免政治和经济问题，统治者可能会转而求助于一种破坏性较小的战争融资机制——借贷。

根据这一思路，帕特里克·谢伊（Patrick Shea）认为，当外部信贷的成本较为低廉时，民主国家更有可能赢得战争，这不仅是因为宽松的信贷环境使其能获得更多的军事支出，也因为它缓解了因提高税收而带来的社会和政治压力。"如果统治者不必依赖其公民获得税收或其他经济资源，那么在制定政策时就有更大的自由度。"[43]克雷普斯（Kreps）为我们提供了一个有趣的历史案例，说明美国领导人如何转向信贷市场，而不是征收更明显且繁重的战争税，从而化解公众对战争的反对。与"征税的直接和即时性影响"相比，借贷使统治者能够"分散和推迟"战争成本。[44]也就是说，借贷放松了当前的公众约束，并将偿债责任转移给了未来的领导人。具有讽刺意味的是，这种策略似乎确实奏效了：弗洛雷斯-马西亚斯（Flores Macías）和克雷普斯通过在美国和英国进行的实验调查发现，一旦受访者了解到战争开支将导致征收新的战争税，公众对战争的支持率就会下降10%（相较于通过常规收入和债务来进行战争融资的基准条件）。[45]

克雷普斯的独著，以及他与弗洛雷斯-马西亚斯合作完成的研究成果之所以具有解释力，就是因为它们依据的是来自稳定政体的调查结果，从中能够预见当前行为的长期后果。而对于19世纪的大多数新兴经济体来说，它们缺乏这种能够在财政政策中融入长期视角的制度稳定性。以市场为基础的约束力也不强。本地金融机构规模较小，且极易受到国际市场波动的影响，[46]这限制了本地银行家垄断公债发行的能力，因此也限制了他们对政府的约束能力。[47]

总而言之，在大约一个世纪的时间里，外部资本一直是全球南方政府资金的主要来源，这既为不受约束的统治者提供了许多机会，也形成了许多不良激励。外国债权人出于对高利润的预期，热衷于提供超出合理限度的贷款，更是加剧了这一现象。从在任统治者的角度来看，高负债和发生违约后的苛刻条款是未来的问题，而且很可能是别人的问题。

对政治渠道的实证检验

上述讨论表明，任何特定统治者启动政治传导机制——同意建立权力分享制度——的可能性与其获得外部资本的机会成反比。换句话说，统治者只有在别无选择的情况下，才会同意承担征税的政治成本。

为了对这一论断进行实证评估，我研究了各个国家在漫长的19世纪中经历战争和遭到信贷排斥的历史，是否会增加该国在第一次世界大战前夕出现有限政府的可能性。如果权力分享制度能够将税收转变为一种非零和博弈，使统治者和纳税人实现双赢，那么基于过往的战争融资形式，从长远来看，我们就可以预见有限政府的产生。根据这一逻辑，我将"2000年前后各国权力分享制度的强度"作为19世纪战争和信贷排斥的函数，并对其进行评估。实证设计复制了公式7.2，但将原来的结果变量（即衡量国家能力的指标）替换为权力分享制度的衡量标准之一——行政约束。这个变量取自"第四代政体指数"项目（Polity IV Project），[48]概括了将财政权让渡给纳税人的直接后果。

正如本书第二章所述，外部融资的政治经济学的一个重要结论是，政府通过征税筹集资金的政治成本取决于权力分享制度的初始水平。与民选总统相比，独裁者每增加1美元税收的边际成本更高。从实证研究的角度来看，这需要对初始政治制度进行控制。19世纪早期各国有关行政约束的数据较为有限，并且过度代表了那些在19世纪20年代之前已获得国际承认的国家。为了使案例的数量最大化，我计算了1800年至1830年行政约束的平均水平。这个变量的范围是0（行政约束的水平最低）到7（行政约束的水平最高）。[49]

图8.1a显示了在其他条件不变的情况下，1816年至1913年在获

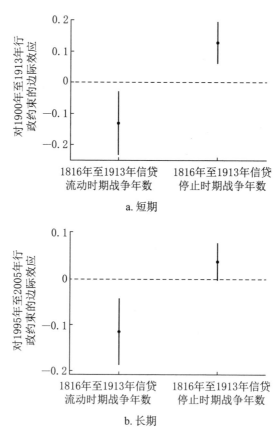

a. 短期

b. 长期

注：上图绘制 1816 年至 1913 年间，国际资本流动和停止时期的战争年数分别对行政约束的短期和长期边际效应。短期行政约束取自马歇尔和贾格斯（Marshall and Jaggers, 2000）在"第四代政体指数"中测量的 1900 年至 1913 年的平均值。长期行政约束取的是 1995 年至 2005 年的平均值。用全球资本流动的冲击或"急刹车"来衡量是否能够获得资本（更多细节见第七章）。国家间战争的数据来自 Wimmer and Min, 2009。上述模型控制了 1820 年的人口密度、石油生产国、出海通道、殖民历史和初始行政约束（1800 年至 1830 年的平均值）。初始行政约束的样本限制为 N=30，置信区间为 90%。样本中的国家包括阿根廷、奥地利、比利时、玻利维亚、巴西、智利、中国、丹麦、厄瓜多尔、法国、希腊、伊朗、日本、墨西哥、摩洛哥、尼泊尔、荷兰、挪威、巴拉圭、秘鲁、葡萄牙、俄国、西班牙、瑞典、泰国、土耳其、美国、乌拉圭和委内瑞拉。为了使资本获取的外生性最大化，我在样本中排除了英国。

图 8.1　战争融资对行政约束的短期（1900 年至 1913 年）和
长期（1995 年至 2005 年）影响

得和未获得国际资本的情况下发动国家间战争，对 1913 年平均行政约束的边际效应。图 8.1b 绘制了这些估计值在 2000 年前后的数值。这些模型表明，在信贷紧缩的情况下，19 世纪的战争年数每增加 1 个标准差，就会使 1913 年的平均行政约束水平增加 16%，并使 2000 年的平均行政约束水平增加 4.5%。相比之下，在能够获得外部信贷的情况下发动战争，无论从短期还是长期来看，都与政治变革没有相关性。如果有的话，也是负相关。

尽管结果不显著，但仍然表明，当在任统治者无法逃避国内税收的政治成本时，也就是他们处于战争状态但缺乏外部资金支持时，政治改革更有可能发生。但是，征税是否总是能带来权力分享制度的进步呢？在第二章中，我指出了两个范围条件——地理规模和资本流动性，研究民主的学者认为这两个条件对代议制的兴起和存续非常重要。在地理规模较大的政治实体中，特别是在交通和通信手段较为落后的情况下，纳税人很难对行政部门进行协调和监督。[50] 纳税人逃避税收的能力，也是理解权力分享制度何时启动的关键因素。当统治者试图对流动资本的所有者（如证券交易商和金融家）征税时，就不得不建立权力分享制度，而当纳税人的收入来自固定资产（如土地）的时候，建立权力分享制度的需求就不那么迫切了。[51]

我从这些范围条件的角度，重新审视了战争融资与行政约束之间的关系。我将没有外部资本支持的战争年数与衡量地理规模和资本流动性的指标进行交互分析。我的预期是，在规模较小的政治体中，纳税人的集体行动问题不那么严重，而在城市化程度较高和货币经济发达的社会中，纳税人与统治者讨价还价的能力较强，我用 1820 年的人口密度水平来估算这一点。我预计，在 1816 年至 1913 年信贷停止时期的战争年数，与地理规模和资本流动性的代理变量之间的交互项分别呈负相关和正相关。[52]

在表 8.1 的第（1）列中，我们可以看到，随着国家地理规模的增加，由税收融资的战争对行政约束的影响逐渐减弱。[53] 在第（2）列中，我展示了加入地区固定效应之后的结果，以解释各大洲之间未观察到的异质性。结果是成立的，虽然有所减弱。图 8.2a 显示了这一交互作用的可视化效果。在遭到资本排斥的情况下，只要政治体的规模低于 ln（面积）=3（相当于英国的国土面积），战争对行政约束的边际效应就为正。在较大的政治体中，战争对行政约束的影响为零。在第（3）列和第（4）列中，我评估了在 1820 年不同城市化水平（即资本

表 8.1　激活持续性政治机制的范围条件

	（1）	（2）	（3）	（4）
#1816 年至 1913 年信贷停止时期战争年数 × ln（面积）	−0.101*** （0.036）	−0.065* （0.036）		
#1816 年至 1913 年信贷停止时期战争年数 × 人口密度			0.460*** （0.169）	0.284* （0.159）
#1816 年至 1913 年信贷停止时期战争年数	0.451*** （0.156）	0.325** （0.138）	−0.189* （0.102）	−0.099 （0.109）
ln（面积）	0.713* （0.417）	0.512 （0.434）	0.791** （0.314）	0.600* （0.327）
人口密度			2.559* （1.397）	3.430*** （1.217）
#1816 年至 1913 年信贷流动时期战争年数	−0.064 （0.081）	−0.025 （0.091）	−0.115 （0.088）	−0.035 （0.075）
控制变量	是	是	是	是
地区固定效应	否	是	否	是
观测数	49	49	49	49
R^2	0.284	0.529	0.358	0.612

　　注：结果变量是马歇尔和贾格斯（Marshall and Jaggers, 2000）研究在"第四代政体指数"中测量的 1900 年至 1913 年行政约束的平均值。用全球资本流动的冲击或"急刹车"来衡量是否能够获得资本（更多细节见第七章）。国家间战争数据、1820 年的城市密度和国土面积分别来自 Wimmer and Min, 2009；World Mapper（www.worldmapper.org）；Nunn and Puga, 2012。模型对是否为石油生产国、出海通道和殖民历史进行了控制。样本国家包括：阿根廷、澳大利亚、奥地利、比利时、不丹、玻利维亚、巴西、保加利亚、加拿大、智利、中国、哥伦比亚、哥斯达黎加、丹麦、多米尼加共和国、厄瓜多尔、萨尔瓦多、埃塞俄比亚、法国、德国、希腊、危地马拉、洪都拉斯、匈牙利、伊朗、意大利、日本、墨西哥、摩洛哥、尼泊尔、荷兰、新西兰、尼加拉瓜、挪威、巴拿马、巴拉圭、秘鲁、葡萄牙、罗马尼亚、俄罗斯、南非、西班牙、瑞典、瑞士、泰国、土耳其、美国、乌拉圭和委内瑞拉。未报告截距。为了使资本获取的外生性最大化，样本中排除了英国。*** $p<0.01$，** $p<0.05$，* $p<0.1$。

流动性的代理变量）下，战争和资本排斥的影响。[54] 我们发现，随着人口密度的增加，由税收融资的战争对行政约束的影响也在加强。当人口密度达到 0.68 时（相当于意大利 1820 年的人口密度），两者之间的关系在统计上显著不为零。

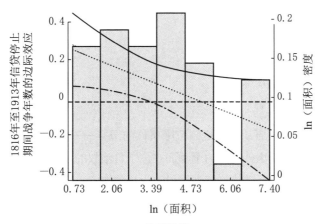

a. 地理规模

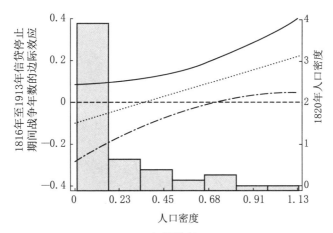

b. 初始财富

注：上图展示了在国际资本停止流动的情况下，1816 年至 1913 年战争年数对 1900 年至 1913 年行政约束的边际效应，并将其作为地理规模和初始财富的函数。估计值来自表 8.1 第（2）列和第（4）列的饱和模型。由于样本量较小，置信区间为 90%。模型设定和数据来源见表 8.1。

图 8.2　战争与政治机制的启动

表 8.1 和图 8.2 的结果表明，战争融资的传导的政治机制是在有限的条件下启动的，即较小的地理规模和较高的初始财富值。在满足这些条件的情况下，动员国内资源用于战争融资会引发统治者与纳税人之间的政治谈判，将税收转化为非零和博弈，并将战争的财政效应延续到更长的时间段。较小的国家规模和相对富裕是欧洲各国国家建设初始时期普遍具备的条件，这并非巧合。

持续性的官僚渠道

那些不符合启动政治机制范围条件的国家——幅员辽阔且人口稀少的经济体，或因外国势力干预而丧失了自治权的国家[55]，有可能通过建立更强大的行政机构来利用税收为战争融资。这正是 19 世纪之前部分欧洲经济体（如普鲁士[56]）以及战国时期的中国[57]所选择的国家建设路径。接下来，我将研究战争效应如何通过这一替代性的官僚渠道进行传导。

是，大臣

现代韦伯式的税收管理机构是为了战争而创立，并由战争催生的。[58]税收官僚机构不仅需要评估财富和征收税款，还要应对人们对收入来源被监控的天然抵触情绪。[59]官僚机构一旦建立，就会根深蒂固，不断扩张规模，成为"国中之国"。[60]正如查尔斯·蒂利所说：

> 为（战争）筹集资金所必需的组织，逐渐发展出其自身需要关注的利益、权利、特权、需求和诉求。……官僚机构在全欧洲逐步形成了自身的利益和权力基础。[61]

更广泛地说，最初为筹集战争资金而建立的机构会催生出一批官僚，他们自然地形成了维护机构存续的既得利益。[62]基于这一逻辑，我们可以预见，税务官僚会反对削减对行政能力的投资，从而将过往战争的财政影响延续到未来。[63]

官僚渠道在主权国家和殖民地国家都有可能发挥作用。正如我在第六章中所讨论的，殖民地需要自行承担其行政费用、基础设施建设和国防开支。殖民地依靠各种方式来筹集资金，其中包括关税、消费税和人头税。[64]虽然其国防开支得到了大量补贴，但殖民地也需要为帝国战争做出贡献。

19世纪欧洲的殖民主义采用了直接统治和间接统治，通常是两者兼而有之。[65]直接统治建立了中央集权的官僚制国家，并有大量来自欧洲的行政人员参与统治。间接统治（或传统习惯统治）则依靠殖民前的领导人（或酋长）来维持政治和法律权力，对殖民地行政管理的投入较少。间接统治的经济和政治效果通常比较差。[66]不过，政治学家凯特·鲍德温（Kate Baldwin）等人的最新研究对酋长制在公共物品供给和国家发展中的作用给予了更为积极的评价。[67]

尽管直接统治和间接统治的划分在分析过程中便于理解，但许多学者认为，这两种统治形式在同一殖民地中常常是并存的。在多数情况下，首都被直接统治，而内陆地区则根据其原有制度的强度和地理条件，采用不同程度的间接统治。曼达尼（Mamdani）用"复式国家"（bifurcated state）① 这一表述来描述殖民统治在非洲国家内部的不平等分布，[68]而布恩（Boone）和里卡特–乌格特（Ricart-Huguet）则分别提供了丰富的定性和定量证据来说明这一现象。[69]

坦迪卡·姆坎达维雷（Thandika Mkandawire）认为，殖民时期的国内资源动员"留下了制度遗产和基础设施方面的遗产，这些遗产在决定税收政策和征税能力方面仍然发挥着重要作用"。[70]丹·伯格（Dan Berger）利用尼日利亚北部罕见的地理断层提供了一个例证。他的实证分析明确指出，有证据表明殖民时期税收政策的影响持续存在，

---

① "bifurcated state"旨在描述殖民统治下国家结构的双重性和治理方式的差异，"复式国家"一词既传达了国家结构的双重性，又避免了与中文语境中已有的"双轨制"等术语产生混淆。此处亦参考了杜赞奇（Prasenjit Duara）的《从民族国家拯救历史：民族主义话语与中国现代史研究》中，译者将"bifurcated history"译为"复线历史"的译法。——译者注

甚至一直延续到了 21 世纪。[71]

在拉丁美洲[72]和亚洲[73]也发现了殖民地税收体制中官僚机构持续性的证据，这也是埃沃特·弗兰克马（Ewout Frankema）和安妮·布思（Anne Booth）最近汇编出版的一本学术著作的研究主题。[74]基于这些证据，并考虑到殖民统治在不同殖民地之间和殖民地内部的异质性，以及军事开支在很大程度上由宗主国补贴，我预期，相较于国际资本市场流动性较高的战争时期，殖民地管理者在流动性较低的战争时期动员地方税收的动机会有所增强，即使仅仅在边际上。

对官僚渠道的实证检验

接下来，我将利用主权国家和殖民地的历史数据，进一步探讨各国在 19 世纪经历战争和外部金融排斥的历史是否促进了 1913 年之前官僚体制的进步，以及这些早期改革是否延续至今。由于缺乏有关 20 世纪早期税务官僚机构规模或组织构成的系统性数据，我用两个合理的代理变量来衡量第一次世界大战前夕的官僚机构能力，这两个变量是人口普查能力（第七章中已经介绍过这一衡量指标）和小学入学率。

自古以来，人口普查就被用于税收和征兵。[75]现代人口普查始于 18 世纪下半叶（瑞典在 1751 年进行了最早的现代人口普查），普查的范围涵盖了全部领土和人口，无论人们的性别、种族或法律地位如何。在全球南方，人口普查也是税收能力建设的重要工具。例如，人口普查是征收人头税的基础，而人头税"是（非洲）殖民地国家建设的基石"。[76]现代人口普查的实施具有挑战性，因为它需要一支训练有素或专业的调查员队伍系统地收集信息，他们必须走遍全境，同时执行标准化的数据收集。[77]对于各个国家而言，人口调查代表了国家在行政和后勤方面的一项重大成就。[78]

除了人口普查技术之外，我还采用小学入学率作为衡量 20 世纪初官僚能力的另一个指标。公共教育体系旨在统一公民价值观，[79]使得民众因为归属感——即国家认同——而愿意为国家战斗和纳税。[80]公共教育国家化是一项重大的行政工作，需要稳固的官僚结构来确保地方资金投入、教师招聘、课程的标准化以及执行出勤规定。现代国家正是围绕着全国性公共教育体系而建立起来的。[81]

公共教育也是殖民地国家建设的重要特征，尤其是在法属殖民地。于耶里（Huillery）研究发现，法属西非的教育投资具有持续性——20世纪初期较高的师生比，预示着1995年较高的入学率。[82]同样，万切孔（Wantchekon）、克拉尼亚（Klašnja）和诺夫塔（Novta）的研究也表明，早期殖民地时期的学校教育对贝宁当今的生活水平有着积极影响。[83]英国则将教育外包给基督教传教团体，但定期为学校基础设施建设提供补贴。[84]

在第七章实证设计的基础上，我根据获得和未获得外部资本支持下的战争年数，对1913年前官僚能力的两个代理变量进行了建模（详见公式7.2）。表8.2的第（1）列展现了一个线性概率模型，该模型将1913年前进行现代人口普查的情况与1816年至1913年的战争行为、外生性信贷获取情况加上控制变量进行了回归分析。结果显示，在90%的置信水平下，没有外部信贷支持的战争年数每增加1年，该国在1913年前进行现代人口普查的概率就会增加3个百分点。第（2）列采用相同的模型，但将人口普查技术替换为1913年前的小学入学率，以此作为被解释变量。结果表明，在1816年至1913年间，没有外部信贷支持的战争年数每增加1年，该国的小学入学率约增加1个百分点。相比之下，在能够获得国际资本市场支持的情况下发动战争，对官僚能力的这两个代理变量都没有影响。

在第（3）列中，我利用进行人口普查时间的变化，来评估资本排斥是否促使某个国家提前进行人口普查（无论是在1913年前还是之后）。在这一列中，因变量的数值越大，意味着进行人口普查的时间越晚。[85]估算结果表明，1816年至1913年间，在遭到资本市场排斥的情况下进行战争会促使各国进行人口普查，战争年数每增加1年，会促使该国提前3年进行人口普查。相反，在能够获得信贷支持的情况下进行战争，则会延迟进行人口普查，战争年数每增加1年，会致使该国推迟2年进行人口普查。最后，在第（4）列中，我仅对19世纪

表8.2　过往战争和外部资本获取对第一次世界大战前夕国家能力的影响

	（1） 1913年前 人口普查	（2） 1913年前 小学教育	（3） 人口普查延迟 （全部）	（4） 人口普查延迟 （殖民地）
#1816年至1913年信贷 停止时期战争年数	0.030* （0.018）	0.935* （0.508）	−3.024*** （0.827）	−3.465** （1.591）
#1816年至1913年信贷 流动时期战争年数	−0.012 （0.016）	−0.135 （0.577）	2.233** （0.970）	−1.598 （3.897）
地区固定效应	是	是	是	是
殖民地起源固定效应	是	是	是	是
观测数	98	76	103	56
R^2	0.362	0.863	0.565	0.649

注：小学教育入学率的数据来自 Lee and Lee, 2016。人口普查信息的编码依据是 Goyer and Draaijer, 1992a, 1992b, 1992c。用全球信贷紧缩事件对外部资本获取进行外生化。第（1）列采用线性概率模型，第（2）列至第（4）列采用普通最小二乘法。控制变量包括了1820年的人口密度、出海通道、沙漠地区面积和国家古老指数［第（3）列和第（4）列］。第（4）列模型仅包括有殖民历史的国家（N=56）。未报告截距。为了使资本获取的外生性最大化，样本中排除了英国。括号内为稳健标准误差。*** $p<0.01$, ** $p<0.05$, * $p<0.1$。

处于殖民统治下的国家重复了这一分析。结果大致相同。在资本市场紧缩的时期，作为帝国的一部分发起战争加速了人口普查的进行［因此第（4）列中的第一个结果为负值］。相比之下，当资本充裕时，战争并没有促使殖民地提升其治理的可识别性（该估计值为负，但在统计上不显著）。

表8.2的结果表明，19世纪的战争融资塑造了各国在第一次世界大战前夕官僚机构的广度。当主权国家和殖民地政府不能指望外部资金支持时，它们不得不动员本地的资源。现在，如果官僚机构能够长期存在（也就是说，如果官僚渠道成立），那么从长远来看，可能会出现类似的结果。为了检验这种可能性，我将重点关注2000年前后税务管理机构的规模和资源配置。有人可能会认为，庞大的官僚机构反映的是庇护行为的扩大，而不是国家能力的提升。埃特曼（Ertman）和格迪斯（Geddes）分别在各自的研究中指出，近代早期欧洲和20世纪

拉丁美洲部分地区的情况确实如此。[86]在图8.3a中，我用当代数据评估了这种可能性。具体而言，我绘制了2005年前后税务管理机构的规模（以每千人中税务人员的数量衡量）与总税收收入的对比图。这两个变量的相关系数为0.68。可以说，偏离平均值表明可能存在着一些庇护现象，但总体而言，税务官员的人数较多似乎指向了更强的财政能力。

接下来，我将着手评估当代税务管理在多大程度上受到漫长的19

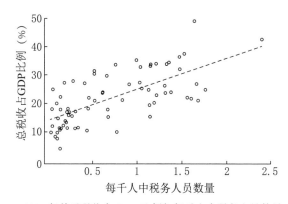

a. 2005年前后税收占GDP比例与每千人中税务人员数量

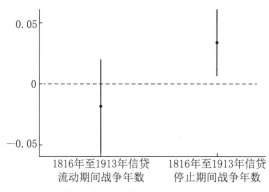

b. 作为漫长的19世纪中战争与外部资本获取的函数的当代税务人员

注：每千人中税务人员数量，以及总税收占GDP的比例来源于USAID，2012。图8.3b中的回归模型包含了以下控制变量：地区固定效应、殖民地起源固定效应、1820年的人口密度、是否为石油生产国、出海通道、沙漠地区面积、列强指示变量以及国家古老指数。为了使资本获取的外生性最大化，样本中排除了英国。N=78。置信区间为90%。

图8.3　税务管理与战争融资的历史与当代相关性

世纪的战争融资的影响。为了与之前的检验保持一致，我仍然采用公式 7.2，并用"2005 年前后每千人中税务人员数量"来替换公式 7.2 中的"个人所得税"变量。在图 8.3b 中，我绘制了相关系数的边际效

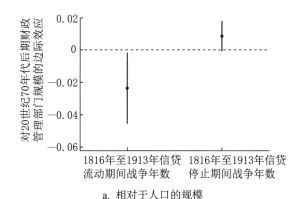

a. 相对于人口的规模

b. 工资溢价

注：图表绘制的置信区间为 90%。样本量受限于泰特和赫勒（Tait and Heller，1983）收集的数据及协变量可用性。在财政管理部门规模的样本中，泰特和赫勒（Tait and Heller，1983）研究的 35 个国家中有 23 个国家提供了完整数据，它们是阿根廷、比利时、刚果、塞浦路斯、厄瓜多尔、萨尔瓦多、德国、危地马拉、冰岛、爱尔兰、日本、荷兰、新西兰、巴拿马、塞内加尔、南非、韩国、斯里兰卡、斯威士兰、瑞典、美国、赞比亚和津巴布韦。在工资溢价的样本中，26 个国家中有 15 个提供了完整数据，它们是阿根廷、塞浦路斯、厄瓜多尔、萨尔瓦多、冰岛、日本、新西兰、巴拿马、南非、韩国、斯里兰卡、斯威士兰、美国、赞比亚和津巴布韦。为了使资本获取的外生性最大化，样本中排除了英国。控制变量包括 1820 年的人口密度、是否为石油生产国、沙漠地区面积，以及列强指示变量和前殖民地位指示变量。

图 8.4　战争融资对 20 世纪 70 年代末和 80 年代初财政管理部门规模
和工资溢价的影响

应。基于该模型，受到信贷排斥情况下的战争年数每增加 1 个标准差，相当于税务人员数量分布从第 25 位百分位跃升至第 75 位百分位。相比之下，国际资本支持下的战争则无助于提升长期官僚能力。

图 8.3b 可能会引起对历史压缩的担忧。为了解决这一问题，我使用了泰特（Tait）和赫勒（Heller）收集的部分选定国家在 20 世纪 70 年代末和 80 年代初税收管理结构的数据。[87] 这些数据包括每百人中财政和规划管理部门员工规模，我将其解读为战争影响的广延边际。在缺乏预算数据的情况下，我通过财政管理部门员工相对于中央政府其他部门员工的工资溢价，来近似估算战争融资对官僚机构发展的集约边际，即有多少资源被投入税收管理部门。

尽管样本量非常小，但图 8.4 表明，国家于 19 世纪在没有外部资金支持的情况下参与战争，与 20 世纪 70 年代财政管理部门的规模和资金状况之间存在相关性，而在能够获得外部资金的情况下进行的战争则与后者不存在相关性。具体来说，19 世纪信贷紧缩时期的战争年数每增加 1 个标准差，20 世纪 70 年代末财政管理部门的平均规模和工资溢价就会分别增加 49% 和 22%。[88]

综合图 8.3 和图 8.4 来看，19 世纪的战争对官僚能力产生了不同且持续性的影响，这种影响取决于是否能够获得外部资本。在无法获得外国贷款的情况下，统治者不得不建立强化国家能力的机构来为战争筹集资金。这些新的官僚机构一旦建立，就会长期存在并不断扩张。下一章将要讨论的暹罗案例便是一个很好的例证。

能力还是意愿

图 8.3 和图 8.4 的结果有助于评估关于国家建设实证测量的一个常见问题，即意愿与能力之争。所得税比例这样的绩效指标可能会混淆制度与偏好的影响。那些有着长期战争历史的国家可能会形成强烈的国家认同感，[89] 这是建立互惠规范（包括税收遵从）的关键。[90] 上述结果表明，高税收比例不仅是内在偏好的结果，更体现了较强的官僚能力。在历史上用税收为战争提供（部分）资金的国家建立了更强大

的官僚机构，并在官僚机构中录用了大量公职人员，这些公职人员受到严格控制，并能够相对避免受到"任期有限的执政者只顾眼前利益"的影响，从而将过往战争的财政影响延续至今。这就是持续性的官僚机制。

小结

在第二章关于外部融资政治经济学的基础上，我对 19 世纪以来战争融资的棘轮效应提出了两种解释。第一种解释建立在西欧有限政府的历史之上。战争融资带来的政治改革可以将税收转变为一种非零和博弈：统治者为战争筹集资金，而纳税人则要求统治者对支出决策负责。这种互利关系使得财政契约具有执行性，并将战争的影响延续到未来。我认为，统治者与纳税人之间类似的税收谈判形式在债券时代已开始形成，并且恰逢国际流动性较低的时期和战争时期，也就是说，统治者不得不动员国内资源。然而，征税并不总是能够推动行政权力约束的进步。欧洲"税收–代表制关联"（taxation-representation connection）的范围条件似乎也适用于更广泛的世界：在债券时代，规模较小且人口较稠密的国家更有可能将战时国内资源动员与（更强大的）代议制度结合起来。下一章将介绍一个这样的案例——智利。

第二，我认为，在战争时期提高税收以替代外部资本的努力，会引发主权国家和非主权政治实体税收管理的持续改进。一旦官僚机构的改革启动，新的管理者很可能为了保障组织的存续而要求建立更大、资金更充沛的机构，从而将过往战争的影响延续到未来。我利用现有的历史定量数据对政治机制和官僚机制进行了检验，这些数据往往不如人们希望的那么完整和准确。为了加强论证的合理性，接下来我将通过阿根廷、智利、埃塞俄比亚、日本和暹罗的案例研究来重新检验这两种传导机制。我结合了定量研究和定性分析，旨在为本书的理论观点提供连贯而令人信服的可观察证据。

【注释】

［1］ Peacock and Wiseman, 1961. 这种模式在西方主要经济体中得到了证实，可参见 Rasler and Thompson, 1985。

［2］ Peacock and Wiseman, 1961: 26—27.

［3］ Scheve and Stasavage, 2010, 2012, 2016.

［4］ Lindert, 2004.

［5］ Pitkin, 1967; Manin, 1997.

［6］ Abramson and Boix, 2019; Lipset, 1959; Jha, 2015.

［7］ Stasavage, 2016.

［8］ Schultz and Weingast, 1998.

［9］ 有关现代专制国家权力分享制度的全面介绍，请参见 Boix and Svolik, 2013; Gandhi, 2008; Gandhi and Przeworski, 2007; Meng, 2020; Svolik, 2012。

［10］ Hui, 2004.

［11］ Kennedy，2015: 398—401. 在哈里发帝国鼎盛时期，其疆域西起伊比利亚半岛和马格里布，东至今天的巴基斯坦，南至阿拉伯半岛。

［12］ 对最新研究的粗略述评，包括 Abramson and Boix, 2019; Boix, 2015; Boucoyannis, 2015; Cox, 2016; Dincecco, 2011; Ferejohn and Rosenbluth, 2016; Scheve and Stasavage, 2012; Stasavage, 2011; Van Zanden, Buringh and Bosker, 2012。

［13］ Boix, 2015; Diamond, 1997; Scott, 2017; Tan, 2015.

［14］ Marongiu, 1968; Stasavage, 2011.

［15］ Rogers, 1995.

［16］ Hoffman and Rosenthal, 2000.

［17］ Bates and Lien, 1985; Levi, 1988; North and Weingast, 1989; Stasavage, 2011.

［18］ 关于荷兰的部分，请参见 'tHart, 1999; Tracy, 1985。有关英国的部分，请参见 Dickson, 1967; Cox, 2016; O' Brien and Hunt, 1993。

［19］ Dincecco, 2009, 2011.

［20］ 欧洲各国在发生军事革命的同时，国家议会也被解散或失去权力，相关研究可参见 Downing, 1993; Van Zanden, Buringh and Bosker, 2012。

［21］ Balla and Johnson, 2009; Mousnier, 1974. 关于中世纪晚期国王与城镇市民之间税收谈判起源的论述，请参见 Spruyt, 1994: 106。关于专制主义时代省级议会对国王施加的财政限制，请参见 Le Bris and Tallec, 2019。

［22］ 包税人负责征收间接税。在路易十四统治时期，由包税人负责征收的税款几乎占王室普通收入的一半（Balla and Johnson, 2009: 815）。

［23］ Schultz and Weingast, 1998: 34.

［24］ Potter, 2000: 622.

［25］ Hoffman, Postel-Vinay and Rosenthal, 2000. 受到路易十四（路易十六的曾曾祖父）在一百多年前设立的同一制度的约束，路易十六 1779 年被迫召开

三级会议，并最终导致根本性的财政和政治改革（Balla and Johnson, 2009: 825）。

[26] 另一个在所谓绝对主义政体中实行有限政府的例子出现在 18 世纪下半叶的奥地利（Godsey, 2018）。

[27] Schultz and Weingast, 1998. 关于有限威权政府的基础，请参见 Boix and Svolik, 2013。

[28] Besley and Persson, 2011: chs. 2 and 3.

[29] 如果反对派的代表能够参与决策过程，也可以实现共同利益国家。

[30] Acemoglu and Robinson, 2019.

[31] Stasavage, 2011, 2020.

[32] Levi, 1988.

[33] Levi, 1988: 52.

[34] Dincecco, 2009, 2011.

[35] 当国家实现财政集权的时候，有限政府的效果达到最佳。

[36] 关于 19 世纪外部融资的全球化，请参见第三章。

[37] Stasavage, 2011: 147–150.

[38] Drelichman and Voth, 2014: 267.

[39] Elliott, 1963; Grafe, 2011.

[40] Jenks, 1927: 264.

[41] Tilly, 2009: xiii.

[42] 关于在战争期间征收通货膨胀税的负面影响，请参见 Sprague, 1917。关于征收通货膨胀税的收益会根据经验发生变化的方式，请参见 Fujihira, 2000。

[43] Shea, 2013: 773.

[44] Kreps, 2018: 9.

[45] Flores-Macías and Kreps, 2017.

[46] 仅在 1873 年，拉丁美洲就有 20 家银行（占总数的 22%）因全球金融危机而破产。

[47] 关于拉丁美洲早期公共银行业的优缺点的研究，请参见 Marichal and Barragán, 2017。关于金融欠发达的政治经济学理论，请参见 Calomiris and Haber, 2014。关于 1914 年前亚洲和非洲金融不发达状况的论述，可参见奥斯丁（Austin）和杉原薰 1993 年主编的《第三世界的本地信贷供应商（1750—1960 年）》（*Local Suppliers of Credit in the Third World, 1750—1960*）。

[48] Marshall and Jaggers, 2000.

[49] 有关衡量初始政治条件的其他变量和时间范围，请参见本人的论文（Queralt, 2019 : Appendix L）。

[50] Stasavage, 2011.

[51] Bates and Lien, 1985; Boix, 2003.

[52] 这些模型的协变量与表 8.1 中的协变量相同。但是，我没有加入初始行政约束的控制变量，因为它可能与条件变量（地理规模和资本流动性）存在内生

关系。由于去掉了初始行政约束的控制变量之后，样本数量将从 $N = 30$ 扩大到 $N = 49$，因此我重新引入了地区固定效应，以尽量减少未观察到的异质性。

[53] 这里我选择对国家规模变量进行对数变换，但如果假设是线性效应，结果是一样的。

[54] 在本分析中，我坚持使用原始变量，以便与其他测试结果保持一致。如果我对人口密度进行对数变换，结果仍然成立，就像对国土面积做对数变换一样。

[55] 在白人殖民地之外的地区，税收谈判和权力分享制度极为罕见。例如，加纳当地的酋长早在 1852 年就组织成立了地方立法议会，与英国当局谈判直接税（人头税）的征收条款（Aboagye and Hillbom, 2020; Prichard, 2015）。尽管该立法议会在 1852 年后再也没有召开，取而代之的是其他形式的地方代表机构，包括由本地精英（如律师、教师、商人和酋长）组成的原住民协会（Aborigines' Society），这个协会实际上获得了对财政政策的否决权（Wight, 1947: 25—26）。其他殖民统治下的财政契约案例，请参见 Bräutigam, 2008; Makgala, 2004。但这样的案例并不常见。

[56] Downing, 1993; Ertman, 1997.

[57] Hui, 2004.

[58] 有关欧洲的情况，请参见 Brewer, 1988。关于非洲殖民地的情况，请参见 Young, 1994。

[59] Daunton, 2001.

[60] Fischer and Lundgreen, 1975; Schumpeter, 1991; Weber, 1978.

[61] Tilly, 1990: 115.

[62] Niskanen, 1994: ch. 4.

[63] 要了解美国自独立以来每次发生大规模战争后的联邦官僚机构和（非军事）机构的增长情况，请参见 Porter, 1994: ch. 7。有关美国在官僚自主性方面的早期成就，请参见 Carpenter, 2001; Skowronek, 1982。有关发达经济体中官僚机构增长和发展的比较研究，请参见 Silberman, 1993。

[64] 相关概述，请参考 Frankema and Booth, 2019，以及加德纳（Gardner, 2012）编的文集。

[65] 参见朗格、马洪尼和冯豪（Lange, Mahoney and vom Hau, 2006）对殖民统治的精彩总结，其中包括殖民统治的理想类型——定居点、直接统治、间接统治和混合统治。

[66] Acemoglu, Reed and Robinson, 2014; Crowder, 1964; Mamdani, 1996; Lange, 2009. 相反的观点，请参见 Iyer, 2010。

[67] Baldwi, 2015; Baldwin and Holzinger, 2019; Logan, 2009; Von Trotha, 1996; van der Windt, Humphreys, Medina, Timmons and Voors, 2019.

[68] Mamdani, 1996: 18. 也可参见 Berman, 1984。

[69] Boone, 2003; Ricart-Huguet, 2021.

［70］ Mkandawire, 2010: 1648.

［71］ Berger, 2009. 哈桑（Hassan，2020）对肯尼亚的行政连续性进行了具体阐述。比较研究结果，请参见 Berman and Tettey, 2001; Lange, 2004。

［72］ Lange, Mahoney and vom Hau, 2006.

［73］ Booth, 2007; Cheung, 2005; Slater, 2010.

［74］ Frankema and Booth, 2019.

［75］ Scott, 2017.

［76］ Young, 1994: 127.

［77］ D'Arcy and Nistotskaya, 2018; Lee and Zhang, 2017.

［78］ Brambor, Goenaga, Lindvall and Teorell, 2020.

［79］ Bandiera, Mohnen, Rasul and Viarengo, 2019; Paglayan, 2021; Ramirez and Boli, 1987; Weber, 1976.

［80］ Alesina, Reich and Riboni, 2017; Levi, 1997.

［81］ Ansell and Lindvall, 2020; Weber, 1976; Soifer, 2015.

［82］ Huillery, 2009.

［83］ Wantchekon, Klašnja and Novta, 2015.

［84］ Frankema, 2012.

［85］ 为了解释初始国家能力的差异，我在模型中加入了国家古老指数作为控制变量。更多细节请参见第七章。

［86］ Ertman, 1997; Geddes, 1994.

［87］ Tait and Heller, 1983.

［88］ 对管理部门规模的预测值异常偏高，因为该变量和关键预测因子都呈现高度偏态分布。

［89］ Alesina, Reich and Riboni, 2017.

［90］ Besley, 2020; Levi, 1997.

第九章　国家建设的轨道

图 1.3 描绘了五种理想的国家建设轨道。我在其中指出，大多数近代早期欧洲国家遵循了路径 A 和路径 B，这些路径涉及以税收和国内信贷形式动员国内资源。[1] 相比之下，债券时代的大多数发展中国家则遵循了路径 C 至路径 E，其特征是大量依赖外部融资。在第五章中，我重点讨论了路径 C 至路径 E 之间的微妙差异，以及为什么发展中国家往往会从路径 C（在这条路径中，国家依靠税收偿还债务，国家能力得到加强）跌落到路径 E（在这条路径中，国家暂停偿还债务，随之而来的是外国控制）。

然而，当外部融资紧张且公共资金需求旺盛的时候，可能会出现摆脱路径 E 的机会。在这种情况下，统治者以征税形式动员国内资源的动机就会增强。[2] 我认为，这些征税措施可能会持续下去，因为税收管理会产生维持组织存续的利益——传导的官僚机制，并且因为新的税收可能为权力分享制度提供机会——传导的政治机制。[3]

在本章中，我将通过对五个历史案例的研究，进一步阐述这两种传导机制。这五个案例是日本、阿根廷、暹罗、埃塞俄比亚和智利。在选择案例时，我从一组非欧洲主权国家中选取研究对象，因为这是研究政治机制的必要条件，并且白人定居点之外的殖民地无法满足这种条件。讨论分为三部分。在第一部分中，我重点关注明治时期的日本（1868—1912 年），并将其与阿根廷这个对照案例进行简要比较。日本为其海外战争筹集资金，并建立了一个强大的国家，这对本书第二章的理论预设提出了挑战。我认为，日本之所以能够避免债务陷阱，是因为在此之前就已存在国内信贷市场——这在边缘国家是非常罕见的。遵循路径 C 的国内资源动员激活了传导的官僚机制和政治机制。我将日本与阿根廷进行比较，后者是 20 世纪初期全世界最富裕的经济体之一。我认为，阿根廷之所以无法效仿日本的做法，是因为阿根廷缺乏国内金融家，因而无法摆脱对外部资金的依赖。外债日益沉重，阿根廷也逐渐落后。日本与阿根廷这对组合显示了在国内信贷市场紧缩的情况下，避免跌落到路径 E 是非常具有挑战性的。

本章的第二部分将我们带到暹罗（1939 年更名为泰国）。19 世纪的暹罗国王因害怕承担违约的后果而放弃了外部融资。自从 19 世纪末期以来，持续的财政集权和军事现代化导致了军事官僚政权的出现。由于缺乏足够的国内商人群体，暹罗的国家建设走向了路径 A，并且没有激活传导的政治机制。而商人群体的意义在于，他们会通过拒绝纳税来迫使统治者分享财政权。我认为，这解释了为何在 1932 年由政府官员掌握政治权力后，暹罗的财政能力和国家能力提升仍十分有限。我将暹罗与埃塞俄比亚进行了简单比较，后者是 19 世纪唯一保持独立的非洲国家。与暹罗国王一样，埃塞俄比亚皇帝也因附带的条件而放弃了外部融资。埃塞俄比亚也很贫穷，缺乏能够借钱给皇帝并以此约束皇权的商人群体。早期的国家建设措施沿着路径 A 提高了官僚能力，但并未给予纳税人任何政治妥协。相较于暹罗，依靠国内资源为政府提供资金的决心在埃塞俄比亚过早地终止了。海尔·塞拉西一世（1916—1930 年任摄政王，1930—1974 年在位）统治时期对外国贷款和国际援助的日益依赖，将埃塞俄比亚推向了路径 E，并使其成为今天的脆弱国家。

在本章的第三部分，也是最后一部分，我考察了智利的国家建设。资本排斥下的战争激活了智利国家建设的官僚机制和政治机制。智利本地的商人主要集中在两个大城市，得到了良好的组织协调，并且随着政府税收能力的提高，智利商人对总统的强大权力越来越感到不安。在 1891 年暴力冲突之后，宪法改革加强了议会对预算权的监督，从而使智利在接下来的几十年里能够持续投资于国家能力建设。智利的这个案例表明，当国家财政没有其他选择时，可能会产生沿着路径 A 推动重大财政创新的动机，并且可能带来持久的积极影响。

日本

如果说有一个国家在国家建设和外部融资方面都获得了成功，那就是日本。到 1850 年，日本已经经历了两个半世纪的闭关锁国。仅仅在一代人的时间里，日本便融入了全球经济，并成为地区军事强国。现代武器通过欧洲私人资本融资并进口到日本。日本也严格履行其外债义务，证明外部融资与国家建设并不矛盾。事实证明，日本的本土条件具有特殊性。除西欧和美国外，没有其他国家能够依靠强大的本地资本市场。正是这一条件改变了一切。

军事和经济现代化

在德川时代（1603—1868 年），日本由一系列半自治的封建领地组成，其中央政府，即幕府，既没有财政权，也不能垄断强制权。然而，这种情况在 1854 年突然发生了变化。1854 年，美国的军事特使、海军准将马修·佩里强迫日本开放通商口岸并对进口商品实施关税限制。开放（首先是对美国，很快又对欧洲列强）引起了日本领导层内部的政治动荡，在如何适当应对西方威胁的问题上，他们产生了意见分歧。1868 年，一场由宫廷贵族和藩国官员策划的政变结束了德川政权。以明治天皇为中心的政治集权，成为新政权的首要任务——这一目标已基本实现："在明治维新开始时，（日本）还是现代世界最分裂的政体之一，但在一代人的时间里却成为中央集权程度最高国家之一。"[4]新政权明显具有寡头政治的性质，[5]最初几年频繁发生叛乱，甚至内战。[6]然而，尽管精英阶层内部斗争频繁，但日本政府仍推动了军事和经济现代化的进程。

中国作为地区强国，[7]却在两次鸦片战争中受到了欧洲列强的侵辱。外国侵略对中国造成的负面影响为日本明治时期的统治集团敲响了警钟，[8]坚定了他们对军事现代化的支持。在几十年内，日本建立了"全民皆兵"的普遍征兵制（自 1873 年开始实行）并装备现代化的武器，在此基础上组建了一支强大的军队。日本还从欧洲聘请军事官员教授现代军事战略，并从英国和德国进口最先进的军事装备。例如，1897 年至 1902 年间，新成立的日本帝国海军的所有（六艘）战列舰都是在英国建造的。[9] 作为现代化的第二个目标，铁路路网建设与军事投资同步增加，不过，铁路建设主要由本地资本进行融资。截至 1902 年，73% 的铁路路网由日本本土财团所有。[10] 在 1906 年至 1907 年间，日本完成了部分铁路的国有化。此后的铁路建设则在公共部门和私营部门之间均衡分配。

为了给军事和经济现代化提供资金，日本政府提出了一项雄心勃勃的货币和财政集权计划。日本银行（成立于 1882 年）和新发行的可兑换货币（从 1885 年开始流通），使政府能够更密切地控制与西方国家的资本和商业流通。[11] 财政集权早在 1871 年就开始了，当时新的政府废除了 260 个藩属和领地的自治权，接管了它们尚未偿还的债务，并宣布对所有领土拥有政治和财政主权。[12]

土地改革是中央集权的第一步。1872 年，在全国范围的土地调查之后，小农获得了土地所有权。[13] 拥有土地所有权，就意味着需要缴纳更高的税款，因此引起了小农的大规模反对。作为回应，政府降低了税率——从此，土地税在国家预算中的比重开始逐渐下降。19 世纪 70 年代初期，土地税收入占总税收的 90% 以上，而到了 1914 年，这一比例已降至不到 20%。[14] 大藏省作为"西化官员的主要堡垒"[15]，用现代税种取代了土地税。清酒消费税成为重要的财政收入来源，尤其是在中日甲午战争爆发之后（当时日本刚借贷了新的外国贷款）。起初，清酒税的征收由地方官员负责，但从 1880 年起由大藏省接管，效仿了英国成功的啤酒税管理模式。[16] 到了 1914 年，清酒税已经占总税收的 28%（相较于 1880 年的 10%，已是大幅上升）。[17] 日本从 1887 年开始征收所得税。所得税最初由私人金融机构征收，但日本国税厅在 1896 年设立地区税务办事处后，由后者接管了所得税的征收工作。[18] 虽然早期的所得税收入并不高，但到了 1914 年，所得税收入已超过总税收的 11%。[19]

中央政府机构也效仿西方国家进行了现代化改革。1873 年，国家行政机构清除了公家（kuge）这一可追溯至平安时代的世袭朝廷贵族阶层，并效仿法国公务员制度，在公共部门引入了择优录取的标准。[20] 到 1900 年，进入行政部门需要接受专门培训并通过资格考试，得益于终身职位晋升制度和公共养老金体系，政府公务员免受部长级政务官和地方显贵的影响。[21]"在一代人的时间里，建立一个新的行政结构，这种结构直至今日仍是公务员制度的基础。"[22]

财政改革成效显著。1868 年，税收占日本国内生产总值的比例仅为 0.05%（并非笔误）。[23]税收只占中央政府总收入的 10%，其余收入主要来自政府企业、国家垄断、印花税、货币发行和借贷。到第一次世界大战前夕，税收占日本国内生产总值的比例已上升至 8.1%，并占政府总收入的 51.2%。自 1886 年起，所有预算都实现了盈余。

外部融资

财政能力的显著增长仍不足以为日本的现代化进程提供足够资金。经济改革（包括工业、电信和铁路）的融资主要来自税收和国内债券。这些领域的外国直接投资被控制在最低水平（这一点上与中国或阿根廷不同，下文将着重讨论）。相比之下，外部公共融资在军事现代化过程中发挥了关键作用。贷款总额（扣除转贷贷款后）的 75% 被用于支付军事开支。[24]换句话说，欧洲资本以主权贷款的形式流入日本，主要用于军事开支。

获得外资是有风险的。明治时期的日本统治者"认识到，违约会导致财政主权落入外国势力的掌控"[25]，并且"对于被西方列强殖民的风险感到担忧"[26]。埃及因违约而受控于外国势力的例子在政策讨论中"被反复提及"。[27]然而在日俄战争（1904—1905 年）期间，日本对外部融资的顾虑有所松动，因为如果没有大额贷款的支持，就无法支付庞大的军费开支。1904 年至 1905 年间，日本在欧洲共筹借了1.07 亿英镑。[28]

债券最初在伦敦发行，但进入 20 世纪之后，巴黎和柏林也加入其中。第一笔 100 万英镑的债券于 1870 年 4 月发行，实际利率高达 9%

（约比当时英国统一公债的收益率高出 200%）。[29] 随着时间的推移，贷款规模不断扩大，利率也更具竞争力，1897 年后一直保持在 5% 以下。1897 年金本位制的采用和 1905 年在日俄战争中获胜，提升了日本在欧洲金融资本中的信用度。[30] 这也反映在债券的期限上，1894 年前的债券期限为 13 年到 25 年，1894 年之后的债券期限约为 60 年。[31]

日本严格履行了其对外金融义务。那么，是什么原因促使日本在财政上保持如此严谨的行为呢？原因在于地理规模和国内信贷，也就是在西欧有助于实现"战争塑造国家"的条件。

地理规模

马克·小山（Mark Koyama）、森口千晶和孙传炜（Sng Tuan Hwee）在比较中国和日本不同的发展道路时指出，日本较小的国土面积有利于军事和财政的集中化。[32] 相较于分散的结构（既有状况）而言，相对较小的国土规模提高了共同防御的效率，也降低了建立和实施新财政体系的集体行动成本。[33] 尽管在改革的速度和方法上存在分歧，并且精英内部经常发生争议，但明治时期的统治集团仍然一致认为，集中军事和财政资源有助于维护国家主权。[34]

政治和财政集权免不了重新谈判、反复试验，也无法避免精英阶层和普通民众之间的紧张关系。中央政府的增税和大规模征兵很快就引发了民众要求建立民选国会的呼声。[35] 1889 年颁布的普鲁士式宪法，可以说是对被排除在权力圈之外的崛起的城市阶层作出的"策略性妥协"。[36] 新议会的选举权仍然仅限于纳税大户，而自由权利（如言论自由）则需要得到帝国议会的同意。[37] 然而，这些规定在当时其他发达经济体中可谓"标配"。[38]

明治宪法对相互竞争的精英派系之间的权力平衡产生了深远影响，这些派系迅速合并为自由党和保守党两大政党。[39] 根据新宪法，帝国议会被赋予了征税权和除军事开支以外的支出权，而行政部门则必须获得立法机构的批准才能通过年度预算。[40] 这种权力共享制度为妥协创造了条件。例如，在中日甲午战争之后，政府与自由党反对派就增加税收进行了协商，此前双方已就扩大基础设施支出（符合自由党的意愿）达成一致。事实证明，"掌握财政大权"成为帝国议会对抗由天皇任命的保守派和军国主义官员的关键权力来源。[41]

在外部威胁的背景下，财政改革和政治稳定需要保持一种微妙的平衡，而相对较小的国家规模加上良好的道路和海上交通，有利于精英之间相互协调并迅速剿灭地方叛乱。[42]无独有偶，较小的国家规模也是西欧权力分享制度得以兴起和持续存在的关键因素之一。[43]

国内信贷市场

公共信贷在日本并非新生事物。明治时期的金融机构主要继承自德川幕府。此外，1868 年推翻旧政权的武装行动也得到了地方大商人或财阀的贷款支持。[44]从一开始，这些百年财团（如三井、鸿池和山口）就嵌入了新政权的金融结构。在明治维新之后的几十年里，它们承担了在首都以外地区的征税工作，直到国税厅能够接手为止。[45]财阀还帮助日本建立了公共银行体系。例如，1873 年，三井集团（与小野集团共同）出资成立了日本国立第一银行，该银行获得了发行纸币的垄断权。三年后，三井集团又成立了全国最大的私人银行。[46]大商人与政治权力保持着密切关系，并为高级政客的仕途提供政治赞助，这丝毫不令人奇怪。[47]

尽管日本向海外资本借款，但国内贷款仍在其公共财政中占据重要地位。在日俄战争爆发之前，外部融资占长期政府债务的比例不到 20%。如图 9.1 所示，1904 年日俄战争爆发后，外部贷款在公共债务中的比重开始增加。1914 年，该比例达到了最高点 60%，随后开始逐渐下降。[48]在明治维新之后的几十年里，国内信贷在融资领域发挥了重要作用，并且对于确保财政纪律起到了关键作用。暂停国内或国外债务偿还都会大幅减少政府资金，给国内信贷市场造成压力，并影响新政权的政治支持。在日本，金融寡头的角色类似于 17 世纪法国的包税人集团[49]，即在财政政策问题上，迫使统治者保持务实态度。

地方融资在补偿明治维新失败者方面也发挥了重要作用，这些失败者包括德川时代的武士阶层和地方显贵。1871 年，在废除封建领地

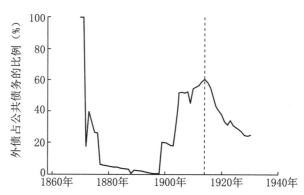

注：数据来自日本银行（Bank of Japan, 1966：158）。由于 1868 年至 1870 年的国内债券数据缺失，因此这一时期的比例较高。

图 9.1 外债占日本公共债务的百分比

和武士对军事及行政职位的垄断——"世袭等级制度"[50]之后，这两个群体得到了米粮津贴和政府债券作为补偿。[51]最初，前武士阶层及其家族（总计约 200 万人）获得了丰厚的秩禄作为补偿，但这一政策拖累了国家预算——1873 年，秩禄消耗了常规支出的 30%。[52]1876年，这些秩禄被折算为政府债券。[53]政府成立了一家特别银行，指导前武士阶层进行投资，较富裕的成员则将资金投入国家新成立的金融机构中。[54]结果，日本的私人银行迅速扩张，分行数量在两年内从 7家迅速增加到 150 家。[55]

总之，战略性发行国内债券，是为了使明治维新的失败者能够从经济增长和政治稳定中获得一定既得利益。[56]这既有利于国家财政，也能使前武士阶层从中获益。[57]同样地，避免暂停偿债，对巩固新政权的社会和政治基础至关重要。正如在英国和荷兰所发生的那样，[58]日本的资本市场把改革胜利者和失败者的利益协调一致，增进了对财政廉洁诚信的支持，并持续地投资于税收能力的提升。

评估和对照案例：阿根廷

日本具备了将外部威胁与国家建设联系起来的适当条件。它的国家规模相对较小，资本积累水平足以支持国内公共信贷，建立了政府问责制并持续投资税收能力建设，这使其能够偿还债务。是否还有其他国家也遵循了类似的国家建设轨道？阿根廷是一个很好的候选案例。在第一次世界大战前夕，这个位于拉丁美洲的共和国是一个主权独立且富裕的经济体，常常被拿来与英国的附属国相提并论。[59]然而，繁荣的阿根廷最终却成为"泥足巨人"。随着外债的不断累积，阿根廷的经济活力逐渐消失。为什么会变成这样呢？

自从19世纪10年代赶走西班牙殖民统治并宣布独立以来，阿根廷经历了一系列地区性的国家间战争和内战，需要动员大量的国内外资源。[60]到了19世纪60年代，局势开始得到平息，阿根廷开始着手进行（有限的）政治集权，通过了自由主义宪法并开展国家建设。[61]总体而言，阿根廷在独立后的几十年里一直遵循着国家建设的路径A。在此之后，阿根廷逐渐成为吸引外国资本的中心。但经济繁荣直到19世纪80年代才真正到来：在10年内，英国对阿根廷的投资从2 500万英镑增长到1.5亿英镑，而且1.5亿英镑还只是一个下限估计。

> 按当时的标准来衡量，19世纪80年代的英国投资以令人惊叹的速度增长，超过了此后任何一个十年。事实上，1889年确实是一个"奇迹之年"（*annus mirabilis*），阿根廷吸收了英国所有海外投资总金额的40%至50%。[62]

尽管公共投资带来了潜在收益，[63]但偿还外债的负担却日益超出了掌控，偿债金额消耗了阿根廷50%的出口收入——根据弗朗德罗和祖默尔的研究，这是衡量债务可持续性的关键指标。[64]1890年，阿根廷陷入债务违约并引发了巴林危机（Baring Crisis），这是金融史上的一次重大危机。到1900年，经过漫长的债务重组周期之后，未偿债务相较于1880年增加了十倍。[65]偿债负担进一步加重，以至于阿根廷在19世纪末成为资本净流出国。[66]而新流入的资本也不用于生产性目的。从1890年到1914年间的每一笔新贷款都是用来偿还旧债的，包括清偿向英国投资者提供的铁路担保。[67]

19世纪90年代的经济紧缩之后，阿根廷迎来了持续增长的时期，即 1900 年至 1914 年的"美好时代"（Belle Epoque）。这几年经济发展的特点是出口激增，这使得国家预算的压力得到了缓解。尽管情况有所改善，但财政赤字依然是常态（与日本不同），[68]在阿根廷，偿还债务消耗了至少两倍于日本的资源（见图 9.2a），而公共债务总额与收入的比例则是日本的两倍（见图 9.2b）。

两国债务的来源也截然不同。1914 年，日本的外债占公共债务总

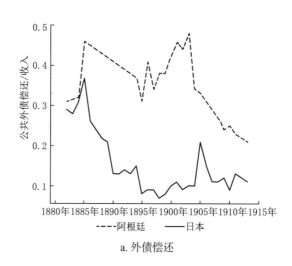

a. 外债偿还

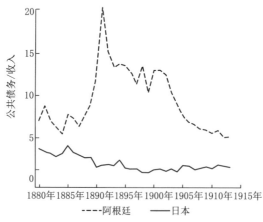

b. 公共债务与收入比例

资料来源：Ferguson and Schularick，2006。

图 9.2　1914 年前日本和阿根廷的公共债务

额的比例达到了历史最高的 60%（见图 9.1），但这一比例仍远低于阿根廷的 86%。[69] 阿根廷缺乏国内信贷市场——这是一个老问题了，[70] 这就迫使其政府在第一次世界大战结束后立刻重返外部市场（尤其是纽约）。[71] 从 1920 年到 1930 年间，阿根廷的债务总额几乎翻了一番，从 8.5 亿比索增加到 16 亿比索。在那十年里，超过 60% 的债务仍然被用于非生产性用途：旧债再融资、军备采购和未列入预算的开支。[72]

外债或许并非阿根廷经济衰退的唯一原因，但确实是关键因素。[73] 19 世纪 80 年代因过度借债造成的财政失衡问题从未得到彻底解决。能够获得外部资本（即使仅用于清偿旧债），则使税制改革仅维持在最低限度。[74]

根据第二章所阐述的公共财政政治经济学，阿根廷在税收能力上投资不足并不令人惊讶。相比之下，日本对财政纪律的坚持则令人感到意外。早先已然存在的债务市场在日本国家建设的关键阶段发挥了重要作用，使其避免陷入外债陷阱。偶然因素可能也起到了作用。1914 年，日本的外债偿还额度迅速加快。为了避免暂停偿债，大藏省不得不依靠日本银行和横滨正金银行纾困。[75] 战争需求刺激了出口增长，随后的国际信贷紧缩也帮助日本重新把重点放在国内资源动员上。"日本是幸运的"[76]，因为国际信贷泡沫及时破灭，使日本避免陷入更严重的危机。

暹罗

19 世纪 70 年代早期，暹罗尚未成为一个真正意义上的领土型国家。曼谷与其周边地区保持着朝贡关系，这是一种常见于亚洲的"曼陀罗国家"（mandala state）① 权力结构。当时的暹罗并没有常备军或统一的货币。然而，到 1914 年的时候，暹罗已经成为一个中央集权的政治实体，组建了国家军队，并参与国际贸易。暹罗的快速改革是为了应对外部的威胁，改革的主要内容是加强官僚能力。这些变革是有针

———————————

① 又称"曼陀罗体系"。——译者注

对性地在不诉诸外部资本的情况下进行的，因为当地精英将利用外部资本视为对西方列强的一种屈服。[77] 与持续性的官僚渠道相一致，暹罗国内那些较早实现中央集权的地区，无论是在 1917 年还是在 2000 年，都拥有更强大的官僚体系。[78]

构建一个强大但不受问责的"利维坦"是有附加条件的。恰恰是却克里王朝录用并培养了 60 年的公务员群体，在 1932 年终结了君主专制统治，并用官僚体制取而代之。1932 年革命之后——可以说直到今天依然如此——官僚体系内部的不同派系相互争权夺利，引入外部资金，并限制民众的政治参与机会。

外部威胁与国家建设

虽然暹罗从未丧失国家主权，但殖民占领的风险在 19 世纪中叶骤然加剧。英国在第一次鸦片战争（1840—1842 年）中获胜，暹罗的地区竞争对手——缅甸——也在 1852 年被英国占领。法国在 1861 年占领了交趾支那，并从柬埔寨边境向暹罗施压。尽管面临着多方威胁，暹罗统治者仍然成功地利用英法两国的殖民野心，巧妙地使暹罗成为两大国之间的缓冲地带。[79]

外部威胁迫使却克里王朝将一系列行政、财政和军事改革提上日程。然而，改革任务非常艰巨，因为形势对暹罗极为不利。为了防止外国干预，暹罗国王蒙固（1851—1868 年在位）在 1855 年与英国签订了《鲍林条约》(Bowring Treaty)。该条约旨在向外国竞争者开放暹罗经济，其中包括将关税上限定为 3% 等诸多条款，从而排除了将贸易税作为收入来源的可能性。《鲍林条约》还禁止修改土地税率和国内通行费，也禁止设立新的税种。[80] 只有更好地执行现有的土地税、国家垄断税和徭役税，才能满足因建设新军队而激增的资金需求。而这也确实是后来所发生的情况。

蒙固国王发起了一系列改革，但他的儿子朱拉隆功国王（即拉玛五世，1868—1910 年在位）才是真正推动财政能力显著提升的关键人物。他对整个政府和官僚机构进行了改革，以实现国家的财政集权。

朱拉隆功新设了多个部委机构，将国王的私人财务与国家财政收入分开，采用新的审计技术，并首次起草和公布年度预算。[81] 从 1868 年到 1915 年，暹罗的税收收入增长了近 10 倍，从 800 万铢增加到 7 400 万铢。[82] 财政纪律被视为国家安全问题。国王担心经济困境可能会导致国际势力接管国家经济命脉，就像他们在中国所做的那样。[83] 1850 年到 1922 年间，暹罗每年都保持了财政盈余。财政纪律意味着生产性投资（如道路、港口）是逐步实施的。绝不冒任何风险。

国内贷款并非政府融资的选项——直到第一次世界大战结束后，暹罗才出现本地信贷市场。[84] 在 1905 年至 1925 年间，暹罗在海外共发行了五笔债券，总额为 1 360 万英镑，其中 44% 用于巩固信用，而不是国内投资活动。[85] 事实证明，这些贷款具有极强的政治性，英法德三国代表竞相争取贷款权，这进一步加深了国王对外部融资的担忧。对外国信贷的低度依赖虽然减缓了经济发展的进程，但正因为如此，它迫使暹罗国王进行雄心勃勃的自强改革。无论是在短期内，还是从长远来看，这些改革都增强了国家能力。

中央集权和官僚机构的发展

暹罗的朝贡治理体系从未要求中央政府在曼谷以外地区设立机构，但这种情况在 19 世纪中期发生了变化。蒙固和朱拉隆功两位国王认识到，维护国家主权就需要确保边疆地区的安全，为此，他们用忠于王室的代表和职业官僚取代了边疆地区的地方政治和行政精英。

行政改革始于 1873 年，中央政府在那一年成立了税务办公室，要求地方包税人将地方收入上缴给该办公室。1874 年成立的审计办公室旨在将征税工作置于中央政府的严格监管之下，以限制地方包税人和地方精英的贪污腐败行为。[86] 不久之后，中央政府向各省派驻了专员，直接监督包税人的征税工作。1875 年，政府成立了测绘局，并在 1897 年绘制完成了第一张完整的暹罗地图，使政府能够铺设电报线路，与受到外部压力的地区保持联系。[87] 为了进一步扩大国家权力，朱拉隆功在 1887 年成立了新的教育部，扩大了公共教育，并开办了新的军事和测绘学校，招募军官和文职官员。

财政和官僚体制改革强化了国王对领土的控制，这与地方领导人的意愿相悖。为了克服阻力，朱拉隆功国王组建了一支由 15 000 名士兵和 3 000 名海军组成的私人职业军队，其经费来自新成立的税务办公室所征收的税款。[88]尽管改革取得了显著进展，但 1893 年与法国的战争还是给国王敲响了警钟。面对欧洲强大的军事力量，暹罗依然无力应对。此后，暹罗加速了财政和政治中央集权的进程，[89]内阁改组为 12 个专门部委，其中包括强而有力的财政部[90]和内政部[91]，由二者共同负责征税工作。

内政部负责进行第一次现代人口普查，1903 年进行了省级人口普查，1910 年进行了全国人口普查。[92]人口普查在暹罗并非新鲜事物。它在徭役、征兵和征税工作中发挥着关键作用。[93]然而，1910 年的人口普查采用了新的现代技术，完善了中央政府"以国家视角看待问题"的能力。[94]为了向新的官僚机构提供合格的公务人员，1899 年新成立了专业性的公务员学校。[95]

漫长的 19 世纪所推行的官僚体制改革产生了持久的影响——有积极的一面，也有消极的一面。从积极的一面来看，国家基础设施能力的提升增加了短期和长期的经济产出与人力资本：派克（Paik）和维奇班扬拉塔纳（Vechbanyongratana）利用历史地理的变化发现，在早期实现了中央集权的省份，往往是那些面临着更大外部威胁的地区。他们发现，在 1917 年，中央集权表现为铁路线路密度更高，公立学校和教师的数量更多。这些差异在 2000 年依然存在。[96]换句话说，早期的官僚体制改革对国家能力产生了持续的积极影响。然而，对强大但缺乏问责的行政机构的高度重视，最终导致了专制政权的灭亡，以及随后短暂的民主时代的终结。

短暂的民主之春

由于放弃了外部融资，暹罗统治者不得不推出一系列官僚制度创新，以利用国内资源为政府筹集资金，但政治变革并未随之而来。恰恰相反，朱拉隆功国王的政策旨在巩固中央政府相对于一系列朝贡国的权力。然而，朱拉隆功没有预料到，他的继任者很快就失去了对他和他父亲一手建立起来的官僚体系的控制权。[97] 1932年，对裙带关系感到不满的新兴城市阶层和职业官员组成联盟，发动了革命，最终导致巴差提朴国王（即拉玛七世，1925—1935年在位）退位，颁布了宪法并举行全国性选举。[98]

在暹罗，要求有限政府的呼声也不算什么新鲜事物。早在1885年，受过西方教育的精英群体就曾上书国王，要求效仿英国模式建立君主立宪制。1912年和1917年，两次要求"推翻君主制、建立立宪政府"的政变均中途夭折。[99] 与前几次政变的状况不同，在20世纪30年代初，暹罗的国家财政已陷入困境。1929年经济大萧条之后，全球需求和贸易税收急剧下降。[100] 为了填补财政赤字，巴差提朴国王考虑向海外发行债券，但条件非常苛刻。[101] 由于实际上已被排除在信贷市场之外，国王提议全面征收所得税和财产税。在新税种开征之前，暹罗的主要刊物《曼谷时报》（Bangkok Times）曾发表公开请愿书，建议对富人征收更重的税，并增加政府支出以缓解经济困难。[102] 最高委员会（Supreme Council，国王在1926年成立的咨询机构）中的王公们断然拒绝征收所得税，认为这将严重影响他们的财富。在上层和下层的双重压力下，国王选择了妥协：所得税被采纳，但为了尽量减少富人的反对，他们的主要财富来源仍然免税。为了平衡预算，政府通过降低公务员工资和削减军事预算来减少开支。实际上，所得税将税收负担转移到了城市中产阶级身上，并使公务员也受到了连带影响。[103]

公众对财政政策的批评愈演愈烈。《曼谷时报》谴责对中产阶级征收"不公平的税收"，并指出了"无代表却纳税"（taxation without representation）的问题。[104] 国王试图通过颁布宪法来平息民众的反对情绪，该宪法允许某种"有限的代议制政府，但不会释放激进变革的力量"。[105] 但为时已晚。由非王室军官、文职官员和城市居民组成的多元联盟很快就推翻了巴差提朴国王的统治，他们唯一的共同目标就是"剥夺王权，建立一个立宪政府"。[106]

官僚统治的漫长寒冬

1932 年宪法承认有限的政治参与机会，并将政治权力交到了国家官僚的手中——而这些官僚正是君主在过去 50 多年里培养的对象。[107] 工人阶级被排除在权力圈之外，职业政客也没有立足之地。在接下来的几十年里，文职官员和军官几乎垄断了内阁职位，并在国会中占据多数席位。[108]

职业官员分成两大对立团体：支持立宪政府的团体和支持军事统治的团体。[109] 国家机构内部对权力的激烈争夺，导致政府频繁更迭：从 1932 年到 2006 年，泰国（1939 年改名为泰国）共颁布实施了 20 部宪法、历经 36 位总理，以及无休止的政变和自我政变（有些成功，有些失败）。历届政府的共同特征是沉溺于自我放纵。仅内政部和国防部就平均消耗了国家预算的 34.5%。[110]

随着时间的推移，泰国成了一个典型的"低效但持久的国家"，根据阿西莫格鲁、蒂基（Ticchi）和温迪尼（Vindigni）的定义，所谓"低效但持久的国家"，即官僚、国家、雇员和财阀之间结成联盟，联合起来反对民主和财富再分配。[111] 工人阶级和乡村农民始终没有受到多少关注。尽管经济保持持续增长，但泰国在第二次世界大战后并没有进行重大的基础设施投资，也没有提高财政能力。[112]

为了尽量减少社会争议，泰国的税负压力一直保持在较低水平。1950 年至 1978 年间，税收占 GDP 的比例从 4.9% 增长到 12.3%，[113] 但与地区和国际标准相比仍然相当低。[114] 在 1997 年亚洲金融危机爆发之前，税收一度有所增长，但不久之后就回落到经济繁荣前的水平，稳定在 GDP 的 15% 左右。[115]

为了筹集政府资金，革命后的泰国政府对外国资本敞开了大门，从而偏离了其绝对主义前辈们的立场。20 世纪 50 年代，来自美国的贷款和援助源源不断。[116] 国际复兴开发银行、英联邦国家和日本也参与了发展计划（即科伦坡计划，Colombo Plan）。[117] 事实证明，国际援助大多效率低下，因为这些项目往往令外国军事利益凌驾于当地需求之上。[118] 此外，泰国官员手中的援助资金经常被公然用于腐败："将军们着重瓜分美元大量流入所带来的好处，以及由此带来的政府预算和商业利润的增长"。[119]

第二次世界大战后，国际援助增加，泰国的外部公共债务也随之增长。从 1970 年到 20 世纪 80 年代末，外债占 GDP 的百分比增长了5 倍。[120]公共部门和私营部门对外资的高度依赖导致了两次金融危机的发生，一次发生在 20 世纪 80 年代，另一次发生在 20 世纪 90 年代。紧随其后出现的是大规模失业和贫困。[121]此后，紧缩开支、低税收和政治不稳定成为泰国的常态。

评估和对照案例：埃塞俄比亚

经过七十余年持续不断地强化官僚体制，却克里王朝建立了整个东南亚地区最强大的"利维坦"之一。[122]然而，暹罗王室早期的成功也为其自身埋下了覆灭的种子。在绝对主义统治之后的"官僚政体"时期，[123]政治统治的重点在于夺取和维持权力。正统的财政纪律被放松，对外依赖增加，阻碍了国家能力的重大提升。

暹罗的案例显示，在没有适当制衡体制的情况下，建立强大的官僚制国家会面临诸多困境和限制。强制手段可以在一定程度上确保税收遵从，然而，如果没有获得纳税人的同意，遵从较高的税率几乎是无法实现的——而要做到这一点就需要政治变革。在 19 世纪，暹罗缺乏能够从国王那里争取妥协以换取税收遵从的商人阶层。遥远的距离、崎岖的地形和落后的通信条件，使得边远地区的领导人无法就财政集权的条件进行协调和谈判。于是，绝对主义统治随之建立起来。

暹罗的情况与 19 世纪唯一未被欧洲殖民的非洲国家——埃塞俄比亚，有着重要的相似之处。埃塞俄比亚国土面积广阔（约为法国的 1.7 倍）、贫穷且族群多样性程度较高。外部入侵的威胁推动了国家建设的努力，而且几乎不借助外部融资。[124]强化官僚体制的工作也得到了极大的重视。然而与暹罗不同的是，埃塞俄比亚的统治者过早地屈服于外部融资的诱惑，使国家陷入了债务陷阱，弱国家能力的状况持续至今。

尽管埃塞俄比亚有着百年建国传统，但国家机构的现代化进程是在19世纪最后几十年里才开始加速的，这主要是出于战争考量。孟尼利克二世皇帝（1889—1913年在位）经历了二十年内战之后才登上皇位，他在位期间实施了国家改革。为了建立一个现代民族国家，孟尼利克二世创建了国家货币，改革了税收制度，引入了西式财产继承法，建立了内阁制政府，除此之外，他还开办了现代化的学校和医院，并采用了电报和电话等现代化设备。[125] 孟尼利克二世同样很关注军事建设：他从法国、意大利和俄国进口了现代武器（步枪、大炮、弹药），以现金支付了部分款项，其余部分用象牙、黄金和麝猫香等实物支付。[126] 为了使改革具有可持续性，孟尼利克二世对帝国的关键地区采取了间接统治的方式，允许地方统治者在支付税收和贡品的情况下保留权力。[127]

非洲之角在与亚洲及非洲内部的贸易路线中占据了关键地缘战略位置。在柏林会议（1884—1885年）上，意大利作为在东非地区的主要欧洲列强，试图赢得新即位的埃塞俄比亚皇帝的好感。1889年，意埃两国签署了《乌查利条约》（Treaty of Wuchale），为表示善意，意大利向孟尼利克二世提供了一笔400万里拉（80万美元）的贷款，其中一半用于购买军事装备。[128] 这笔贷款附带了极端贷款条件：以哈勒尔市（Harar）的海关收入作为担保，如果孟尼利克二世未能按时偿还债务，这笔海关收入将被转交给意大利。[129]

意埃两国关于《乌查利条约》的关键条款始终存在着分歧——条约签署之后，埃塞俄比亚是否成了受意大利保护的国家？这一分歧最终促使孟尼利克二世决定终止与意大利的关系。到1893年，他已归还贷款以维护国家的独立。[130] 两国之间进一步的分歧导致了第一次意大利埃塞俄比亚战争（1895—1896年）的爆发。意大利调集了2万名士兵，其中一半兵员是非洲人。孟尼利克二世则动员了超过10万名士兵，其中包括8万名步枪手、8600名骑兵、32个火炮和机枪连，以及2万名仅配备长矛、标枪和刀剑的随军人员。[131] 为了应对战争带来的额外开支，政府向农民征收了一笔新的财产税和土地税。[132]

埃塞俄比亚获得了第一次意埃战争的胜利，从而确保了未来数年的国家独立。为了避免重蹈覆辙，孟尼利克二世对外部资本关上了国门，拒绝外国资本进入埃塞俄比亚。[133]到了 1914 年，埃塞俄比亚虽然还未成为一个韦伯式的现代国家，但孟尼利克二世任内所采取的种种财政措施为埃塞俄比亚的经济现代化提供了资金，使孟尼利克二世得以继续从欧洲进口武器，并对其去世之后开始的第二阶段官僚体制现代化起到了至关重要的作用。[134]

那么，埃塞俄比亚为什么会成为世界上最贫穷的国家之一？部分原因在于 20 世纪下半叶的外部融资。第二次世界大战之后，海尔·塞拉西一世将经济现代化作为首要任务。由于军费开支消耗了大部分国内资金，他转向国际市场为发展计划筹集资金。[135]海尔·塞拉西一世很快就意识到，利用埃塞俄比亚在冷战时期的地缘战略价值，他可以轻松获得西方的军事援助。[136]例如，1959 年，他威胁称，如果美国不承诺新的军事支出，他就将接受苏联提供的 1 亿美元援助。1950 年至 1970 年间，埃塞俄比亚从美国获得了 2 亿美元的援助，另从世界银行获得了 1.21 亿美元。[137]到 1970 年，美国对非洲军事援助总额的近三分之二都拨给了埃塞俄比亚。[138]

除了军事援助之外，海尔·塞拉西一世还与官方债权人就双边和多边贷款进行了谈判。[139]作为官方发展援助（ODA）的一部分，此类贷款通常以优惠条件提供（即贷款条件比信贷市场提供的贷款更优惠）。1960 年至 1974 年间，仅官方发展援助贷款一项，按不变价格计算就增长了 250%。[140]对于皇帝来说，外部资金变得非常重要，使他得以在这一时期实现"个人统治"，并逐渐侵蚀了"政府的效率"。[141]

在外部资本涌入的同时，税制改革却停滞不前——这与暹罗的情况十分相似。海尔·塞拉西一世执政期间曾进行过一些半心半意的努力。[142]1944 年，埃塞俄比亚政府对土地税进行了改革，但并没有结束土地精英对征税的非正式控制，且随着时间的推移，土地税的收入逐渐下降。为了吸引外国直接投资，埃塞俄比亚政府削减了公司税。[143]1966 年通过的新所得税也被城市精英系统性地规避。税制改革之所以失败，是因为海尔·塞拉西一世在增加税收压力的同时，又试图保持对财政政策的完全控制。[144]

1974 年，临时军政府推翻了海尔·塞拉西一世的统治。当新政府向苏联寻求支持时，苏联向该国提供了大量新的军事援助，包括对 1977—1978 年间埃塞俄比亚与索马里战争的巨额补贴。[145] 当西方国家在 20 世纪 80 年代恢复对埃塞俄比亚的援助计划时，新的资金往往被挪用于维持庇护关系等目的，或被地区叛乱分子攫取。[146] 为了平衡中央政府的预算，军政府举借了新的外债：到 1988 年，每年的偿债金额高达 5.3 亿美元，比 1974 年增加了 10 倍。[147] 与此同时，军费在预算中所占比例从 1974 年的 18% 增长到了 1988 年的 50%。[148]

1991 年，军政权垮台，取而代之的是一个（极不完善的）议会制政权。在 20 世纪 90 年代的大部分时间里，外债超过了埃塞俄比亚 GDP 的 100%，而援助也以前所未有的速度不断涌入。[149] 自 2000 年以来，埃塞俄比亚已成为重债穷国（highly indebted poor countries, HIPCs）的一员，并定期获得国际货币基金组织和世界银行的援助。[150] 尽管近年来在征税方面取得了一些进展，但埃塞俄比亚仍然依靠贷款和国际援助来填补预算赤字，在撒哈拉以南非洲经济体中，其人均官方发展援助金额仍高居榜首，而且公共外债相对于人均 GDP、税收和出口的比例正在快速增加。[151]

总的来说，20 世纪泰国和埃塞俄比亚的统治者与他们的前任相比，缺乏老练的外交手腕和远见卓识。第二次世界大战后，泰国和埃塞俄比亚的统治者都未能抵御外部贷款的诱惑，而是积极寻求国际援助。在这两个国家，外部融资削弱了持续进行国家建设的动力。当这种情况发生时，这两个国家处于国家建设的不同阶段，泰国所处的阶段使其能够利用外部资金来推动其强大的官僚机构顺畅运作，避免陷入埃塞俄比亚所经历的外债陷阱和国家失败。

智利

到目前为止，我所关注的案例要么自 19 世纪以来始终遵循一条国家建设轨道（如日本），要么转向了依赖外部资金的路径（如阿根廷、埃塞俄比亚、泰国）。因此引出了两个问题。其一，是否存在某些未观察到的特征（例如文化特质、殖民遗产），使得具备这些特征的国家更倾向于选择并保持某一特定路径？其二，在这个过程中，国家是否能够中途跳跃到积极的国家建设轨道上？为探讨这些问题，我考察了智利财政能力的纵向变化，智利是一个主权国家，它直到19世纪最后几十年里才致力于国家建设，当时的智利领导人迫于形势，不得不因战争需要而动员国内资源。

智利的国土面积相对较小，商业精英主要集中在两个相距70英里的大城市——圣地亚哥和瓦尔帕莱索，两座城市间通过电报（1851年）、铁路（1863年）和电话（1880年）相互连接。这些有利条件使得经济精英在动员国内资源时能够相互协调、汲取资源并建立权力分享制度。借鉴第七章的实证分析策略，我在此指出，智利的重大税制改革是在政府别无选择的情况下进行的。战时财政措施激活了传导的官僚机制和政治机制，从长远来看增强了国家能力。

战火中的智利

经历了长达16年的兵戈扰攘之后，智利于1826年从西班牙殖民统治下获得独立。[152]对于西班牙王室来说，智利从来不是最重要的殖民地，他们更看重拥有丰富自然资源的秘鲁。[153]独立后，智利继承了一个相当有限的国家行政体系，税收能力低下。还是在1826年，智利暂停偿还其唯一一笔在国外市场发行的债券，其最初发行的目的是为军费开支筹集资金。

秘鲁-玻利维亚邦联战争（1836—1839年）是智利作为一个完全主权国家发动的第一次国家间战争。自从秘鲁和智利脱离西班牙殖民统治并独立以来，两国关系不断恶化。秘鲁曾向智利借款用于对抗西班牙，但未能按时偿还这笔贷款，双方还在19世纪30年代初爆发过关税战争。1836年，秘鲁和玻利维亚组成了秘鲁-玻利维亚邦联。智利认为此举是对其在南太平洋地区霸权的直接挑战。同年，该邦联还赞助了一次由智利流亡将军率领的旨在推翻智利总统的远征，但以失败告终。这一事件为持续三年的秘鲁-玻利维亚邦联战争拉开了序幕。[154]

如图 9.3 所示，秘鲁-玻利维亚邦联战争对智利的财政影响不大。根据我的计算，这场战争的费用约为 300 万比索，相当于智利常规年度岁入的 25%。战争费用主要来自税收和国内信贷，其中信贷的作用很小。[155]税收主要来自关税（占总收入的 60% 以上）、消费税和采矿业收入。战争期间，雷恩希佛（Renjifo）和托科纳尔（Tocornal）这两位奉行保守财政政策的财政部长上任，他们曾两次重组税收制度以平衡预算。1837 年，内政部、司法部、财政部和战争部四个部委进行了重组，并被赋予了具体职能，这是整体财政改革计划的一部分。[156]1839 年，关税略有小幅提高，以应对额外的战争开支。[157]

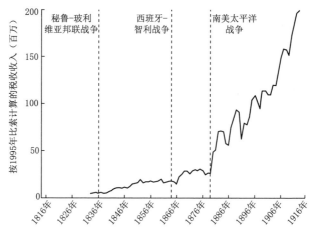

资料来源：Wagner, Jofré and Lüders, 2000。

图 9.3 智利在漫长的 19 世纪的税收收入

战争期间，预算基本保持平衡，在 1839 年相对于 GDP 的偏差仅为 0.2 个百分点，并且在接下来的 15 年里保持稳定或出现盈余。尽管基数很低，但税收收入仍增加了 50%。秘鲁-玻利维亚邦联战争的主要影响在于政治层面。战争为随后几十年带来了政治稳定，将政治上持保守立场的家族团结起来，并在精英和非精英阶层中铸就了民族精神。[158]森特诺用以下几句话总结了这场战争的影响："如果说有哪场战争'造就'了智利例外论，那就是这场战争，它不仅提供了罕见的合法性，同时建立了稳定的军民关系。"[159]

良好的财政状况使智利政府在 1842 年成功偿还了自 1826 年以来拖欠的债务。19 世纪 50 年代初，智利进行了重大的税制改革，采用了"土地税"（la contribución territorial），而开征土地税就意味着国家需要对财产进行评估。[160] 然而，这些税收收入远远不足以支付智利在 19 世纪发动的下一场国家间战争的费用，即钦查群岛战争（Chincha Islands War，1864—1866 年），又称"西班牙–智利战争"。钦查群岛位于秘鲁南海岸约 20 英里处，拥有秘鲁最大的鸟粪磷矿储备，鸟粪磷矿是一种高效土壤肥料，在欧洲需求量很大，一度被认为"比黄金还珍贵"。[161]

钦查群岛战争是由西班牙发动的，是伊莎贝拉二世女王主导的新一轮侵略性帝国外交政策的一部分。发动战争的借口，是一些西班牙农业工人在秘鲁为改善工作条件而游行后死亡。西班牙海军舰队占领了钦查群岛以示报复。凭借其军事优势，西班牙与秘鲁政府进行谈判并要求秘鲁做出让步。智利报纸公开发表了支持秘鲁的言论，于是西班牙对智利沿海城市瓦尔帕莱索进行了轰炸。[162] 智利迅速与玻利维亚和厄瓜多尔组成了国际联军对抗西班牙，联军遏制了西班牙在该地区重新获得殖民影响力的野心。西班牙海军很快意识到，尽管他们的火炮数量超过了智利和秘鲁两国总数的两倍，但他们仍然无法赢得战争。智利的战争费用为 3 200 万比索，是其常规年度收入的两倍。为了筹集战争费用，智利在伦敦发行了三笔债券。

战争结束后，智利的常规收入足以偿还外债。接下来该国也没有进行重大的税制改革。[163] 然而，19 世纪 70 年代初的全球经济衰退导致其关税收入大幅减少。为了平衡预算，智利政府在 1870 年至 1875 年间又发行了三笔新的外债。债务偿还的负担变得沉重，消耗了大约三分之一的税收收入。[164] 时至 1878 年 7 月，智利已经濒临违约，伦敦市场传言，智利将暂停支付偿债基金。尽管智利政府在最初矢口否认，但还是在 1879 年 4 月宣布暂停偿债，此时也是智利与玻利维亚和秘鲁硝烟重燃之后的数日。

在受到外部资本排斥的情况下，智利发动了 19 世纪的第三场，也是最后一场，且规模最大的国家间战争：南美太平洋战争（1879—1883 年）。这场战争的主要目的是争夺阿塔卡马沙漠中的硝石矿控制权。[165] 阿塔卡马沙漠是世界上最干旱的地区之一，拥有形成天然硝石的绝佳条件。硝石是一种氮基肥料，在欧洲广泛用于农业和军需生产。阿塔卡马沙漠包括安托法加斯塔（Antofagasta）和托科（Toco）两个矿区，这两个矿区位于玻利维亚境内，但矿区内的大部分开采公司和 90% 的居民是智利人。[166] 1879 年，玻利维亚政府单方面提高了硝石的出口关税，这违反了两国在 1874 年签署的一项协定，该协定规定 25 年内不对任何在阿塔卡马采矿的智利公司加税。[167] 这一事件引发了智利与玻利维亚和秘鲁的战争，因为玻利维亚和秘鲁在 1873 年签署了一项针对智利的共同防御军事协定。

这场战争持续了四年。前两年是传统的军队与军队的战斗；后两年则是在秘鲁和玻利维亚进行游击战，智利的大部分伤亡发生在游击战中。最终，智利取得了胜利，吞并了玻利维亚的阿塔卡马省和秘鲁的塔拉帕卡省（Tarapacá）——这两个地区被誉为硝石矿产业"皇冠上的明珠"。

对于三个参战国来说，战争动员的规模都非常大：2% 的智利成年男子应征入伍；而在秘鲁和玻利维亚，这个数字分别超过了 1% 和 2%。[168] 三个国家把它们在钦查群岛战争后购买的新型步枪、火炮、枪支，以及为舰队购买的铁甲舰都投入使用。智利在这场战争中的总费用为 7 500 万比索，[169] 是 15 年前对西班牙战争（即钦查群岛战争）的两倍。由于缺乏外部资金，智利政府试图发行国内债券，但这次发行以失败告终。智利国内的银行业仍处于从 19 世纪 70 年代的危机中恢复的时期——除了一家国家银行外，其他银行都已破产——因此无力向政府提供资金。[170] 在信贷受限的情况下，政府决定放弃货币可兑换性，被迫在战争期间发行纸币，从 1879 年 4 月开始分三次发行。智利总共发行了 2 800 万比索的纸币，用这笔钱支付了三分之一的战争开支。[171] 其余部分则通过税款来支付。

在战争开始之前，税收已然不足。迫于日益增长的军费开支，财政部推动了前一年未能通过的税收改革："1879 年 5 月，国会在绝望中通过了前一年被否决的'开征资本所得税'（mobiliaria）的决定。"[172]资本所得税，是针对资本收益、某些类型的证券以及所有超过 300 比索的税收。从本质上讲，这是向富人征税——因此现任议员也是征税的对象。尽管在开征资本所得税的第一年，逃税现象严重，但到了1883 年，资本所得税（连同一年前通过的遗产税）已成为智利的第三大税收来源，仅次于关税和国家垄断收入。[173]

在智利夺取了位于阿塔卡马省的两个硝石矿区——安托法加斯塔和托科，以及塔拉帕卡省之后，全国的出口税率统一翻了两番，智利国内的新老企业都受到了冲击，其中包括了新近吞并地区中最大的企业集团——安托法加斯塔硝石与铁路公司。新税率设定为公司利润的12%，这是前所未有的。尽管该公司与政界关系密切——该公司的股东中有 11 名众议院或参议员，其中包括 2 名内阁成员——但硝石税法仍然通过了。[174]关于这一事件，萨塔尔（Sater）写道：

> 硝石出口税的通过令许多人感到惊讶。能力强大的公司想尽一切办法，包括试图在众议院收买投票，以阻止（1880 年的）硝石税成为法律。就连通常保持冷静的《智利时报》也对此表示愕然："巨额资金和国内许多重要人物的影响力都未能阻止该法案以绝对多数通过。全国几乎所有报纸都被收买了，但仍徒劳无功：在这个国家里通常非常有效的影响力，此次竟然毫无作用。"[175]

在吞并阿塔卡马省和塔拉帕卡省之后，智利成为全球硝石的垄断者。通过征收新的硝石出口税，出口收入成为智利第一大收入来源。[176]短短四年内，出口翻了一番，收入增长了约 500%。[177]

智利与外部融资的政治经济学

在前面的章节中，我提出战争融资取决于外部资本的可得性。本节将重温这一讨论，强调第二章所提出的外部公共融资的政治经济学。

根据上述论点，在其他条件不变的情况下，统治者倾向于通过外部贷款而非税收来为战争提供资金。因为提高税收压力可能会引发纳税人要求（进一步）的政治权利，即决定财政支出或征收新税，或两者兼而有之的权利。此外，在战争期间增加税收负担，可能会在最需要资源的时候损害经济运行。考虑到政治和经济成本，我认为统治者只有在迫不得已的时候才会考虑征税，也就是说，当他们无法选择外部借贷这样更具政治中立性的方案时，他们才会考虑征税。

智利在 19 世纪的战争融资符合这一逻辑。图 9.4 展示了从 1833 年（最早年份）到 1913 年间税收和公共外债占 GDP 的比例。智利处于战争状态的年份以阴影标出，并用不同颜色加以区分：浅灰色表示

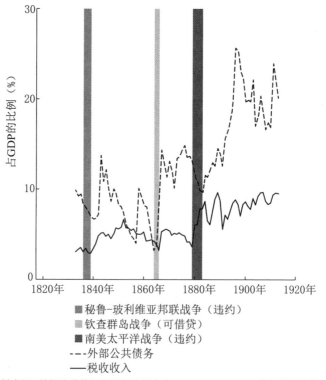

资料来源：外部公共债务和税收数据来自 Braun et al., 2000。战争数据来自 Wimmer and Min, 2009。

图 9.4　智利战争融资与外部资本获取的关系

智利在违约期间——因此被排除在国际市场之外——的战争年份；深灰色表示智利能够进入国际信贷市场时期发生战争的年份。

从前文分析可知，战争融资的方式是多样的。然而，与本书第二章提出的论点一致，当统治者能够进入国际信贷市场时，他们更倾向于债务-税收的组合，而非税收。以两场规模较大的战争——钦查群岛战争和南美太平洋战争为例。在 1865 年，智利获准向国际贷款机构借款，并且确实这么做了。从 1865 年 11 月到 1867 年 2 月，智利政府在伦敦发行了四笔战争债券，总计 4 760 万比索，与战前相比，其未偿外债的金额增加了 300% 以上。[178] 与之形成鲜明对比的是，这一时期的税收收入几乎没有变化，无论是按实际价值计算（见图 9.3），还是按照税收占 GDP 的比例计算（见图 9.4），都是如此。

1879 年的情况有所不同。这一次，智利被排除在国际资本市场之外。智利政府派驻伦敦的代表试图说服投资者为战争融资提供新贷款。但所有努力都徒劳无功：伦敦拒绝向智利政府提供贷款，因为此前暂停偿还的债务尚未清算。[179] 智利不得不动员国内资源。抛开货币政策不谈，智利的税收总额在三年内增长了 75% 以上。值得注意的是，新的税收负担主要落在富人（即议会议员及其所代表的精英阶层）身上。

库尔茨（Kurtz）认为，19 世纪智利的税收和国家能力之所以扩大，是因为精英阶层相当具有凝聚力。[180] 韦尔加拉（Vergara）和巴罗斯（Barros）的研究显示，智利三大政党（保守党、自由党和激进党）议员的社会经济条件，在各政治家族中确实没有明显差异。[181] 然而，凝聚力是一个常量，无法解释 1879 年后观察到的行为变化。还有一些其他变化：战争加上国际资本的排斥，重塑了智利精英阶层提高税收的动机。在此之前，由于国会议员认为通过该法案的紧迫性不足，因此试图通过相关立法的努力均告失败。[182] 在没有其他方法可实现战争融资的情况下，国家能力建设才能取得决定性推进。

在智利，税收增长并不仅仅是战争获胜和获得新收入来源的副产品。战争引发了根本性的政治和官僚体制改革——更强有力的行政约束、行政机构的发展和现代化，这些改革使智利国家发生了深远的转变，其影响远超南美太平洋战争后硝石热潮所带来的繁荣。[183]接下来，我将详细阐述这场战争激活的政治和官僚机制。

税收能力与总统滥权

1886年，新总统、自由党人何塞·曼努埃尔·巴尔马塞达（José Manuel Balmaceda）走马上任，他是南美太平洋战争后上任的第一位总统，在智利左右两党中享有较高声誉。巴尔马塞达提出了一项雄心勃勃的经济现代化计划——将硝石收入投资于公共工程、军事和教育，以便在将来硝石收入下降时，国家能够轻松地转而专注于新的、具有竞争力的的产业。[184]为了协调这一宏大计划，巴尔马塞达成立了新的工业和公共工程部（Ministry of Industry and Public Works），这是部级组织结构改革的顶峰，强调专业化和择优录取。[185]在五年内，工业和公共工程部在铁路、电报和桥梁方面的公共投资翻了一番。公共行政机构也得到了扩张：新的医院、监狱和政府办公楼相继建成并投入使用。[186]小学入学人数从1886年的79 000人增加到了1890年的150 000人。[187]

巴尔马塞达上任之前，国防和债务偿还消耗了大部分预算。在他执政期间，政府开始积极参与促进经济增长的活动，通过投资基础设施和人力资本来推动国家发展，[188]然而，并非所有人都同意巴尔马塞达的计划。保守派更倾向于使用硝石收入来偿还战争期间发行的不可兑换的纸币，并再次回归金本位制。人们对国家行政机构膨胀的担忧也在与日俱增，因为这使得总统能够加强庇护主义策略（patronage tactic），确保在选举中获得多数支持。最后但同样重要的是，扩大教育也被视为对寡头阶层的威胁，因为寡头阶层的成员缺乏驾驭现代经济所必需的技能。[189]

除了经济方面的考虑之外，人们对总统滥用权力的担忧也在增加。巴尔马塞达上任时曾承诺结束总统对国会选举的"干预"。这问题由来已久。1833年宪法赋予了行政部门广泛的权力，其中最关键的就是操纵国会选举的能力，这使总统可以在立法部门中建立支持联盟，并削弱议会对其行为的监督。[190]总统编织的庇护网络使国会成为一个次要机构，没有多少能力对行政部门进行问责。19 世纪 70 年代的宪法修正案旨在限制这种形式的"威权总统制"。[191]

自 1871 年起，总统任期被限定为"不能连续担任两届总统"①。1874 年，参议员改为直接选举产生，紧急权力也受到了限制。"这些变革是对总统权力的一次打击，但绝不是致命的打击。"[192]选举干预依然存在——在巴尔马塞达时期也是如此。

巴尔马塞达在上任后不久便背弃了他的选举承诺，在 1888 年的国会选举中成功操纵了自由党的胜利。他通过将所有反对派成员从内阁中除名来巩固自己的权力，这违反了智利政治中不成文的规定。这两项决定不仅激怒了保守派，还引发了他自己党内关键议员的不满。巴尔马塞达在 1888 年国会选举中的行为，是他旨在削弱议会对行政权进行监督的众多决策中的第一步。

巴尔马塞达在未经国会批准的情况下创建了新的行政部门，还提出了将硝石工业国有化的想法，因此激怒了英国和智利的硝石生产商。硝石巨头们制定的生产限制与巴尔马塞达投资计划所需要的财政收入需求产生了冲突。被他疏远的一些硝石矿所有者是现任的国会议员，[193]而外国矿主则与巴尔马塞达所属自由党的重要成员关系密切，这些都是理解事态发展的关键所在。[194]

当巴尔马塞达一手提拔了恩里克·萨芬特斯（Enrique Safuentes）作为其继任者并将其安插进内阁，公然违背了他最初的竞选纲领时，不满情绪持续酝酿。仅仅几个月后，巴尔马塞达又任命萨芬特斯的忠实支持者担任工业和公共工程部部长，从而掌控了庇护网络。1889 年底，国会议员们认为他所做的有争议的决定——通过总统令取消硝石铁路公司（Nitrate Railways Company）——是违宪的，于是巴尔马塞达关闭了国会。

1890 年，国会复会后，巴尔马塞达试图通过一项宪法改革，解散共和国中的两个制衡机构——国务委员会（Consejo de Estado）和保守委员会（Comisión Conservadora），并建立总统直接选举制度，同时

① 对于非连续的当选没有限制。——译者注

将总统任期延长至六年。这项改革被国会否决，但这并没有阻止巴尔马塞达追求更强大的总统权力的步伐。1890 年底，巴尔马塞达总统因预算案被否决而再次关闭了国会。作为报复，大批国会议员和参议员宣布他不适合继续担任总统职务。1891 年 1 月 1 日，巴尔马塞达未经国会批准（国会处于关闭状态），擅自延续了前一年的预算，这一决定超越了总统的权力范围。内战已经一触即发：国会议员逃往北方并获得了海军的支持，海军被称为智利军队的骄傲。而总统则留在圣地亚哥，受陆军护卫。内战历时七个月，共造成了 1 万人左右的伤亡，最后议会军取得了胜利。巴尔马塞达在寻求阿根廷大使馆庇护后自杀身亡。

约束行政权

回顾智利通往内战之路，可以发现其与西欧有限政府的历史有一定相似之处。在行政约束较弱的情况下，总统因集中税收权而引发了政治危机。在结束与秘鲁和玻利维亚的上一次战争后的十年间，智利的税收收入翻了一番。从那时起，国家在经济发展和教育方面承担了关键职能。通过提出涵盖教育、军事和铁路等领域的大规模公共投资计划，巴尔马塞达培育了新的支持者，这些支持者可以被动员起来为他所用。薄弱的制衡机制使国会面临着日益严重的行政干预选举。智利精英发动了政变，试图削弱总统权力，并确立国会在财政政策中的核心地位。[195]

1891 年的内战并不像爱德华兹（Edwards）和拉米雷斯·内科切亚（Ramírez Necochea）等早期历史学家所描述的那样，[196]是"追求全民利益的总统"与"代表被外国资本'俘获'的旧寡头政权利益的国会"之间的冲突。[197]实际上，这是两个政府部门——行政部门和立法部门——之间关于权力划分的政治危机。从宪法上看，国会拥有预算权，但选举干预使总统能够建立支持他的多数派，从而免受国会监督的问责。当共和国的预算翻倍，国家在引导国民经济方面承担了前所未有的角色之际，这就成了一个大问题。

"（巴尔马塞达）与国会的关系很像查理一世时的情况。"[198]这位英国君主的行为导致了英国内战，并最终使英国走向光荣革命。国会指责巴尔马塞达篡夺了国会的特权，以行政法令进行统治，并干预选举过程。[199]内战结束了总统滥权的现象。巴尔马塞达被推翻后，寡头们通过获得对财政政策的有效否决权来加强立法机构。值得注意的是，此时是智利的有限政府时期，而不是现代民主时期。选举权仍然受到限制，国会忽视了日益壮大的城市工人阶级的需求，即所谓的"社会问题"。[200]新的政治均衡，是指在行政部门与立法部门之间真正实现了权力共享。

官僚机构的持续壮大

巴尔马塞达被推翻后，智利进入了一个被称为"议会制时期"（1891—1925 年）的新阶段，国会和政党成为政治活动的中心。[201]通过小范围的宪法修正案，国会对行政权的控制得到了加强：任何公职人员都不得担任国会议员，选举监督权也被移交给了市政当局。[202]这两项措施剥夺了总统干预全国选举的权力，而这种干预已经持续了约60 年。[203]

有人认为，议会制时期总统软弱无能、政治更替频繁，阻碍了自巴尔马塞达时期启动的经济和行政发展，[204]但鲍曼和沃勒斯坦用确凿的数据对这一观点提出了质疑。[205]在经历了 1891 年至 1893 年仅为期三年的衰退之后，公共支出无论在名义上，还是在人均支出上都得到了恢复，并持续增长直至第一次世界大战爆发。学校入学率也保持了持续增长，但增长速度略低于巴尔马塞达时期。大部分投资集中在公共工程上，以土地和矿业为基础的精英阶层都能从中受益。

为了直接确认投资计划是否包括了官僚能力的提升，我对 1845 年至 1915 年智利国家预算中报告的税务管理部门规模进行了编码。[206]图 9.5 显示了财政部长手下工作人员的总数。从中可以看出三种模式。第一，钦查群岛战争对税务管理部门的扩张影响甚微。这与图 9.3 和图 9.4 一致，这两幅图的数据显示，战争期间或战后的税收收入没有增加。第二，与之形成鲜明对比的是，南美太平洋战争对税务管理产生了重大影响。从 1879 年到 1885 年，税务管理人员增长了 83%。在秘鲁和玻利维亚的硝石矿区被吞并的同时，海关服务也扩展到了每个矿石开采厂和国际港口，以便征收出口税。更重要的是，在海关官员增加的同时，其他税务管理部门（如征收消费税）的税务官员也在增加。[207] 第三，在巴尔马塞达政权垮台后，官僚机构继续发展壮大。在实行议会制的头几年，税务管理部门的增长一度停止（但从未缩减），因为行政部门试图利用硝石收入来制定稳定的货币政策。然而，多次销毁不可兑换纸币的尝试均告失败，而在三年内，大规模的公共投资恢复了。税务系统随着新税种的开征而扩张，这些新税种包括酒精税（1902 年），保险公司税（1906 年），烟草税、扑克牌税和遗产税（1910 年），以及银行税（1912 年）。[208]

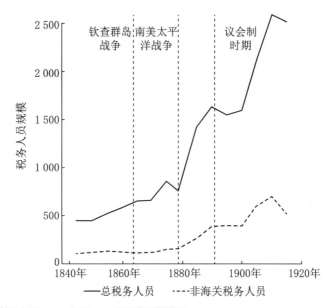

资料来源：1845 年至 1915 年国家预算编码。

图 9.5　1845 年至 1915 年间智利的税务人员规模

在权力分享的总体进程中，议会制政府提出了一项政治和财政分权的计划。1893 年，在南美太平洋战争期间开征的所得税、遗产税和资本税被移交给了各市政当局。议会制政府的分权计划常常受到历史学家的诟病，因为它将选举组织权交给了地方精英，导致贿选和裙带关系等问题层出不穷。[209] 但在财政方面，地方市政当局的表现却相当出色：各市政当局的总收入（按不变价格计算）在 1902 年至 1925 年间几乎增加了 2 倍（按最早和最晚的数据计算），财政分权后的直接税成为地方政府资金的主要来源，占其收入的 39%。[210]

为了制约地方政府，中央政府保留了对地方市政当局制定和变更现行税率的否决权。[211] 中央政府向 200 个地方政府派出了 8 300 多名特派员（又称"税务警察"），并赋予其监督市政税收征管的权力——包括对任何可能损害国家利益的政策行使否决权。[212] 由于中央政府特派员保存了城市居民经济活动、财富和职业的相关记录，国家治理的可识别性也得到了保障。[213]

总之，智利的国家建设在南美太平洋战争期间开始起步，并在议会制时期不断发展，尽管其间经历了硝石产业的繁荣和中央政府的分权改革。如图 9.6 所示，随着时间的推移，国内税收（包括国家税和地方税）在总税收中所占比重逐渐增加，这表明智利持续不断地努力扩大税基，特别是除了硝石出口产业以外的税基。第一次世界大战前

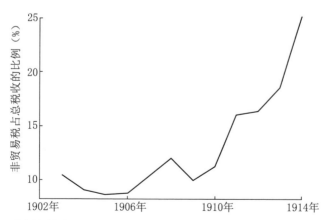

注：非贸易税包括了国内税和地方税。总税收包括贸易税和非贸易税。
资料来源：Soifer, 2015: table 5.8。

图 9.6　智利非贸易税占总税收的比例

夕，智利已经拥有了更强的行政约束能力，国家能力也更为强大，即拥有一个强大的官僚结构，能够征收税款，并管理从基础设施到教育等惠及商业精英的公共物品和服务。

小结

本章所讨论的发展轨迹表明，国家建设的机遇取决于初始条件（例如，是否存在能够就税收条款进行谈判的大规模商人群体）、统治者的长远眼光、外部资金的获取，以及一点点运气。以日本为例，它从外部融资中获益匪浅，但与本章的其他案例，乃至世界上大多数国家不同的是，它还能够依靠国内资本来为政府的日常开支提供资金。较低的依赖性降低了日本面临的金融压力，并巩固了国家建设的政治共识。然而，在第一次世界大战前夕，日本的外债迅速攀升。具有讽刺意味的是，可能正是这场大战"拯救"了日本，使其避免重蹈阿根廷的覆辙。

智利是另一个成功的案例。19世纪70年代末，当智利领导人不得不从国内为战争融资的时候，才开始致力于国家建设。这一案例表明，利益盘根错节且地理分布上较为集中的经济精英，并不会自动要求建立权力分享制度。当精英们认为"利维坦"变得过于强大并威胁到他们的经济地位时，对行政权力的约束才会有所进展。

最后，暹罗的案例说明了在没有寻求共识的情况下进行国家建设的局限性，这也是阿西莫格鲁、罗宾逊和斯塔萨维奇最近正在争论的一个话题。[214]强制措施可以成为稳定的创收政策，但它只能在一定程度上确保税收遵从。权力分享制度则不仅能将税收转变为非零和博弈，还能降低征税的"交易成本"[215]，从而使国家变得更强大、更高效。

【注释】

[1] 参见第八章的相关讨论。

[2] 定量研究的证据，请参见第七章。

[3] 定量研究的证据，请参见第八章。

[4] Jansen, 2000: 334—335.

[5] Ramseyer and Rosenbluth, 1998.

[6] 根据弗拉斯托斯（Vlastos, 1989: 368）的计算，仅在 1868 年至 1872 年间，就发生了 343 起农民抗议活动。

[7] Kang, 2020.

[8] 有关中国与西方关系的详细内容，请参见第五章。

[9] Suzuki, 1994: 178.

[10] Tang, 2014: 868.

[11] 关于日本国内资本市场的发展，请参见 Sylla, 2002。

[12] Nakabayashi, 2012: 388.

[13] Vlastos, 1989: 373.

[14] Nakabayashi, 2012: 389.

[15] He, 2013: 88

[16] He, 2013: 111. 关于英国的酒税制度，请参见 Brewer, 1988; Nye, 2007。

[17] Nakabayashi, 2012: 402.

[18] Onji and Tang, 2017: 446.

[19] Nakabayashi, 2012: 402.

[20] Silberman, 1993: 159—168.

[21] Silberman, 1993: ch. 7. 拉姆塞耶和罗森布卢特（Ramseyer and Rosenbluth, 1998: ch. 5）对于明治时期官僚独立性的评估，更抱持怀疑态度，可能也更为平衡。

[22] Silberman, 1993: 166.

[23] 本段中的税收和债务数据来自 1966 年出版的日本银行历史概览。

[24] Suzuki, 1994: 181.

[25] Nakabayashi, 2012: 392.

[26] Nakabayashi, 2012: 378. 也可参见 Vlastos, 1989: 373。

[27] Jansen, 2000: 373. 有关埃及的外国金融控制的详情，请参见第四章。

[28] Sussman and Yafeh, 2000: 446.

[29] Sussman and Yafeh, 2000: 450.

[30] Sussman and Yafeh, 2000.

[31] Sussman and Yafeh, 2000: 446.

[32] Koyama, Moriguchi and Sng, 2018.

[33] 到 1850 年（即铁路出现之前），日本最大的两座城市——江户（东京）与大坂之间的旅程只需要四天，而且在日本，没有人居住在距离海岸线超过 120

千米（75 英里）的地方（Sng and Moriguchi, 2014: 445）。

[34] Koyama, Moriguchi and Sng, 2018: 192. 这一观点也得到了詹森的支持（Jansen, 2000: 333）。

[35] 明治时期统治集团中一部分对政策不满的成员提出了最初的选举要求，他们利用地方显贵（旧体制中的精英）和小农对高税收的不满，提出选举的要求（Vlastos, 1989: 402—425）。

[36] Vlastos, 1989: 426.

[37] Jansen, 2000: 418.

[38] 例如，欧洲的男性选举权也偏向于纳税大户（Mares and Queralt, 2015, 2020）。

[39] Ramseyer and Rosenbluth, 1998: ch. 3.

[40] Nakabayashi, 2012: 391.

[41] Jansen, 2000: 418.

[42] 关于三波地方叛乱，请参见 Vlastos, 1989。

[43] Stasavage, 2011.

[44] Asakura, 1967: 277; He, 2013: 86.

[45] Asakura, 1967; He, 2013: ch. 3.

[46] Asakura, 1967.

[47] Jansen, 2000: 373.

[48] Bank of Japan, 1966: 158.

[49] Johnson and Koyama, 2014.

[50] Jha, 2012: 15.

[51] Nakabayashi, 2012: 388.

[52] He, 2013: 97.

[53] Vlastos, 1989: 392.

[54] Jansen, 2000: 365.

[55] Jha, 2012: 16.

[56] Jha, 2012.

[57] 可以说，贵族阶层——前武士阶层中出身高贵，但人数较少的群体——从这一政策中受益更多，而普通的前武士则相对被忽视。

[58] Sylla, 2002.

[59] 参见 Taylor, 1992; Schwartz, 1989。

[60] Halperin Donghi, 1982; López-Alves, 2000: ch. 4; Oszlak, 2004: ch. 2; Rock, 2000.

[61] Cox and Saiegh, 2018; della Paolera and Taylor, 2001: ch. 1; Saiegh, 2013.

[62] Ferns, 1960: 397.

[63] 马里沙尔（Marichal, 1989: 80）指出，随着时间的推移，军费开支在对外融资中所占的份额不断下降，而基础设施开支的份额则有所上升。

[64] Flandreau and Zumer, 2004. 福特（Ford, 1956: 141）对偿债金额的估算更高，

高达出口收入的 60%。

[65] Cortés-Conde, 1995: 163. 其中一半金额来自各省市的债务，中央政府承担了债务，以换取地方支持财政集权。

[66] Marichal, 1989: 163; Ford, 1956: 149.

[67] 英国企业对阿根廷铁路路网的控制分为两个重要步骤。1890 年，阿根廷政府将主要的公共铁路线路出售给英国企业，以获得流动性来偿还外债。1896年，阿根廷政府又在伦敦发行了一笔高达 1 000 万英镑的债券，用于清偿在阿根廷运营的十几家英国铁路公司持有的 5% 和 7% 的铁路担保（或补贴）。这些贷款是在经济繁荣时期筹集的，并且贷款的担保金消耗了阿根廷相当大的一部分收入。这 1 000 万英镑直接转入了这些公司的金库。尽管 1890 年出售国有铁路路网和铁路担保引起了政治反对，但阿根廷政府还是继续推进这一计划，因为这是更大规模的债务重组谈判的一部分（Marichal, 1989: 163—165）。1907 年修订的《铁路法》为私营铁路网（即英国企业控制的铁路网）的进一步扩展提供了一系列新的有利条件（Cain and Hopkins, 2016: 270）。对铁路的实际垄断（再加上银行和保险业的收益，这些都得益于本地竞争对手的实力较弱）使英国投资者在 1900 年至 1914 年的阿根廷资本输出激增中处于领先地位，因此最先获得了利润。

[68] 计算依据是 Ferguson and Schularick, 2006。

[69] Peters, 1934: 143.

[70] Saylor, 2014: 94.

[71] 阿根廷政府债券的国内持有者人数较少，这至少有两个原因：一个原因是该国的人口构成（Taylor，1992），另一个原因是土地所有者或大庄园主（estancieros）和当地银行投资政府证券的动力不足，因为他们能从土地征用和工业生产中获得较高的回报率（Peters, 1934: 34）。

[72] Peters, 1934: 104.

[73] 关键原因包括无法控制通货膨胀（della Paolera and Taylor, 2001），以及债务以外币计价这一 "原罪"（Eichengreen and Hausmann, 2005）。德拉保莱拉（della Paolera）和泰勒（Taylor）主编的《阿根廷新经济史》（A New Economic History of Argentina，2003）一书，以及格拉泽（Glaeser）、迪特拉（Di Tella）和利亚奇（Llach）主编的《拉丁美洲经济评论》（Latin American Economic Review）2018 年特刊都有详尽的论述。

[74] Oszlak, 2004: 230—250; Schwartz, 1989: ch. 6. 库尔茨（Kurtz，2013）指出，中产阶级很早就被纳入政治，是阿根廷精英阶层对税制改革支持乏力的主要原因［奥斯拉克（Oszlak）将这一现象与 19 世纪 90 年代紧缩政策引发的不满联系起来］。

[75] Suzuki, 1994: 183.

[76] Suzuki, 1994: 184.

[77] Swam, 2009: 3.

[78] Paik and Vechbanyongratana, 2019.

［79］ Tej, 1968: 79.

［80］ Ingram, 1955: 177.

［81］ Ingram, 1955: 177.

［82］ Ingram, 1955: 176, 185.

［83］ 详情请参见第五章。

［84］ 第一笔国内主权贷款记录可追溯到 1933 年（Wilson, 1983: 251）。

［85］ Ingra, 1955: 182.

［86］ Tej, 1968: 88—89.

［87］ Tej, 1968: 117.

［88］ Tej, 1968: 92—94.

［89］ Riggs, 1966: 139.

［90］ Brown, 1992.

［91］ Tej, 1968.

［92］ Tej, 1968: 215.

［93］ Tej, 1968: 17.

［94］ Scott, 1998.

［95］ Tej, 1968: 240.

［96］ Paik and Vechbanyongratana, 2019.

［97］ Riggs, 1966: 131.

［98］ Batson, 1984.

［99］ Handley, 2006: 35—37.

［100］ Handley, 2006: 42.

［101］ 大萧条之后，英国为了维持经济正常运转，已经放弃了金本位制，因此不在暹罗的考虑范围之内。尽管暹罗的外汇储备中缺乏美元——几乎全部以英镑计价——但暹罗代表还是找到了美国金融家。然而美国的流动资金也很紧张，而且提出的要求也很苛刻，包括控制海关收入以及北部和东北部的铁路线。这将"（使）外国利益集团获得某种程度的经济控制权，而暹罗政府一个世纪以来一直在巧妙地避免出现这种情况"(Batson, 1984: 195)。

［102］ Batson, 1984: 188.

［103］ Handley, 2006: 37.

［104］ Batson, 1984: 221.

［105］ Batson, 1984: vi.

［106］ Handley, 2006: 44.

［107］ 里格斯 (Riggs，1966) 对这一问题进行了长篇论述。

［108］ 要了解文职官员和军官在行政与立法机构中任职人数过多的纵向统计证据，请参见 Wilson, 1966: 155; Riggs, 1966: 316; Thak, 2007。

［109］ Baker and Phongpaichit, 2014: 120.

［110］ 1953 年至 1973 年的平均值，由作者根据塔克（Thak, 2007: 227）的数据计算得出。

［111］ Acemoglu, Ticchi and Vindigni, 2011. 关于泰国官僚与大商人的勾结，请参见 Baker and Phongpaichit, 2014: ch. 9。

［112］ 请分别参见 Doner, 2009; Slater, 2010: 241—250。

［113］ 作者根据威尔逊的研究成果计算得出（Wilson, 1983）。

［114］ 萨克斯和威廉森（Sachs and Williamson, 1985: 544）的研究显示，1982 年泰国税收占 GDP 的比例为 13.9%，而东亚和拉丁美洲的平均比例分别为 20.6% 和 22.2%。

［115］ 数据来源：IMF Government Finance Statistics Yearbooks, WB, and OECD, https://data.worldbank.org/indicator/GC.TAX.TOTL.GD.ZS?locations=TH（访问时间：2021 年 5 月 11 日）。

［116］ Baker and Phongpaichit, 2014: ch. 6. 请注意，美国政府曾将泰国作为在该地区反对共产主义运动的堡垒。

［117］ 有关对泰国的国际援助分类数据，请参见 Wilson, 1983: 255—268。

［118］ Thak, 2007: 167—177.

［119］ Baker and Phongpaichit, 2014: 169.

［120］ 1970 年，泰国未偿还的公共外债或公共担保的外债占比为 4.57%，而 1987 年则上升至 27.53%。数据来源：World Bank, International Debt Statistics, https://data.worldbank.org/indicator/DT.DOD.DPPG.CD（访问时间：2021 年 5 月 11 日）。

［121］ 仅在 1997 年，就有超过 200 万个工作岗位消失，GDP 增长率骤降了 11 个百分点。

［122］ Slater, 2010: 241.

［123］ Riggs, 1966.

［124］ Tibebu, 1995: ch. 2.

［125］ Mennasemay, 2005; Pankhurst, 1968.

［126］ Pankhurst, 1968: 591—602.

［127］ Marcus, 1969: 451—453.

［128］ Vestal, 2005: 24.

［129］ Zewde Gabre-Selassie, 2005: 107.

［130］ Marcus, 1969: 433.

［131］ Marcus, 1969: 435.

［132］ Pankhurst, 1968: 537.

［133］ 有一个重要的例外：法国和英国的投资者资助修建了一条铁路，将首都亚的斯亚贝巴与吉布提港连接起来，这事实上使埃塞俄比亚向国际市场开放（Ram, 1981）。

［134］ Keller, 1991; Pankhurst, 1968.

［135］ Keller, 1991: 95—102.

［136］ Marcus, 2002: ch. 11.

［137］ Hess, 1970.

［138］ Broich, 2017: 18.

［139］ Lemi, 2007.

［140］ OECD, Query Wizard for International Development Statistics，https://stats. oecd.org/qwids（最后检索日期：2021 年 5 月 13 日）。

［141］ Marcus, 2002: 166; Kissi, 2000; Zewde, 2001: ch. 5.

［142］ Keller, 1991: 113—118.

［143］ Degefe, 1992.

［144］ 与此同时，彰显国家存在的补充性举措也被放弃了。例如，公共教育支出在农村减少，而是集中在首都（Mengisteab, 2002: 181）。

［145］ Broich, 2017: 33—34.

［146］ Marcus, 2002: 209.

［147］ Marcus, 2002: 213.

［148］ Mengisteab, 2002: 182.

［149］ Lemi, 2007.

［150］ 有关随后建立的民主政权在头 10 年里国家建设努力的批评性评估，请参见 Mengisteab, 2002。

［151］ Coutts and Laskaridis, 2019; Manyazewal, 2019.

［152］ Marichal, 1989: 33.

［153］ 关于西班牙在秘鲁的统治，详见 Dell, 2010; Guardado, 2018。

［154］ 关于这场战争更多的背景信息，包括阿根廷的参与情况，请参见 Collier, 2003:ch. 3。

［155］ 战争费用的四分之三由税收支付，其余来自国内公债。智利的信贷市场相对紧缩。1836 年 8 月，行政部门试图以 4% 的利率发行一笔 40 万比索的债券，用于扩充海军（Barros Arana, 1880: 8）。然而这次发行未能成功，于是智利政府在 9 月把目标降为预定金额的一半。智利政府最终只筹得了 10.5 万比索，仅为原定目标的四分之一。通过减免 10% 的国内债务，以及引导拖欠税款的纳税人以降低利率为条件全额缴纳税款，释放了额外的资金来源（Cruchaga, 1878: 50）。

［156］ Humud, 1969: 86.

［157］ Pastén, 2017.

［158］ Collier, 2003: 24.

［159］ Centeno, 2002: 57.

［160］ Soifer, 2015: 163.

［161］ Hollett, 2008. 欧洲对鸟粪磷矿的需求，可参见 Vizcarra, 2009。

［162］ Farcau, 2000: 17.

［163］ Saylor, 2014: 64.

［164］ Sicotte, Vizcarra and Wandschneider, 2010: 300.

［165］ Ortega, 1984.

［166］ Faundez, 2007: 49.

［167］ Sater, 2007: 18.

［168］ Sater, 2007: 21—22.

［169］ Subercaseaux, 1922: 96.

［170］ Sater, 1985: 142.

［171］ Subercaseaux, 1922: 94—98.

［172］ Collier and Sater, 1996: 147.

［173］ Sater, 1976: 328.

［174］ O'Brien, 1980: 20.

［175］ Sater, 1985: 140.

［176］ Mamalakis, 1976: table 6.1.

［177］ Sater, 1985: 140.

［178］ 利息收益率在 6.6%（最低）到 8.2%（最高）之间。

［179］ O'Brien, 1979: 105.

［180］ Kurtz, 2013: 81—93.

［181］ Vergara and Barros, 1972.

［182］ Sater, 1976: 324—326.

［183］ 秘鲁和玻利维亚当时也处于债务违约状态，那么南美太平洋战争对这两个国家的税收能力有何影响呢？对秘鲁来说，南美太平洋战争的影响可谓是毁灭性的，然而，早在战争爆发前几年，秘鲁就已经失去了对其主要收入来源的控制权，它们被外国债券所有人控制。作为 1869 年和 1870—1872 年签订的贷款合同和违约协议的一部分，秘鲁的鸟粪磷矿和铁路都掌握在欧洲投资者手中（详见第二章），因此秘鲁应对智利侵略的能力有限。至于玻利维亚，与战前相比，战争确实增加了税收（Peres-Cajías, 2014; Sicotte, Vizcarra and Wandschneider, 2008），但这可能是因为战前的基数本来就比较低。重要的是，南美太平洋战争在玻利维亚推动了一系列政治和国家建设改革，这些改革在接下来的几十年里得以逐步巩固（Klein, 2011: 143）。第一次世界大战前夕，玻利维亚中央政府收入占 GDP 的比例已经是 1883 年的 2 倍多，预算也能经常保持平衡（Peres-Cajías, 2014）。有关南美太平洋战争对秘鲁和玻利维亚财政影响的具体论述，请参见 Sabaté Domingo and Peres-Cajías, 2020; Sicotte, Vizcarra and Wandschneider, 2008, 2010。

［184］ Blakemore, 1974.

［185］ Barría Traverso, 2008.

［186］ 在 1880 年，每名公职人员对应的居民数为 838 人。到 1900 年，这一数字减少到 244 人，这一变化说明了行政机构的大规模增长（Barría Traverso, 2015: table 2）。

［187］ 有关公共投资的全面调查，请参见 Cariola Sutter and Sunkel, 1982。

［188］ Vergara and Barros, 1972.

［189］ Blakemore, 1974.

［190］ 总统干预选举的手段包括操纵选民登记（资格审查）和在选举日由国民警

卫队进行恐吓等。总统还用未来的国会议员取代一些公职人员，以此收买他们的忠诚。每一位总统都利用这些非正式权力在国会建立支持联盟（Collier and Sater, 1996: 55—58）。

[191] Heise González, 1974: 133.

[192] Collier and Sater, 1996: 122.

[193] Vergara and Barros, 1972: appendix tables.

[194] Blakemore, 1974: 170.

[195] Vergara and Barros, 1972: 87—90.

[196] Edwards, 1945; Ramírez Necochea, 1969.

[197] 巴尔马塞达反对垄断，但不反对外国所有权，例如，他与英国投资者联合起来解散了硝石与铁路公司，但没有与无产阶级联合。他派遣军队镇压北部和圣地亚哥的矿工暴动，而矿工暴动是为了改善劳动条件。关于对巴尔马塞达政策的反寡头解读的批评，请参见 Heise González, 1974。

[198] Reinsch, 1909: 513.

[199] Eaton, 2004: 90.

[200] Kurtz, 2013: 89. "第四代政体指数" 数据集反映了这种紧张关系。尽管（智利的）总体民主指数从 1890 年的 5 分下降至 1891 年的 3 分，但行政约束指数却从 5 分上升至 7 分，并在第一次世界大战后保持了这一水平（Marshall and Jaggers, 2000）。

[201] Faundez, 2007: 59.

[202] Collier and Sater, 1996: 188.

[203] Eaton, 2004.

[204] Edwards, 1945; Ramírez Necochea, 1969.

[205] Bowman and Wallerstein, 1982.

[206] 我检索了尾数为 0 和 5 的财政年度的预算信息。

[207] 与萨巴泰·多明戈（Sabaté Domingo）和 佩雷斯-卡希亚斯（Peres-Cajías）的估计相比，我的估算略显保守，但我们的研究结果基本保持一致：1870 年财政部的 684 名雇员中有 82% 在海关工作，而 1900 年的 1 599 名雇员中有 74% 在海关工作（Sabaté Domingo and Peres-Cajías, 2020: table 6）。

[208] Bowman and Wallerstein, 1982: 451.

[209] 相关例子，请参见 Gleisner, 1988: 109。

[210] Rojas Böttner, 2019: 90, 94. 爱德华兹在其研究中提供了有力的证据表明，市政当局在执行众多预期任务时仍然资金不足，但这又是另一个话题了，请参见 Edwards, 2017。

[211] Soifer, 2015: 174.

[212] 有关税务警察的纵向数据，请参见 Rojas Böttner, 2019: table 12。

[213] Soifer, 2015: 163.

[214] Acemoglu and Robinson, 2019; Stasavage, 2020.

[215] Levi, 1988.

第十章 结论

在最后一章中，我首先将重新审视公共信贷何以在西欧促进国家建设，而在西欧以外的地区则鲜少如此。行文至此，答案应该显而易见了，这一问题的答案是建立在全书的论点和研究发现之上的：欧洲国家的国家建设，恰恰得益于外国资本的稀缺。其次，我详细阐述了本书对发展研究领域三个议题的影响：贷款附加条件、外国干预和资源诅咒。再次，我提出了两种方法，这两种方法能够拓展有关"外部融资对于国家建设"的分析——一种侧重于后殖民制度，另一种则侧重于国内冲突。在本章的最后，我将就国家建设研究中联合考察债务和税收工具的问题，提出几点思考。

公共债务何以在欧洲促进国家建设？

近代早期欧洲的国际金融市场规模小、成本高。[1]由于缺乏外部资金的选项，欧洲的君主们不得不转向内部，以应对日益增长的战争开支，战争开支也是当时主要的预算负担。早在13世纪，意大利和德国的城市国家就向地方精英（通常是城市商人）借取长期贷款，这些商人也能够决定用于偿还债务的税收。[2]领土型国家随后也纷纷效仿：从16世纪下半叶开始，伊丽莎白一世（1558—1603年在位）停止在安特卫普借贷年利率在12%到14%之间的短期贷款，而改为向伦敦商人借贷，他们的利率比佛兰芒商人低2个百分点。[3]这一转变奠定了英格兰公共信贷的基础。

几乎在同一时间，法国国王亨利四世（1598—1610 年在位）开始向巴黎商人借贷，并逐渐排挤利息越来越高的意大利放贷者。[4]这并非个例，国内债务在绝对主义君主专制时期迅速扩大。由科尔贝创立的总包税公司——一个由包税人组成的寡头垄断组织——成为法国王室的主要贷款人。[5]当统治者违约的时候，总包税公司能够可靠地将其排除在新贷款报价之外，正是通过这种具有可信度的惩罚机制，法国国王得以获得越来越具竞争力的长期贷款。[6]

低地国家公共信贷的发展则是由于马德里的"强人所难"。查理五世（1519—1556 年在位）曾要求荷兰省议会负责筹集和偿还帝国的长期债务。本地商人在省议会中占有重要席次，并确保税收收入用于偿还他们之前购买的政府债券。[7]低地国家在独立后（1581 年宣布独立，1648 年得到西班牙承认）仍保留了这一制度。纳税人对支出决策的严格控制，使荷兰的信贷水平达到了前所未有的程度，巩固了低地国家（荷兰）作为欧洲金融中心的地位，并一直保持到 18 世纪初。

几个世纪以来，欧洲的城市国家、英国、法国和低地国家都逐步建立了强大的国内公共信贷体系。主权债务的本地性，对于理解其对国家建设和政治改革的影响至关重要。原因就在于违约的后果，以及这些后果如何影响君主扩大税收能力并启动政治改革（即便是无意中）。国内债务违约，会给在位君主造成严重后果：最好的情况是失去信贷机会并遭到资产查封，最坏的情况，则其统治可能被推翻。[8]国家和地区议会，以及包税人的寡头垄断组织帮助商人们协调一致，监督君主的行为，并在君主未履行既定义务的情况下拒绝提供新贷款。[9]扣押贷款抵押物的威胁是具有可信度的，因为这些抵押物通常由向王室提供贷款的商人直接管理。[10]归根结底，君主的在位时间取决于纳税大户和向王室提供贷款者的支持，如果他们认为君主违反了财政契约，就会想要撤回政治支持，并用他们中意的新君主取而代之。[11]

由于国内违约的政治代价巨大且具有可信度，欧洲君主们实施了财政创新以偿还债务。随着时间的推移，新的、更有效率的税收得以通过，财政集权化和税务管理专业化得到推行，并且为政府融资和偿还公共债务而设立了国库和中央银行。从分析的角度来看，对于在位君主而言，国内违约的政治成本使得债务与税收在国家建设中实现了长期等价关系。也就是说，在近代早期欧洲，贷款实际上起到了递延纳税的作用，正因为如此，战争和军事预算塑造了国家。[12]

为什么公共债务没有促进全球南方的国家建设？

总体而言，19 世纪边缘国家的国内资本市场普遍紧缩，甚至根本不存在，然而，新成立的国家以及那些被迫加入西方国际体系的国家可以从欧洲金融中心（起初是伦敦，后来还有法国和德国）获得大量资本——这就是关键的区别所在。19 世纪 20 年代的第一轮主权贷款很快以违约告终。由于债券持有人尚未完善制裁机制，因此债务重组的谈判旷日持久。19 世纪下半叶，列强之间的帝国竞争加剧。外国债券持有人利用地缘政治竞争，在主权债券中加入了更苛刻的条款，迫使借款国作出新的让步，并在发生违约的情况下，通过这些条款临时没收国有垄断企业或收入来源。我将这种做法称为"极端贷款条件"。

无论是故意为之，还是出于地缘战略考虑，债权持有人的所在国政府都开始介入私人金融市场。它们施加外交压力，促成新的贷款，并参与解决违约清算。尽管军事干预或炮舰外交较为罕见，但如果所有参与者的行为都符合他们的信念（这便是理性的定义），军事干预也是意料之中的事。在帝国主义全盛时期的那几十年里，伦敦市场贷款合同中的质押条款减少了借款国所需支付的溢价，这表明在违约情况下没收资产和收入的做法变得具有可信度。

外国财政金融干预和债转股并不受欢迎，它们理应约束统治者仅举借必要的贷款，并明智地使用这些资金。然而，在许多新兴经济体中，战争带来的财政压力、公然的腐败和地方政局不稳定，很可能会导致人们低估"如果违约"的政治成本。从现任执政者的角度来看，违约制裁是未来的问题，很可能是别人需要面对的问题。如果谈判得当（例如，伴随大幅度债务减免），那么与直接征税的成本相比，尤其是需要与纳税人分享财政决策权，抵押贷款可能会被视为两害相权取其轻的选择。

因此，极端贷款条件并没能阻止统治者举借新的贷款。所有类型的国有垄断企业和收入来源都被当作典当品。毫不意外的是，新成立国家的财政状况岌岌可危，许多国家不得不暂停偿债。违约清算将执行先前商定的条款——如债转股和接管——或将其作为债务重组谈判的一部分强加于人。外国债券持有人以这样或那样的方式控制了借款国的国有垄断企业和收入来源，同时为其注入新的主权贷款以重振经济。借款国政府的可用税基不断缩小，而未偿债务却在增加。新的预算危机往往接踵而至，需要新的借贷、更多的让步和进一步的抵押。这样的循环将许多国家推入债务陷阱，造成持久的财政失衡。

从分析的角度来看，用外债义务换取非税收收入（以及在最好的情况下，债务减免），就排除了债务和税收在国家建设中的长期等价关系。通过外债为战争和重大开支提供资金，并以实物而非税款偿还，这就阻碍了本地财政能力的提升，而本地财政能力是现代国家的核心支柱。出人意料的是，全球南方可能会因国际借贷市场不够活跃而受益，因为这将会加强政府通过提高税收来筹集资金的动力，同时促进国内借贷，并进行与长期财政能力相关的政治改革——欧洲国家在几个世纪以前不得不这样做，因为当时几乎不存在国际信贷市场。

与这一论点相一致，第七章至第九章中的实证分析和定性研究证据表明，那些在战争期间被排除在国际资本市场之外的统治者——当他们迫切需要政府资金的时候——不得不改组税务管理部门，并承担征税的政治成本，即建立权力分享制度。这些早期的改革措施很可能启动本书所提出的传导的政治机制和官僚机制，使战争融资的影响延续更长时间。总的来说，第一次资本全球化过程中国际资本市场的不稳定行为，为财政能力建设的变革和延续提供了机会。

战争融资之外的国家建设

公共信贷的国内性是推动欧洲国家进行政治妥协和财政创新的关键原因之一，但并非唯一原因。国家建设是一个多方面的过程，亦有多种动因，国家建设的研究者至少应该考虑经济启蒙、制度效仿和政治竞争的作用。乔尔·莫基尔（Joel Mokyr）的研究表明，"思想市场"（market for ideas）[13]是西欧经济繁荣和文化多元化的根本动力。经济启蒙不仅改变了经济本身，也改变了个人与环境的关系。对创新友好型政策的探索创造的政治制度，巩固了"有能力国家"的三大支柱之一——产权保护，也被称为"法律能力"。[14]以创新为驱动的经济增长，促进了商业发展和经济货币化，增强了流动资产持有人（商人和金融家）与君主进行谈判的能力，促进了政治妥协和对有能力国家的投资。

"制度学习"（institutional learning）[15]是有能力国家的数量激增的第二个重要原因。在欧洲，汉萨同盟和意大利城市国家逐渐地，也是主动地从领土型国家学习并采用高效的制度。它们统一了货币，减少了度量衡的种类，并通过强化内部等级制度来建立法律的确定性。通过降低交易成本和信息成本，这些较小的政治实体在领土型国家的扩张过程中得以幸存，直至 19 世纪中叶。[16]明治维新时期的日本，是债券时代通过模仿进行国家建设的典范。

最后，对国家能力的投资有时可能纯粹出于政治原因。税收政策为不同精英之间的合作与竞争创造了机会，他们可能为了实现共同利益或惩罚政治对手，就税收改革达成一致意见。财政改革措施一旦确立，其最初倡导者很可能会失去对政策的控制权或被赶出权力中心，这就为新的政治势力提供了机会，最终扩大了税收范围并提升了国家能力。我与伊莎贝拉·马雷斯（Isabela Mares）就西欧所得税起源问题进行的合作研究就提供了一个很好的例证。西欧国家最初从 19 世纪中期开征所得税，目的是将工人阶级排除在政治舞台之外，但在第一次世界大战之后，所得税成为有史以来最具进步性的税收工具。[17]

经济启蒙、制度学习和政治竞争已被证明是进行国家建设的非战争主义路径，这为当前国家建设的研究者和实践者带来了希望和论据。[18] 我们对国家能力成因的理解，得益于对其多重动因——无论是战争动因还是非战争动因——的研究，以及对其微观基础和潜在互补性的解读。本书的目标，是将外部公共财政与世界近代史上关于国家建设（及其停滞）的现有解释相提并论。

对当前的启示

尽管论证的核心集中于第一次金融全球化如何将各国推向不同的国家建设轨道，但本书的研究发现也涉及许多现代问题，包括关于贷款附加条件、外国干预以及石油诅咒等争论。

贷款附加条件

我在本书中提出了"极端贷款条件"的概念，即以国家资产抵押作为获得外国信贷的必要条件，以此来解释 19 世纪利率长期下降的原因。自第二次世界大战以来，极端贷款条件及其实施——超级制裁——已不再实行，原因至少有三点。首先，只有当债券持有人的所在国政府参与了帝国竞争时，债转股和接管才是可行的。这些严厉的政治制裁是对国家主权的严重侵犯——具有讽刺意味的是，实施这些制裁措施的时代，恰恰是"绝对"司法主权豁免的时代——如果没有债权人所在国政府的外交压力，那么这些制裁是无法执行的。

其次，国际金融的主要参与者发生了变化，外国财政金融干预的使命也随之发生了改变。第一次世界大战之后，对外国政府的私人贷款减少，取而代之的是官方贷款，而官方贷款在 1914 年之前几乎不存在。[19] 尽管在 20 世纪的最后几十年里，私人基金获得了一些发展势头，但目前纯私人贷款（private-only loan）在所有主权债务中所占比例不到 11%。[20] 金融危机的应对方式也发生了变化。为了平衡预算，借款国不再需要给予外国投资者特定优惠或治外法权。自第二次世界大战以来，国际货币基金组织作为最后贷款人，专门负责有序的债务重组。尽管国际货币基金组织的贷款附加条件——这也为大量生动的研究提供了灵感来源[21]——具有正统性和局限性，但与债券时代的接管机构不同，国际货币基金组织从未试图从干预中获利。国际货币基金组织设置贷款附加条件，是希望以此促进借款国的财政稳定，即使这要以一刀切的新自由主义政策①为代价。近年来，国际货币基金组织已认识到建设本地能力的重要性，并将其作为新的财政援助计划的一部分。[22]回到图 1.3，如今的国际援助将陷入困境的国家推向了国家建设的路径 D，几乎没有实施极端贷款条件的空间。

最后，从 20 世纪 70 年代起，美国和英国的法院逐渐放宽了"绝对"主权豁免的概念。[23]如果主权债务人拖欠外债，这一司法变革允许私人债券持有人将违约的主权债务人告上法庭。国际借贷中争端解决机制的制度化，使得像债转股或私人运营接管机构这样的强制性策略变得没有必要。[24]

19 世纪的极端贷款条件和超级制裁之所以在今天仍具有重要意义，还有另一个原因：这些做法打破了债务和税收在国家建设中的长期等价关系。外国投资者没收了国有垄断企业和收入来源，使债务国无需首先大力提高其征税能力，就能够清偿债务并重新进入国际信贷市场。贷款并没有起到递延征税的作用。更糟糕的是，债务国将本已薄弱的税基的一部分交到外国投资者手中，使自身极易受到新的财政挫折的影响，需要新的贷款并进一步抵押国家资产。债务陷阱往往随之而来，其特征表现为高负债、严重依赖外国资本市场、税基薄弱和税务机构不健全。

重要的是，与霍布森片面的帝国主义国际金融观不同，我的研究表明，债务陷阱和长期欠发展的责任应该由咄咄逼人的外国投资者与不负责任的国内统治者共同承担。国内统治者宁愿承担外国干预的风险，也不愿进行税制改革或与纳税人分享权力。外国贷款人当然不是

---

① 即牺牲了个性化和适用性的政策。——译者注

天使，但国内领导人同样难辞其咎。

外国干预

尽管外国干预并不是本书的直接切入点，但本书的研究发现也揭示了以国家建设为目标的外国金融控制所面临的挑战。在债券时代，外国财政金融控制与其在现代的应用有许多不同之处：它以私人利益和利润最大化为考量，而不是能力建设。然而，无论是哪种形式的外国控制，似乎都未能实现其曾经追求的目标。当外国代理人追求私人利益时——无论是在债券时代的征税领域，还是在当今的安全保障领域［例如，2003 年后在伊拉克和阿富汗提供安保服务的黑水公司（Blackwater），后更名为阿卡德米公司（Academi）］——国际干预缺乏合法性的问题可能会进一步加剧。由外国主导的国家建设是一项极具挑战性的任务，而利润最大化可能不是克服合法性障碍的正确方法。

"轻松来钱"的诅咒

外部融资对统治者进行国家能力建设的负面影响，与外国援助和石油的负面影响不谋而合。非劳动收入（unearned income）被认为有两个负面影响。首先，它排除了与税收相关的问责机制。[25] 统治者不需要赋予公民政治权利来促使他们遵从税收，因为政府的资金来自石油特许权使用费和援助资金等非税收入。莫里森和罗斯提供了充分证据表明，石油收入会对民主政治产生负面影响[26]，而艾哈迈德（Ahmed）和史密斯（Smith）等人也发现，外国援助会产生同样的结果[27]。其次，丰富的非税收收入会削弱国家能力，因为它使得对税收管理的投资变得可有可无。[28]

"轻松来钱"的两种影响——削弱问责制和官僚机构——与本书所阐述的外部公共财政的影响是一致的。从税收平滑（tax smoothing）[29] 到克服增长障碍[30]，海外信贷为发展中国家提供了无限的机会。然而，任何政策都需要权衡利弊。布罗内尔（Broner）和文图拉（Ventura）警告说，外部公共财政可能会对宏观经济产生意想不到的影响，包括挤占国内信贷市场等。[31]本书也为这一论争贡献了一己之力，指出了一个未曾预料的政治后果：以主权贷款形式出现的"轻松来钱"会扭曲统治者与纳税人达成协议的动机，并阻碍长期的官僚改革。

国际援助界已经认识到非劳动收入对当地治理的负面激励作用，并加强了对资金使用的监控。[32]在设计对发展中国家的官方贷款时，可能也需要类似的努力。换句话说，附加的贷款条件可能在当前旨在能力建设的技术条件（例如，征收增值税）之外，另外增加政治性条款（例如，透明度标准和信息公开）以激活统治者与纳税人之间的税收谈判。通过促进当地的政治问责制，外国干预可以克服国家建设中常见的合法性障碍。

未来的方向？

如果要进一步研究国家建设和政治改革领域的外部公共财政问题，我设想了两条研究路径：一条路径侧重于殖民地公共财政与长期政治制度之间的关系；另一条路径则侧重于探讨国内战争财政与国家建设之间的联系。

殖民地财政与政治后果

欧洲的殖民地可以进入国际信贷市场，也需自行承担开支。宗主国为帝国战争提供了大量补贴，但其他一切费用都由殖民地自筹。虽然殖民地必须自行满足其财政收入需求，但它们却并不被允许建立有利于准自愿遵从的政治体制，特别是代议制议会。阿斯莫格鲁和罗宾逊，以及斯塔萨维奇都提醒我们注意强大的官僚机构与弱势社会之间存在的裂隙。当社会缺乏控制国家的能力时，就会出现"专制的利维坦"。[33]为了防止精英阶层利用国家机器谋取私利，制衡机制必不可少。也就是说，必须对利维坦加以"束缚"，以使精英阶层与非精英阶层都能从国家能力的提升中获益。斯塔萨维奇指出，"早期民主"的建立是为了取代强大的官僚机构。在缺乏强制能力的情况下，领导者无法做到单独统治，必须经由集体决策。随着国家能力的增强，统治者获得了评估财富和强制纳税的能力，此时寻求民众同意就变得不再重要了。如今，"现代民主"与强大的官僚机构并存的现象只存在于世界上某些地区，而顺序对于理解这一现象非常重要。当官僚能力过于强大时，民主统治就更难实现。[34]

阿西莫格鲁和罗宾逊，以及斯塔萨瓦奇的观点，呼吁我们进一步深入研究公共财政对后殖民世界民主巩固的长期影响。对于殖民地而言，早期在获得外部融资的情况下进行政治改革的后果，可能与新兴主权国家有所不同。正如我在书中所论述的，新兴主权国家可能从资本排斥中受益，因为统治者不得不在提升官僚能力的同时，加强权力共享制度。换言之，主权国家在受到资本排斥的时期经历战争和重大财政冲击，能够同时激活传导的官僚机制和政治机制。在同样的情况下，殖民地则不然，宗主国期望它们在加强官僚能力以动员政府资金的同时，继续保持专制政治制度（详见第八章）。由此推断，那些不得不过度动员国内资源为当地政府提供资金的殖民地，可能在后殖民时代开始时就拥有相对更强的官僚机构和较弱的政治制度，这不利于民主政治的巩固。殖民地财政的特殊性，要求对前殖民世界政治改革的障碍进行专门研究，并特别关注"顺序"问题。

国内战争财政与国家建设

另一个重要的研究领域引导我们把目光再次投向图 6.1b，该图显示，在冷战结束后，国内冲突急剧增加。除了迪朱塞佩（DiGiuseppe）、巴里（Barry）和弗兰克（Frank）的研究之外，关于内战的外部融资及其对当地能力和政治改革影响的证据和理解，仍然很少见诸现有研究文献。[35] 本书所使用的证据表明，独立战争（可以说是一种非常特殊的国内冲突）的外部融资对国家建设的影响，与国家间战争几乎没有区别。这一结果是否适用于每一种类型的国内战争，目前尚无定论。毫无疑问，这是进一步研究的重要方向，对于理解当今发展中世界的国家建设和政治秩序将作出重要贡献。

结束语

无论是发达国家还是发展中国家，公共债务（包括内债和外债）都在不断增加，并且近期没有改变的迹象。在本书中，我试图通过研究税收和贷款——政府资金的国内和国外来源——之间的相互作用，来拓宽我们对国家建设的理解。现有的政治学和经济学研究通常专注于某一种政策工具，同时将另一种政策工具视为常量，而我则主张将二者结合起来考虑，以便更好地理解公共财政给统治者和纳税人带来的政治困境，以及对国家建设的短期和长期影响。我希望在未来的研究中，对国际金融、政治改革以及古今国家建设领域感兴趣的学者和实务工作者们能够更多地采用这种研究视角。

【注释】

[1] Homer and Sylla, 2005; Prestwich, 1979.

[2] Epstein, 2000: 26.

[3] Outhwaite, 1966, 1971.

[4] Stasavage, 2011.

[5] Johnson and Koyama, 2014.

[6] Hoffman, Postel-Vinay and Rosenthal, 2000.

[7] Tracy, 1985.

[8] Saylor and Wheeler, 2017.

[9] Johnson and Koyama, 2014; Stasavage, 2011.

[10] Tracy, 1985: 58.

[11] Schultz and Weingast, 1998: 23.

[12] 关于近代早期欧洲的一个反事实案例是热那亚对西班牙国王腓力二世的贷

款，请参见第八章。

[13] Mokyr, 2017: 170.

[14] 莫基尔 (Mokyr, 2017: 183—85) 指出了科学和创新产权保护的起源；琼斯（Jones, 1981）和诺思（North, 1981）指出了产权保护对经济增长的极端重要性；贝斯利和佩尔松（Besley and Persson, 2011) 则论述了法律能力在国家建设中的核心作用。

[15] Spruyt, 1994: 179.

[16] Abramson, 2017.

[17] Mares and Queralt, 2015, 2020.

[18] 关于工业革命前经济创新与战争之间的正交关系，请参见 Mokyr, 1991: 184—185。

[19] Stallings, 1972: 15.

[20] Bunte, 2019: 7.

[21] Copelovitch, 2010; Stallings and Kaufman, 1989; Vreeland, 2007.

[22] Berg et al., 2009.

[23] Verdier and Voeten, 2015. 相关的批判性解释，请参见 Weidemaier and Gulati, 2018。

[24] 舒马赫、特雷贝施和恩德莱因认为，专门的不良债务基金或"秃鹫投资者"最近推动了扣押位于债权国的资产（如银行账户），请参见 Schumacher, Trebesch and Enderlein, 2021。

[25] Paler, 2013.

[26] Morrison, 2009; Ross, 2004, 2012.

[27] Ahmed, 2012; Smith, 2008.

[28] Bates, 2001: ch. 4; Bräutigam and Knack, 2004; Moore, 1998.

[29] Barro, 1979; Lucas and Stokey, 1983.

[30] Rajan and Zingales, 1998; Summers, 2000.

[31] Broner and Ventura, 2016.

[32] 请参见迪特里希和温特斯的最新调查（Dietrich and Winters, 2021），以及克鲁兹和施耐德的应用研究（Cruz and Schneider, 2017）。

[33] Acemoglu and Robinson, 2019.

[34] Stasavage, 2020.

[35] DiGiuseppe, Barry and Frank, 2012.

参考文献

Aboagye, Prince Young, and Ellen Hillbom. 2020. "Tax Bargaining, Fiscal Contracts, and Fiscal Capacity in Ghana: A Long-Term Perspective." *African Affairs* 119(475):177–202.

Abramson, Scott, and Carles Boix. 2019. "Endogenous Parliaments: The Domestic and International Roots of Long-Term Economic Growth and Executive Constraints in Europe." *International Organization* 73:793–837.

Abramson, Scott F. 2017. "The Economic Origins of the Territorial State." *International Organization* 71(1):97–130.

Accominotti, Olivier, Marc Flandreau, and Riad Rezzik. 2011. "The Spread of Empire: Clio and the Measurement of Colonial Borrowing Costs." *Economic History Review* 64(2):385–407.

Acemoglu, Daron. 2003. "Why Not a Political Coase Theorem? Social Conflict, Commitment, and Politics." *Journal of Comparative Economics* 31(4):620–652.

Acemoglu, Daron, Tristan Reed, and James A. Robinson. 2014. "Chiefs: Economic Development and Elite Control of Civil Society in Sierra Leone." *Journal of Political Economy* 122(2):319–368.

Acemoglu, Daron, and James A. Robinson. 2012. *Why Nations Fail: The Origins of Power, Prosperity, and Poverty*. New York: Crown Business.

Acemoglu, Daron, and James A. Robinson. 2019. *The Narrow Corridor: States, Societies, and the Fate of Liberty*. New York: Penguin Press.

Acemoglu, Daron, Davide Ticchi, and Andrea Vindigni. 2011. "Emergence and Persistence of Inefficient States." *Journal of the European Economic Association* 9(2):177–208.

Ahmed, Faisal Z. 2012. "The Perils of Unearned Foreign Income: Aid, Remittances, and Government Survival." *American Political Science Review* 106(1):146–165.

Ahmed, Faisal Z., Laura Alfaro, and Noel Maurer. 2010. "Lawsuits and Empire: On the Enforcement of Sovereign Debt in Latin America." *Law and Contemporary Problems* 73(4):39–46.

Aidt, Toke S., and Peter S. Jensen. 2009. "The Taxman Tools Up: An Event History Study of the Introduction of the Personal Income Tax." *Journal of Public Economics* 93(1–2):160–175.

Alesina, Alberto, Reza Baqir, and William Easterly. 1999. "Public Goods and Ethnic Divisions." *Quarterly Journal of Economics* 114(4):1243–1284.

Alesina, Alberto, Bryony Reich, and Alessandro Riboni. 2017. "Nation-Building, Nationalism and Wars." Technical report 23435, NBER working paper.

Alesina, Alberto, and Enrico Spolaore. 1997. "On the Number and Size of Nations." *Quarterly Journal of Economics* 112(4):1027–1056.

Andersson, Per F., and Thomas Brambor. 2019. "Financing the State: Government Tax Revenue from 1800 to 2012." Version 2.0 dataset. Lund University.

Ansell, Ben W., and Johannes Lindvall. 2020. *Inward Conquest: The Political Origins of Modern Public Services*. New York: Cambridge University Press.

Ardant, Gabriel. 1975. "Financial Policy and Economic Infrastructure of Modern States and Nations." In *The Formation of National States in Western Europe*, ed. Charles Tilly, pp. 164–242. Princeton, NJ: Princeton University Press.

Asakura, Kōkichi. 1967. "The Characteristics of Finance in the Meiji Period (the Period of Take-Off)." *Developing Economies* 5(2):274–299.

Austin, Gareth. 2008. "The 'Reversal of Fortune' Thesis and the Compression of History: Perspectives from African and Comparative Economic History." *Journal of International Development* 20(8):996–1027.

Austin, Gareth, and Kaoru Sugihara. 1993. "Local Suppliers of Credit in the Third World, 1750–1960: Introduction." In *Local Suppliers of Credit in the Third World, 1750–1960*, ed. Gareth Austin and Kaoru Sugihara, pp. 1–26. Chippenham, UK: St. Martin's Press.

Ayer, Jules. 1905. *A Century of Finance, 1804 to 1904: The London House of Rothschild*. London: Neely.

Baker, Chris, and Pasuk Phongpaichit. 2014. *A History of Thailand*. New York: Cambridge University Press.

Baldwin, Kate. 2015. *The Paradox of Traditional Chiefs in Democratic Africa*. New York: Cambridge University Press.

Baldwin, Kate, and Katharina Holzinger. 2019. "Traditional Political Institutions and Democracy: Reassessing Their Compatibility and Accountability." *Comparative Political Studies* 52(12):1747–1774.

Baldwin, Kate, and John D. Huber. 2010. "Economic versus Cultural Differences: Forms of Ethnic Diversity and Public Goods Provision." *American Political Science Review* 104(4):644–662.

Balla, Eliana, and Noel D. Johnson. 2009. "Fiscal Crisis and Institutional Change in the Ottoman Empire and France." *Journal of Economic History* 69(3):809–845.

Ballard-Rosa, Cameron, Layna Mosley, and Rachel L. Wellhausen. 2021. "Contingent Advantage? Sovereign Borrowing, Democratic Institutions, and Global Capital Cycles." *British Journal of Political Science* 51(1):353–373.

Bandiera, Oriana, Myra Mohnen, Imran Rasul, and Martina Viarengo. 2019. "Nation-Building through Compulsory Schooling during the Age of Mass Migration." *Economic Journal* 129:62–109.

Banko, Catalina. 1995. "Los Comerciantes Extranjeros de La Guaira Frente a Las Reformas Económicas de José Tadeo Monagas (1848–1850)." *Estudios de Historia Social y Económica de América* 12:591–598.

Bank of Japan. 1966. *Hundred Year Statistics of the Japanese Economy*. Tokyo: Bank of Japan.

Barría Traverso, Diego. 2008. "Continuista o Rupturista, Radical o Sencillísima: La Reorganización de Ministerios de 1887 y su Discusión Político-Administrativa." *Historia* 41(1):5–42.

Barría Traverso, Diego. 2015. "Empleados Públicos y Clase Media, Chile 1880–1920: Un Análisis Exploratorio a partir de Cifras Oficiales." *Revista de Historia y Geografía* 32:77–100.

Barro, Robert J. 1979. "On the Determination of the Public Debt." *Journal of Political Economy* 87(5):940–971.

Barros Arana, Diego. 1880. *Historia de la Guerra del Pacífico*. Santiago: Libreria Central de Servat I.

Bates, Robert H. 2001. *Prosperity and Violence: The Political Economy of Development*. New York: Norton.

Bates, Robert H. 2014. "The Imperial Peace." In *Africa's Development in Historical Perspective*, ed. Emmanuel Akyeampong, Robert H. Bates, Nathan Nunn, and James A. Robinson, pp. 424–446. New York: Cambridge University Press.

Bates, Robert H., and Da-Hsiang D. Lien. 1985. "A Note on Taxation, Development, and Representative Government." *Politics & Society* 14(1):53–70.

Batson, Benjamin A. 1984. *The End of the Absolute Monarchy in Siam*. New York: Oxford University Press.

Bazant, Jan. 1995. *Historia de la Deuda Exterior de México (1823–1946)*. Mexico City: El Colegio de México.

Beblawi, Hazem. 1987. "The Rentier State in the Arab World." *Arab Studies Quarterly* 9(4):383–398.

Benians, E. A. 1960. "Finance Trade and Communications." In *Cambridge History of the British Empire*, ed. E. A. Benians, James Butler, and C. E. Carrington, pp. 181–229. Vol. 3. New York: Cambridge University Press.

Beramendi, Pablo, Mark Dincecco, and Melissa Rogers. 2019. "Intra-Elite Competition and Long-Run Fiscal Development." *Journal of Politics* 81(1):49–65.

Berg, Andrew, Norbert Funke, Alejandro Hajdenberg, Victor Lledo, Rolando Ossowski, Martin Schindler, Antonio Spilimbergo, Shamsuddin Tareq, and Irene Yackovlev. 2009. "Fiscal Policy in Sub-Saharan Africa in Response to the Impact of the Global Crisis." IMF staff position notes 2009/10, International Monetary Fund. https://ideas.repec.org/p/imf/imfspn/2009-010.html.

Berger, Daniel. 2009. "Taxes, Institutions and Local Governance: Evidence from a Natural Experiment in Colonial Nigeria." Technical report, New York University. https://leitner.yale.edu/sites/default/files/files/resources/PMF-papers/NigeriaPaper.pdf.

Berman, Bruce. 1984. "Structure and Process in the Bureaucratic States of Colonial Africa." *Development and Change* 15(2):161–202.

Berman, Bruce J., and Wisdom Tettey. 2001. "African States, Bureaucratic Culture and Computer Fixes." *Public Administration and Development* 21:1–13.

Besley, Timothy. 2020. "State Capacity, Reciprocity, and the Social Contract." *Econometrica* 88(4):1307–1335.

Besley, Timothy, and Torsten Persson. 2009. "The Origins of State Capacity: Property Rights, Taxation and Politics." *American Economic Review* 99(4):1218–1244.

Besley, Timothy, and Torsten Persson. 2011. *Pillars of Prosperity: The Political Economics of Development Clusters*. Princeton, NJ: Princeton University Press.

Bignon, Vincent, Rui Esteves, and Alfonso Herranz-Loncán. 2015. "Big Push or Big Grab? Railways, Government Activism, and Export Growth in Latin America, 1865–1913." *Economic History Review* 68(4):1277–1305.

Birdal, Murat. 2010. *The Political Economy of Ottoman Public Debt: Insolvency and European Financial Control in the Late Nineteenth Century*. London: Tauris Academic Studies.

Black, Jeremy. 2009. *War in the Nineteenth Century: 1800–1914*. Malden, MA: Polity.

Blaisdell, Donald C. 1929. *European Financial Control in the Ottoman Empire: A Study of the Establishment, Activities, and Significance of the Administration of the Ottoman Public Debt*. New York: Columbia University Press.

Blakemore, Harold. 1974. *British Nitrates and Chilean Politics, 1886–1896: Balmaceda and North*. London: Athlone Press.

Blattman, Christopher, Jason Hwang, and Jeffrey G. Williamson. 2007. "Winners and Losers in the Commodity Lottery: The Impact of Terms of Trade Growth and Volatility in the Periphery 1870–1939." *Journal of Development Economics* 82(1):156–179.

Blaydes, Lisa, and Eric Chaney. 2013. "The Feudal Revolution and Europe's Rise: Political Divergence of the Christian West and the Muslim World before 1500 CE." *American Political Science Review* 107(1):16–34.

Bockstette, Valerie, Areendam Chanda, and Louis Putterman. 2002. "States and Markets: The Advantage of an Early Start." *Journal of Economic Growth* 7(4):347–369.

Bogart, Dan. 2009. "Nationalizations and the Development of Transport Systems: Cross-Country Evidence from Railroad Networks, 1860–1912." *Journal of Economic History* 69(1): 202–237.

Boix, Carles. 2003. *Democracy and Redistribution.* New York: Cambridge University Press.

Boix, Carles. 2015. *Political Order and Inequality: Their Foundations and Their Consequences for Human Welfare.* New York: Cambridge University Press.

Boix, Carles, and Milan W. Svolik. 2013. "The Foundations of Limited Authoritarian Government: Institutions, Commitment, and Power-Sharing in Dictatorships." *Journal of Politics* 75(2):300–316.

Bolt, Jutta, Robert Inklaar, Herman de Jong, and Jan Luiten van Zanden. 2018. "Rebasing 'Maddison': New Income Comparisons and the Shape of Long-Run Economic Development." GGDC Research Memorandum 174.

Bonilla, Heraclio. 1972. "El Impacto de los Ferrocarriles, Algunas Proposiciones." *Historia y Cultura* 6:93–120.

Boone, Catherine. 2003. *Political Topographies of the African State: Territorial Authority and Institutional Choice.* New York: Cambridge University Press.

Booth, Anne E. 2007. *Colonial Legacies: Economic and Social Development in East and Southeast Asia.* Honolulu: University of Hawai'i Press.

Borchard, Edwin. 1951. *State Insolvency and Foreign Bondholders.* Washington, DC: Beard Books.

Bordo, Michael D. 2006. "Sudden Stops, Financial Crises, and Original Sin in Emerging Countries: Déjà vu?" NBER working paper 12393.

Bordo, Michael D., Michael Edelstein, and Hugh Rockoff. 1999. "Was Adherence to the Gold Standard a 'Good Housekeeping Seal of Approval' during the Interwar Period?" NBER working paper 7186.

Bordo, Michael D., Barry Eichengreen, and Jongwoo Kim. 1998. "Was There Really an Earlier Period of International Financial Integration Comparable to Today?" NBER working paper 6738.

Bordo, Michael D., and Finn E. Kydland. 1995. "The Gold Standard as a Rule: An Essay in Exploration." *Explorations in Economic History* 32(4):423–464.

Bordo, Michael D., and Hugh Rockoff. 1996. "The Gold Standard as a 'Good Housekeeping Seal of Approval.' " *Journal of Economic History* 56(2):389–428.

Borensztein, Eduardo, Olivier D. Jeanne, Paolo Mauro, Jeronimo Zettelmeyer, and Marcos D. Chamon. 2004. "Sovereign Debt Structure for Crisis Prevention." Technical report, International Montery Fund, occasional paper 237.

Borensztein, Eduardo, and Ugo Panizza. 2010. "Do Sovereign Defaults Hurt Exporters?" *Open Economies Review* 21(3):393–41.

Bormann, Nils-Christian, Lars-Erik Cederman, Scott Gates, Benjamin A. T. Graham, Simon Hug, Kaare W. Strøm, and Julian Wucherpfennig. 2019. "Power Sharing: Institutions, Behavior, and Peace." *American Journal of Political Science* 63(1):84–100.

Bossenbroek, Martin. 1995. "The Living Tools of Empire: The Recruitment of European Soldiers for the Dutch Colonial Army, 1814–1909." *Journal of Imperial and Commonwealth History* 23(1):26–53.

Boucoyannis, Deborah. 2015. "No Taxation of Elites, No Representation: State Capacity and the Origins of Representation." *Politics & Society* 43(3):303–332.

Bowman, John R., and Michael Wallerstein. 1982. "The Fall of Balmaceda and Public Finance in Chile: New Data for an Old Debate." *Journal of Interamerican Studies and World Affairs* 24(4):421–460.

Brambor, Thomas, Agustín Goenaga, Johannes Lindvall, and Jan Teorell. 2020. "The Lay of the Land: Information Capacity and the Modern State." *Comparative Political Studies* 53(2):175–213.

Braun, Juan, Matías Braun, Ignacio Briones, José Díaz, Rolf Lüders, and Gert Wagner. 2000. "Economía Chilena 1810–1995. Cuentas." *Instituto de Economía de la Universidad Católica de Chile, Documento de Trabajo* 187.

Bräutigam, Deborah. 2008. "Contingent Capacity: Export Taxation and State Building in Mauritius." In *Taxation and State-Building in Developing Countries*, ed. Deborah Bräutigam, Odd-Helge Fjeldstad, and Mick Moore, pp. 135–159. New York: Cambridge University Press.

Bräutigam, Deborah. 2020. "A Critical Look at Chinese 'Debt-Trap Diplomacy': The Rise of a Meme." *Area Development and Policy* 5(1):1–14.

Bräutigam, Deborah A., Odd-Helge Fjeldstad, and Mick Moore, eds. 2008. *Taxation and State-Building in Developing Countries: Capacity and Consent*. New York: Cambridge University Press.

Bräutigam, Deborah A., and Stephen Knack. 2004. "Foreign Aid, Institutions, and Governance in Sub-Saharan Africa." *Economic Development and Cultural Change* 52(2):255–285.

Brecke, Peter. 1999. "Violent Conflict 1400 A.D. to the Present in Different Regions of the World." Paper presented at 1999 meeting of Peace Science Society. Dataset curated by Centre for Global Economic History. www.cgeh.nl/data#conflict.

Brewer, John. 1988. *The Sinews of Power: War, Money and the English State: 1688–1783*. Cambridge, MA: Harvard University Press.

British Parliament. 1908. *Statistical Tables Relating to British Colonies, Possessions and Protectorates, Part XXXI*. London: Darling & Son.

Broadberry, Stephen, Bruce Campbell, Alexander Klein, Mark Overton, and Bas van Leeuwen. 2012. "British Economic Growth, 1270–1870: An Output-Based Approach." Technical report, School of Economics working paper, University of Kent.

Broich, Tobias. 2017. "U.S. and Soviet Foreign Aid during the Cold War: A Case Study of Ethiopia." MERIT working paper 2017-010, United Nations University—Maastricht Economic and Social Research Institute on Innovation and Technology.

Broner, Fernando, and Jaume Ventura. 2016. "Rethinking the Effects of Financial Globalization." *Quarterly Journal of Economics* 131(3):1497–1542.

Brown, Ian. 1992. *The Creation of the Modern Ministry of Finance in Siam, 1885–1910*. Hampshire, UK: Macmillan.

Brown, Patrick J. 1998. *Bond Markets: Structures and Yield Calculations*. Cambridge, UK: Gilmour Drummon Publishing.

Bruce, George L. 1973. *The Burma Wars, 1824–1886*. London: Hart-Davis MacGibbon.

Bueno de Mesquita, Bruce, and Alastair Smith. 2009. "A Political Economy of Aid." *International Organization* 63(2):309–340.

Bueno de Mesquita, Bruce, and Alastair Smith. 2013. "Aid: Blame It All on 'Easy Money.'" *Journal of Conflict Resolution* 57(3):524–537.

Bulow, Jeremy, and Kenneth Rogoff. 1989. "A Constant Recontracting Model of Sovereign Debt." *Journal of Political Economy* 97(1):155–178.

Bunte, Jonas B. 2019. *Raise the Debt: How Developing Countries Choose Their Creditors*. New York: Oxford University Press.

Butcher, Charles, and Ryan Griffiths. 2015. "Alternative International Systems? System Structure and Violent Conflict in Nineteenth-Century West Africa, Southeast Asia, and South Asia." *Review of International Studies* 41:715–737.

Cagé, Julia, and Lucie Gadenne. 2018. "Tax Revenues and the Fiscal Cost of Trade Liberalization, 1792–2006." *Explorations in Economic History* 70:1–24.

Caillard, Vincent, and Elias Gibb. 1911. "Turkey." *1911 Encyclopedia Britannica.*

Cain, P. J., and A. G. Hopkins. 2016. *British Imperialism: 1688–2015.* 3rd ed. New York: Routledge.

Calomiris, Charles, and Stephen Haber. 2014. *Fragile by Design: The Political Origins of Banking Crises and Scarce Credit.* Princeton, NJ: Princeton University Press.

Calvo, Guillermo A. 1988. "Servicing the Public Debt: The Role of Expectations." *American Economic Review* 78(4):647–661.

Cameron, Rondo. 1966. *France and the Economic Development of Europe, 1800–1914: Conquest of Peace and Seeds of War.* Chicago: Rand McNally.

Cantoni, Davide, Yuyu Chen, David Y. Yang, Noam Yuchtman, and Y. Jane Zhang. 2017. "Curriculum and Ideology." *Journal of Political Economy* 125(2):338–392.

Cappella Zielinski, Rosella. 2016. *How States Pay for War.* Ithaca, NY: Cornell University Press.

Cárdenas, Mauricio. 2010. "State Capacity in Latin America." *Economía* 10(2):1–45.

Cariola Sutter, Carmen, and Osvaldo Sunkel. 1982. *Un Siglo de Historia Económica de Chile: 1830–1930: Dos Ensayos y una Bibliografía.* Madrid: Ediciones Cultura Hispánica.

Carl, George Edmund. 1980. *First among Equals: Great Britain and Venezuela, 1810–1910.* Ann Arbor, MI: University Microfilms International.

Caron, François. 1983. "France." In *Railways and the Economic Development of Western Europe, 1830–1914,* ed. Patrick K. O'Brien, pp. 28–48. New York: St. Martin's Press.

Carosso, Vincent P. 1987. *The Morgans: Private International Bankers 1854–1913.* Cambridge, MA: Harvard University Press.

Carpenter, Daniel P. 2001. *The Forging of Bureaucratic Autonomy: Reputations, Networks, and Policy Innovation in Executive Agencies, 1862–1928.* Princeton, NJ: Princeton University Press.

Cassis, Youssef. 1994. *City Bankers, 1890–1914.* New York: Cambridge University Press.

Catão, Luís. 2006. "Sudden Stops and Currency Drops: A Historical Look." IMF working paper 06/133.

Centeno, Miguel Angel. 1997. "Blood and Debt: War and Taxation in Nineteenth-Century Latin America." *American Journal of Sociology* 102(6):1565–1605.

Centeno, Miguel Angel. 2002. *Blood and Debt: War and the Nation-State in Latin America.* University Park: Pennsylvania State University Press.

Cermeño, Alexandra, Kerstin Enflo, and Johannes Lindvall. 2018. "Railways and Reform: How Trains Strengthened the Nation State." Technical report, STANCE Series working paper. https://portal.research.lu.se/portal/en/publications/railways-and-reform-how -trains-strengthened-the-nation-state(781d6bc0-162c-4072-8fe8-2fbbc624dfab).html.

Chabot, Benjamin, and Veronica Santarosa. 2017. "Don't Cry for Argentina (or Other Sovereign Borrowers): Lessons from a Previous Era of Sovereign Debt Contract Enforcement." *Capital Markets Law Journal* 12(1):9–37.

Chaves, Isaias, Stanley L. Engerman, and James A. Robinson. 2014. "Reinventing the Wheel: The Economic Benefits of Wheeled Transportation in Early Colonial British West Africa." In *Africa's Development in Historical Perspective,* ed. Emmanuel Akyeampong, Robert H. Bates, Nathan Nunn, and James A. Robinson, pp. 321–365. New York: Cambridge University Press.

Cheung, Anthony B. L. 2005. "The Politics of Administrative Reforms in Asia: Paradigms and Legacies, Paths and Diversities." *Governance* 18(2):257–282.

Clemens, Michael A., and Jeffrey G. Williamson. 2004. "Why Did the Tariff-Growth Correlation Change after 1950?" *Journal of Economic Growth* 9(1):5–46.

Clodfelter, Michael. 2002. *Warfare and Armed Conflicts: A Statistical Reference to Casualty and Other Figures, 1500–2000.* Jefferson, NC: McFarland.

Coatsworth, John H. 1979. "Indispensable Railroads in a Backward Economy: The Case of Mexico." *Journal of Economic History* 39(4):939–960.

Coatsworth, John H. 1981. *Growth against Development: The Economic Impact of Railroads in Porfirian Mexico*. DeKalb: Northern Illinois University Press.

Coatsworth, John H. 2005. "Structures, Endowments, and Institutions in the Economic History of Latin America." *Latin American Research Review* 40(3):126–144.

Cogneau, Denis, Yannick Dupraz, and Sandrine Mesplé-Somps. 2021. "Fiscal Capacity and Dualism in Colonial States: The French Empire 1830–1962." *Journal of Economic History* 81(2):441–480.

Cohen, Benjamin J. 1986. *In Whose Interest? International Banking and American Foreign Policy*. New Haven, CT: Yale University Press.

Collier, Paul. 2006. "Is Aid Oil? An Analysis of Whether Africa Can Absorb More Aid." *World Development* 34(9):1482–1497.

Collier, Paul, and Nicholas Sambanis. 2005. *Understanding Civil War: Evidence and Analysis, Volume 1. Africa*. Washington, DC: World Bank.

Collier, Simon. 2003. *Chile: The Making of a Republic, 1830–1865*. New York: Cambridge University Press.

Collier, Simon, and William Sater. 1996. *A History of Chile*. New York: Cambridge University Press.

Comín, Francisco. 2012. "Default, Rescheduling and Inflation: Public Debt Crises in Spain during the 19th and 20th Centuries." *Revista de Historia Económica/Journal of Iberian and Latin American Economic History* 30(3):353–390.

Comín, Francisco. 2015. "Los Presupuestos de las Fuerzas Armadas." In *Historia Militar de España. Vol. 4, Tomo 1: Edad Contemporánea, Siglo XIX*, ed. Miguel Artola Gallego, pp. 221–257. Madrid: Ediciones del Laberinto, Ministerio de Defensa.

Copelovitch, Mark S. 2010. *The International Monetary Fund in the Global Economy*. New York: Cambridge University Press.

Coquery-Vidrovitch, Catherine. 1969. "French Colonization in Africa to 1920: Administration and Economic Development." In *Colonialism in Africa*, ed. L. H. Gann and Peter Duignan, pp. 165–198. Vol. 1. New York: Cambridge University Press.

Cortés-Conde, Roberto. 1995. "La Deuda Pública Externa en Argentina, 1800–1906." In *La Deuda Pública en América Latina en Perspectiva Histórica*, ed. Reinhard Liehr, pp. 155–170. Madrid: Iberoamericana.

Cottrell, P. L. 1976. *British Overseas Investment in the Nineteenth Century*. London: Macmillan.

Coutts, Ken, and Christina Laskaridis. 2019. "Financial Balances and the Development of the Ethiopian Economy." In *The Oxford Handbook of the Ethiopian Economy*, ed. Fantu Cheru, Christopher Cramer, and Arkebe Oqubay, pp. 213–229. New York: Oxford University Press.

Cox, Gary W. 2016. *Marketing Sovereign Promises: Monopoly Brokerage and the Growth of the English State*. New York: Cambridge University Press.

Cox, Gary W., and Mark Dincecco. 2021. "The Budgetary Origins of Fiscal-Military Prowess." *Journal of Politics* 83(3):851–866.

Cox, Gary W., and Sebastian M. Saiegh. 2018. "Executive Constraint and Sovereign Debt: Quasi-Experimental Evidence from Argentina during the Baring Crisis." *Comparative Political Studies* 51(11):1504–1525.

Cromer, Evelyn Baring. 1908. *Modern Egypt*. Vol. II. London: Macmillan.

Cronin, Stephanie. 2008. "Importing Modernity: European Military Missions to Qajar Iran." *Comparative Studies in Society and History* 50(1):197–226.

Crowder, Michael. 1964. "Indirect Rule: French and British Style." *Africa: Journal of the International African Institute* 34(3):197–205.

Cruces, Juan J., and Christoph Trebesch. 2013. "Sovereign Defaults: The Price of Haircuts." *American Economic Journal: Macroeconomics* 5(3):85–117.

Cruchaga, Miguel. 1878. *Estudio sobre la Organización Económica y la Hacienda Pública de Chile.* Santiago: Los Tiempos.

Cruz, Cesi, and Christina J. Schneider. 2017. "Foreign Aid and Undeserved Credit Claiming." *American Journal of Political Science* 61(2):396–408.

Curto-Grau, Marta, Alfonso Herranz-Loncán, and Albert Solé-Ollé. 2012. "Pork-Barrel Politics in Semi-Democracies: The Spanish 'Parliamentary Roads,' 1880–1914." *Journal of Economic History* 72(3):771–796.

Dal Bó, Ernesto, Pablo Hernández-Lagos, and Sebastián Mazzuca. 2015. "The Paradox of Civilization: Preinstitutional Sources of Security and Prosperity." NBER working paper 21829.

D'Arcy, Michelle, and Marina Nistotskaya. 2018. "The Early Modern Origins of Contemporary European Tax Outcomes." *European Journal of Political Research* 57(1):47–67.

Daunton, Martin. 2001. *Trusting Leviathan: The Politics of Taxation in Britain, 1799–1914.* New York: Cambridge University Press.

Daunton, M. J. 2002. "Financial Elites and British Society, 1880–1950." In *Finance and Financiers in European History 1880–1960,* ed. Youssef Cassis, pp. 121–146. New York: Cambridge University Press.

Davis, Lance E., and Robert A. Huttenback. 1986. *Mammon and the Pursuit of Empire: The Economics of British Imperialism.* New York: Cambridge University Press.

Davison, Roderic. 1963. *Reform in the Ottoman Empire, 1856–1876.* Princeton, NJ: Princeton University Press.

Dawson, Frank Griffith. 1990. *The First Latin American Debt Crisis: The City of London and the 1822–25 Loan Bubble.* New Haven, CT: Yale University Press.

Degefe, Befekadu. 1992. *Growth and Foreign Debt: The Ethiopian Experience 1964–86.* Nairobi: African Economic Research Consortium.

De Kock, M. H. 1924. *Economic History of South Africa.* Cape Town: Juta.

de la Cuesta, Brandon, Lucy Martin, Helen V. Milner, and Daniel L. Nielson. 2021. "Foreign Aid, Oil Revenues, and Political Accountability: Evidence from Six Experiments in Ghana and Uganda." *Review of International Organizations* 16:521–548.

de la Garza, Andrew. 2016. *The Mughal Empire: Babur, Akbar and the Indian Military Revolution, 1500–1605.* New York: Routledge.

Dell, Melissa. 2010. "The Persistent Effects of Peru's Mining Mita." *Econometrica* 78(6):1863–1903.

della Paolera, Gerardo, and Alan M. Taylor. 2001. *Straining at the Anchor: The Argentine Currency Board and the Search for Macroeconomic Stability, 1880–1935.* Chicago: University of Chicago Press.

della Paolera, Gerardo, and Alan M. Taylor. 2003. *A New Economic History of Argentina.* New York: Cambridge University Press.

de Moor, J. A. 1989. "Warmakers in the Archipelago: Dutch Expeditions in Nineteenth Century Indonesia." In *Imperialism and War: Essays on Colonial Wars in Asia and Africa,* ed. J. A. de Moor and H. L. Wesseling, pp. 50–71. Leiden, Netherlands: Leiden University Press.

Deng, Kent Gang. 2015. "Imperial China under the Song and Late Qing." In *Fiscal Regimes and the Political Economy of Premodern States,* ed. Andrew Monson and Walter Scheidel, pp. 308–342. New York: Cambridge University Press.

De Santis, Roberto A. 2012. "The Euro Area Sovereign Debt Crisis: Safe Haven, Credit Rating Agencies and the Spread of the Fever from Greece, Ireland and Portugal." Technical report, ECB working paper 1419. https://www.ecb.europa.eu/pub/pdf/scpwps/ecbwp1419.pdf.

Devereux, Robert. 1963. *The First Ottoman Constitutional Reform: A Study of the Midhat Constitution and Parliament.* Baltimore: Johns Hopkins University Press.

Diamond, Douglas W., and Raghuram G. Rajan. 2001. "Banks, Short-Term Debt and Financial Crises: Theory, Policy Implications and Applications." *Carnegie-Rochester Conference Series on Public Policy* 54(1):37–71.

Diamond, Jared. 1997. *Guns, Germs, and Steel: The Fates of Human Societies*. New York: W. W. Norton.

Dickson, P.G.M. 1967. *The Financial Revolution in England: A Study in the Development of Public Credit*. London: Macmillan.

Dietrich, Simone, and Matthew S. Winters. 2021. "Foreign Aid and Quality of Government." In *The Oxford Handbook of the Quality of Government*, ed. Andreas Bågenholm, Monika Bauhr, Marcia Grimes, and Bo Rothstein, pp. 449–471. Oxford, UK: Oxford University Press.

DiGiuseppe, Matthew R., Colin. M. Barry, and Richard W. Frank. 2012. "Good for the Money: International Finance, State Capacity, and Internal Armed Conflict." *Journal of Peace Research* 49(3):391–405.

Dincecco, Mark. 2009. "Fiscal Centralization, Limited Government, and Public Revenues in Europe, 1650–1913." *Journal of Economic History* 69(1):48–103.

Dincecco, Mark. 2011. *Political Transformations and Public Finances: Europe, 1650–1913*. New York: Cambridge University Press.

Dincecco, Mark, James Fenske, Anil Menon, and Shivaki Mukherjee. 2019. "Pre-Colonial Warfare and Long-Run Development in India." Technical report, Centre for Competitive Advantage in the Global Economy (CAGE) working paper 426/2019.

Dincecco, Mark, and Mauricio Prado. 2012. "Warfare, Fiscal Capacity, and Performance." *Journal of Economic Growth* 17(3):171–203.

Dincecco, Mark, and Yuhua Wang. 2020. "Internal Conflict and State Development: Evidence from Imperial China." Technical report, University of Michigan. https://sites.google.com /umich.edu/dincecco/work-in-progress.

Donaldson, Dave. 2018. "Railroads of the Raj: Estimating the Impact of Transportation Infrastructure." *American Economic Review* 108(4–5):899–934.

Doner, Richard F. 2009. *The Politics of Uneven Development: Thailand's Economic Growth in Comparative Perspective*. New York: Cambridge University Press.

Dornbusch, Rudiger, and Jacob A. Frenkel. 1982. "The Gold Standard and the Bank of England in the Crisis of 1847." NBER working paper 1039.

Downing, Brian M. 1993. *The Military Revolution and Political Change: Origins of Democracy and Autocracy in Early Modern Europe*. Princeton, NJ: Princeton University Press.

Drago, Luis M. 1907. "State Loans in Their Relation to International Policy." *American Journal of International Law* 1(3):692–726.

Dreher, Axel, and Andreas Fuchs. 2015. "Rogue Aid? An Empirical Analysis of China's Aid Allocation." *Canadian Journal of Economics/Revue Canadienne d'Économique* 48(3):988–1023.

Drelichman, Mauricio, and Hans-Joachim Voth. 2014. *Lending to the Borrower from Hell: Debt, Taxes, and Default in the Age of Philip II*. Princeton, NJ: Princeton University Press.

Easterly, William. 2006. *The White Man's Burden: Why the West's Efforts to Aid the Rest Have Done So Much Ill and So Little Good*. New York: Penguin Books.

Easterly, William, and Ross Levine. 1997. "Africa's Growth Tragedy: Policies and Ethnic Divisions." *Quarterly Journal of Economics* 112(4):1203–1250.

Eaton, Jonathan, and Mark Gersovitz. 1981. "Debt with Potential Repudiation: Theoretical and Empirical Analysis." *Review of Economic Studies* 48(2):289–309.

Eaton, Kent. 2004. *Politics Beyond the Capital: The Design of Subnational Institutions in South America*. New York: Cambridge University Press.

Edelstein, Michael. 1982. *Overseas Investment*. New York: Columbia University Press.

Edwards, Alberto. 1917. "Datos y Observaciones sobre las Finanzas Municipales de Chile." *Revista Chilena* (1):81–86.

Edwards, Alberto. 1945. *La Fronda Aristocrática en Chile*. Santiago: Editorial del Pacífico.

Eichengreen, Barry. 1987. "Til Debt Do Us Part: The U.S. Capital Market and Foreign Lending, 1920–1955." NBER working paper 2394.

Eichengreen, Barry. 1990. "Trends and Cycles in Foreign Lending." NBER working paper 3411.

Eichengreen, Barry. 1991. "Historical Research on International Lending and Debt." *Journal of Economic Perspectives* 5(2):149–169.

Eichengreen, Barry, Asmaa El-Ganainy, Rui Esteves, and Kris James Mitchener. 2019. "Public Debt through the Ages." NBER working paper 25494.

Eichengreen, Barry, and Ricardo Hausmann, eds. 2005. *Other People's Money: Debt Denomination and Financial Instability in Emerging Market Economies*. Chicago: University of Chicago Press.

Eichengreen, Barry, and Richard Portes. 1986. "Debt and Default in the 1930s: Causes and Consequences." *European Economic Review* 30(3):599–640.

Eichengreen, Barry, and Richard Portes. 1989. "Dealing With Debt: The 1930s and the 1980s." NBER working paper 2867.

Eldem, Edhem. 2005. "Ottoman Financial Integration with Europe: Foreign Loans, the Ottoman Bank and the Ottoman Public Debt." *European Review* 13(3):431–445.

Elliott, John H. 1963. *Imperial Spain 1469–1716*. London: E. Arnold.

Engerman, Stanley L., and Kenneth L. Sokoloff. 2002. "Factor Endowments, Inequality, and Paths of Development among New World Economics." NBER working paper 9259.

Epstein, S. R. 2000. *Freedom and Growth: The Rise of States and Markets in Europe, 1300–1750*. New York: Routledge.

Ertman, Thomas. 1997. *Birth of the Leviathan*. Cambridge, UK: Cambridge University Press.

Esteves, Rui. 2007. "Quis custodiet quem? Sovereign Debt and Bondholders' Protection before 1914." Economics Series working paper 323, University of Oxford, Department of Economics.

Esteves, Rui. 2008. "Between Imperialism and Capitalism: European Capital Exports before 1914." Working paper 8022, Economic History Society.

Esteves, Rui Pedro. 2011. "The *Belle Epoque* of International Finance: French Capital Exports, 1880–1914." Technical report, Economics Series working paper 534, University of Oxford, Department of Economics.

Farcau, Bruce W. 2000. *The Ten Cents War: Chile, Peru, and Bolivia in the War of the Pacific, 1879–1884*. Westport, CT: Praeger.

Farley, J. Lewis. 1872. *Modern Turkey*. London: Hurst and Blackett Publishers.

Faundez, Julio. 2007. *Democratization, Development, and Legality: Chile, 1831–1973*. New York: Palgrave Macmillan.

Fazal, Tanisha M., and Paul Poast. 2019. "War Is Not Over: What the Optimists Get Wrong about Conflict." *Foreign Affairs* 98(6):74–83.

Feis, Herbert. 1930. *Europe, the World's Banker 1870–1914*. New Haven, CT: Yale University Press.

Fenn, Charles. 1838. *Fenn's Compendium of the English and Foreign Funds, Debts and Revenues …* Edited by Charles Fenn. 2nd ed. London: E. Wilson.

Fenn, Charles. 1855. *Fenn's Compendium of the English and Foreign Funds, Debts and Revenues …* Edited by Henry Ayres. 5th ed. London: E. Wilson.

Fenn, Charles. 1869. *Fenn's Compendium of the English and Foreign Funds, Debts and Revenues …* Edited by Robert Lucas Nash. 10th ed. London: E. Wilson.

Fenn, Charles. 1883. *Fenn's Compendium of the English and Foreign Funds, Debts and Revenues …* Edited by Robert Lucas Nash. 13th ed. London: E. Wilson.

Fenn, Charles. 1898. *Fenn's Compendium of the English and Foreign Funds, Debts and Revenues …* Edited by S. F. Van Oss. 16th ed. London: E. Wilson.

Ferejohn, John, and Frances McCall Rosenbluth. 2016. *Forged through Fire: War, Peace, and the Democratic Bargain*. New York: Liveright.

Ferguson, Niall, 2004. *Empire: How Britain Made the Modern World*. London: Penguin Books.

Ferguson, Niall, and Moritz Schularick. 2006. "The Empire Effect: The Determinants of Country Risk in the First Age of Globalization, 1880–1913." *Journal of Economic History* 66(2):283–312.

Ferguson, Niall, and Moritz Schularick. 2012. "The 'Thin Film of Gold': Monetary Rules and Policy Credibility." *European Review of Economic History* 16(4):384–407.

Ferns, H. S. 1960. *Britain and Argentina in the Nineteenth Century*. Oxford, UK: Clarendon Press.

Findley, Carter Vaughn. 1980. *Bureaucratic Reform in the Ottoman Empire: The Sublime Porte, 1789–1922*. Princeton, NJ: Princeton University Press.

Finnemore, Martha. 2003. *The Purpose of Intervention: Changing Beliefs about the Use of Force*. Ithaca, NY: Cornell University Press.

Fischer, Wolfram, and Peter Lundgreen. 1975. "The Recruitment and Training of Administrative and Technical Personnel." In *The Formation of Nation States in Western Europe*, ed. Charles Tilly, pp. 456–561. Princeton, NJ: Princeton University Press.

Fishlow, Albert. 1965. *American Railroads and the Transformation of the Antebellum Economy*. Cambridge, MA: Harvard University Press.

Fishlow, Albert. 1985. "Lessons from the Past: Capital Markets during the 19th Century and the Interwar Period." *International Organization* 39(3):383–439.

Flandreau, Marc. 2006. "Home Biases, Nineteenth Century Style." *Journal of the European Economic Association* 4(2/3):634–643.

Flandreau, Marc. 2013. "Sovereign States, Bondholders Committees, and the London Stock Exchange in the Nineteenth Century (1827–68): New Facts and Old Fictions." *Oxford Review of Economic Policy* 29(4):668–696.

Flandreau, Marc. 2016. *Anthropologists in the Stock Exchange: A Financial History of Victorian Science*. Chicago: University of Chicago Press.

Flandreau, Marc. 2020. "Vulture Diplomacy: Distressed Sovereign Debt, Creditor Coalitions and the London Stock Exchange in the 19th Century." Technical report, University of Pennsylvania.

Flandreau, Marc, and Juan H. Flores. 2009. "Bonds and Brands: Foundations of Sovereign Debt Markets, 1820–1830." *Journal of Economic History* 69(3):646–684.

Flandreau, Marc, and Juan H. Flores. 2012a. "Bondholders versus Bond-Sellers? Investment Banks and Conditionality Lending in the London Market for Foreign Government Debt, 1815–1913." *European Review of Economic History* 16(4):356–383.

Flandreau, Marc, and Juan H. Flores. 2012b. "The Peaceful Conspiracy: Bond Markets and International Relations during the Pax Britannica." *International Organization* 66:211–241.

Flandreau, Marc, Juan H. Flores, Norbert Gaillard, and Sebastián Nieto-Parra. 2009. "The End of Gatekeeping: Underwriters and the Quality of Sovereign Bond Markets, 1815–2007." NBER working paper 15128.

Flandreau, Marc, and Frédéric Zumer. 2004. *The Making of Global Finance: 1880–1913*. Paris: OECD.

Flores-Macías, Gustavo A., and Sarah E. Kreps. 2017. "Borrowing Support for War: The Effect of War Finance on Public Attitudes toward Conflict." *Journal of Conflict Resolution* 61(5):997–1020.

Fogel, Robert William. 1963. "Railroads and American Economic Growth: Essays in Econometric History." PhD thesis, Johns Hopkins University.

Ford, A. G. 1956. "Argentina and the Baring Crisis of 1890." *Oxford Economic Papers* 8(2):127–150.

Fortna, Virginia Page. 2004. "Does Peacekeeping Keep Peace? International Intervention and the Duration of Peace after Civil Wars." *International Studies Quarterly* 48(2):269–292.

Frankema, Ewout. 2011. "Colonial Taxation and Government Spending in British Africa, 1880–1940: Maximizing Revenue or Minimizing Effort?" *Explorations in Economic History* 48(1):136–149.

Frankema, Ewout, and Anne Booth. 2019. *Fiscal Capacity and the Colonial State in Asia and Africa, c. 1850–1960*. New York: Cambridge University Press.

Frankema, Ewout H. P. 2012. "The Origins of Formal Education in Sub-Saharan Africa: Was British Rule More Benign?" *European Review of Economic History* 16(4):335–355.

Frankema, Ewout, and Marlous van Waijenburg. 2014. "Metropolitan Blueprints of Colonial Taxation? Lessons from Fiscal Capacity Building in British and French Africa, c. 1880–1940." *Journal of African History* 55(3):371–400.

Fremdling, Rainer. 1983. "Germany." In *Railways and the Economic Development of Western Europe, 1830–1914*, ed. Patrick Karl O'Brien, pp. 121–147. New York: St. Martin's Press.

Frieden, Jeffry A. 1991a. *Debt, Development, & Democracy: Modern Political Economy and Latin America, 1965–1985*. Princeton, NJ: Princeton University Press.

Frieden, Jeffry A. 1991b. "Invested Interests: The Politics of National Economic Policies in a World of Global Finance." *International Organization* 45(4):425–451.

Frieden, Jeffry A. 1994. "International Investment and Colonial Control: A New Interpretation." *International Organization* 48(4):559–593.

Fujihira, Shinju. 2000. "Conscripting Money: Total War and Fiscal Revolution in the Twentieth Century." PhD thesis, Princeton University, Political Science Department.

Fund for Peace. 2020. *Fragile States Index: Annual Report 2020*. Technical report, Fund for Peace. www.fragilestatesindex.org.

Gabre-Selassie, Zewde. 2005. "Continuity and Discontinuity in Menelik's Foreign Policy." In *The Battle of Adwa: Reflections on Ethiopia's Victory against European Colonialism*, ed. Paulos Milkias and Getachew Metaferia, pp. 89–132. New York: Algora Publishing.

Gallagher, John, and Ronald Robinson. 1953. "The Imperialism of Free Trade." *Economic History Review* 6(1):1–15.

Gandhi, Jennifer. 2008. *Political Institutions under Dictatorship*. New York: Cambridge University Press.

Gandhi, Jennifer, and Adam Przeworski. 2007. "Authoritarian Institutions and the Survival of Autocrats." *Comparative Political Studies* 40(11):1279–1301.

Gardner, Leigh. 2017. "Colonialism or Supersanctions: Sovereignty and Debt in West Africa, 1871–1914." *European Review of Economic History* 21(2):236–257.

Gardner, Leigh A. 2012. *Taxing Colonial Africa*. Oxford, UK: Oxford University Press.

Geddes, Barbara. 1994. *Politician's Dilemma: Building State Capacity in Latin America*. Berkeley: University of California Press.

Gelpern, Anna, Sebastian Horn, Scott Morris, Brad Parks, and Christoph Trebesch. 2021. "How China Lends: A Rare Look into 100 Debt Contracts with Foreign Governments." Technical report, Peterson Institute for International Economics, Kiel Institute for the World Economy, Center for Global Development, and AidData at William & Mary.

Gelvin, James L. 2005. *The Modern Middle East: A History*. Oxford, UK: Oxford University Press.

Gennaioli, Nicola, and Hans-Joachim Voth. 2015. "State Capacity and Military Conflict." *Review of Economic Studies* 82(4):1409–1448.

Gent, Stephen E. 2007. "Strange Bedfellows: The Strategic Dynamics of Major Power Military Interventions." *Journal of Politics* 69(4):1089–1102.

Glaeser, Edward L., Rafael Di Tella, and Lucas Llach. 2018. "Introduction to Argentine Exceptionalism." *Latin American Economic Review* 27(1):1–22.

Gleisner, Hagen. 1988. *Centralismo en Latinoamérica y Descentralización en Chile: Un Camino hacia el Desarrollo y la Plena Democracia*. Talcahuano, Chile: Pontificia Universidad Católica de Chile.

Gnjatović, Dragana. 2009. "Foreign Long Term Government Loans of Serbia 1862–1914." SEEMHN paper 11, National Bank of Serbia. https://ideas.repec.org/p/nsb/seemhn/11. html.

Godsey, William D. 2018. *The Sinews of Habsburg Power: Lower Austria in a Fiscal-Military State 1650–1820*. Oxford, UK: Oxford University Press.

Goenaga, Agustín, Oriol Sabaté Domingo, and Jan Teorell. 2018. "War and State Capacity in the Long Nineteenth Century." Working paper 6, Lund University, Department of Political Science.

Goetzmann, William N., Andrey D. Ukhov, and Ning Zhu. 2007. "China and the World Financial Markets 1870–1939: Modern Lessons from Historical Globalization." *Economic History Review* 60(2):267–312.

Gordon, Donald C. 1965. *The Dominion Partnership in Imperial Defense, 1870–1914*. Baltimore: Johns Hopkins University Press.

Goyer, Doreen S., and Gera E. Draaijer. 1992a. *The Handbook of National Population Censuses: Africa and Asia*. Westport, CT: Greenwood Press.

Goyer, Doreen S., and Gera E. Draaijer. 1992b. *The Handbook of National Population Censuses: Europe*. Westport, CT: Greenwood Press.

Goyer, Doreen S., and Gera E. Draaijer. 1992c. *The Handbook of National Population Censuses: Latin America and the Caribbean, North America, and Oceania*. Westport, CT: Greenwood Press.

Grafe, Regina. 2011. *Distant Tyranny: Markets, Power, and Backwardness in Spain, 1650–1800*. Princeton, NJ: Princeton University Press.

Grafe, Regina, and Alejandra Irigoin. 2012. "A Stakeholder Empire: The Political Economy of Spanish Imperial Rule in America." *Economic History Review* 65(2):609–651.

Grant, Jonathan A. 2007. *Rulers, Guns, and Money: The Global Arms Trade in the Age of Imperialism*. Cambridge, MA: Harvard University Press.

Green, E.H.H. 1992. "The Influence of the City over British Economic Policy." In *Finance and Financiers in European History 1880–1960*, ed. Youssef Cassis, pp. 193–218. New York: Cambridge University Press.

Greif, Avner, Paul Milgrom, and Barry R. Weingast. 1994. "Coordination, Commitment, and Enforcement: The Case of the Merchant Guild." *Journal of Political Economy* 102(4):745–776.

Guardado, Jenny. 2018. "Office-Selling, Corruption, and Long-Term Development in Peru." *American Political Science Review* 112(4):971–995.

Güran, Tevfik. 2003. *Ottoman Financial Statistics, Budgets, 1841–1918*. Ankara, Turkey: State Institute of Statistics.

Guvemli, Oktay, and Batuhan Guvemli. 2007. "The Birth and Development of the Accounting Method in the Middle East." Technical report, Marmara University.

Gwaindepi, Abel, and Krige Siebrits. 2020. "How Mineral Discoveries Shaped the Fiscal System of South Africa." In *Fiscal Capacity and the Colonial State in Asia and Africa, c. 1850–1960*, ed. Ewout Frankema and Anne Booth, pp. 264–298. New York: Cambridge University Press.

Habyarimana, James, Macartan Humphreys, Daniel N. Posner, and Jeremy M. Weinstein. 2007. "Why Does Ethnic Diversity Undermine Public Goods Provision?" *American Political Science Review* 101(4):709–725.

Halperin Donghi, Tulio. 1982. *Guerra y Finanzas en los Orígenes del Estado Argentino (1791–1850)*. Buenos Aires: Belgrano.

Handley, Paul M. 2006. *The King Never Smiles: A Biography of Thailand's Bhumibol Adulyadej.* New Haven, CT: Yale University Press.

Hansen, Bent. 1983. "Interest Rates and Foreign Capital in Egypt under British Occupation." *Journal of Economic History* 43(4):867–884.

Harwich Vallenilla, Nikita. 1976. "El Modelo Económico del Liberalismo Amarillo: Historia de un Fracaso 1888–1908." In *Política y Economía en Venezuela, 1810–1976,* ed. Miguel Izard, pp. 205–246. Caracas: Fundación John Boulton.

Hassan, Mai. 2020. *Regime Threats and State Solutions: Bureaucratic Loyalty and Embeddedness in Kenya.* New York: Cambridge University Press.

Hawke, G. R. 1970. *Railways and Economic Growth in England and Wales, 1840–70.* New York: Oxford University Press.

He, Wenkai. 2013. *Paths toward the Modern Fiscal State.* Cambridge, MA: Harvard University Press.

Headlam, Cecil. 1936. "The Race for the Interior, 1881–1895." In *Cambridge History of the British Empire,* ed. A. P. Newton and E. A. Benians, pp. 507–538. Vol. VIII. New York: Cambridge University Press.

Heise González, Julio. 1974. *Historia de Chile: El Periodo Parlamentario, 1861–1925.* Santiago: Editorial Andres Bello.

Hensel, Paul R. 2018. ICOW Colonial History Data Set, version 1.1. http://www.paulhensel.org /icowcol.html.

Herbst, Jeffrey. 1990. "War and the State in Africa: Comparative Lessons in Authority and Control." *International Security* 14(4):117–139.

Herbst, Jeffrey. 2000. *States and Power in Africa.* Princeton, NJ: Princeton University Press.

Herranz-Loncán, Alfonso. 2003. "¿Fracasó el Sistema Ferroviario en España? Reflexiones en Torno a la 'Paradoja del Ferrocarril Español.'" *Revista de Historia Industrial* 23:39–64.

Herranz-Loncán, Alfonso. 2006. "Railroad Impact in Backward Economies: Spain, 1850–1913." *Journal of Economic History* 66(4):853–881.

Herranz-Loncán, Alfonso. 2011. "The Role of Railways in Export-Led Growth: The Case of Uruguay, 1870–1913." *Economic History of Developing Regions* 26(2):1–32.

Hess, Robert L. 1970. *Ethiopia: The Modernization of Autocracy.* Ithaca, NY: Cornell University Press.

Hierro, María José, and Didac Queralt. 2021. "The Divide over Independence: Explaining Preferences for Secession in an Advanced Open Economy." *American Journal of Political Science* 65(2):422–442.

Hintze, Otto. 1975. "Military Organization and the Organization of the State." In *The Historical Essays of Otto Hintze,* ed. Felix Gilbert, pp. 178–215. New York: Oxford University Press.

Hobsbawm, Eric. 1987. *The Age of Empire: 1875–1914.* New York: Pantheon Books.

Hobson, C. K. 1914. *The Export of Capital.* London: Constable.

Hobson, J. A. 1902. *Imperialism: A Study.* New York: James Pott.

Hoffman, Philip, Gilles Postel-Vinay, and Jean-Laurent Rosenthal. 2000. *The Political Economy of Credit in Paris, 1660–1870.* Chicago: University of Chicago Press.

Hoffman, Philip T. 1994. "Early Modern France, 1450–1700." In *Fiscal Crises, Liberty, and Representative Government, 1450–1789,* ed. Philip T. Hoffman and Kathryn Norberg, pp. 226–252. Stanford, CA: Stanford University Press.

Hoffman, Philip T. 2015. *Why Did Europe Conquer the World?* Princeton, NJ: Princeton University Press.

Hoffman, Philip T., and Jean-Laurent Rosenthal. 2000. "Divided We Fall: The Political Economy of Warfare and Taxation." Mimeo, California Institute of Technology.

Hollett, David. 2008. *More Precious Than Gold: The Story of the Peruvian Guano Trade.* Madison, NJ: Fairleigh Dickinson University Press.

Hollyer, James R., Peter Rosendorff, and James Raymond Vreeland. 2018. *Information, Democracy and Autocracy: Economic Transparency and Political (In)Stability*. New York: Cambridge University Press.

Holsti, Kalevi J. 1996. *The State, War, and the State of War*. New York: Cambridge University Press.

Homer, Sidney, and Richard Sylla. 2005. *A History of Interest Rates*. 4th ed. Hoboken, NJ: Wiley.

Horn, Sebastian, Carmen Reinhart, and Christoph Trebesch. 2020. "China's Overseas Lending." Technical report 2132, Kiel working paper.

Huenemann, Ralph William. 1984. *The Dragon and the Iron Horse: The Economics of Railroads in China, 1876–1937*. Cambridge, MA: Harvard University Asia Center Publications Program.

Hui, Victoria Tin-bor. 2004. "Toward a Dynamic Theory of International Politics: Insights from Comparing Ancient China and Early Modern Europe." *International Organization* 58(1):175–205.

Huillery, Elise. 2009. "History Matters: The Long-Term Impact of Colonial Public Investments in French West Africa." *American Economic Journal: Applied Economics* 1(2):176–215.

Humud, Carlos. 1969. "El Sector Público Chileno entre 1830 y 1930." PhD thesis, University of Chile.

Hyde, Charles C. 1922. "The Negotiation of External Loans with Foreign Governments." *American Journal of International Law* 16(4):523–541.

Hyde, Susan D. 2007. "The Observer Effect in International Politics: Evidence from a Natural Experiment." *World Politics* 60(1):37–63.

Imlah, Albert H. 1958. *Economic Elements in the Pax Britannica*. New York: Russell & Russell.

Ingham, Geoffrey. 1984. *Capitalism Divided? The City and Industry in British Social Development*. London: Macmillan.

Ingram, James C. 1955. *Economic Change in Thailand since 1850*. Stanford, CA: Stanford University Press.

Irmscher, Tobias H. 2007. "Pledge of State Territory and Property." *Max Planck Encyclopedia of Public International Law*. https://opil.ouplaw.com/view/10.1093/law:epil/9780199231690/law-9780199231690-e1079.

Iyer, Lakshmi. 2010. "Direct versus Indirect Colonial Rule in India: Long-Term Consequences." *Review of Economics and Statistics* 92(4):693–713.

Jansen, Marius B. 2000. *The Making of Modern Japan*. Cambridge, MA: Belknap Press.

Jeanne, Olivier. 2009. "Debt Maturity and the International Financial Architecture." *American Economic Review* 99(5):2135–2148.

Jenks, Leland Hamilton. 1927. *The Migration of British Capital to 1875*. New York: Alfred A. Knopf.

Jha, Saumitra. 2012. "Sharing the Future: Financial Innovation and Innovators in Solving the Political Economy Challenges of Development." In *Institutions and Comparative Economic Development*, ed. Masahiko Aoki, Timur Kuran, and Gerard Roland, pp. 131–151. New York: Palgrave Macmillan.

Jha, Saumitra. 2015. "Financial Asset Holdings and Political Attitudes: Evidence from Revolutionary England." *Quarterly Journal of Economics* 130(3):1485–1545.

Johnson, Noel D. 2015. "Taxes, National Identity, and Nation Building." Working paper 15–33, George Mason University.

Johnson, Noel D., and Mark Koyama. 2014. "Tax Farming and the Origins of State Capacity in England and France." *Explorations in Economic History* 51:1–20.

Jones, Charles A. 1979. "The British Investor and London Press Coverage of Argentine Affairs, 1870–90." Working paper 2, Centre of Latin American Studies. University of Cambridge.

Jones, Daniel M., Stuart A. Bremer, and J. David Singer. 1996. "Militarized Interstate Disputes, 1816–1992: Rationale, Coding Rules, and Empirical Patterns." *Conflict Management and Peace Science* 15(2):163–213.

Jones, Eric L. 1981. *The European Miracle*. New York: Cambridge University Press.

Jordà, Òscar, Moritz Schularick, and Alan M. Taylor. 2016. "Macrofinancial History and the New Business Cycle Facts." In *NBER Macroeconomics Annual 2016, Volume 31*, pp. 213–263. Chicago: University of Chicago Press.

Jorgensen, Erika, and Jeffrey Sachs. 1988. "Default and Renegotiation of Latin American Foreign Bonds in the Interwar Period." NBER working paper 2636.

Judd, Denis, and Keith Surridge. 2002. *The Boer War*. London: John Murray.

Kang, David C. 2020. "International Order in Historical East Asia: Tribute and Hierarchy beyond Sinocentrism and Eurocentrism." *International Organization* 74(1):65–93.

Karaman, Kivanç K., and Şevket Pamuk. 2010. "Ottoman State Finances in European Perspective, 1500–1914." *Journal of Economic History* 70(3):593–629.

Karaman, Kivanç K., and Şevket Pamuk. 2013. "Different Paths to the Modern State in Europe: The Interaction between Warfare, Economic Structure, and Political Regime." *American Political Science Review* 107:603–626.

Kaur, Amarjit. 1980. "The Impact of Railroads on the Malayan Economy, 1874–1941." *Journal of Asian Studies* 39(4):693–710.

Keller, Edmond J. 1991. *Revolutionary Ethiopia: From Empire to People's Republic*. Bloomington: Indiana University Press.

Kelly, Trish. 1998. "Ability and Willingness to Pay in the Age of Pax Britannica, 1890–1914." *Explorations in Economic History* 35(1):31–58.

Kennedy, Hugh. 2015. "The Middle East in Islamic Late Antiquity." In *Fiscal Regimes and the Political Economy of Premodern States*, ed. Andrew Monson and Walter Scheidel, pp. 390–403. New York: Cambridge University Press.

Kentikelenis, Alexander E., Thomas H. Stubbs, and Lawrence P. King. 2016. "IMF Conditionality and Development Policy Space, 1985–2014." *Review of International Political Economy* 23(4):543–582.

Kesner, Richard M. 1977. "Builders of Empire: The Role of the Crown Agents in Imperial Development, 1880–1914." *Journal of Imperial and Commonwealth History* 5(3): 310–330.

Kesner, Richard M. 1981. *Economic Control and Colonial Development: Crown Colony Financial Management in the Age of Joseph Chamberlain*. Westport, CT: Greenwood Press.

Killingray, David. 1989. "Colonial Warfare in West Africa, 1870–1914." In *Imperialism and War: Essays on Colonial Wars in Asia and Africa*, ed. J. A. de Moor and H. L. Wesseling, pp. 146–167. Leiden, Netherlands: Leiden University Press.

Kindleberger, Charles P. 1996. *Manias, Panics, and Crashes: A History of Financial Crises*. New York: John Wiley & Sons.

King, Frank H. H. 2006. "The Boxer Indemnity: 'Nothing but Bad.'" *Modern Asian Studies* 40(3):663–689.

Kirshner, Jonathan. 2007. *Appeasing Bankers: Financial Caution on the Road to War*. Princeton, NJ: Princeton University Press.

Kissi, Edward. 2000. "The Politics of Famine in U.S. Relations with Ethiopia, 1950–1970." *International Journal of African Historical Studies* 33(1):113–131.

Klein, Herbert S. 2011. *A Concise History of Bolivia*. New York: Cambridge University Press.

Kohli, Atul. 2019. *Imperialism and the Developing World: How Britain and the United States Shaped the Global Periphery*. Oxford, UK: Oxford University Press.

Köll, Elisabeth. 2019. *Railroads and the Transformation of China*. Vol. 52. Cambridge, MA: Harvard University Press.

Koyama, Mark, Chiaki Moriguchi, and Tuan-Hwee Sng. 2018. "Geopolitics and Asia's Little Divergence: State Building in China and Japan after 1850." *Journal of Economic Behavior & Organization* 155:178–204.

Krasner, Stephen D. 1999. *Sovereignty: Organized Hypocrisy*. Princeton, NJ: Princeton University Press.

Krasner, Stephen D., and Jeremy M. Weinstein. 2014. "Improving Governance from the Outside In." *Annual Review of Political Science* 17(1):123–145.

Kreps, Sarah E. 2018. *Taxing Wars: The American Way of War Finance and the Decline of Democracy*. New York: Oxford University Press.

Krüger, D. W. 1969. "The British Imperial Factor in South Africa from 1879 to 1910." In *Colonialism in Africa 1870–1960: Volume 1: The History and Politics of Colonialism 1870–1914*, ed. L. H. Gann and Peter Duignam, pp. 325–351. New York: Cambridge University Press.

Kuntz Ficker, Sandra, ed. 2015. *Historia Mínima de la Expansión Ferroviaria en América Latina*. Mexico City: El Colegio de Mexico.

Kurtz, Marcus J. 2013. *Latin American State Building in Comparative Perspective: Social Foundations of Institutional Order*. New York: Cambridge University Press.

Lake, David A. 2016. *The Statebuilder's Dilemma: On the Limits of Foreign Intervention*. Ithaca, NY: Cornell University Press.

Lange, Matthew. 2009. *Lineages of Despotism and Development: British Colonialism and State Power*. Chicago: University of Chicago Press.

Lange, Matthew, James Mahoney, and Matthias vom Hau. 2006. "Colonialism and Development: A Comparative Analysis of Spanish and British Colonies." *American Journal of Sociology* 111(5):1412–1462.

Lange, Matthew K. 2004. "British Colonial Legacies and Political Development." *World Development* 32(6):905–922.

Le Bris, David, and Ronan Tallec. 2019. "Constraints on the Executive: A Reappraisal of the French and English Old Regimes through Parliamentary Activities." Working paper, SSRN. http://dx.doi.org/10.2139/ssrn.3492276.

Lee, Alexander. 2017. "Redistributive Colonialism: The Long Term Legacy of International Conflict in India." *Politics & Society* 45(2):173–224.

Lee, Jong-Wha, and Hanol Lee. 2016. "Human Capital in the Long Run." *Journal of Development Economics* 122:147–169.

Lee, Melissa M., and Nan Zhang. 2017. "Legibility and the Informational Foundations of State Capacity." *Journal of Politics* 79(1):118–132.

Lemi, Adugna. 2007. "Anatomy of Foreign Aid to Ethiopia: 1960–2003." Working paper, SSRN. http://dx.doi.org/10.2139/ssrn.1084936.

Lenin, Vladimir. 1934. *Imperialism: The Highest Stage of Capitalism*. London: Martin Lawrence.

Levandis, John A. 1944. *The Greek Foreign Debt and the Great Powers, 1821–1898*. New York: Columbia University Press.

Levi, Margaret. 1988. *Of Rule and Revenue*. Berkeley: University of California Press.

Levi, Margaret. 1997. *Consent, Dissent, and Patriotism*. New York: Cambridge University Press.

Lewis, Colin M. 1983. "The Financing of Railway Development in Latin America, 1850–1914." *Ibero-amerikanisches Archiv* 9(3/4):255–278.

Lieberman, Evans S. 2003. *Race and Regionalism in the Politics of Taxation in Brazil and South Africa*. New York: Cambridge University Press.

Lindert, Peter H. 2004. *Growing Public: Social Spending and Economic Growth since the Eighteenth Century*. New York: Cambridge University Press.

Lindert, Peter H., and Peter J. Morton. 1989. "How Sovereign Debt Has Worked." In *Developing Country Debt and Economic Performance*, ed. Jeffrey Sachs, pp. 39–106. Vol. 1. Chicago: University of Chicago Press.

Lipset, Seymour Martin. 1959. "Some Social Requisites of Democracy: Economic Development and Political Legitimacy." *American Political Science Review* 53(1):69–105.

Lipson, Charles. 1985. *Standing Guard: Protecting Foreign Capital in the Nineteenth and Twentieth Centuries.* Berkeley: University of California Press.

Logan, Carolyn. 2009. "Selected Chiefs, Elected Councillors and Hybrid Democrats: Popular Perspectives on the Co-existence of Democracy and Traditional Authority." *Journal of Modern African Studies* 47(1):101–128.

López-Alves, Fernando. 2000. *State Formation and Democracy in Latin America 1810–1900.* Durham, NC: Duke University Press.

López Jerez, Montserrat. 2020. "Colonial and Indigenous Institutions in the Fiscal Development of French Indochina." In *Fiscal Capacity and the Colonial State in Asia and Africa, c. 1850–1960*, ed. Ewout Frankema and Anne Booth, pp. 110–136. New York: Cambridge University Press.

Lucas, Robert E., and Nancy L. Stokey. 1983. "Optimal Fiscal and Monetary Policy in an Economy without Capital." *Journal of Monetary Economics* 12(1):55–93.

Ma, Debin. 2016. "The Rise of a Financial Revolution in Republican China in 1900–1937: An Institutional Narrative." Technical report 235/2016, London School of Economics.

Ma, Debin, and Jared Rubin. 2019. "The Paradox of Power: Principal-Agent Problems and Administrative Capacity in Imperial China (and Other Absolutist Regimes)." *Journal of Comparative Economics* 47(2):277–294.

Mahate, Ashraf A. 1994. "Contagion Effects of Three Late Nineteenth-Century British Bank Failures." *Business and Economic History* 12(1):102–115.

Makgala, Christian J. 2004. "Taxation in the Tribal Areas of the Bechuanaland Protectorate, 1899–1957." *Journal of African History* 45(2):279–303.

Mamalakis, Markos. 1976. "The Role of Government in the Resource Transfer and Resource Allocation Processes: The Chilean Nitrate Sector, 1880–1930." In *Government and Development*, ed. Gustav Ranis, pp. 178–209. New Haven, CT: Yale University Press.

Mamdani, Mahmood. 1996. *Citizen and Subject: Contemporary Africa and the Legacy of Late Colonialism.* Princeton, NJ: Princeton University Press.

Manin, Bernard. 1997. *The Principles of Representative Government.* New York: Cambridge University Press.

Mann, Michael. 1984. "The Autonomous Power of the State: Its Origins, Mechanisms and Results." *European Journal of Sociology* 25(2):185–213.

Manyazewal, Mekonnen. 2019. "Financing Ethiopia's Development." In *The Oxford Handbook of the Ethiopian Economy*, ed. Fantu Cheru, Christopher Cramer, and Arkebe Oqubay, pp. 175–190. New York: Oxford University Press.

Marcus, Harold G. 1969. "Imperialism and Expansionism in Ethiopia from 1865 to 1900." In *Colonialism in Africa 1870–1960: Volume 1: The History and Politics of Colonialism 1874–1914*, ed. L. H. Gann and Peter Duignan, pp. 420–461. New York: Cambridge University Press.

Marcus, Harold G. 2002. *A History of Ethiopia.* Berkeley: University of California Press.

Mares, Isabela, and Didac Queralt. 2015. "The Non-democratic Origins of Income Taxation." *Comparative Political Studies* 48(14):1974–2009.

Mares, Isabela, and Didac Queralt. 2020. "Fiscal Innovation in Nondemocratic Regimes: Elites and the Adoption of the Prussian Income Taxes of the 1890s." *Explorations in Economic History* 77:101340.

Marichal, Carlos. 1989. *A Century of Debt Crisis in Latin America.* Princeton, NJ: Princeton University Press.

Marichal, Carlos, and Guillermo Barragán. 2017. "Bancos Nacionales y Consolidación de Estados Nacionales: La Experiencia Latinoamericana, 1870–1890." In *Historia Bancaria y Monetaria* de América Latina (Siglos XIX XX): Nuevas Perspectivas, ed. Carlos Marichal and Thiago Gambi. Santander, Spain: Editorial de la Universidad de Cantabria and Universidade Federal de Alfenas.

Marongiu, Antonio. 1968. *Medieval Parliaments: A Comparative Study*. Translated by S. J. Woolf. London: Eyre & Spottiswoode.

Marshall, Monty G., and Keith Jaggers. 2000. *Polity IV Project: Political Regime Characteristics and Transitions, 1800–2010*. Center for International Development and Conflict Management, University of Maryland.

Maurer, Noel. 2013. *The Empire Trap: The Rise and Fall of U.S. Intervention to Protect American Property Overseas, 1893–2013*. Princeton, NJ: Princeton University Press.

Maurer, Noel, and Leticia Arroyo Abad. 2017. "Can Europe Run Greece? Lessons from U.S. Fiscal Receiverships in Latin America, 1904–31." Working paper, SSRN. https://ssrn.com/abstract=3026330.

Mauro, Paolo, Nathan Sussman, and Yishay Yafeh. 2006. *Emerging Markets and Financial Globalization: Sovereign Bond Spreads in 1870–1913 and Today*. Oxford, UK: Oxford University Press.

Mauro, Paolo, and Yishay Yafeh. 2003. "The Corporation of Foreign Bondholder." Technical report 03/17, IMF working paper.

McDonald, Patrick J. 2011. "Complicating Commitment: Free Resources, Power Shifts, and the Fiscal Politics of Preventive War." *International Studies Quarterly* 55(4):1095–1120.

McGreevey, William Paul. 1971. *An Economic History of Colombia, 1845–1930*. New York: Cambridge University Press.

McLean, David. 1976. "Finance and 'Informal Empire' before the First World War." *Economic History Review* 29(2):291–305.

Meissner, Christopher M. 2005. "A New World Order: Explaining the International Diffusion of the Gold Standard, 1870–1913." *Journal of International Economics* 66(2):385–406.

Melsheimer, Rudolph E., and Samuel Gardner. 1891. *The Law and Customs of the Stock Exchange*. Royal Exchange, London: Effigham Wilson & Co.

Menaldo, Victor. 2016. "The Fiscal Roots of Financial Underdevelopment." *American Journal of Political Science* 60(2):1540–5907.

Meng, Anne. 2020. *Constraining Dictatorship: From Personalized Rule to Institutionalized Regimes*. New York: Cambridge University Press.

Mengisteab, Kidane. 2002. "Ethiopia: State Building or Imperial Revival?" In *The African State: Reconsiderations*, ed. Abdi Ismail Samatar and Ahmed I. Samatar, pp. 177–190. Portsmouth, NH: Heinemann.

Mennasemay, Maimire. 2005. "Ethiopian History and Critical Theory: The Case of Adwa." In *The Battle of Adwa: Reflections on Ethiopia's Historic Victory against European Colonialism*, ed. Paulos Milkias and Getachew Metaferia. New York: Algora Publishing.

Meszaros, Paul Frank. 1973. "The Corporation of Foreign Bondholders and British Diplomacy in Egypt 1876 to 1882: The Efforts of an Interest Group in Policy-Making." PhD thesis, Loyola University.

Meyer, Josefin, Carmen M. Reinhart, and Christoph Trebesch. 2019. "Sovereign Bonds since Waterloo." NBER working paper 25543.

Michalopoulos, Stelios, and Elias Papaioannou. 2018. "Historical Legacies and African Development." NBER working paper 25278.

Michie, Ranald C. 2006. *The Global Securities Market: A History*. New York: Oxford University Press.

Mitchell, Brian. 2005. *International Historical Statistics: Europe, 1750–2005*. London: Macmillan.

Mitchener, Kris James, and Marc Weidenmier. 2005. "Empire, Public Goods, and the Roosevelt Corollary." *Journal of Economic History* 65(3):658–692.

Mitchener, Kris James, and Marc D. Weidenmier. 2009. "Are Hard Pegs Ever Credible in Emerging Markets? Evidence from the Classical Gold Standard." NBER working paper 15401.

Mitchener, Kris James, and Marc D. Weidenmier. 2010. "Supersanctions and Sovereign Debt Repayment." *Journal of International Money and Finance* 29(1):19–36.

Mkandawire, Thandika. 2010. "On Tax Efforts and Colonial Heritage in Africa." *Journal of Development Studies* 46(10):1647–1669.

Mokyr, Joel. 1991. *The Lever of Riches: Technological Creativity and Economic Progress.* New York: Oxford University Press.

Mokyr, Joel. 2017. *A Culture of Growth: The Origins of the Modern Economy.* Princeton, NJ: Princeton University Press.

Moor, J. A., and H. L. Wesseling, eds. 1989. *Imperialism and War: Essays on Colonial Wars in Asia and Africa.* Leiden, Netherlands: Leiden University Press.

Moore, Mick. 1998. "Death without Taxes: Democracy, State Capacity, and Aid Dependence in the Fourth World." In *The Democratic Developmental State: Political and Institutional Design,* ed. Mark Robinson and Gordon White, pp. 84–121. New York: Oxford University Press.

Morrison, Kevin M. 2009. "Oil, Nontax Revenue, and the Redistributional Foundations of Regime Stability." *International Organization* 63:107–138.

Mosley, Layna. 2003. *Global Capital and National Governments.* New York: Cambridge University Press.

Moss, Todd J., Gunilla Pettersson Gelander, and Nicolas van de Walle. 2006. "An Aid-Institutions Paradox? A Review Essay on Aid Dependency and State Building in Sub-Saharan Africa." Center for Global Development, working paper 74.

Mousnier, Roland. 1974. *The Institutions of France under the Absolute Monarchy, 1598–1789: The Organs of State and Society.* Chicago: University of Chicago Press.

Müller-Crepon, Carl, Philipp Hunziker, and Lars-Erik Cederman. 2021. "Roads to Rule, Roads to Rebel: Relational State Capacity and Conflict in Africa." *Journal of Conflict Resolution* 65(2–3):563–590.

Nadal, Jordi. 1975. *El Fracaso de la Revolución Industrial en España, 1814–1913.* Esplugues de Llobregat, Spain: Ariel.

Nakabayashi, Masaki. 2012. "The Rise of a Japanese Fiscal State." In *The Rise of Fiscal States: A Global History, 1500–1914,* ed. Bartolomé Yun-Casalilla and Patrick K. O'Brien, pp. 378–409. New York: Cambridge University Press.

Neal, Larry D. 1990. *The Rise of Financial Capitalism.* New York: Cambridge University Press.

Neal, Larry D. 1998. "The Financial Crisis of 1825 and the Restructuring of the British Financial Systems." *Federal Reserve Bank of St. Louis Review* 80:53–76.

Neal, Larry. 2015. *A Concise History of International Finance: From Babylon to Bernanke.* New York: Cambridge University Press.

Neal, Larry, and Lance Davis. 2006. "The Evolution of the Structure and Performance of the London Stock Exchange in the First Global Financial Market, 1812–1914." *European Review of Economic History* 10(3):279–300.

Niskanen, William A. 1994. *Bureaucracy and Public Economics.* Hants, UK: Edward Elgar.

North, Douglass C. 1981. *Structure and Change in Economic History.* New York: W. W. Norton.

North, Douglass C., and Barry R. Weingast. 1989. "Constitutions and Commitment: The Evolution of Institutions Governing Public Choice in Seventeenth-Century England." *Journal of Economic History* 49(4):803–832.

Nunn, Nathan, and Diego Puga. 2012. "Ruggedness: The Blessing of Bad Geography in Africa." *Review of Economics and Statistics* 94(1):20–36.

Nunn, Nathan, and Leonard Wantchekon. 2011. "The Slave Trade and the Origins of Mistrust in Africa." *American Economic Review* 101(7):3221–3252.

Nye, James. 2015. "Boom, Crisis, Bust: Speculators, Promoters, and City Journalists, 1880–1914." In *The Media and Financial Crises: Comparative and Historical Perspectives*, ed. Steve Schifferes and Richard Roberts, pp. 215–226. London: Routledge Taylor & Francis.

Nye, John V. C. 2007. *War, Wine, and Taxes: The Political Economy of Anglo-French Trade, 1689–1900*. Princeton, NJ: Princeton University Press.

O'Brien, Patrick K. 1988. "The Costs and Benefits of British Imperialism 1846–1914." *Past & Present* 120:163–200.

O'Brien, Patrick K. 2001. "Fiscal Exceptionalism: Great Britain and Its European Rivals from Civil War to Triumph at Trafalgar and Waterloo." Working paper 65, London School of Economics, Department of Economic History.

O'Brien, Patrick K., and Philip A. Hunt. 1993. "The Rise of a Fiscal State in England, 1485–1815." *Historical Research* 66:129–176.

O'Brien, Thomas F. 1979. "Chilean Elites and Foreign Investors: Chilean Nitrate Policy, 1880–82." *Journal of Latin American Studies* 11(1):101–121.

O'Brien, Thomas F. 1980. "The Antofagasta Company: A Case Study of Peripheral Capitalism." *Hispanic American Historical Review* 60(1):1–31.

Obstfeld, Maurice, and Alan M. Taylor. 2004. *Global Capitalism: Integration, Crisis, and Growth*. New York: Cambridge University Press.

OECD. 2017. "Current Account Balance." https://www.oecd-ilibrary.org/content/data/b2f74f3a-en.

Officer, Lawrence. 2008. "Gold Standard." In *EH.net Encyclopedia*, ed. Robert Whaples. http://eh.net/encyclopedia/gold-standard/.

Onji, Kazuki, and John P. Tang. 2017. "Taxes and the Choice of Organizational Form in Late Nineteenth Century Japan." *Journal of Economic History* 77(2):440–472.

Onorato, Massimiliano Gaetano, Kenneth Scheve, and David Stasavage. 2014. "Technology and the Era of the Mass Army." *Journal of Economic History* 74(2):449–481.

Ortega, Luis. 1984. "Nitrates, Chilean Entrepreneurs and the Origins of the War of the Pacific." *Journal of Latin American Studies* 16(2):337–380.

Orten, Remzi. 2006. "Development of Accounting in the First Half of the 20th Century in Turkey." Technical report, Gazi University.

Oszlak, Oscar. 2004. *La Formación del Estado Argentino*. Villa Vallester, Argentina: Ariel.

Outhwaite, R. B. 1966. "The Trials of Foreign Borrowing: The English Crown and the Antwerp Money Market in the Mid-Sixteenth Century." *Economic History Review* 19(2):289–305.

Outhwaite, R. B. 1971. "Royal Borrowing in the Reign of Elizabeth I: The Aftermath of Antwerp." *English Historical Review* 86(339):251–263.

Owen, Roger. 1981. *The Middle East in the World Economy 1800–1914*. New York: I. B. Tauris.

Özmen, Erdal, and Özge Doğanay Yaşar. 2016. "Emerging Market Sovereign Bond Spreads, Credit Ratings and Global Financial Crisis." *Economic Modelling* 59:93–101.

Paglayan, Agustina S. 2021. "The Non-democratic Roots of Mass Education: Evidence from 200 Years." *American Political Science Review* 115(1):179–198.

Paik, Christopher, and Jessica Vechbanyongratana. 2019. "Path to Centralization and Development: Evidence from Siam." *World Politics* 71(2):289–331.

Pakenham, Thomas. 2000. *The Boer War*. London: Abacus.

Paler, Laura. 2013. "Keeping the Public Purse: An Experiment in Windfalls, Taxes, and the Incentives to Restrain Government." *American Political Science Review* 107(4):706–725.

Pamuk, Şevket. 1987. *The Ottoman Empire and European Capitalism, 1820–1913: Trade, Investment and Production*. New York: Cambridge University Press.

Pamuk, Şevket. 2018. *Uneven Centuries: Economic Development of Turkey since 1820*. Princeton, NJ: Princeton University Press.

Panizza, Ugo, Federico Sturzenegger, and Jeromin Zettelmeyer. 2009. "The Economics and Law of Sovereign Debt and Default." *Journal of Economic Literature* 47(3):651–698.

Pankhurst, Richard. 1968. *Economic History of Ethiopia 1800–1935*. Addis Ababa: Haile Sellasie I University Press.

Pastén, Roberto. 2017. "The Political Economy of the Fiscal Deficit of Nineteenth-Century Chile." Technical report, CEPAL review 121.

Peacock, Alan T., and Jack Wiseman. 1961. *The Growth of Public Expenditure in the United Kingdom*. Princeton, NJ: Princeton University Press.

Peres-Cajías, José Alejandro. 2014. "Bolivian Public Finances, 1882–2010: The Challenge to Make Social Spending Sustainable." *Revista de Historia Económica/Journal of Iberian and Latin American Economic History* 32(1):77–117.

Perez, Louis A., and Deborah M. Weissman. 2006. "Public Power and Private Purpose: Odious Debt and the Political Economy of Hegemony." *North Carolina Journal of International Law* 32(4):699–748.

Peters, Harold Edwin. 1934. *The Foreign Debt of the Argentine Republic*. Baltimore: Johns Hopkins University Press.

Peterson, Niels. 2002. "Gentlemanly and Not-So-Gentlemanly Imperialism in China before the First World War." In *Gentlemanly Capitalism, Imperialism and Global History*, ed. Shigeru Akita, pp. 103–122. New York: Palgrave Macmillan.

Pitkin, Hanna F. 1967. *The Concept of Representation*. Berkeley: University of California Press.

Platt, D.C.M. 1968. *Finance, Trade, and Politics in British Foreign Policy: 1815–1914*. Oxford, UK: Clarendon Press.

Poast, Paul. 2015. "Central Banks at War." *International Organization* 69(1):63–95.

Polanyi, Karl. 2001. *The Great Transformation: The Political and Economic Origins of Our Time*. 2nd ed. Boston: Beacon Press.

Polo Muriel, Francisco. 1998. "El Ferrocarril en Colombia, Venezuela y Ecuador (1855–1995): Un Análisis Comparativo." In *Historia de los Ferrocarriles de Iberoamérica (1837–1995)*, ed. Jesús Sanz Fernández, pp. 211–248. Madrid: Ministerio de Fomento.

Porter, Bruce D. 1994. *War and the Rise of the State: The Military Foundations of Modern Politics*. New York: Free Press.

Potter, Mark. 2000. "Good Offices: Intermediation by Corporate Bodies in Early Modern French Public Finance." *Journal of Economic History* 60(3):599–626.

Pratt, Edwin A. 1916. *The Rise of Rail-Power in War and Conquest, 1833–1914*. Philadelphia: JB Lippincott.

Prestwich, Michael. 1979. "Italian Merchants in Late Thirteenth and Early Fourteenth Century England." In *The Dawn of Modern Banking*, ed. Center for Medieval and Renaissance Studies at UCLA, pp. 77–104. New Haven, CT: Yale University Press.

Prichard, Wilson. 2015. *Taxation, Responsiveness, and Accountability in Sub-Saharan Africa: The Dynamics of Tax Bargaining*. New York: Cambridge University Press.

Quataert, Donald. 1977. "Limited Revolution: The Impact of the Anatolian Railway on Turkish Transportation and the Provisioning of Istanbul, 1890–1908." *Business History Review* 51(2):139–160.

Queralt, Didac. 2015. "From Mercantilism to Free Trade: A History of Fiscal Capacity Building." *Quarterly Journal of Political Science* 10(2):221–273.

Queralt, Didac. 2019. "War, International Finance, and Fiscal Capacity in the Long Run." *International Organization* 73(4):713–753.

Rajan, Raghuram, and Luigi Zingales. 1998. "Financial Dependence and Growth." *American Economic Review* 88(3):559–586.

Ralston, David B. 1990. *Importing the European Army: The Introduction of European Military Techniques and Institutions in the Extra-European World, 1600–1914*. Chicago: University of Chicago Press.

Ram, K. V. 1981. "British Government, Finance Capitalists and the French Jibuti-Addis Ababa Railway 1898–1913." *Journal of Imperial and Commonwealth History* 9(2):146–168.

Ramirez, Francisco O., and John Boli. 1987. "The Political Construction of Mass Schooling: European Origins and Worldwide Institutionalization." *Sociology of Education* 60(1): 2–17.

Ramírez, María Teresa. 2001. "Los Ferrocarriles y su Impacto sobre la Economía Colombiana." *Revista de Historia Económica/Journal of Iberian and Latin American Economic History* 19(1):81–122.

Ramírez Necochea, Hernán. 1969. *Balmaceda y la Contrarevolución de 1891*. Santiago: Editorial Universitaria.

Ramseyer, J. Mark, and Frances M. Rosenbluth. 1998. *The Politics of Oligarchy: Institutional Choice in Imperial Japan*. New York: Cambridge University Press.

Ranger, T. O. 1969. "African Reactions to the Imposition of Colonial Rule in East and Central Africa." In *Colonialism in Africa 1870–1960: The History and Politics of Colonialism*, ed. L. H. Gann and Peter Duignan, pp. 293–324. Vol. I. New York: Cambridge University Press.

Rasler, Karen A., and William R. Thompson. 1985. "War Making and State Making: Governmental Expenditures, Tax Revenues, and Global Wars." *American Political Science Review* 79(2):491–507.

Reid, Richard. 2012. *Warfare in African History*. New York: Cambridge University Press.

Reinhart, Carmen M., and Kenneth S. Rogoff. 2009. *This Time Is Different*. Princeton, NJ: Princeton University Press.

Reinhart, Carmen M., Kenneth S. Rogoff, Christoph Trebesch, and Vincent Reinhart. 2018. *Global Crises Data by Country by the Behavioral and Financial Stability Project*. Harvard Business School. https://www.hbs.edu/behavioral-finance-and-financial-stability/data/Pages/global.aspx.

Reinhart, Carmen M., and Christoph Trebesch. 2015. "The Pitfalls of External Dependence: Greece, 1829–2015." NBER working paper 21664.

Reinhart, Carmen M., and Christoph Trebesch. 2016. "Sovereign Debt Relief and Its Aftermath." *Journal of the European Economic Association* 14(1):215–251.

Reinsch, Paul S. 1909. "Parliamentary Government in Chile." *American Political Science Review* 3(4):507–538.

Resende-Santos, João. 2007. *Neorealism, States, and the Modern Mass Army*. New York: Cambridge University Press.

Ricart-Huguet, Joan. 2021. "The Origins of Colonial Investments in Former British and French Africa." *British Journal of Political Science*, 1–22. https://www.cambridge.org/core/journals/british-journal-of-political-science/article/abs/origins-of-colonial-investments-in-former-british-and-french-africa/3C0185F5CD4D8755944E9D741757F9F3.

Rich, Norman. 1992. *Great Power Diplomacy 1814–1914*. Boston: McGraw-Hill.

Richards, John. 1995. *The Mughal Empire*. New York: Cambridge University Press.

Richardson, Lewis Frey. 1960. *Statistics of Deadly Quarrels*. Pittsburgh: Boxwood Press.

Riggs, Fred W. 1966. *Thailand: The Modernization of a Bureaucratic Polity*. Honolulu: East-West Center Press.

Riley, James C. 1980. *International Government Finance and the Amsterdam Capital Market, 1740–1815*. New York: Cambridge University Press.

Rippy, Fred J. 1959. *The Evolution of International Business 1800–1945: Volume 1: British Investment in Latin America, 1822–1949*. New York: Routledge.

Robinson, Ronald. 1978. "European Imperialism and Indigenous Reactions in British West Africa, 1880–1914." In *Expansion and Reaction*, ed. H. L. Wesseling, pp. 141–163. Leiden, Netherlands: Leiden University Press.

Rock, David. 2000. "State-Building and Political Systems in Nineteenth-Century Argentina and Uruguay." *Past & Present* (167):176–202.

Rogers, Clifford J. 1995. *The Military Revolution Debate: Readings on the Military Transformation of Early Modern Europe*. New York: Routledge.

Rogoff, Kenneth. 1999. "International Institutions for Reducing Global Financial Instability." *Journal of Economic Perspectives* 13(4):21–42.

Rojas Böttner, Andrés Sebastián. 2019. "El Fracaso de la Autonomía Municipal y la Consolidación del Centralismo en Chile (1891–1935)." PhD thesis, Autonomous University of Madrid.

Ronald, James H. 1935. "National Organizations for the Protection of Holders of Foreign Bonds." *George Washington Law Review* 3:411–453.

Rosenthal, Jean-Laurent, and R. Bin Wong. 2011. *Before and Beyond Divergence: The Politics of Economic Change in China and Europe*. Cambridge, MA: Harvard University Press.

Ross, Michael L. 2001. *Timber Booms and Institutional Breakdown in Southeast Asia*. New York: Cambridge University Press.

Ross, Michael L. 2004. "Does Taxation Lead to Representation?" *British Journal of Political Science* 34(2):229–249.

Ross, Michael L. 2012. *The Oil Curse: How Petroleum Wealth Shapes the Development of Nations*. Princeton, NJ: Princeton University Press.

Rouquié, Alain. 1989. *The Military and the State in Latin America*. Berkeley: University of California Press.

Roy, Tirthankar. 2013. *An Economic History of Early Modern India*. New York: Routledge.

Sabaté Domingo, Oriol, and José Peres-Cajías. 2020. "Linking War, Natural Resources and Public Revenues: The Case of the War of the Pacific (1879–1883)." Lund University, STANCE working paper, series 1.

Sachs, Jeffrey D., and John Williamson. 1985. "External Debt and Macroeconomic Performance in Latin America and East Asia." *Brookings Papers on Economic Activity* 1985(2): 523–573.

Saiegh, Sebastian. 2013. "Political Institutions and Sovereign Borrowing: Evidence from Nineteenth-Century Argentina." *Public Choice* 156:61–75.

Salvucci, Richard. 2006. "Export-Led Industrialization." In *The Cambridge Economic History of Latin America*, ed. Victor Bulmer-Thomas, John Coatsworth, and Roberto Cortes-Conde, pp. 249–292. Vol. 2. New York: Cambridge University Press.

Sambanis, Nicholas, and Branko Milanovic. 2014. "Explaining Regional Autonomy Differences in Decentralized Countries." *Comparative Political Studies* 47(13):1830–1855.

Sambanis, Nicholas, Stergios Skaperdas, and William C. Wohlforth. 2015. "Nation-Building through War." *American Political Science Review* 109(2):279–296.

Santamaría García, Antonio. 1998. "Los Ferrocarriles de Servicio Público, 1870–1990." *Anuario de Estudios Americanos* 55(2):475–606.

Sanz Fernández, Jesús, ed. 1998. *Historia de los Ferrocarriles de Iberoamérica, 1837–1995*. Madrid: CSIC.

Sarkees, Meredith Reid, and Frank Wayman. 2010. *Resort to War*. Thousand Oaks, CA: CQ Press.

Sater, William F. 1976. "Economic Nationalism and Tax Reform in Late Nineteenth Century Chile." *The Americas* 33(2):311–335.

Sater, William F. 1985. *Chile and the War of the Pacific*. Lincoln: University of Nebraska Press.

Sater, William F. 2007. *Andean Tragedy: Fighting the War of the Pacific, 1879–1884*. Lincoln: University of Nebraska Press.

Saylor, Ryan. 2014. *State Building in Boom Times: Commodities and Coalitions in Latin America and Africa*. New York: Oxford University Press.

Saylor, Ryan, and Nicholas C. Wheeler. 2017. "Paying for War and Building States: The Coalitional Politics of Debt Servicing and Tax Institutions." *World Politics* 69(2):366–408.

Scalabrini Ortíz, Raúl. 1972. *Historia de los Ferrocarriles Argentinos*. Buenos Aires: Plus Ultra.

Scheina, Robert L. 2003a. *Latin America's Wars Volume I: The Age of the Caudillo, 1791–1899*. Washington, DC: Potomac Books.

Scheina, Robert L. 2003b. *Latin America's Wars Volume II: The Age of the Professional Soldier, 1900–2001*. Washington, DC: Potomac Books.

Schenoni, Luis L. 2021. "Bringing War Back In: Victory and State Formation in Latin America." *American Journal of Political Science* 65(2):405–421.

Scheve, Kenneth, and David Stasavage. 2010. "The Conscription of Wealth: Mass Warfare and the Demand for Progressive Taxation." *International Organization* 64(4):529–561.

Scheve, Kenneth, and David Stasavage. 2012. "Democracy, War, and Wealth: Lessons from Two Centuries of Inheritance Taxation." *American Political Science Review* 106:81–102.

Scheve, Kenneth, and David Stasavage. 2016. *Taxing the Rich: A History of Fiscal Fairness in the United States and Europe*. Princeton, NJ: Princeton University Press.

Schultz, Kenneth A., and Barry R. Weingast. 1998. "Limited Government, Powerful States." In *Strategic Politicians, Institutions, and Foreign Policy*, ed. Randolph M. Silverson, pp. 15–49. Ann Arbor: University of Michigan Press.

Schultz, Kenneth A., and Barry R. Weingast. 2003. "The Democratic Advantage: Institutional Foundations of Financial Power in International Competition." *International Organization* 57(1):3–42.

Schumacher, Julian, Christoph Trebesch, and Henrik Enderlein. 2021. "Sovereign Defaults in Court." *Journal of International Economics* 131:103388.

Schumpeter, Joseph A. 1991. "The Crisis of the Tax States." In *Joseph A. Schumpeter: The Economics and Sociology of Capitalism*, ed. Richard Swedberg. Princeton, NJ: Princeton University Press.

Schwartz, Herman M. 1989. *In the Dominions of Debt: Historical Perspective on Dependent Development*. Ithaca, NY: Cornell University Press.

Scott, James C. 1998. *Seeing Like a State: How Certain Schemes to Improve the Human Condition Have Failed*. New Haven, CT: Yale University Press.

Scott, James C. 2017. *Against the Grain: A Deep History of the Earliest States*. New Haven, CT: Yale University Press.

Scott, John. 2003. "Transformations in the British Economic Elite." *Comparative Sociology* 2(1):155–173.

Shaw, Stanford J. 1975. "The Nineteenth-Century Ottoman Tax Reforms and Revenue System." *International Journal of Middle East Studies* 6(4):421–459.

Shea, Patrick E. 2013. "Financing Victory: Sovereign Credit, Democracy, and War." *Journal of Conflict Resolution* 58(5):771–795.

Shea, Patrick E., and Paul Poast. 2018. "War and Default." *Journal of Conflict Resolution* 62(9):1876–1904.

Sicotte, Richard, and Catalina Vizcarra. 2009. "War and Foreign Debt Settlement in Early Republican Spanish America." *Revista De Historia Económica/Journal of Iberian and Latin American Economic History* 27(2):47–289.

Sicotte, Richard, Catalina Vizcarra, and Kirsten Wandschneider. 2008. "The Fiscal Impact of the War of the Pacific." *Cliometrica* 3(2):97–121.

Sicotte, Richard, Catalina Vizcarra, and Kirsten Wandschneider. 2010. "Military Conquest and Sovereign Debt: Chile, Peru and the London Bond Market, 1876–1890." *Cliometrica* 4(3):293–319.

Silberman, Bernard S. 1993. *Cages of Reason: The Rise of the Rational State in France, Japan, the United States, and Great Britain*. Chicago: University of Chicago Press.

Skowronek, Stephen. 1982. *Building a New American State: The Expansion of National Administrative Capacities, 1877–1920*. New York: Cambridge University Press.

Slantchev, Branislav L. 2012. "Borrowed Power: Debt Finance and the Resort to Arms." *American Political Science Review* 106:787–809.

Slater, Dan. 2010. *Ordering Power: Contentious Politics and Authoritarian Leviathans in South Asia*. New York: Cambridge University Press.

Smith, Alastair. 2008. "The Perils of Unearned Income." *Journal of Politics* 70(3):780–793.

Smith, Joseph. 1979. *Illusions of Conflict: Anglo-American Diplomacy toward Latin America, 1865–1896*. Pittsburgh: University of Pittsburgh Press.

Sng, Tuan-Hwee, and Chiaki Moriguchi. 2014. "Asia's Little Divergence: State Capacity in China and Japan before 1850." *Journal of Economic Growth* 19:439–470.

Sobek, David. 2010. "Masters of Their Domains: The Role of State Capacity in Civil Wars." *Journal of Peace Research* 47(3):267–271.

Soifer, Hillel David. 2015. *State Building in Latin America*. New York: Cambridge University Press.

Sørensen, Georg. 2001. "War and State Making: Why Doesn't It Work in the Third World?" *Security Dialogue* 32:341–354.

Sprague, O.M.W. 1917. "Loans and Taxes in War Finance." *American Economic Review* 7(1):199–213.

Spruyt, Hendrik. 1994. *The Sovereign State and Its Competitors*. Princeton, NJ: Princeton University Press.

Stallings, Barbara. 1972. *Economic Dependency in Africa and Latin America*. Beverly Hills: Sage Publications.

Stallings, Barbara, and Robert Kaufman. 1989. "Debt and Democracy in the 1980s: The Latin American Experience." In *Debt and Democracy in Latin America*, ed. Barbara Stallings and Robert Kaufman, pp. 201–223. Boulder, CO: Westview Press.

Stasavage, David. 2011. *States of Credit: Size, Power, and the Development of European Polities*. Princeton, NJ: Princeton University Press.

Stasavage, David. 2016. "Representation and Consent: Why They Arose in Europe and Not Elsewhere." *Annual Review of Political Science* 19:145–162.

Stasavage, David. 2020. *The Decline and Rise of Democracy*. Princeton, NJ: Princeton University Press.

Stein, Burton. 1985. "State Formation and Economy Reconsidered: Part One." *Modern Asian Studies* 19(3):387–413.

Stern, Fritz. 1977. *Gold and Iron: Bismarck, Bleichröder, and the Building of the German Empire*. New York: Alfred A. Knopf.

Stone, Irving. 1992. *The Global Export of Capital from Great Britain, 1865–1914: A Statistical Survey*. New York: Macmillan.

Stubbs, Richard. 1999. "War and Economic Development: Export-Oriented Industrialization in East and Southeast Asia." *Comparative Politics* 31(3):337–355.

Subercaseaux, Guillermo. 1922. *Monetary and Banking Policy of Chile*. New York: Clarendon Press.

Summerhill, William. 2001. "Railroads and the Economic Development of Argentina, 1857–1913." Technical report, University of California, Los Angeles.

Summerhill, William R. 2003. *Order against Progress: Government, Foreign Investment, and Railroads in Brazil, 1854–1913*. Stanford, CA: Stanford University Press.

Summerhill, William R. 2005. "Big Social Savings in a Small Laggard Economy: Railroad-Led Growth in Brazil." *Journal of Economic History* 65(1):72–102.

Summerhill, William R. 2015. *Inglorious Revolution: Political Institutions, Sovereign Debt, and Financial Underdevelopment in Imperial Brazil*. New Haven, CT: Yale University Press.

Summers, Lawrence H. 2000. "International Financial Crises: Causes, Prevention, and Cures." *American Economic Review* 90(2):1–16.

Sunderland, David. 1999. "Principals and Agents: The Activities of the Crown Agents for the Colonies, 1880–1914." *Economic History Review* 52(2):284–306.

Sunderland, David. 2004. *Managing the British Empire: The Crown Agents 1833–1914*. London: Royal Historical Society.

Sussman, Nathan, and Yishay Yafeh. 2000. "Institutions, Reforms, and Country Risk: Lessons from Japanese Government Debt in the Meiji Era." *Journal of Economic History* 60(2): 442–467.

Suter, Christian. 1992. *Debt Cycles in the World-Economy: Foreign Loans, Financial Crises, and Debt Settlements, 1820–1990*. Boulder, CO: Westview Press.

Suter, Christian, and Hanspeter Stamm. 1992. "Coping with Global Debt Crises: Debt Settlements, 1820 to 1986." *Comparative Studies in Society and History* 34(4):645–678.

Suvla, Raafii-Sukru. 1966. "The Ottoman Debt, 1850–1939." In *The Economic History of the Middle East 1800–1914*, ed. Charles Issawi, pp. 94–106. Chicago: University of Chicago Press.

Suzuki, Toshio. 1994. *Japanese Government Loan Issues in the London Capital Market 1870–1913*. London: Athlone Press.

Svolik, Milan W. 2012. *The Politics of Authoritarian Rule*. New York: Cambridge University Press.

Swam, William L. 2009. *Japan's Economic Relations with Thailand*. Bangkok: White Lotus Press.

Sylla, Richard. 2002. "Financial Systems and Economic Modernization." *Journal of Economic History* 62(2):277–292.

Tait, Alan A., and Peter S. Heller. 1983. "Government Employment and Pay: Some International Comparisons." IMF occasional paper 24.

Tan, James. 2015. "The Roman Republic." In *Fiscal Regimes and the Political Economy of Premodern States*, ed. Andrew Monson and Walter Scheidel, pp. 208–228. New York: Cambridge University Press.

Tang, John P. 2014. "Railroad Expansion and Industrialization: Evidence from Meiji Japan." *Journal of Economic History* 74(3):863–886.

Taylor, Alan M. 1992. "External Dependence, Demographic Burdens, and Argentine Economic Decline after the Belle Époque." *Journal of Economic History* 52(4):907–936.

Taylor, Alan M. 2002. "A Century of Current Account Dynamics." *Journal of International Money and Finance* 21(6):725–748.

Taylor, Alan M. 2006. "Foreign Capital Flows." In *The Cambridge Economic History of Latin America*, ed. Victor Bulmer-Thomas, John Coatsworth, and Roberto Cortes-Conde, pp. 57–100. Vol. 2. New York: Cambridge University Press.

Taylor, Brian D., and Roxana Botea. 2008. "Tilly Tally: War-Making and State-Making in the Contemporary Third World." *International Studies Review* 10(1):27–56.

Taylor, James. 2015. "Financial Crises and the Birth of the Financial Press, 1825–1880." In *The Media and Financial Crises: Comparative and Historical Perspectives*, ed. Steve Schifferes and Richard Roberts, pp. 203–214. London: Routledge Taylor & Francis.

Tej Punnag. 1968. "The Provincial Administration of Siam from 1892 to 1915: A Study of the Creation, the Growth, the Achievements, and the Implications for Modern Siam, of the Ministry of the Interior under Prince Damrong Rachanuphap." PhD thesis, Oxford University.

Thak Chaloemtiarana. 2007. *Thailand: The Politics of Despotic Paternalism*. Ithaca, NY: Southeast Asia Program Publications, Cornell University.

Thane, Pat. 1986. "Financiers and the British State: The Case of Sir Ernest Cassel." *Business History* 28(1):80–99.

'tHart, Marjolein. 1999. "The United Provinces, 1579–1806." In *The Rise of the Fiscal State in Europe, c. 1200–1815*, ed. Richard Bonney, pp. 309–326. New York: Cambridge University Press.

Thies, Cameron G. 2005. "War, Rivalry, and State Building in Latin America." *American Journal of Political Science* 49:451–465.

Thies, Cameron G. 2007. "The Political Economy of State Building in Sub-Saharan Africa." *Journal of Politics* 69(3):716–731.

Tibebu, Teshale. 1995. *The Making of Modern Ethiopia 1896–1974*. Lawrenceville, NJ: Red Sea Press.

Tilly, Charles. 1990. *Coercion, Capital, and European States*. Cambridge, UK: Basil Blackwell.

Tilly, Charles. 2009. Foreword. In *The New Fiscal Sociology: Taxation in Comparative and Historical Perspective*, ed. Isaac William Martin, Ajay K. Mehrotra, and Monica Prasad, pp. xi–xiii. New York: Cambridge University Press.

Tomz, Michael. 2007. *Reputation and International Cooperation: Sovereign Debt across Three Centuries*. New York: Cambridge University Press.

Tooze, Adam, and Martin Ivanov. 2011. "Disciplining the 'Black Sheep of the Balkans': Financial Supervision and Sovereignty in Bulgaria, 1902–38." *Economic History Review* 64(1):30–51.

Topik, Steven. 1979. "The Evolution of the Economic Role of the Brazilian State, 1889–1930." *Journal of Latin American Studies* 11(2):325–342.

Tornell, Aaron, and Philip R. Lane. 1999. "The Voracity Effect." *American Economic Review* 89(1):22–46.

Tracy, James D. 1985. *A Financial Revolution in the Habsburg Netherlands: Renten and Renteniers in the County of Holland, 1515–1565*. Berkeley: University of California Press.

Tracy, James D. 2014. "Taxation and State Debt." In *The Oxford Handbook of Early Modern European History, 1350–1750: Volume II: Cultures and Power*. Oxford, UK: Oxford University Press.

Tunçer, Ali Coşkun. 2015. *Sovereign Debt and International Financial Control: The Middle East and the Balkans, 1870–1914*. New York: Palgrave Macmillan.

USAID. 2012. *Fiscal Reform and Economic Governance Project, 2004–2010*. Washington, DC: USAID.

Vandervort, Bruce. 1998. *Wars of Imperial Conquest in Africa 1830–1914*. Bloomington: Indiana University Press.

van der Windt, Peter, Macartan Humphreys, Lily Medina, Jeffrey F. Timmons, and Maarten Voors. 2019. "Citizen Attitudes toward Traditional and State Authorities: Substitutes or Complements?" *Comparative Political Studies* 52(12):1810–1840.

van de Ven, Hans. 2014. *Breaking with the Past: The Maritime Customs Service and the Global Origins of Modernity in China*. New York: Columbia University Press.

Vandewalle, Dirk. 1998. *Libya since Independence: Oil and State-Building*. Ithaca, NY: Cornell University Press.

Van-Helten, J. J. 1978. "German Capital, the Netherlands Railway Company and the Political Economy of the Transvaal 1886–1900." *Journal of African History* 19(3):369–390.

van Zanden, Jan Luiten, Eltjo Buringh, and Maarten Bosker. 2012. "The Rise and Decline of European Parliaments, 1188–1789." *Economic History Review* 65(3):835–861.

Verdier, Pierre-Hugues, and Erik Voeten. 2015. "How Does Customary International Law Change? The Case of State Immunity." *International Studies Quarterly* 59(2):209–222.

Vergara, Ximena, and Luis Barros. 1972. "La Guerra Civil del 91 y la Instauración del Parlamentarismo." *Revista Latinoamericana de Ciencias Sociales* 3:71–94.

Vestal, Theodore M. 2005. "Reflections on the Battle of Adwa and Its Significance for Today." In *The Battle of Adwa: Reflections on Ethiopia's Victory against European Colonialism*, ed. Paulos Milkias and Getachew Metaferia, pp. 21–36. New York: Algora Publishing.

Vignon, Louis V. 1893. *La France en Algérie*. Paris: Hachete et cie.

Viner, Jacob. 1929. "International Finance and Balance of Power Diplomacy, 1880–1914." *Southwestern Political and Social Science Quarterly* 9(4):407–451.

Vizcarra, Catalina. 2009. "Guano, Credible Commitments, and Sovereign Debt Repayment in Nineteenth-Century Peru." *Journal of Economic History* 69(2):358–387.

Vlastos, Stephen. 1989. "Opposition Movements in Early Meiji, 1868–1885." In *The Cambridge History of Japan*, ed. Marius B. Jansen, pp. 367–431. Vol. 5. Cambridge, UK: Cambridge University Press.

von Glahn, Richard. 2016. *The Economic History of China: From Antiquity to the Nineteenth Century*. New York: Cambridge University Press.

von Trotha, Trutz. 1996. "From Administrative to Civil Chieftaincy: Some Problems and Prospects of African Chieftaincy." *Journal of Legal Pluralism and Unofficial Law* 28(37–38): 79–107.

Vreeland, James Raymond. 2007. *The International Monetary Fund: Politics of Conditional Lending*. New York: Routledge.

Wagner, Gert, José Jofré, and Rolf Lüders. 2000. "Economía Chilena 1810–1995: Cuentas Fiscales." Technical report. Documento de Trabajo 188, Catholic University of Chile.

Waibel, Michael. 2011. *Sovereign Defaults before International Courts and Tribunals*. New York: Cambridge University Press.

Wakeman, Frederic. 1975. *The Fall of Imperial China*. New York: Free Press.

Wantchekon, Leonard, Marko Klašnja, and Natalija Novta. 2015. "Education and Human Capital Externalities: Evidence from Colonial Benin." *Quarterly Journal of Economics* 130(2):703–757.

Weber, Eugen. 1976. *Peasants into Frenchmen: The Modernization of Rural France, 1870–1914*. Stanford, CA: Stanford University Press.

Weber, Max. 1978. *Economy and Society: An Outline of Interpretative Sociology*. Berkeley: University of California Press.

Webster, Anthony. 1998. *Gentlemen Capitalists: British Imperialism in South East Asia*. New York: Tauris Academic Studies.

Weidemaier, Mark C., Robert E. Scott, and G. Mitu Gulati. 2013. "Origin Myths, Contracts, and the Hunt for Pari Passu." *Law & Social Inquiry* 38(1):72–105.

Weidemaier, W. Mark C., and Mitu Gulati. 2017. "International Finance and Sovereign Debt." In *The Oxford Handbook of Law and Economics: Volume 3: Public Law and Legal Institutions*, ed. Francesco Parisi, pp. 482–500. New York: Oxford University Press.

Weidemaier, W. Mark C., and Mitu Gulati. 2018. "Market Practice and the Evolution of Foreign Sovereign Immunity." *Law & Social Inquiry* 43(2):496–526.

Wesseling, H. L., ed. 1978. *Expansion and Reaction*. Leiden, Netherlands: Leiden University Press.

White, Harry D. 1933. *The French International Accounts 1880–1913*. Cambridge, MA: Harvard University Press.

Wibbels, Erik. 2006. "Dependency Revisited: International Markets, Business Cycles, and Social Spending in the Developing World." *International Organization* 60(2):433–468.

Wight, Martin. 1947. *The Gold Coast Legislative Council*. Vol. II. London: Faber & Faber.

Wilkinson, Steven. 2015. *Army and Nation*. New York: Oxford University Press.

Wilson, Constance M. 1983. *Thailand: A Handbook of Historical Statistics*. Boston: G. K. Hall.

Wilson, David A. 1966. *Politics in Thailand*. Ithaca, NY: Cornell University Press.

Wimmer, Andreas. 2013. *Waves of War. Nationalism, State Formation, and Ethnic Exclusion in the Modern World*. New York: Cambridge University Press.

Wimmer, Andreas, and Brian Min. 2009. "The Location and Purpose of Wars around the World: A New Global Dataset, 1816–2001." *International Interactions* 35(4):390–417.

Winkler, Max. 1933. *Foreign Bonds: An Autopsy*. Washington, DC: Beard Books.

Winn, Peter. 1976. "British Informal Empire in Uruguay in the Nineteenth Century." *Past & Present* (73):100–126.

Woodruff, William. 1966. *Impact of the Western Man: A Study of Europe's Role in the World Economy 1750–1960*. New York: St. Martin's Press.

Wright, Mark L. J. 2005. "Coordinating Creditors." *American Economic Review* 95(2):388–392.

Wynne, William H. 1951. *State Insolvency and Foreign Bondholders: Selected Case Histories of Governmental Foreign Bond Defaults and Debt Readjustments*. Vol. II. Washington, DC: Beard Books.

Wynne, William H., and Edwin M. Borchard. 1933. "Foreign Bondholders Protective Organizations." *Yale Law Journal* 43(2):281–296.

Yapp, Malcolm. 1987. *The Making of the Modern Near East, 1792–1923*. New York: Longman.

Young, Crawford. 1994. *The African Colonial State in Comparative Perspective*. New Haven, CT: Yale University Press.

Young, L. K. 1970. *British Policy in China 1895–1902*. Oxford, UK: Clarendon Press.

Yun-Casalilla, Bartolomé, and Patrick K. O'Brien. 2012. *The Rise of Fiscal States: A Global History 1500–1914*. New York: Cambridge University Press.

Zanetti, Oscar, and Alejandro García. 1998. *Sugar and Railroads: A Cuban History, 1837–1959*. Chapel Hill: University of North Carolina Press.

Zegarra, Luis Felipe. 2013. "Transportation Costs and the Social Savings of Railroads in Latin America: The Case of Peru." *Revista de Historia Económica/Journal of Iberian and Latin American Economic History* 31(1):41–72.

Zewde, Bahru. 2001. *A History of Modern Ethiopia, 1855–1991*. Athens: Ohio University Press.

Zhang, Nan, and Melissa M. Lee. 2020. "Literacy and State-Society Interactions in Nineteenth-Century France." *American Journal of Political Science* 64(4):1001–1016.

Zheng, Xiaowei. 2018. *The Politics of Rights and the 1911 Revolution in China*. Stanford, CA: Stanford University Press.

Zuo Zongtang. 1890. *Zuo Wenxianggong Zoushu Chubian* [Zuo Zongtang's Memorials to the Throne]. Vol. 59. Shanghai: Publisher unknown.

图书在版编目(CIP)数据

被典当的国家 ：国际金融时代的国家建设 ／（西）
迪达克·克拉尔特著 ；张熹珂译. -- 上海 ：格致出版
社 ：上海人民出版社，2025. --（国家治理研究译丛）.
ISBN 978 - 7 - 5432 - 3686 - 8

Ⅰ. F112.1

中国国家版本馆 CIP 数据核字第 2025Y7N106 号

责任编辑　刘　茹
装帧设计　路　静

国家治理研究译丛

被典当的国家:国际金融时代的国家建设

［西］迪达克·克拉尔特　著

张熹珂　译

出　　版　格致出版社

　　　　　上海人民出版社

　　　　　（201101　上海市闵行区号景路 159 弄 C 座）
发　　行　上海人民出版社发行中心
印　　刷　上海商务联西印刷有限公司
开　　本　635×965　1/16
印　　张　22.5
插　　页　2
字　　数　319,000
版　　次　2025 年 8 月第 1 版
印　　次　2025 年 8 月第 1 次印刷
ISBN 978 - 7 - 5432 - 3686 - 8/D · 206
定　　价　108.00 元

·国家治理研究译丛·

被典当的国家：国际金融时代的国家建设
［西］迪达克·克拉尔特　著　张熹珂　译

指责的博弈：政府活动中的游辞巧饰、官僚主义和自我保护
［英］克里斯托弗·胡德　著　杨帆　译

不确定性与社会
［美］拉塞尔·哈丁　著　段海燕　译